Else Regensteiner

# Die Kunst zu Weben

Callwey

## Anmerkung der Übersetzerin

Als Übersetzerin muß ich mich bei den vielen Weberinnen entschuldigen, die in diesem Text nur auf »den Weber« stoßen. Nachdem eine einheitliche Form für diesen Begriff gefunden werden mußte, habe ich mich dafür entschieden, die wenigen männlichen Weber, die den Weg zu diesem Handwerk finden, nicht auch noch abzuschrecken und auf das Verständnis der Weberinnen zu hoffen.

*Claudia Kölling*

*Abbildung auf Seite 2*
*Ausschnitt aus »Schimmernde Welt«, Gobelin von Josefina Robirosa*
*(Abb. 308)*

CIP-Kurztitelaufnahme der Deutschen Bibliothek
Die *Kunst zu weben* / Else Regensteiner. [Aus d.
Engl. übers. u. bearb. von Claudia Kölling]. –
München: Callwey, 1987.
Einheitssacht.: The art of weaving ⟨dt.⟩
ISBN 3-7667-0861-9
NE: Regensteiner, Else [Bearb.]; Kölling, Claudia [Bearb.]; Weben; EST

Die Originalausgabe dieses Buches erschien 1986 unter dem Titel »The Art of Weaving« bei Schiffer Publishing Ltd., Box E. Exton, Pennsylvania/USA
Aus dem Englischen übersetzt und bearbeitet von Claudia Kölling, Wuppertal
© 1986 by Else Regensteiner
© der deutschen Ausgabe 1987 by Verlag Georg D. W. Callwey GmbH & Co, München
Alle Rechte vorbehalten, auch die des auszugsweisen Abdruckes, der photomechanischen Wiedergabe und der Übersetzung
Umschlagentwurf   Baur + Belli Design, München
Zeichnungen von George Mc Vicker und Takeko Nomiya, Photos von Edward Miller, wenn nicht anders angegeben
Gesamtherstellung   Auer, Donauwörth
Printed in Germany 1987

# INHALT

| | | |
|---|---|---:|
| | EINLEITUNG | 7 |
| | VORWORT UND DANK | 7 |
| 1 | DAS HANDWERKSZEUG DES WEBERS | 13 |
| 2 | DIE GARNE | 29 |
| 3 | DIE KETTE | 43 |
| 4 | DIE BINDUNGEN | 53 |
| 5 | PARTIEMUSTER UND IHRE MUSTERMÖGLICHKEITEN | 79 |
| 6 | HANDGEFERTIGTE TRANSPARENTGEWEBE | 96 |
| 7 | DOPPELGEWEBE | 105 |
| 8 | GESTALTUNG | 123 |
| 9 | GOBELINS UND BILDTEPPICHE | 142 |
| 10 | TEPPICHE | 153 |
| 11 | WANDGEHÄNGE | 173 |
| 12 | TEXTILIEN SAMMELN UND KONSERVIEREN | 190 |
| | ANHANG I–V | 194 |
| | GLOSSAR I UND II | 199 |
| | LITERATUR | 201 |
| | REGISTER | 203 |

# EINLEITUNG

»Solche Gewebe habe ich noch nie gesehen«, begeisterte sich ein Kunstkritiker einmal auf einer Ausstellung moderner handgewebter Wandbehänge. Sein Erstaunen beweist, wie unglaublich vielfältig dieses uralte, neu und in moderner Form wiederbelebte Handwerk ist.

Der Versuch, Fasern zum Faden zu drehen und Fäden so miteinander zu verflechten, daß ein Stoff entsteht, kennzeichnet eine der bedeutsamsten Entwicklungen in der Geschichte der Menschheit. Zwischen unseren fadenflechtenden Urahnen und einem Schüler heute, der sich erstmals mit der Entstehung von Geweben befaßt und sich neugierig an ein neues schöpferisches Medium heranwagt, besteht allein der Unterschied, daß er mit den einfachen Handgriffen auch gleichzeitig die komplizierten technischen Errungenschaften unserer Zeit kennenlernt.

Weben hat viele Ausdrucksformen. Es ist ein Handwerk; das bedeutet, mit ursprünglichen Materialien arbeiten und herrliche Struktur- und Farbmischungen schaffen zu können. Weben heißt, allmählich die Geräte zu beherrschen, die einzelnen Arbeitsschritte kennenzulernen, die Geheimnisse guter handwerklicher Arbeit zu entdecken. Weben ist eine Kunstform – Ausdruck unserer Zeit –, die Gewebe schafft, welche über die Leuchtkraft von Gemälden, die räumliche Wirkung von Skulpturen und über eigenständige Formen und individuellen Ausdruck verfügen können. Weben hat einen funktionalen Aspekt und ist uns vertraut durch unseren täglichen Umgang mit Stoffen. Gewebe sind aber auch Industrieprodukte, auf Textilmaschinen in rasender Geschwindigkeit hergestellte Stoffe, in denen sich wie früher in den primitiven Geweben gleichfalls die Fäden überkreuzen. Jedes handgefertigte Gewebe ist dagegen so individuell wie der Weber, der es macht. Für den Pädagogen hat das Weben erzieherischen, für den Psychologen therapeutischen Charakter. Weben ist ein romantisches und nüchternes, ein altes und modernes Gewerbe.

Wie bei allen handwerklichen Fertigkeiten gilt der Grundsatz, daß man erst die praktischen und theoretischen Grundlagen beherrschen muß, bevor man das volle Spektrum der gestalterischen Möglichkeiten ausschöpfen kann. Aber man muß beim Lernen nicht auf die Phantasie verzichten, und technische Perfektion muß nicht notgedrungen langweilig sein. Dieses Buch soll den Lernprozeß begleiten, soll an all jene Aspekte des Webens heranführen, die sich mit Wissen, Phantasie und Kreativität erschließen lassen.

◁ 1  »Kopf«, Gobelin von Esther Gotthoffer (Photo Lodder)

# VORWORT UND DANK

Als Autor eines Buches über die Weberei muß man sich notgedrungen auch auf andere Autoren und Quellen stützen. Man kann nur auf der reichen Erfahrung der vielen Weber aufbauen, die ihr Wissen in Büchern, Zeitschriftenartikeln und Webateliers weitergegeben haben. Den Autoren der im Anhang aufgeführten Bücher und den vielen Künstlern, die ihre phantasievollen Arbeiten für die Illustrierung dieses Buches zur Verfügung gestellt haben, bin ich zu tiefem Dank verpflichtet.

Meinen besonderen Dank möchte ich Edward Miller aussprechen, der klaglos Hunderte von textilen Arbeiten fotografierte, George McVicker, der die Zeichnungen ausführte, Takeko Nomiya für die Zeichnung der Patronen und Janet Kravetz für das Schreiben des Manuskripts.

Mein aufrechter Dank für ihre großzügige Erlaubnis, spezielle Bindungen und Anleitungen zu verwenden, gilt auch Eunice Anders, Peter Collingwood, Meda Johnston, Madeleine Smith, Mary Alice Smith, Lurene Stone, John Kennardh White und der verstorbenen Harriet Tidball.

Für diese Ausgabe möchte ich George, Irene und Genn Suyeoka für ihre große Hilfe bei den neuen Schaubildern, Mustern und Fotos, Christa M. Thurman für ihren professionellen Rat in bezug auf die Aufbewahrung von Textilien und Sadye Tune Wilson und Jane Redman für ihren Beitrag zum Kapitel über Gestaltungsfragen ganz besonders danken. Allen Künstlern, deren Fotografien wir aufnehmen durften, danke ich für ihre bereitwillige Reaktion und Mitarbeit.

Für seine Hilfe und Unterstützung will ich auch Dean Roger Gilmore von der Kunsthochschule Chicago und Professor Herman Sinaiko danken. Mit Worten nicht ausdrücken läßt sich indes meine Dankbarkeit für Nancy Green, die, obwohl sie nur in Gedanken webte, das Manuskript mit Geschick und Verständnis redigierte.

Mein bester Dank gilt auch Wendy Lochner, die die neue Ausgabe mit Hingabe und großem Einfühlungsvermögen redaktionell bearbeitete. Und nicht zuletzt habe ich meinem Mann Bertold Regensteiner für seine Geduld zu danken, mit der er mir über die vielen Probleme beim Schreiben des Buches beistand.

Ich freue mich, die folgenden Künstler, deren Arbeiten in diesem Buch gezeigt werden, meine ehemaligen Schüler von der Kunsthochschule Chicago nennen zu dürfen: Terry Albright, Ruta Bremanis, Gloria Mae Campbell, Shelley Christensen, Diane Craig, Nancy Crump, Barbara Fine, Benjamin Gladfelter, Jay Hinz, Linda Howard, Napoleon Jones-Henderson, Helena Jacobson, Lloyd Johnson, Delma Kelly, Darlyne Kasper, Roanne

Katz, Joanna Kiljanska-Staniszkis, Sharon Kouris, Lois Lebov, Gwynne Lott, Cynthia Lubliner, Barbara Meyer, Takeko Nomiya, Natalie Novotny, Dorothy Novotny, Michi Ouchi, Joel W. Plum, Jane Redman, Rickie von Reitzenstein, Marci Riedel, Jon Riis, Richard Scrozynski, Llubica Stevanov, Leora K. Stewart, Jennifer Stewart, Astra Strobel, Molly Simons, Diane Wiersba, Diane White, John Kennardh White, Jean Young, Sue Zinngrabe, Marsha Ford Anderle, Oliver Wittasek, Carolyn Saberniak-White.

2, 3  »Gesichter«, Bildgewebe in HV-Technik von Jane Redman

Tafel I  »Gesicht«, Gobelin aus Wollgarnen von Jane Redman: Schlitztechnik (Kelim), Sumak, Ryaknoten  ▷

Tafel II »Gesicht«, Detail eines Kelims aus Wolle von Jane Redman (Photo John W. Rosenthal)

4 »Viele Gesichter«, Doppelgewebe und Dreherbindung von Jane Redman

5 »Geburtstagskind«, Gobelin mit vielen verschieden strukturierten Garnen von Ella Earle (Photo Bob Bailey) ▽

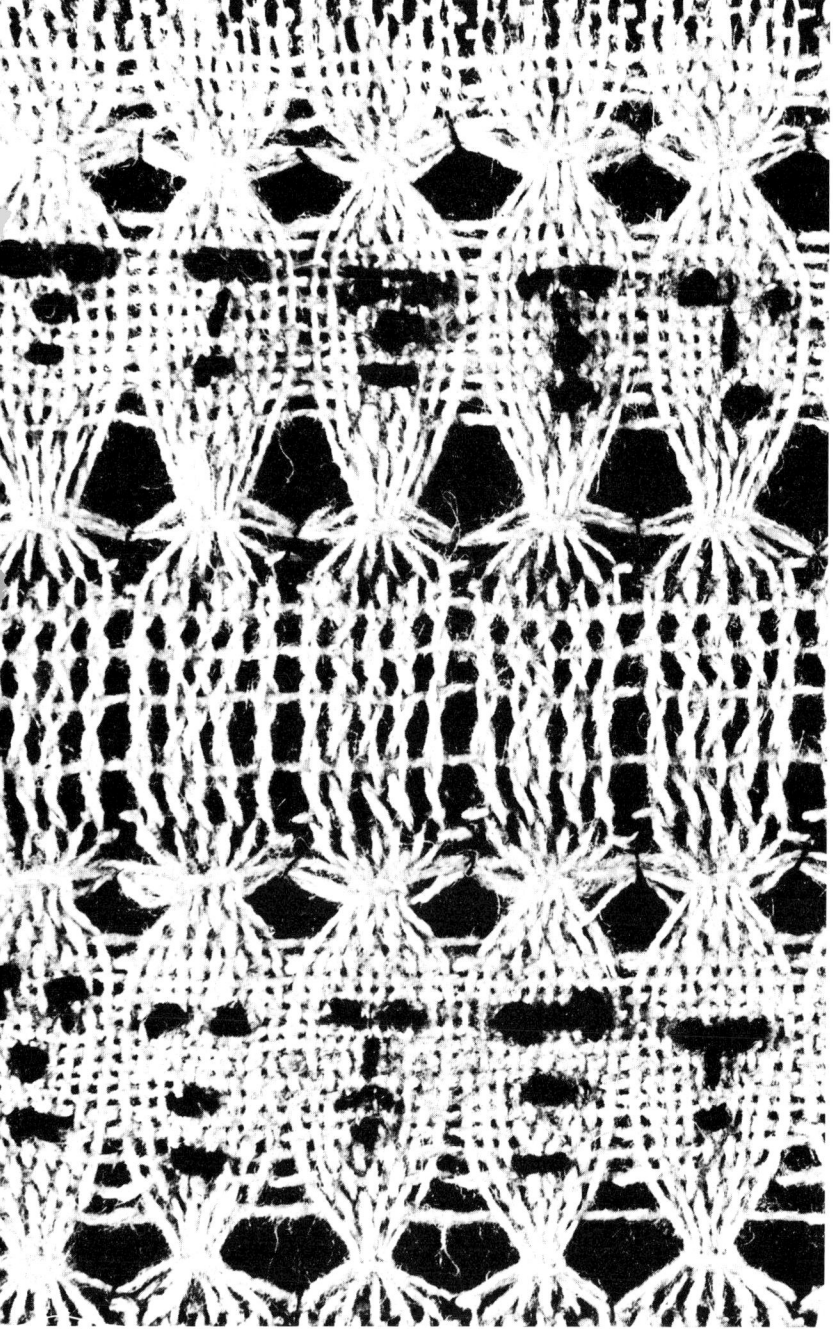

6 »Gesicht«, Doppelgewebe von Jane Redman

# 1

# DAS HANDWERKSZEUG DES WEBERS

Der Webstuhl ist das wichtigste Handwerkszeug des Webers. Manche Leute sind überzeugt, daß er eine eigene Persönlichkeit und vor allem seinen eigenen Willen besitzt; manch einer schreibt seinem alten Webstuhl Weisheit und ein gemäßigtes, gefügiges Temperament zu, und kaum einer möchte seine schweren Bäume und steinbeschwerten Rollen gegen neumodische Apparaturen austauschen. Lassen Sie sich aber auch einmal die herrlichen Gewebe zeigen, die geschickte Weber mit nur zwei Stäben, zwischen die das Garn gespannt ist, und einem Hüftgurt für die Fadenspannung machen können. Von einem Techniker erfahren Sie, welche Gewebe auf den großen, lauten Maschinen, die in rasender Geschwindigkeit endlose Stoffbahnen weben, erstellt werden, wo ein Arbeiter allein 20 Webstühle überwacht. Vögel und Spinnen suchen sich wiederum ihren Webstuhl in der Natur und brauchen dafür keine Baupläne oder sonstige Hilfsmittel. Die Handweber von heute arbeiten nach ähnlichen Regeln und mit Resultaten, die ihrem jeweiligen Leben und ihren Bedürfnissen gemäß sind.

Jeder wie auch immer komplizierte Webstuhl dient demselben Zweck: zwei Fadensysteme so zu verkreuzen, daß ein Gewebe entsteht. Die längs auf den Webstuhl gespannten Fäden nennt man Kette; die querlaufenden, in die Kette gewobenen Fäden sind der Schuß. Die Art und Weise, wie Kette und Schuß miteinander verwoben werden, nennt man die Bindung.

Dem Handweber stehen heute Webstühle ganz unterschiedlicher Machart zur Verfügung. Sie sind alle einfach zu bedienen und reagieren unmittelbar mit glatten, rhythmischen Bewegungen. Sie bieten bei sorgfältiger Arbeit und handwerklicher Genauigkeit beim Schären der Kette und beim Entwerfen des Musters ein weites Feld gestalterischer Möglichkeiten.

Es kann eine spannende Erfahrung sein, einen Webstuhl auszusuchen und sich mit ihm vertraut zu machen. Es ist nicht die Absicht der Autorin, die technischen Details aller möglichen Handwebstühle zu erörtern; stattdessen sollen vier Webstuhltypen vorgestellt werden, mit denen sie gern arbeitet, und die sich seit Jahren gut bewährt haben. Das sind der Astgabel-»Webstuhl«, der Gurt-, Tisch- und der Standwebstuhl (s. Liste im Anhang).

Bevor auf die einzelnen Geräte eingegangen wird, soll ein grundsätzliches Thema angesprochen werden, mit dem jeder Weber früher oder später konfrontiert wird: die Fachterminologie. Eine Fachsprache ist für Weber unentbehrlich und wird bald so geläufig, daß sich eine Unterhaltung zwischen zwei Webern für einen Außenseiter so anhört, als sprächen sie die Losungsworte eines Geheimbunds. Natürlich hat jede Sprache ihre eigenen Worte, aber ihre technische Bedeutung ist universell. Die häufigsten Begriffe werden im Glossar II aufgeführt; der Leser wird bei der Lektüre mit ihnen vertraut werden.

## DIE ASTGABEL ALS WEBGERÄT

Die Astgabel ist der einfachste Webrahmen, ein Gerät, das die Natur uns in zahllosen Formen bietet. Wie der Name schon sagt, benutzt man hier einen Ast als Webrahmen. Die natürliche Form des Astes oder Zweiges bestimmt die Form des fertigen Gewebes, denn der Ast bleibt mit den Fäden verbunden und ist integraler Bestandteil des Objekts. Astgabelgewebe können an Stelle von Blumen in der Vase stehen, als Mittelpunkt einer Tischdekoration dienen, als Mobile in der Luft schweben oder als Skulptur für sich selbst stehen.

Der Ast wird nach Form, Stabilität und Größe ausgewählt. Jedes flauschige Garn haftet: geeignet sind Baumwolle, Wolle, Mohair und Effektgarne. Ein Garnende befestigt man mit einem einfachen Knoten fest am Ast, und dann wird das Garn unter und über die beiden Gabelzinken gespannt, so daß es die Kette bildet. Das allein kann schon sehr effektvoll sein, wobei die Wirkung ausschließlich von den Farben und der Struktur der Garne bestimmt wird. Häufig arbeitet man aber auch mit einer großen Nadel Schußfäden in die Kettfäden ein, wobei dann die Kombination der beiden Fadenlagen zu interessanten Ergebnissen führen kann. Man kann das Gewebe der Form der Zweige anpassen, dichte Farbstreifen aufbauen oder Drehungen und Wendungen vollziehen, so daß kleine Nester oder zarte Kompositionen entstehen. Sehr elastische Zweige wie Weidenzweige kann man so biegen, daß runde Formen oder Gespinste entstehen. Der Phantasie sind bei dieser einfachen und reizvollen Webtechnik keine Grenzen gesetzt.

## DER GURTWEBSTUHL

Über Jahrtausende hinweg hat der Mensch schöne und durchaus komplizierte Gewebe auf dem Gurtwebstuhl erstellt, der, wie die Astgabel auch, ein primitives, ursprüngliches Gerät ist. Seinen Namen hat er vom Hüftgurt, der – aus Fasern, Stoff oder Leder gearbeitet – am Webgerät befestigt und dem Weber um die Taille gelegt wird, so daß dieser mit seinem Körper die Spannung der Kette regulieren kann.

*7a–e Einfache Werkzeuge zum Weben: a Tierknochen; b und c Kämme zum Einschlagen des Schußfadens in die Kette; d Gobelinnadel; e Distel zum Aufrauhen von Wollgeweben, womit ein Flausch über das Gewebe gelegt wird.*

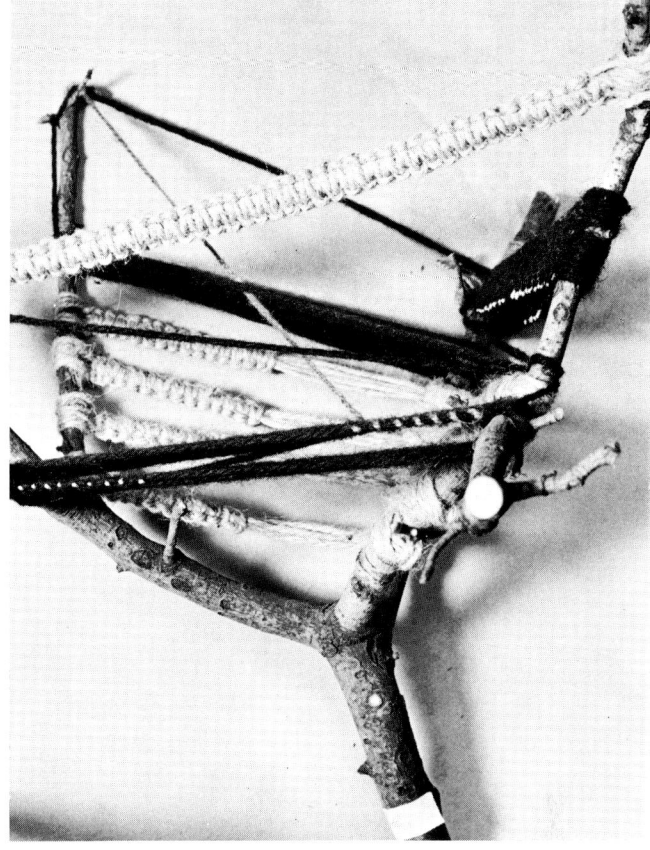

Im Unterschied zur Astgabel braucht man für den Gurtwebstuhl ein Schiffchen oder eine Webnadel – ein Gerät, das den Schußfaden durch die Kette trägt. Webnadeln sind lange, flache Stäbe mit einer Einkerbung an den beiden Enden, um die der Schußfaden gewickelt wird. Ein Schiffchen oder einen Handschützen nennt man hingegen ein schiffchenförmiges, ausgehöhltes Holzstück, in das man eine Spule setzen kann, von der der Schußfaden frei abläuft.

In Peru, Ecuador, Mexiko oder Guatemala ist dieser traditionelle Webstuhl bei den Indianern weiter in Gebrauch. Aus der Wolle der Alpakas und Lamas im Hochland oder der Baumwolle, die in der Ebene wächst, erstellen diese geschmackvolle Blusen, Röcke, Ponchos, Taschen, Decken, Gürtel und Bänder. Obwohl auch sie moderne Geräte und Materialien im Laden kaufen können, arbeiten diese Weber nach wie vor an ihren großen Gurtwebstühlen und verweben Garne, die mit denselben Spindeln gesponnen wurden, die schon ihre Vorfahren benutzten. Sie schlagen den Schußfaden mit kleinen, spitzen Tierknochen an, die vom Alter gebleicht und glänzend sind. Natürlich tragen sie ihre gewebten Tuche mit raffinierten Mustern in leuchtenden Farben selbst. Gerade die Einfachheit des Webstuhls läßt dem Weber so viel an gestalterischer Freiheit, wie sie auf dem mechanischen Webstuhl nie gegeben ist.

Diese Webkunst mit der ihr eigenen, sehr persönlichen Ausdruckskraft hatte ihren Höhepunkt in der präkolumbianischen Zeit mit Textilien, die durchweg auf Gurtwebstühlen gewebt waren. Die Techniken und Muster jener Zeit sind eine hervorragende Anregung für den Web-

8  Ast als Webrahmen von Mary Heickman

9  »Baum«, Astgabelgewebe mit Knüpftechnik von Jay Hinz

10  Astgabelgewebe von Carolyn Saberniak

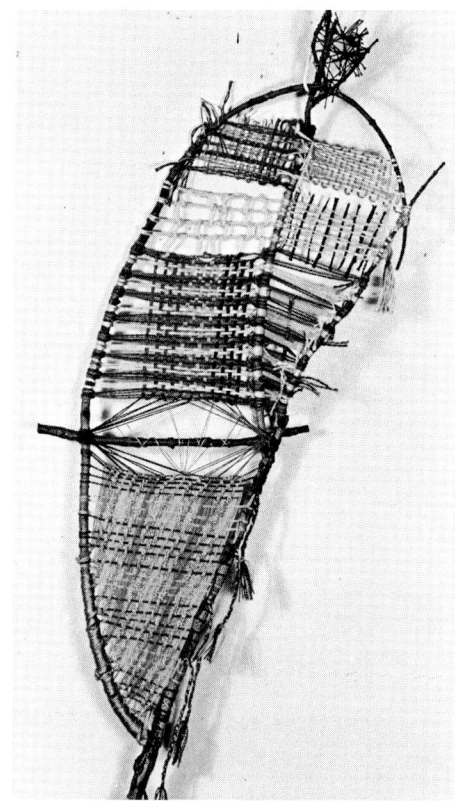

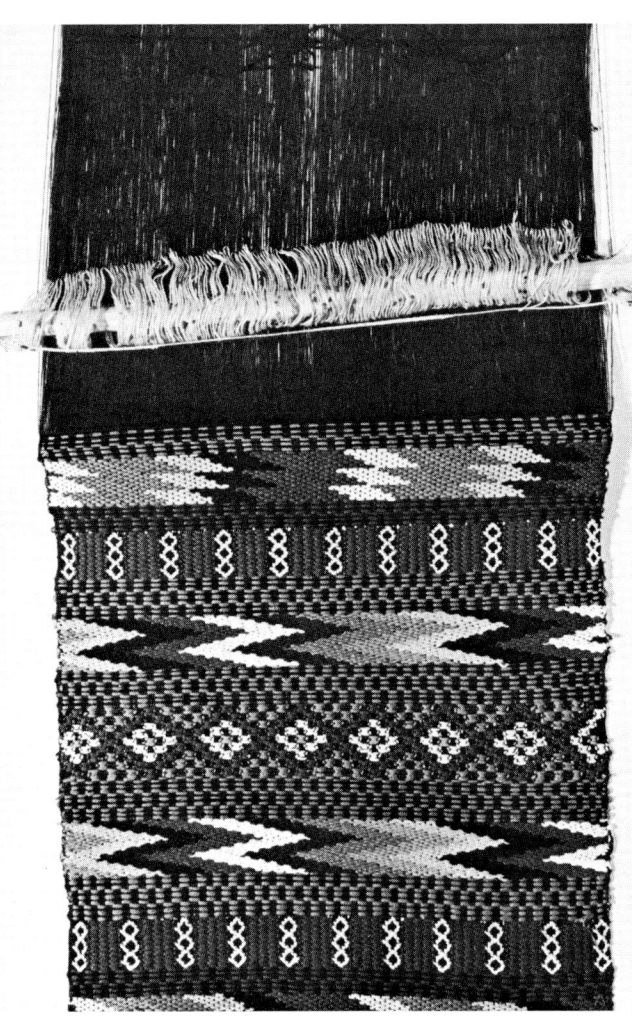

künstler heute. (Für alle, die diese spezielle und lohnende Erfahrung machen möchten, hat die Webexpertin Madeleine Smith aus Windsor, Kanada, eine ausführliche Anleitung zum Bau und zum Weben mit einem Gurtwebstuhl geschrieben. Diese Anleitung ist im Anhang abgedruckt.)

*11 Mustergewebe auf dem Gurtwebstuhl, Guatemala (Photo Else Regensteiner)*

*12 Musterweben auf dem Gurtwebstuhl, Guatemala (Photo Else Regensteiner)* ▽

## DER TISCHWEBSTUHL

Schritt für Schritt zu erfahren, wie der Tischwebstuhl funktioniert, ist ein lohnendes und befriedigendes Unterfangen. Dieser kleine, brauchbare, mechanische Webstuhl ist – in einfacherer Ausführung – im Grunde dasselbe Gerät wie jeder größere Webstuhl. Er wird mit Schäften und Handhebeln bedient, die die Kettfäden mechanisch heben. Anders als beim Standwebstuhl benötigt man hier jedoch keine feste Verschnürung, die Schäfte und Tritte auf bestimmte Weise miteinander verbindet. Die Arbeit auf dem Tischwebstuhl geht deshalb langsamer voran, aber für Weber und Designer ohne Webererfahrung ist das durchaus von Vorteil: dadurch, daß sich die Schäfte beliebig miteinander kombinieren lassen, kann man durch einfache Handbedienung alle möglichen Muster erstellen.

Tischwebstühle bestehen aus Holz oder Metall und sind in einer Webbreite von 20 bis 90 cm erhältlich. Sie sind gewöhnlich mit zwei, vier oder acht Schäften ausgestattet, es gibt aber auch für spezielle Bedürfnisse Tischwebstühle mit bis zu 24 Schäften.

Der Webstuhl besteht aus 12 Grundelementen (siehe Abb. **13**), die alle eine bestimmte Funktion haben:

1 Der **Brustbaum** ist der Balken, über den die Kette zwischen Warenbaum und Webblatt läuft.

2 Der **Warenbaum** ist die vordere Walze des Webstuhls, auf die sich der gewebte Stoff wickelt.

3 Die **Blattlade** ist der bewegliche Rahmen, in den das Webblatt eingesetzt und mit dem der Schußfaden angeschlagen wird.

4 Das **Webblatt** ist der Stahlkamm, der in der Blattlade sitzt und die Kette spreizt. (Auch heute noch ist das Webblatt bei älteren Webstühlen, speziell in südamerikanischen Ländern, aus feinen Holzstäbchen oder Schilfrohrsplittern zusammengesetzt, woher auch der Name Rietblatt – von Ried – stammt.) Webblätter sind auswechselbar. Man bezieht sie nach der Anzahl der Riete auf eine Maßeinheit von 10 cm. Ein Webblatt mit der Bezeichnung 40/10 hat also 4 Riete pro cm oder 40 Riete pro 10 cm.

5 Die **Riete** bezeichnen die Schlitze im Webblatt, die die einzelnen Kettfäden an der vorgesehenen Stelle und in der vorbestimmten Reihenfolge halten. Die Dichte der Kette wird von der Anzahl der Kettfäden in den Rieten bestimmt.

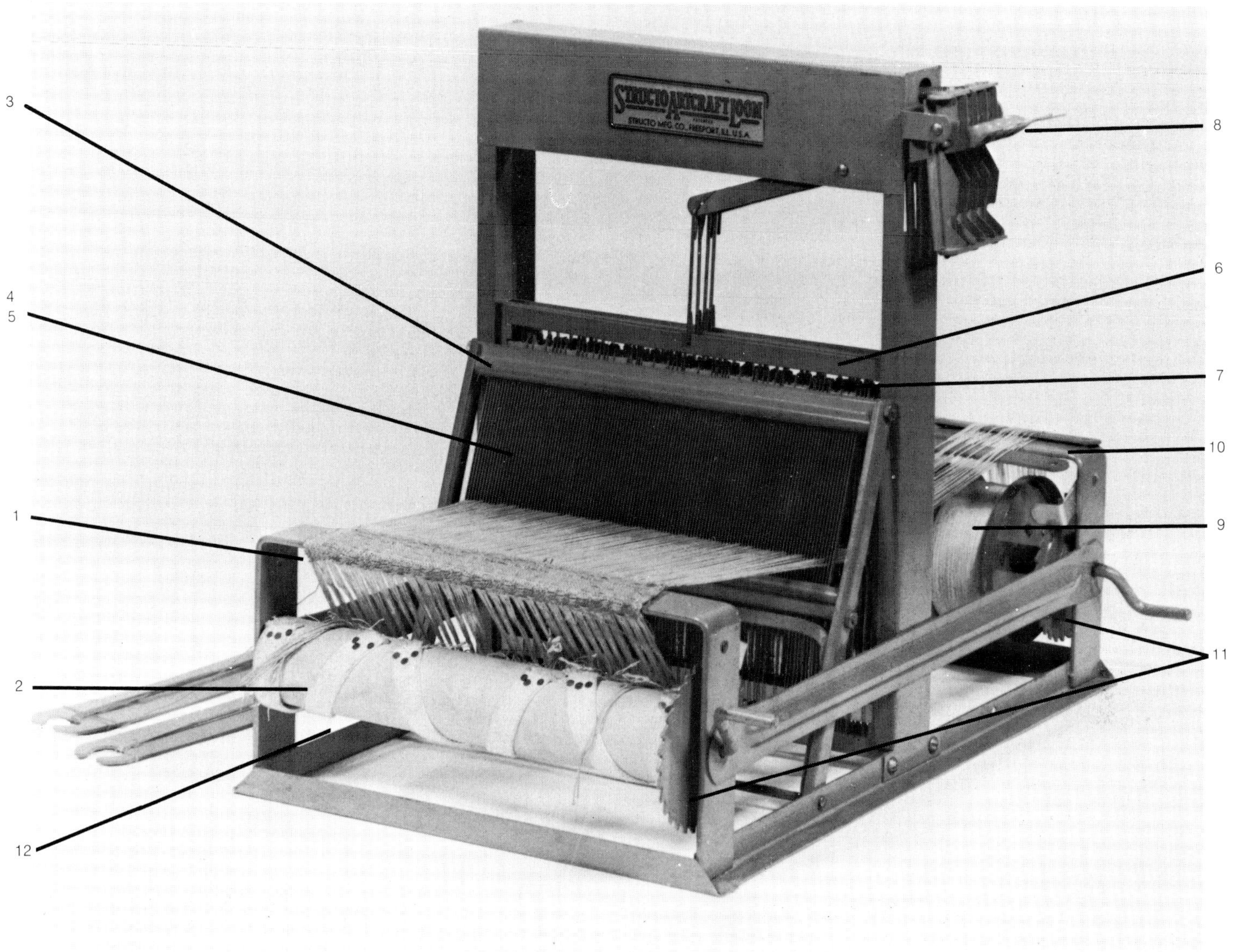

*13 Die wichtigsten Teile eines vierschäftigen Tischwebstuhls:*
*1 Brustbaum, 2 Warenbaum, 3 Blattlade, 4 Webblatt, 5 Riete, 6 Schäfte, 7 Litzen, 8 Handhebel, 9 Kettbaum, 10 Streichbaum, 11 Sperräder mit Kurbel, 12 Schürze und Schürzenstock (Photo mit Genehmigung von Structo Division King-Seeley Thermos Co.)*

6 Die **Litzen** (Abb. 14) sind aus Draht oder Schnur und haben in der Mitte eine Öffnung oder eine Öse, das sogenannte Auge, durch das der Kettfaden läuft.

7 Die **Schäfte** (bestehend aus Schaftstäben und den darauf sitzenden Litzen) heben oder senken die Kettfäden.

8 Die **Tritte**, die hier durch Handhebel ersetzt sind, bewegen die Schäfte.

9 Der **Kettbaum** ist die hintere Walze, an der die Kette befestigt und auf die sie gewickelt wird. Der Kettbaum kann eine glatte Walze oder ein Direkt-Kettbaum mit Abstandsbügeln sein (d. h. der Kettbaum ist durch Stahl- oder Holzbügel in kleine Abschnitte unterteilt), je nachdem, nach welcher Methode der Weber am liebsten schärt. Manche Webstühle sind auch mit zwei Kettbäumen übereinander ausgestattet.

10 Der **Streichbaum** ist der Balken, über den die Kette zwischen Kettbaum und Litzen läuft.

11 Ein **Sperrad** sitzt jeweils vorn am Warenbaum und hinten am Kettbaum. Sperräder sind Zahnräder aus Metall oder Holz, in die eine Sperre einrastet, um die Kette zu spannen. Mit Hilfe der Sperräder wird die Kette zum Weiterweben gelöst und wieder gespannt.

12 Die **Schürze** besteht aus einem Stück Stoff oder mehreren festen Stoffstreifen oder Schnüren, die an den Warenbaum genagelt oder geknüpft sind. Die Schürze hält den Schürzenstock oder den Stab, an den die Kette geknüpft wird und dient quasi als Verlängerung des Baums, wodurch verhindert wird, daß an der Kette zuviel Abfall entsteht. Eine weitere Schürze ist hinten am Kettbaum angebracht.

*14 Litze* ▷

*15 Zweischäftiger Tischwebstuhl (Photo mit freundlicher Genehmigung von Nilus Leclerc, Kanada)*

*16 Achtschäftiger Tischwebstuhl auf Kreuzböcken (Photo mit freundlicher Genehmigung von Structo Division King-Seeley Thermos Co.)* ▷

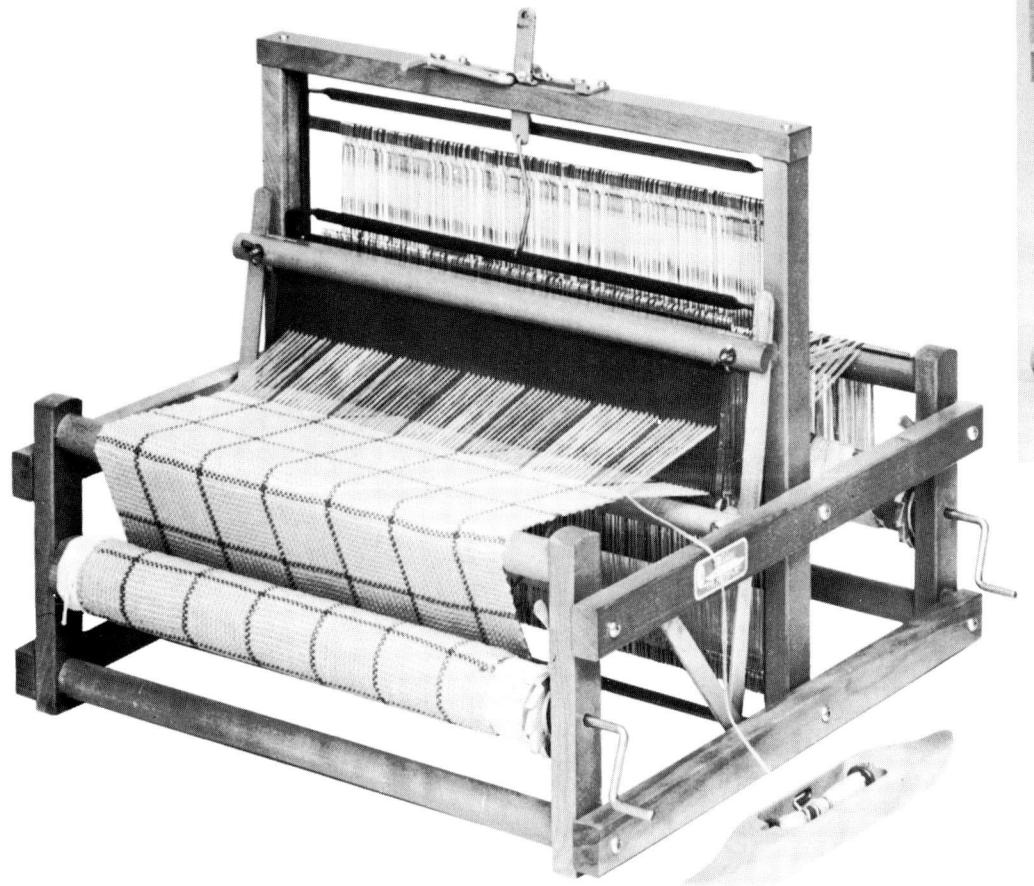

Die Kettfäden laufen horizontal, einer parallel neben dem anderen, von der Schürze vorn im Webstuhl ausgehend durch das Webblatt; dann durch die Litzen, die auf den verschiedenen Schäften sitzen, nach hinten zum Kettbaum, auf den sie unter gleichmäßiger Spannung gewickelt oder aufgebäumt sind, wie man sagt. Wenn die Tritte eine Gruppe Kettfäden heben, kann man das Schiffchen mit den darauf gewickelten Schußfäden in das so entstandene Fach – die Öffnung zwischen zwei Fadengruppen – einführen, wodurch sich die Fäden kreuzen und der Anfang des Gewebes gemacht ist.

Bei Webstühlen mit nur zwei Schäften werden diese abwechselnd gehoben. Hebt sich die eine Gruppe von Kettfäden, senken sich die anderen Fäden oder bleiben zumindest auf gleicher Höhe liegen. Mit zwei Schäften kann auf diese Weise nur ein einfaches Grundgewebe, eine einfache Bindung, entstehen. Trotzdem muß man mit einem zweischäftigen Webstuhl keinesfalls nur phantasielose Stoffstreifen weben. Gerade die Einfachheit des Webstuhls ist Herausforderung und Anregung zugleich für eine kreative Vielfalt. Natürlich erweitert sich das Spektrum gestalterischer Möglichkeiten bei vier Schäften, und Webstühle mit acht oder mehr Schäften sind das richtige für Weber, die sich an kompliziertere Muster wagen wollen. Je mehr Schäfte ein Webstuhl hat, desto vielfältiger sind die Einzugs- und Trittmöglichkeiten.

Mit dem Tischwebstuhl läßt sich hervorragend experimentieren und beobachten, wie verschiedene Einzüge und Trittkombinationen zusammenspielen. Aber der Tischwebstuhl ist nicht nur ein Lerngerät: ein großes Gewebe läßt sich ohne einen solchen Musterwebstuhl gar nicht entwerfen; außerdem eignet er sich zum Weben von vielerlei Stücken wie Tisch-Sets, Schals, Taschen, Stolen und sogar von Kleiderstoffen und Wandbehängen.

*17 Vierschäftiger Rollenzugwebstuhl (Photo mit freundlicher Genehmigung von Nilus Leclerc)*

## DER STANDWEBSTUHL

Den Standwebstuhl bedient man mit den Füßen, mit denen die Tritte in der Reihenfolge des gewünschten Musters getreten werden. Der wichtigste Unterschied zwischen Stand- und Tischwebstuhl sind eben diese Tritte. Der Weber hat durch sie die Hand frei für das Schiffchen und zum Anschlagen der Blattlade, so daß das Weben schneller und rhythmischer wird. Direkt unter jedem Schaft befindet sich hier ein kurzer waagerechter Stab, das Querholz, manchmal auch Querschemel genannt. Es wird mittels Schnüren oder Ketten nach oben hin mit dem Schaft und nach unten hin mit den Tritten verbunden. Durch das Querholz wird es möglich, mehrere Schäfte an einen Tritt zu schnüren, so daß sich viele neue Mustermöglichkeiten eröffnen. Ein guter Standwebstuhl hat mindestens zwei Tritte mehr als Schäfte und bietet somit vielfältige Verschnürungsgelegenheiten.

Es gibt vier Grundtypen von Standwebstühlen: den Rollen- oder Gegenzugwebstuhl, den Hebelwebstuhl, den Kontermarschwebstuhl und den Hoch- oder Gobelinwebstuhl. Von diesen Grundtypen gibt es nochmals verschiedene Untergruppen, aber sobald man die wesentlichen Unterschiede der Hauptmodelle versteht, kann man auch problemlos den einen oder anderen Nebentyp eines Webstuhls benutzen.

### Der Rollenzugwebstuhl

Den Rollenzugwebstuhl brachten die ersten europäischen Einwanderer nach Amerika, und es gibt viele schöne Decken und Tuche aus dem 18. Jahrhundert, die darauf gewebt worden sind. Der Name des Webstuhls verrät bereits, wie dieser funktioniert: Durch Rollen oder eine Stange oben im Webstuhl, über die die Schnüre laufen, an welche auch die Schäfte geknüpft sind, wird eine Gegenzugbewegung erzeugt. Beim Treten eines Tritts senkt sich die eine Kettfadengruppe, während sich die andere hebt.

18 Die wichtigsten Teile eines vierschäftigen Hebelwebstuhls mit Tritten: 1 Brustbaum, 2 Warenbaum, 3 Blattlade, 4 Webblatt, 5 Riete, 6 Schäfte, 7 Litzen, 8 Tritte, 9 Kettbaum, 10 Streichbaum, 11 Sperrad mit Kurbel, 12 Schürze und Schürzenstock, 13 Querhölzer, 14 Verschnürung (Photo mit freundlicher Genehmigung von E. E. Gilmore, Kalifornien)

An dieser Stelle sollen einige spezielle Eigenschaften des Rollenzugwebstuhls festgehalten werden:

1 Da sich die Kettfäden beim Treten der Tritte senken, bildet sich im Webstuhl ein sogenanntes »Unterfach«, das sich diagonal öffnet und sehr groß ist.

2 Der Webstuhl funktioniert nur dann gut, wenn es sich um eine ausgewogene Bindung handelt, d. h., wenn sich gleich viele Schäfte heben und senken.

3 Die Kette muß längs durch die Mitte des Webblatts laufen und darf nicht unten im Webblatt aufliegen, wie bei einigen anderen Webgeräten.

4 Die Tritte lassen sich leicht bedienen und erfordern aufgrund der Ausgewogenheit der Schäfte keine große Körperkraft.

## Der Hebelwebstuhl

Der Hebelwebstuhl benötigt kein Obergestell und funktioniert ganz anders als der Rollenzugwebstuhl. Direkt unter jedem Schaft sind zwei Holzleisten angebracht, die als Hebevorrichtung für die Schäfte fungieren, wenn man einen Tritt bedient. (Bei manchen Hebelwebstühlen gibt es auch ein Obergestell, an dem die Hebel befestigt sind.) Jeder einzelne Hebel ist mit einem Querholz verbunden, und die Querhölzer sind wiederum an die Tritte geschnürt. Wenn das Querholz durch den Tritt nach unten gezogen wird, stößt der Hebel den Schaft hoch und hebt so die Kettfäden; es bildet sich ein Fach. Der Teil der Kettfäden, der nicht angehoben wird, bleibt unten im Webblatt auf einem vorstehenden Rand der Blattlade liegen, den man die Ladenbahn nennt (Abb. **19**).

Dieser Webstuhl hat verschiedene Vorteile:

1 Durch die Oberfachbildung kann sich jeder Schaft unabhängig von den anderen Schäften bewegen. Dadurch lassen sich »unausgewogene« Bindungen arbeiten, bei denen sich nicht die gleiche Anzahl von Schäften hebt und senkt.

2 Doppelgewebe, Honigwaben- und Würfelmuster und viele andere, einfache und kombinierte Verschnürungen lassen sich problemlos vornehmen.

3 Da der untere Teil des Fachs flach auf der Ladenbahn aufliegt, kann das Schiffchen beim Schußeintrag ins Fach kaum zwischen den Kettfäden hindurch auf den Boden fallen.

4 Die Schäfte lassen sich bei den meisten Hebelwebstühlen leicht aus ihrer Halterung nehmen, so daß man nach Bedarf Litzen auswechseln oder hinzufügen kann. (Am besten legt man die Schaftrahmen auf einen Tisch und wechselt die Litzen mit Hilfe eines speziellen Wechselstabs aus, den manche Hersteller mitliefern.)

## Der Kontermarschwebstuhl

Der Kontermarschwebstuhl verbindet die Fachbildung des Hebelwebstuhls mit der des Rollenzugwebstuhls, er verfügt also über ein kombiniertes Ober- und Unterfach. Sein wichtigstes Kennzeichen sind pro Schaft zwei Querhölzer, die untereinander waagerecht unter den Schäften angebracht werden. Oft haben diese Webstühle eine große Anzahl von Schäften und riesige Aufbauten; bei manchen ist auch noch die Webbank direkt am Webstuhl befestigt. Wird ein Schaft durch einen Satz Querhölzer angehoben, werden die anderen Schäfte durch den zweiten Satz Querhölzer gleichzeitig gesenkt. Dieses System ist ausgesprochen günstig, weil die Fachbildung dadurch sehr ausgeprägt ist (so daß man auch mit extra großen Schiffchen arbeiten kann); außerdem erlaubt es dieses System, eine beliebige Zahl von Schäften zu heben.

Da viele Weber dem Kontermarschwebstuhl oft ratlos gegenüberstehen, soll hier versucht werden, die Verschnürung möglichst genau zu erklären. Für jeden Schaft gibt es oben im Kontermarschrahmen eine Hebevorrichtung: die Wippen. Jeder einzelne Schaft wird an beiden Enden mit jeweils einer Wippe verbunden. Unter den Schäften befinden sich untereinander die oberen und unteren Querhölzer. Die oberen Querhölzer sind kürzer als die unteren. Jeder Schaft wird direkt an eines der oberen Querhölzer geschnürt. Die oberen Querhölzer sorgen für die Bildung des Unterfachs. Die unteren Querhölzer werden jeweils mit einer langen Schnur, die von den Wippen aus zwischen den Schäften durchgeführt wird, mit diesen verbunden, und sorgen so für die Bildung des Oberfachs. Bedient man nun einen Tritt, so bildet sich gleichzeitig das Ober- und Unterfach; die einen Kettfäden werden hochgezogen, die anderen nach unten. Deshalb müssen sowohl die oberen wie die unteren Querhölzer an die Tritte geschnürt werden. Es ist zwar ein relativ großer Aufwand, doppelt soviele Querhölzer mit Tritten und Schäften zu verschnüren, aber man kann spielend große Stücke weben – deshalb arbeiten viele Weber gern mit dem Kontermarschwebstuhl.

19 Ladenbahn (Photo mit freundlicher Genehmigung von Nilus Leclerc)

20 Funktionsweise des Kontermarschwebstuhls: 1 Wippen, 2 Verschnürung mit unteren Querhölzern, 3 Verschnürung der Wippen mit den Schäften, 4 Schäfte mit Litzen, 5 Querhölzer

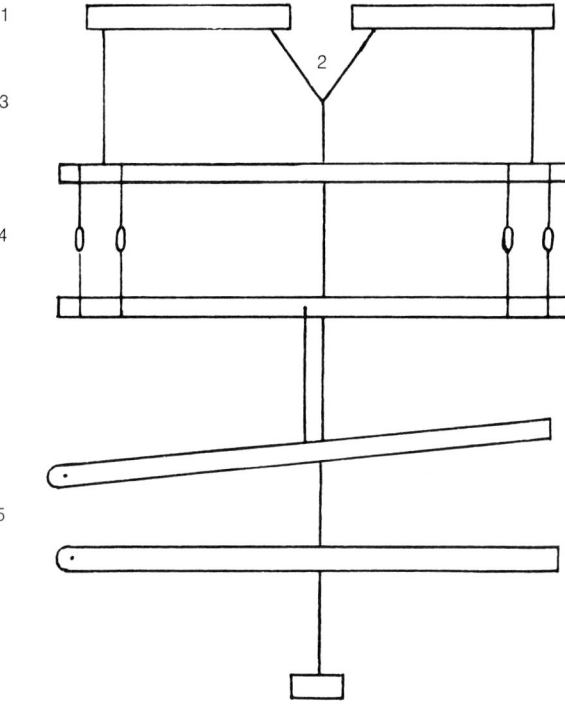

## Der Hochwebstuhl

Für die Teppich- und Bildweberei wird oft mit riesigen Hochwebstühlen gearbeitet. Auf der senkrechten Kette im Hochwebstuhl lassen sich geknüpfte Florteppiche, Schlingenteppiche, dicke Webteppiche sowie vielerlei Bildgewebe weben.

Der primitive Hochwebstuhl, den man noch immer in südamerikanischen Ländern antrifft, besteht aus einem rechteckigen Rahmen aus vier Balken, der in den Boden geschlagen oder auf einem hölzernen Sockel befestigt ist. Die Kette verläuft senkrecht und besteht oft aus einem einzigen fortlaufenden Faden, der um die waagerechten Ober- und Unterbalken geführt wird. Die geraden und ungeraden Kettfäden werden mit Hilfe eines Holzstabes voneinander getrennt, der in bequemer Arbeitshöhe an den Seitenbalken befestigt ist. Die Kettfadengruppen werden mit Schnurlitzen bewegt. Beim Weben verschiebt sich die Kette fortlaufend um den oberen und unteren Balken, so daß Gewebe von der doppelten Größe des Webstuhls entstehen können.

Wer heute an einem kleinen Hochwebstuhl arbeiten möchte, sollte sich von den amerikanischen Indianern anleiten und inspirieren lassen. Die Navajos weben komplizierte und wunderschöne Muster mit keinem anderen Hilfsmittel als Schnurlitzen und flachen Geleseleisten.

Die moderne Version eines Hochwebstuhls verfügt über Tritte und Schäfte. Auch bei diesen Webstühlen läuft die Kette senkrecht, ansonsten weisen diese aber einige neue Elemente auf. Oben und unten dienen Walzen als Waren- und Kettbäume. Schäfte mit Metallitzen bewegen sich horizontal vor und zurück und werden durch die unten angeschnürten Tritte bedient. Die Blattlade und das Webblatt spreizen die Kette gleichmäßig und helfen die Arbeit beschleunigen, wann immer ihr Einsatz möglich ist. Dieser Webstuhl läßt sich aber auch in einen Webstuhl ohne Schäfte und Blattlade zurückverwandeln, indem man ihn einfach umdreht und nur die Ober- und Unterbalken für die Kette benutzt. In diesem Fall kann man wieder eine Leiste und Schnurlitzen wie auf dem primitiven Hochwebstuhl anbringen, und die Tritte bleiben ungenutzt.

Der Hochwebstuhl, der noch längst nicht veraltet ist, ist weiterhin eines der vielseitigsten Geräte für den Handweber. Auf ihm lassen sich nicht nur Teppiche und Gobelins arbeiten, sondern auch Wandgehänge beliebiger Form und Gestalt. Auf diesem Webstuhl hat man während der Arbeit ständig das ganze Gewebe von vorn und hinten im Blick. Ob es sich nun um einen einfachen Balkenrahmen oder einen komplizierten zweischäftigen Trittwebstuhl handelt, der Hochwebstuhl ist für jeden Weber eine wichtige Ergänzung zum Flachwebstuhl.

*21 Moderner, zweischäftiger Hochwebstuhl (Photo mit freundlicher Genehmigung von Nilus Leclerc)*

*22 Irene J. Tsosie, Navajo-Weberin aus St. Michaels, Arizona, am Hochwebstuhl*

## DIE SONSTIGE AUSRÜSTUNG

Der Webstuhl ist zwar das wichtigste Gerät für den Weber, er braucht aber noch einiges mehr.

### Die Webbank

Wichtig ist ein Stuhl oder eine Bank, die am Tisch- oder Standwebstuhl so hoch ist, daß weder der Rücken noch die Schultern, Arme oder Knie übermäßig beansprucht werden. Gut sind Bänke mit angeschrägter Sitzfläche (sie stehen mit der höheren Seite zum Webstuhl). Manche Bänke haben ein Schubfach, das sich auf volle Banklänge ausziehen läßt; während des Webens kann man das Fach als Ablage und zum Aufbewahren diverser benötigter Geräte nutzen. Andere Bänke verfügen als Sitzfläche über einen Holzdeckel, den man an Scharnieren öffnen kann und unter dem sich ebenfalls Stauraum befindet. Manche Webstühle sind so gestaltet, daß man daran mit einem normalen Stuhl als Sitzmöbel arbeiten kann.

### Schiffchen

Es gibt verschiedene »Schiffchen« oder Handschützen: Webnadeln, Teppichnadeln und eigentliche Schiffchen. Was man braucht, hängt von der Größe des Webstuhls, der Fachtiefe, der Kettbreite und dem Garn ab. Manche Stoffe webt man mit einem, für andere braucht man abwechselnd verschiedene Schiffchen.

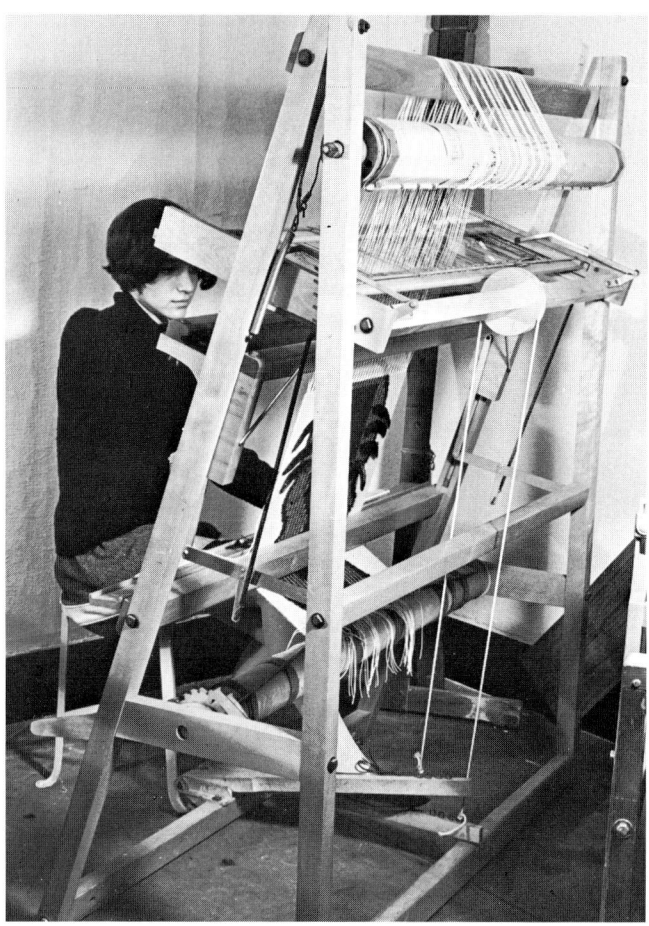

23  Darlyne Kasper beim Weben eines Gobelins am Hochwebstuhl

Die flache Webnadel eignet sich für das Weben schmaler Musterelemente und für das Weben auf dem Tischwebstuhl, da man hier kleine Garnmengen nach Bedarf aufwickeln, und die Nadel auch durch ein enges Fach geführt werden kann. Webnadeln gibt es in verschiedenen Größen. Man kann sie sich auch selbst in der benötigten Länge aus einer Hartfaserplatte, festem Karton oder Holzleisten zuschneiden. Sie müssen so fest sein, daß sie sich nicht biegen, und so glatt, daß sie nicht an den Kettfäden hängenbleiben. Das Garn wird der Länge nach von einem Ende zum anderen gewickelt. Die Einkerbung an den beiden Enden sorgt dafür, daß der Faden nicht abrutscht. Der Anfangsfaden wird mit einer Schlinge an einer der Spitzen befestigt. Beim Weben muß man jedesmal, bevor man die Webnadel ins Fach einführt, ausreichend Schußgarn abwickeln.

24  Webbank mit Schubfach

Die Teppichnadel ist eine größere Version der Webnadel. Sie besteht aus zwei flachen Holzstäben, die die Seitenwände bilden, und zwei kleinen Dübeln, durch die sie miteinander verbunden sind. Diese Art von Webnadeln, die es in Längen von 20 bis 45 cm gibt, eignet sich für schwere, dicke Garne und wird meist für Teppiche und feste Polsterstoffe verwendet.

Das anmutige Schiffchen ist am nützlichsten und wird vom Weber bevorzugt. Dünne und mittelstarke Fäden werden auf eine Spule gewickelt, die man in die Spindel im hohlen Teil des Schiffchens, die Kammer, einsetzt. Das Garn läuft von der Spule durch einen Schlitz auf der abgerundeten Seite, dem Auge, und wickelt sich von

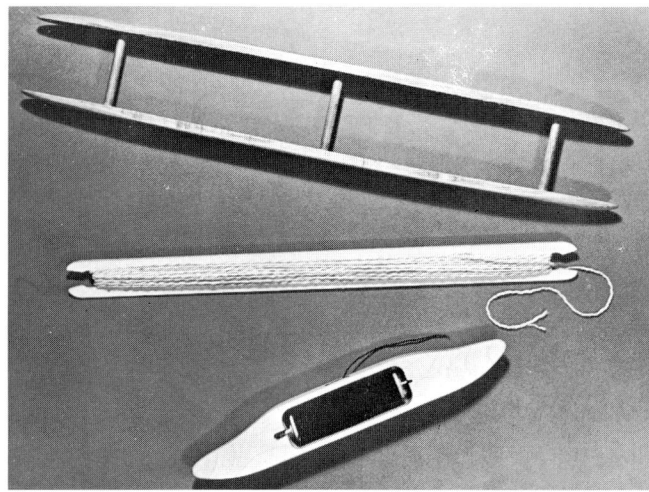

*25 Von oben nach unten: Teppichschütze, Webnadel, Schiffchen*

*26 Schiffchen und Spule mit schlüpfrigem Garn*

selbst ab, wenn man das Schiffchen durch die Kette schießt. Mit dem Schiffchen kann man am schnellsten und rhythmischsten arbeiten, und man lernt schnell, es mit der linken und rechten Hand mit einer leichten Bewegung aus dem Handgelenk zu werfen.

In dem seltenen Fall, wenn zwei verschiedene Fäden gleichzeitig in dasselbe Fach eingetragen werden sollen, kann man ein Schiffchen mit zwei Kammern verwenden, worin jeweils eine Spule sitzt, für die je ein Auge in diesem Doppelkammerschiffchen vorgesehen ist.

### Spulen

Die Spulen sollten sich schnell und leicht in die Kammer einsetzen lassen. Spulen aus Holz oder Plastik kann man fertig kaufen, man kann sie sich aber auch selbst aus Packpapier oder sogar Zeitungspapier herstellen. Die im Handel erhältlichen Spulen haben einen erhöhten Rand, so daß das Garn nicht seitlich abrutschen kann. Die selbstgefertigten Spulen eignen sich aber genausogut, wenn sie richtig bespult werden. Wie immer in der Weberei gilt es, beim Lernen auf die Details zu achten. Die allmähliche Entwicklung von mehr Geschick, selbst bei der bescheidenen Aufgabe, eine Spule richtig zu wickeln, ist eine erfreuliche Erfahrung und macht den Unterschied zwischen einem guten und schlechten Handwerker aus.

### Spulmaschinen

Zum Spulen braucht man eine Spulmaschine. Sie besteht aus einer Spindel, die – von Hand oder elektrisch – über ein Rad angetrieben wird. Am besten sind Spulmaschinen, deren Spindel sich konisch verdickt, damit verschieden große Spulen darauf passen. Vielbeschäftigte Weber ziehen meist Spulmaschinen vor, die wie eine Nähmaschine von einem kleinen Motor mit Fußbedienung angetrieben werden.

Gespult wird in jedem Fall auf die gleiche Weise. Die Spulmaschine wird auf einer Tischplatte oder an der Wand verschraubt. Die Spule, an die der Anfangsfaden geknüpft wird, wird auf die Spindel geschoben. Der Faden wickelt sich vom Strang, einer Spule oder einem Konus ab und wird zum Aufspulen mit einer Hand straff gehalten. Wenn sich die Spindel dreht, wickelt sich der Faden auf die Spule. Bei Spulen mit erhöhten Rändern wird das Garn vor- und zurückgeführt. Wenn die Spule keine Ränder hat, wie die selbstgemachten Pappspulen, führt man das Garn so, daß sich erst an den Seiten ein »Hügel« bildet und danach die Mitte aufgefüllt wird (Abb. **27** und **28**). Man sollte nur soviel Garn aufspulen, daß sich die Spule noch locker im Schiffchen drehen kann.

### Haspeln

Haspeln beschleunigen den Wickelprozeß beträchtlich. Standgestelle sind mit zwei Walzen ausgestattet, die auf Stranglänge eingestellt werden können und sich beim Abwickeln des Garns mitdrehen. Die meisten Haspeln sind wie ein Schirm aufklappbar und werden an den Tisch geschraubt. Sie sind vor allem bei Platzmangel günstig.

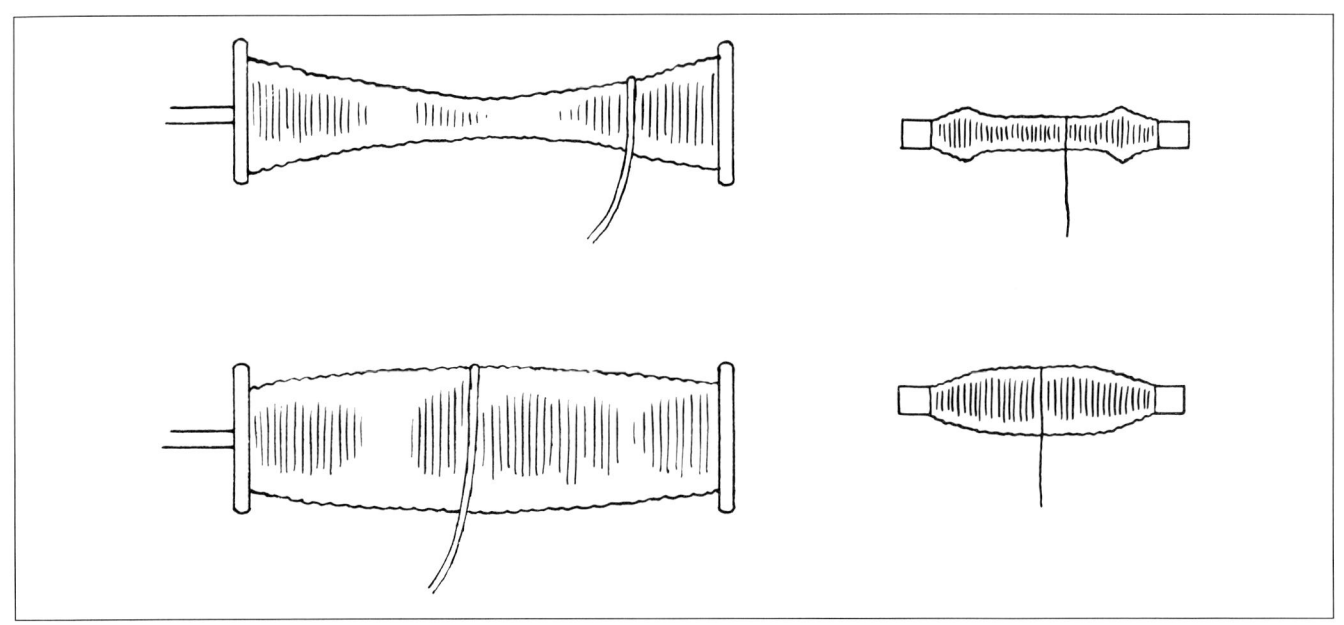

27  Plastikspulen mit Rand, richtig bespult

28  Pappspulen, richtig bespult

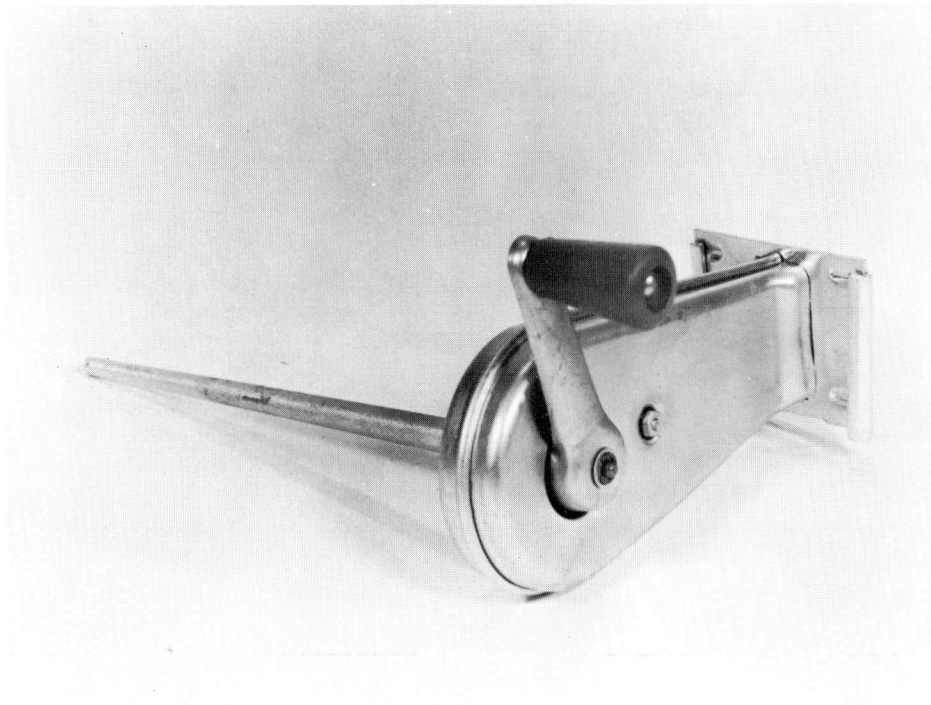

29  An der Wand verschraubbare Spulmaschine (Photo mit freundlicher Genehmigung von Structo Division, King-Seeley Thermos Co.)

30  Haspel, Standgerät ▷

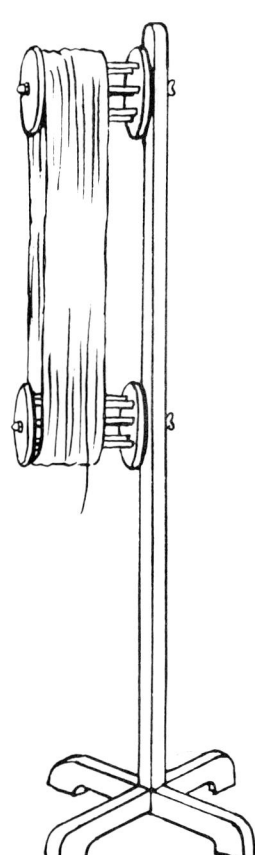

## Spulgestelle

Zum Schären, d.h. zur Vorbereitung der Kette für den Webstuhl, braucht man unbedingt ein gutes Spulgestell. Welches Spulgestell man benötigt, hängt dabei wiederum von der Schärmethode ab. Zum Direktschären oder Direktzetteln braucht man ein großes Spulgestell, für das Schären mit Kettzopf genügt ein kleineres Gestell. (Beide Schärmethoden werden ausführlich in Kapitel 3 vorgestellt.)

## Schärrahmen und Schärbäume

Den Schärrahmen braucht man, um bei der Schärmethode mit Kettzopf das Kettgarn abzumessen. Der Schärrahmen kann aus einer festen Holzplatte mit Stiften bestehen, die die einzelnen Fäden halten und in der richtigen Reihenfolge ordnen (siehe Abb. 54a und b). Ein solcher Schärrahmen eignet sich für 5 bis 10 m lange Ketten, ist aber im allgemeinen nicht stabil genug für Ketten von über 10 m Länge.

Für längere Kettzöpfe braucht man dann einen Schärbaum (siehe Abb. 55). Hier muß man den Kettfaden nicht mehr führen, sondern nur noch in der Hand halten, während sich nunmehr der Schärbaum um die eigene Achse dreht, so daß sich die Kettfäden um die vier Seiten des Schärbaums legen. Oben und unten angebrachte Stifte sorgen für Ordnung in den Fäden.

Das gleiche Verfahren gilt für die waagerechte Schärmühle. Die Mühle wird von Hand gedreht, und der Weber berührt das Garn nur, um die Fadenkreuze zu legen. Das Aufbäumen geschieht direkt von der Mühle aus, wobei eine spezielle Bremse für die richtige Spannung sorgt.

Schärbaum und Schärmühle lassen sich zur platzsparenden Aufbewahrung zusammenklappen bzw. auseinandernehmen.

## Fadenspanngeräte

Zum Direktzetteln braucht man ein Fadenspanngerät, durch das die von den Spulen kommenden Kettfäden laufen, bevor sie auf den Kettbaum gewickelt werden (siehe Abb. 71). Das Fadenspanngerät sorgt für gleichmäßige Spannung und die Einhaltung der richtigen Reihenfolge.

## Einziehhaken

Litzenstecher und Blattstecher sind flache, dünnwandige Metallstäbe mit einem Haken und einem Holz- oder Kunststoffgriff. Blattstecher und Litzenstecher helfen beim Einzug der Kettfäden ins Webblatt und in die Litzen.

## Metermaßgerät

Für das Direktzetteln ist ein im Handel erhältliches Meßgerät nützlich, mit dem sich messen läßt, wieviel Meter Garn auf die Spulen gewickelt werden sollen. (Weitere Geräte s. S. 55)

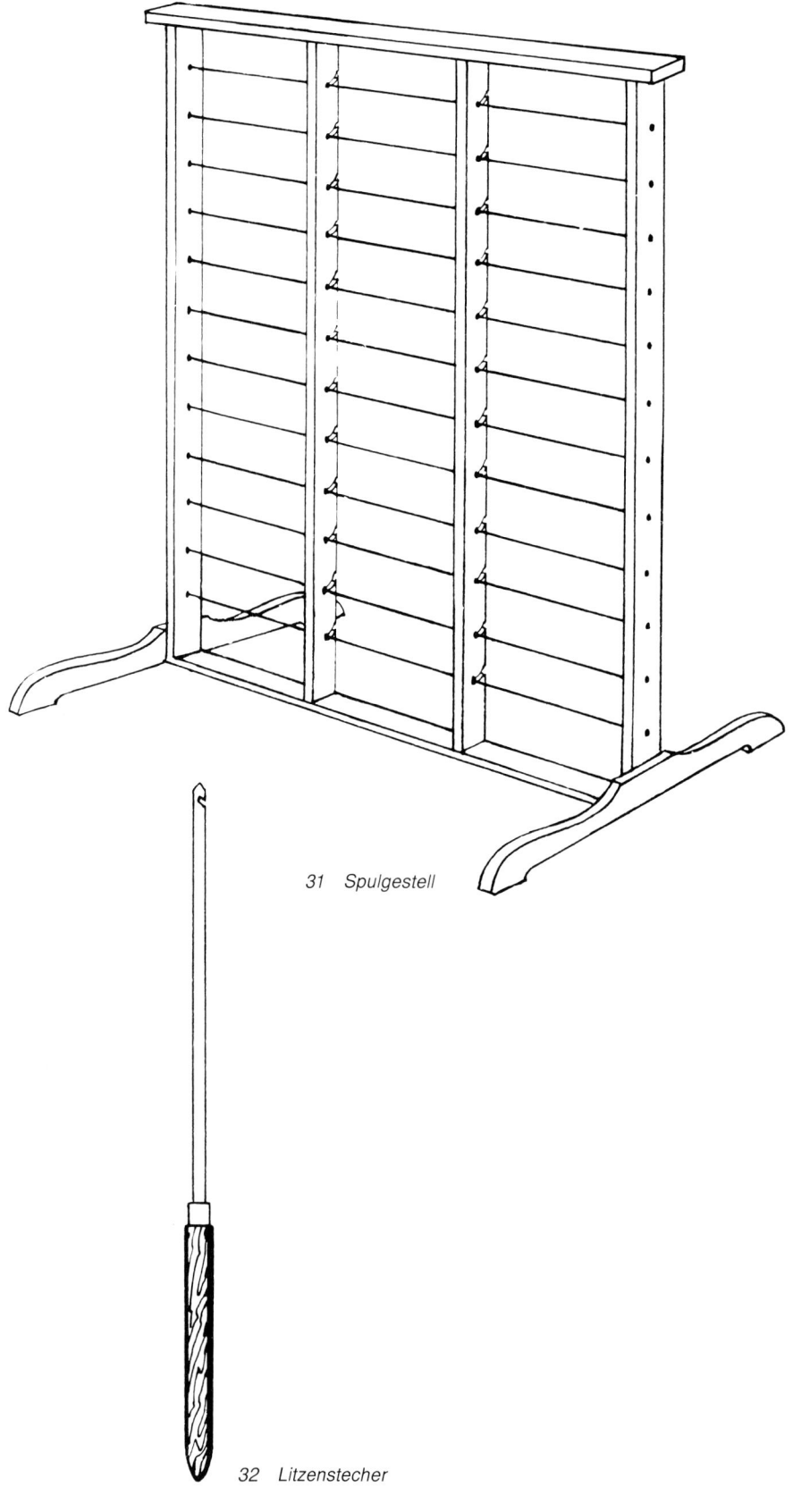

31 Spulgestell

32 Litzenstecher

Tafel III  Neun verschiedene Beispiele für mögliche Kettrapporte  ▽

27

Tafel IV  Wandbehang, Doppelgewebe von Roanne Katz

Tafel V  Ausschnitt der Farbveränderungen in einem Doppelgewebe von Roanne Katz

# 2
# DIE GARNE

Wenn man von Garnen spricht, muß man von Fasern sprechen. Es gibt endlose Fasern, z. B. der Faden der Spinne oder jener der Seidenraupe oder auch Kunstfasern, und es gibt kurze Einzelfasern, die miteinander zu einem langen Garn versponnen werden.

Die Auswahl der Garne ist der entscheidende erste Schritt zum eigentlichen Weben, denn die taktilen und visuellen Eigenschaften der Materialien vermischen sich beim Weben wie bei keiner anderen Technik. Da man praktisch alles verweben kann, was lang und gerade ist, stehen unermeßlich viele verschiedene Materialien zur Verfügung. Die Industrie produziert zudem Garne in jeder vorstellbaren Farbe, Struktur und Stärke, und man kann heutzutage auf Garnqualitäten aus aller Welt zurückgreifen. Die Handspinner haben die Schönheit der Naturfasern neu entdeckt, die Weichheit der Lama- und Alpakawolle, die Wärme von Kaschmir, den einzigartigen Glanz des Mohairs. Viele Weber wenden sich auch dem Spinnen zu, und viele Spinner dem Weben; beide vervollständigen so ihre verschiedenen Erfahrungsbereiche.

Für den Anfänger ist der erfolgversprechendste Beginn das Sammeln von Garnen, selbst wenn es anfangs nur kleine Mengen sind. Wenn man sie als farbenfrohes Arrangement auf dem Tisch ausbreitet und sieht, wie sie zusammenwirken, wie sie sich anfühlen, wie das eine Garn das andere ergänzt, so kann man wertvolle Erfahrungen machen, die das spielerische Element mit dem Erproben verbinden und Gestaltungsfragen in den Lernprozeß einbinden. Solch unmittelbarer, experimentierender Umgang mit Garnen weckt Begeisterung und Kreativität. Wenn der Schüler sieht, welche ungeahnten Möglichkeiten ihm hier offenstehen, wird er mit Sicherheit die Eigenschaften und die Herkunft der Fasern kennenlernen wollen. Man benötigt auch ein Grundwissen über die verschiedenen Eigenschaften der Fasern, wenn man das Verhalten der Fasern im fertigen Produkt beurteilen will. Zu diesen Eigenschaften gehört die Faserlänge (die durchschnittliche Länge einer Gruppe von Fasern), Durchmesser, Farbe, Glanz, Elastizität, Reißfestigkeit, Abriebfestigkeit, Lichtechtheit, Färbeeigenschaften usw.

Man kann die Fasern in zwei grundlegende Kategorien einteilen – die natürlichen und die künsllichen oder synthetischen Fasern. Synthetische Garne sind oft sehr fein und daher meist ungeeignet für die Handweberei. Der Handweber benutzt sie hauptsächlich als Bereicherung zu den Naturfasern und nur in relativ dicken Stärken. Handweber bevorzugen im allgemeinen die Naturfasern, die lebendiger sind und sich beser anfühlen als ihre künstlichen Pendants. Zu den Naturfasern zählen tierische, pflanzliche und mineralische Fasern.

*33 Schaf*

## TIERISCHE FASERN

### Wolle

Wolle ist die Faser aus dem Vlies von Schafen. Ihre Eigenschaften unterscheiden sich nicht nur nach den vielen verschiedenen Schaftypen und -rassen, die es gibt, auch die einzelnen Stellen am Körper des Schafes verleihen den Fasern andere Eigenschaften. Für Bekleidungsstoffe nimmt man nur die Vliese mit den längsten und dünnsten Fasern, sogenannte Merinowollen; die dickeren und gröberen Vliese eignen sich eher als Teppichwollen.

Der äußere Mantel der Faser besteht aus flachen, unregelmäßigen Schuppen, die sich dachziegelförmig überlappen und der Faser Elastizität verleihen. Manche Fasern sind ganz fein und dünn, manche kräftig; manche sind lang, manche kurz. Feine Wollfasern sind etwa 6 bis 12 cm lang, haben um die 9000 Schuppen pro cm und einen Durchmesser von 16 bis 25 Mikron (1 Mikron ist ein Tausendstel mm). Nur reinrassige Merinoschafe oder Kreuzungen mit überwiegendem Merinoblut können so feine Wollen liefern.

Das Vlies aus der ersten Schur des etwa sechs bis acht Monate alten Lamms nennt man Lammwolle, die feinste und zarteste Wolle, die das Tier je liefert. Schafe werden gewöhnlich einmal im Jahr geschoren. Meist werden sie elektrisch so geschoren, daß die Schafdecke geschlossen abgenommen werden kann. Ein guter Schafscherer kann bis zu 200 Schafe am Tag scheren. Die Vliese werden in Ballen von 300 bis 1000 Pfund – variierend von Land zu Land – in die Spinnereien geschickt. Dort werden sie von erfahrenen Leuten sortiert, die mit einem Griff die Qualitäten bestimmen können. Ein Vlies kann bis zu 20 verschiedene Wollqualitäten enthalten, wobei diese nach Art, Länge, Feinheit, Elastizität und Stärke der Faser zu unterscheiden sind. Die feinste Wolle stammt von der Schulterpartie und den Flanken. Wolle vom hinteren Rükken ist recht gut, während die vom Schwanz und den Beinen steif, kaum gekräuselt und grob ist.

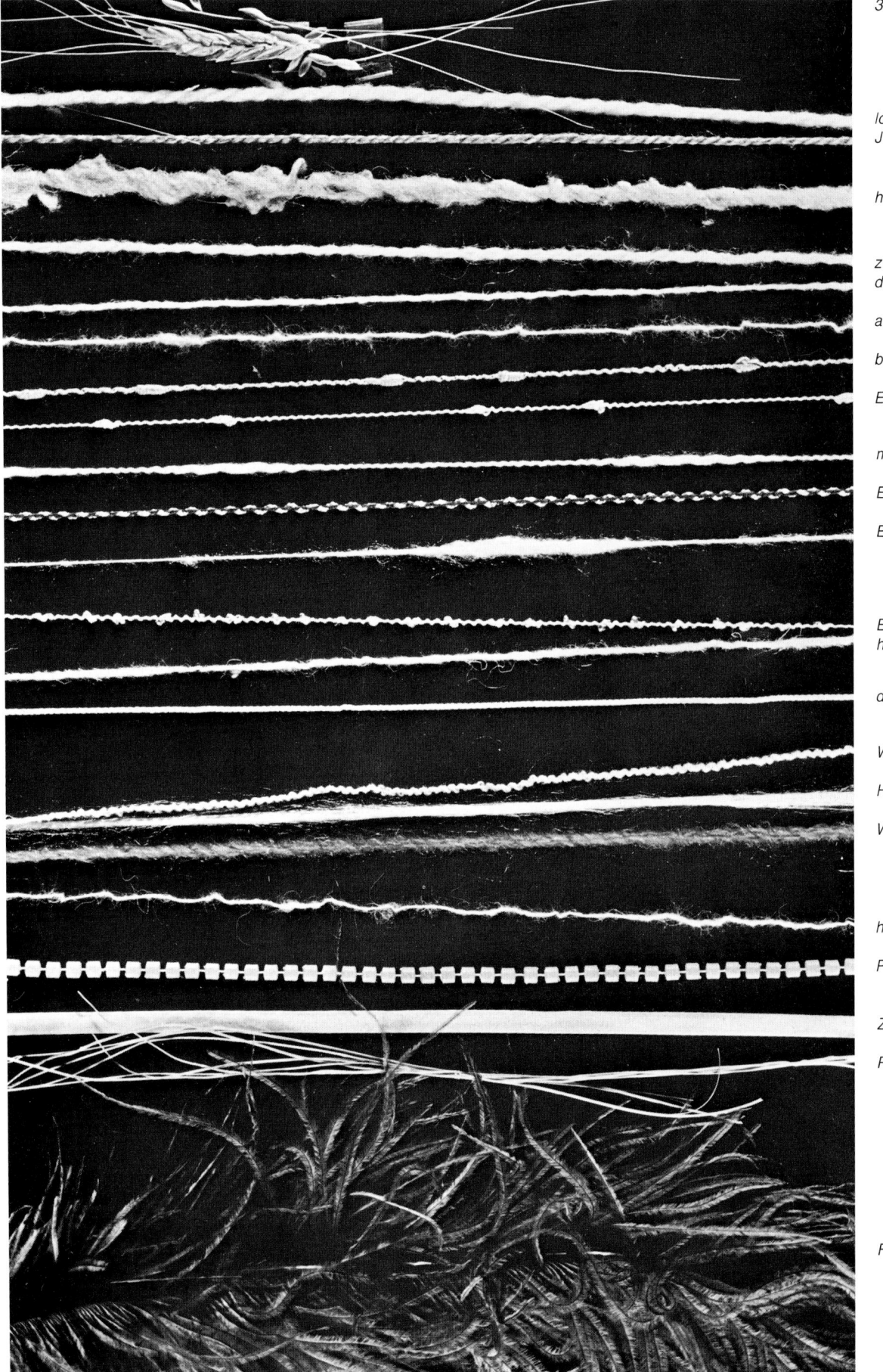

34  Verschiedene Webmaterialien

lose gesponnene Wolle
Jute

handgesponnene Wolle

zweifacher Wollzwirn
dreifacher Wollzwirn

aufgerauhtes Mohairgarn

baumwollenes und metallisches Knotengarn

Effektgarn (Knoten- oder Schlingengarn)

merzerisiertes Baumwollflammengarn

Effektgarn (Bouclé)

Effektgarn (Flammé)

Effektgarn (Ratiné)
handgesponnene Wolle

dreifacher Nylonzwirn

Wollratinégarn

Haspelseide

Wollnylonmischung

handgesponnenes Hundehaar

Plastikperlenschnur

Zellophan

Riedgras

Federgarn

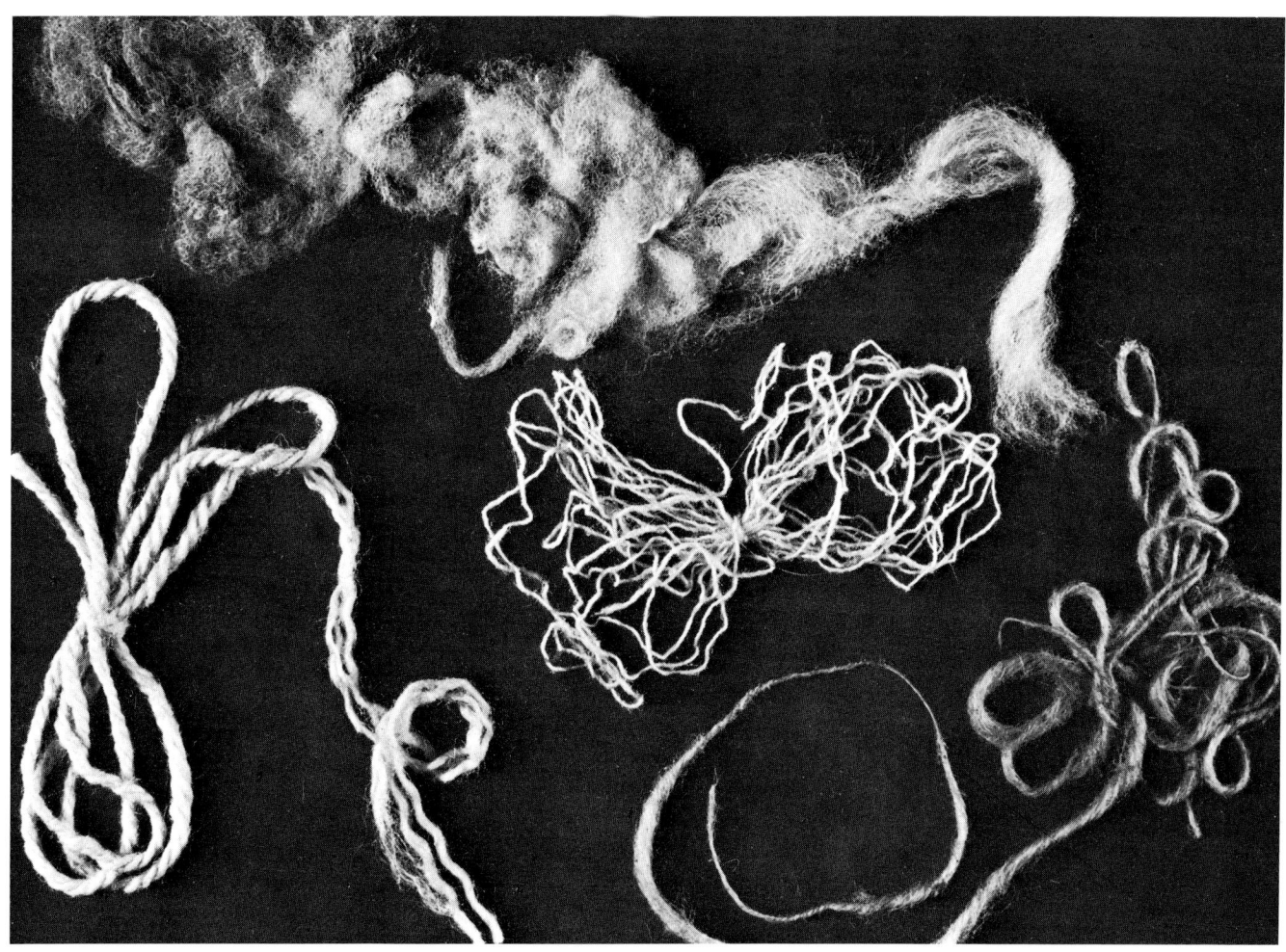

35  Rohwolle und gesponnene Wolle

Die sortierte Wolle wird daraufhin gewaschen, um Tierfett und Schmutz zu entfernen. (Der Fettgehalt, der durch Waschen entfernt wird, beträgt 40 bis 60% des gesamten Wollgewichts und ergibt das wichtigste Nebenprodukt der Wolle, das Lanolin.) Da die Wolle aber durch den Fettverlust spröde würde, muß ihr tierisches, pflanzliches oder mineralisches Fett zurückgegeben werden, bevor sie als nächstes kardiert wird, ein Vorgang, den man mit dem Kämmen oder Bürsten eines Hunde- oder Tierfells vergleichen könnte. Mit großen Drahtbürsten werden verbliebene Schmutz- und Strohteilchen entfernt und die Faserbündel entwirrt. Nach diesem Vorgang ist die Wolle glatt und luftig und läßt sich zum Vorgespinst, einem dicken Faserband, aus dem das Garn versponnen werden kann, verarbeiten.

An diesem Punkt gehen die Wege der Weiterverarbeitung auseinander, je nachdem, ob die Wolle zu Kammgarn oder Streichgarn versponnen werden soll. Streichgarne werden aus den kürzeren Fasern direkt nach dem Kardieren gesponnen und haben eine weiche, flauschige Oberfläche. Für Kammgarne nimmt man dagegen nur die besten, feinsten und längsten Fasern, die nach dem Kardieren so lange gekämmt werden, bis alle Fasern parallel zueinander liegen.

Beim Spinnen werden die Fasern zu einem endlosen Faden gedreht. Sie können mit nur ein paar Umdrehungen pro cm (weich gedrehte Garne) oder mit vielen Umdrehungen (stark gedrehte Garne) gesponnen werden. Man kann die Fasern von links nach rechts spinnen, so daß eine S-Drehung (entsprechend der Richtung des Buchstabens S) entsteht oder von rechts nach links als Z-Drehung. Nach dem Spinnen kann man zwei, drei oder mehr Fäden miteinander zu einem zwei- oder mehrfädigen Zwirn verdrehen. Die Fäden werden entgegen ihrer Spinnrichtung verzwirnt, so daß die Einzelfäden sich ineinander verdrehen.

Wolle gibt es in den natürlichen Farbtönen der Schafe – von Weiß über Grau, bis Braun und Schwarz. Wird die Wolle vor dem Spinnen gefärbt, sprechen wir von einer Flockenfärbung. Mehrfarbige Tweedgarne erhält man, wenn man verschiedene flockengefärbte Fasern miteinander verspinnt. Wird die Wolle erst nach dem Spinnen

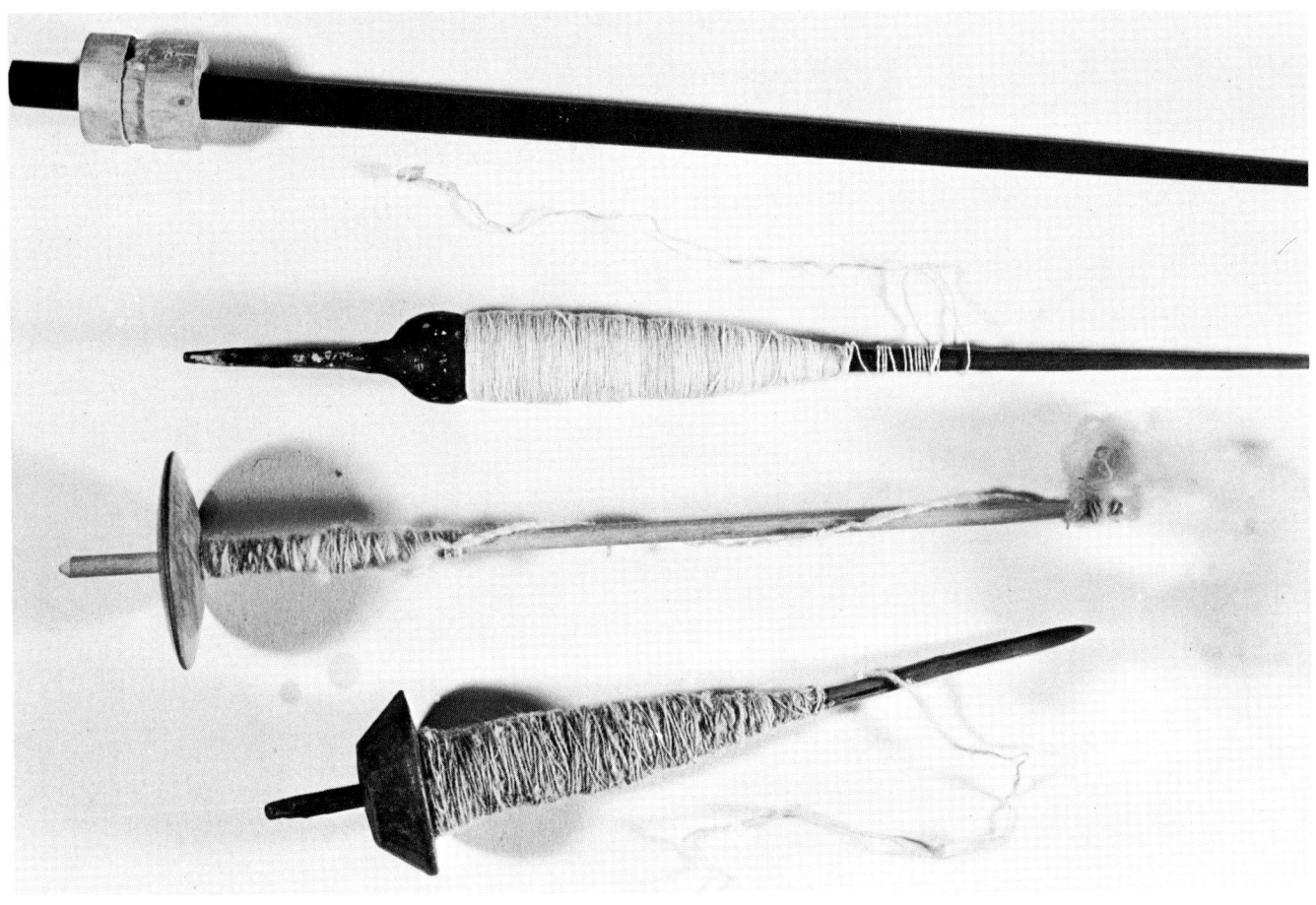

36 Handspindeln zum Spinnen von Woll- und Baumwollfasern

gefärbt, so ist sie stranggefärbt. Das Material kann natürlich auch nach dem Weben noch gefärbt werden; wir sprechen dann von einer Stückfärbung.

Nach dem Kardieren, Vorspinnen, Spinnen und üblicherweise Färben ist die Wolle fertig zum Weben. Wolle ist geschmeidig, ausgesprochen zugfest und sehr elastisch. Ihre Elastizität macht sie knitterfest; sie läuft dadurch allerdings auch gern ein. Wollene Stoffe sind besonders saugfähig (ein trockener Stoff kann 30% seines Eigengewichts an Feuchtigkeit aufnehmen, ohne sich feucht anzufühlen, und bis zu 50% Feuchtigkeit, bevor er zu tropfen beginnt) und haben ein hervorragendes Wärmerückhaltevermögen.

Dem Wool Products Labeling Act, der den Verbraucher in den Vereinigten Staaten durch eindeutige Bestimmung des Fasergehalts von Textilien schützen soll, ist hierzulande das Wollsiegel nach dem Textilkennzeichnungsgesetz gleichzusetzen, wonach zwei Wollklassen festgelegt sind. Die Klassifizierung sagt allerdings noch nichts über den Anteil an Wollfasern aus. »Reine Schurwolle« bezeichnet Wolle von geschorenen, d. h. lebendigen Schafen, die anderweitig noch nicht verarbeitet worden ist. Die besten Stoffe sind immer aus Schurwolle gemacht. »Reine Wolle« dagegen kann zwar Schurwollanteile enthalten, ist aber größtenteils aus Reißwolle gesponnen.

Reißwolle wird aus gewebten, gestrickten oder gefilzten Stoffen, die noch nicht benutzt worden sind, wie Spinnerei- oder Webereiabfälle oder Stoffreste vom Zuschneidetisch des Schneiders, gemacht, wobei die Fasern aufgebrochen und völlig neu verarbeitet werden. Die Fasern verlieren dabei einige ihrer ursprünglichen Eigenschaften, behalten aber genug davon, um zweckdienliche Stoffe damit herstellen zu können. Die Qualität der Reißwolle ist um so besser, je weniger die Fasern durch die Neuverarbeitung bzw. die Erstverarbeitung und anschließendes Tragen gelitten haben. Denn es gibt auch Reißwolle aus Lumpen, Kleidern oder anderen benutzten Wollprodukten. Die Lumpen werden gereinigt und sortiert, zu Fasern zerrissen und chemisch verarbeitet. Diese Reißwolle wird fast immer mit etwas stärkerer, neuer Wolle versetzt und für vielerlei Gebrauchsstoffe verwendet. Im Unterschied zu den Vereinigten Staaten wird diese Wolle nach dem Textilkennzeichnungsgesetz nicht

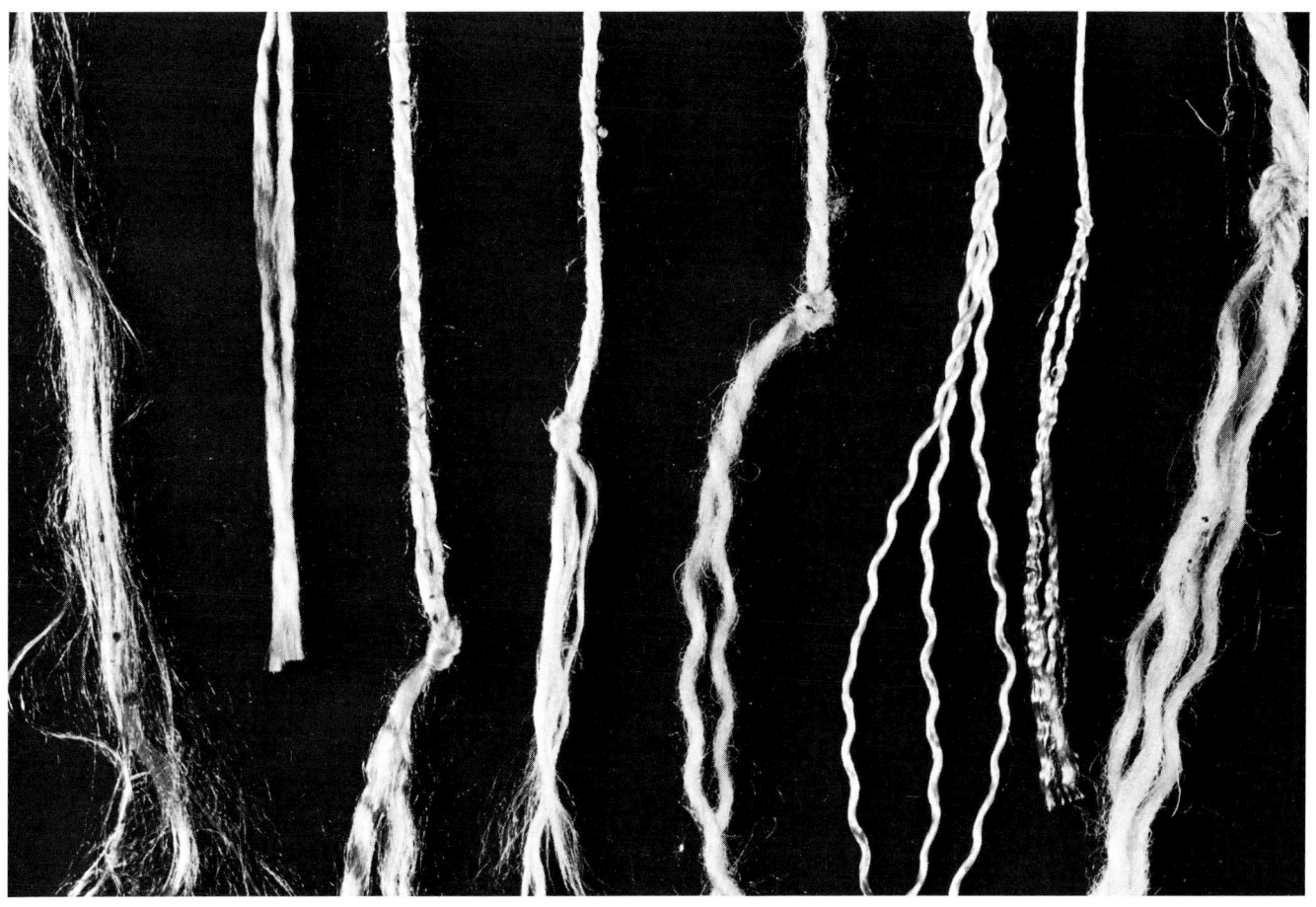

37  Verschiedene Fasern, als Zwei- und Dreifachgarne gezwirnt

von der oben beschriebenen »reinen Wolle« unterschieden, nur Schurwolle ist davon klar abgegrenzt.

Nicht selten wird das gleiche Kleidungsstück in den verschiedenen Qualitäten hergestellt. Der Unterschied macht sich nicht nur im Preis der Ware bemerkbar, sondern auch darin, wie sich der Stoff anfühlt. Die Ware muß natürlich so ausgezeichnet sein, daß der Prozentsatz anderer Fasern neben der Wolle kenntlich gemacht ist.

Die Garne werden ebenfalls nach ihrer Feinheit, d. h. ihrer Lauflänge, klassifiziert. Der Anfänger tut sich sicher schwer, sich in den verschiedenen Systemen zurechtzufinden, aber wenn man die Normen kennt, nach denen die Garnmessung vorgenommen wird, kann man die Lauflänge eines Kilos Garn bald einschätzen.

Die englische Methode der Klassifizierung geht von einer Standardstranglänge von 560 yards aus, die aus einem Pfund Rohwolle im Kammgarnspinnverfahren gesponnen werden, d. h., ein Kammgarn mit der Nummer 1 gibt an, daß aus einem Pfund 560 yards, das sind 507 m, gesponnen worden sind. Das Kammgarn mit der Nummer 2 läuft doppelt so weit, also 1014 m pro Pfund. Die Numerierung von Streichgarnen kann nach zwei verschiedenen Systemen erfolgen. Das »cut«-System geht von 300 yards pro Schur (cut) aus, d. h., 300 yards pro Pfund Rohwolle bilden die Grundlage für ein Einfachgarn mit der Nummer 1. Beim amerikanischen »run«-System, das im allgemeinen benutzt wird, sind 1600 yards pro Pfund Rohwolle die Ausgangsbasis für ein Garn mit der Nummer 1. Je höher dann die Garnnummer, desto dünner wurde das Garn ausgesponnen, und desto größer ist die Lauflänge.

Die in Deutschland übliche Klassifizierung der Lauflänge mit der metrischen Nummer (Nm) baut auf der Garnlänge in Metern und dem Gewicht des Garns in Gramm auf und bezieht sich auf eine Garnlänge, die dem Gewicht von 1 g entspricht. Bei einem Garn Nm 20 wiegen also 20 m 1 g. Nm 20/2 verweist auf ein zweifädiges Garn, dessen Lauflänge sich dementsprechend um die Hälfte reduziert. Die Lauflänge erhält man also, indem man die metrische Nummer durch die Anzahl der eingezwirnten Fäden teilt, wobei zu berücksichtigen ist, daß durch einen Zwirnvorgang sich das Garn noch einmal um 10% verkürzt. Das Garn Nm 20/2 hätte dann eine Lauflänge von 9 m pro Gramm.

# FEINE TIERHAARE ODER EDELHAARE

Als Tierhaare werden solche Wollfasern bezeichnet, die von anderen Tieren als Schafen stammen. Diese Fasern werden für sich oder in Schafwollbeimischungen versponnen, um die Wolle wärmer, leichter und besonders weich zu machen. Die feinsten dieser Haare stammen vom weichen Unterfell der Tiere.

## Kamelhaar

38 Kamel

Die verbreitetste und bekannteste Faser stammt vom zweihöckrigen Kamel, dem in Asien lebenden Trampeltier. Das Kamelhaar erhält man durch Schur oder Ausbürsten des Fells, oder es werden die Haare aufgesammelt, die das Tier im Frühjahr büschelweise verliert. Kamelhaar wird im allgemeinen in den Naturtönen Beige oder Rotbraun zu Mänteln, Schals und anderen Kleidungsstücken verarbeitet.

## Lama

Das Lama ist im Hochland der Anden in Ecuador, Peru, Bolivien und Argentinien zu Hause. Lamas sollen die Grundlage der Inka-Wirtschaft gebildet haben, indem sie den Indianern nicht nur als Nahrungs- und Transportmittel dienten, sondern auch für ihre Kleidung sorgten. Aber schon lange vor der Inka-Zeit wurden aus den leichten, glänzenden Fasern herrliche Stoffe gewebt. Zur Wollgewinnung wird das Lama geschoren. Lamas gibt es in vielen Farben von Weiß über Braun bis Schwarz. Aus dem Garn werden Ponchos und hochwertige Stoffe gearbeitet, die haltbar und außerordentlich warm sind.

## Alpaka

39 Alpaka

Das Alpaka ist ein kleinerer Verwandter des Lamas. Die Fasern des feinen Alpakahaars sind zwischen 20 und 40 cm lang und können, wenn sie nicht jedes Jahr geschoren werden, bis zu 90 cm lang werden. Die seltenste Art der Alpakas, das Suri, hat sogar noch längere und feinere Haare. Beim Sortieren des Alpakavlieses erhält man ein ganzes Farbspektrum von Weiß über Rehbraun, Grau, Hellbraun, Dunkel- oder Rötlichbraun bis Schwarz und gefleckt.

## Vicuña

40 Ziege

Vicuña, das noch kleiner als Lama und Alpaka ist und zu deren Familie gehört, ist ein zierliches und scheues Wesen, das ausschließlich in den höchsten Bergen der Anden auf einer Höhe von 3700 bis 4800 m lebt. Es konnte nie gezähmt werden. Im Unterschied zu den heutigen Gepflogenheiten hatten die Inkas die Tiere nur zur Schur in einen Pferch zusammengetrieben und danach wieder freigelassen. Heute sind die Vicuñas durch hemmungsloses Jagen und Abschlachten so dezimiert worden, daß die Fasern nur noch in so geringen Mengen gewonnen werden können, daß sie auf dem Weltmarkt keine bedeutsame Rolle mehr spielen. Es sind Bemühungen im Gange, Gesetze zum Schutz der Tiere durchzusetzen, um sie so vor der endgültigen Ausrottung zu retten.

## Mohair

Als Mohair bezeichnet man das Vlies der langhaarigen Angoraziege, die, ursprünglich in der Türkei beheimatet, heute in Südafrika und im Südwesten der Vereinigten Staaten gezüchtet wird.

Die Mohairqualitäten unterscheiden sich nach dem Alter der Ziegen und der Art des Vlieses – ob die Haare dicht gelockt und weniger oder stärker gekräuselt sind. Die dicht gelockten Vliese werden im allgemeinen der ersten Qualität zugeordnet. Die Haare der Jungtiere und der ausgewachsenen Angoraziegen unterscheiden sich in Feinheit und Stärke, und für die besten Kleidungsstücke aus Mohair wird nur das Haar der Jungtiere, das Kid-Mohair, genommen.

Da die Faser weniger stark gekräuselt ist als bei der Schafwolle, hat sie eine relativ glatte Oberfläche. Dadurch erhält sie einen hohen Glanz und läßt sich zu einem dünnen Garn verspinnen, das zu einer weichen, glänzenden Oberfläche aufgebürstet werden kann. Mohair verfügt über ähnliche Eigenschaften wie Schafwolle – Wärme, Elastizität und gute Trageeigenschaften. Es läßt sich gut färben und knittert nicht. Mohair wird vorwiegend für Bekleidungs- und Möbelstoffe sowie Teppiche verwendet.

## Kaschmir

Die Kaschmirziege lebt im Himalaya, in den Bergen Tibets, Indiens und Chinas. Die Tiere mit den feinsten Vliesen leben in den allerhöchsten Regionen. Das feine Unterfell der Kaschmirziegen kann nur durch Auskämmen gewonnen werden, da sie sich der Schur verweigern. Beim Kämmen fallen auch viele der langen, dunklen Grannenhaare mit aus, und diese müssen von Hand verlesen werden – ein langwieriges und mühsames Verfahren. Wieviel Mühe und Sorgfalt man auch darauf verwendet, es findet sich immer ein vereinzeltes langes Haar im Vlies, und genau dies ist das typische Merkmal, an dem man Kaschmirgarn erkennen kann.

Die natürlichen Farben der Kaschmirziegen variieren von reinem Weiß über Grau bis Graubraun. Weiße Kaschmirwolle ist relativ selten und stellt nur einen Anteil von 20% der Gesamtmenge dar. Kaschmir wird zu Luxuskleidung verarbeitet und ist besonders reizvoll, weil es sich so weich anfühlt, leicht ist und ganz hervorragend wärmt.

Neben den Haaren der Kamel- und Ziegenrassen gibt es auch Fasern von Tieren wie Biber, Chinchilla und Angorakaninchen, oder auch von anderen behaarten Tieren wie Füchsen, Wiesel, Nerz oder gar Hunden. Deren Haare werden manchmal mit der Wolle versponnen, um sie weicher, griffiger zu machen oder dem Garn eine besondere Struktur zu verleihen.

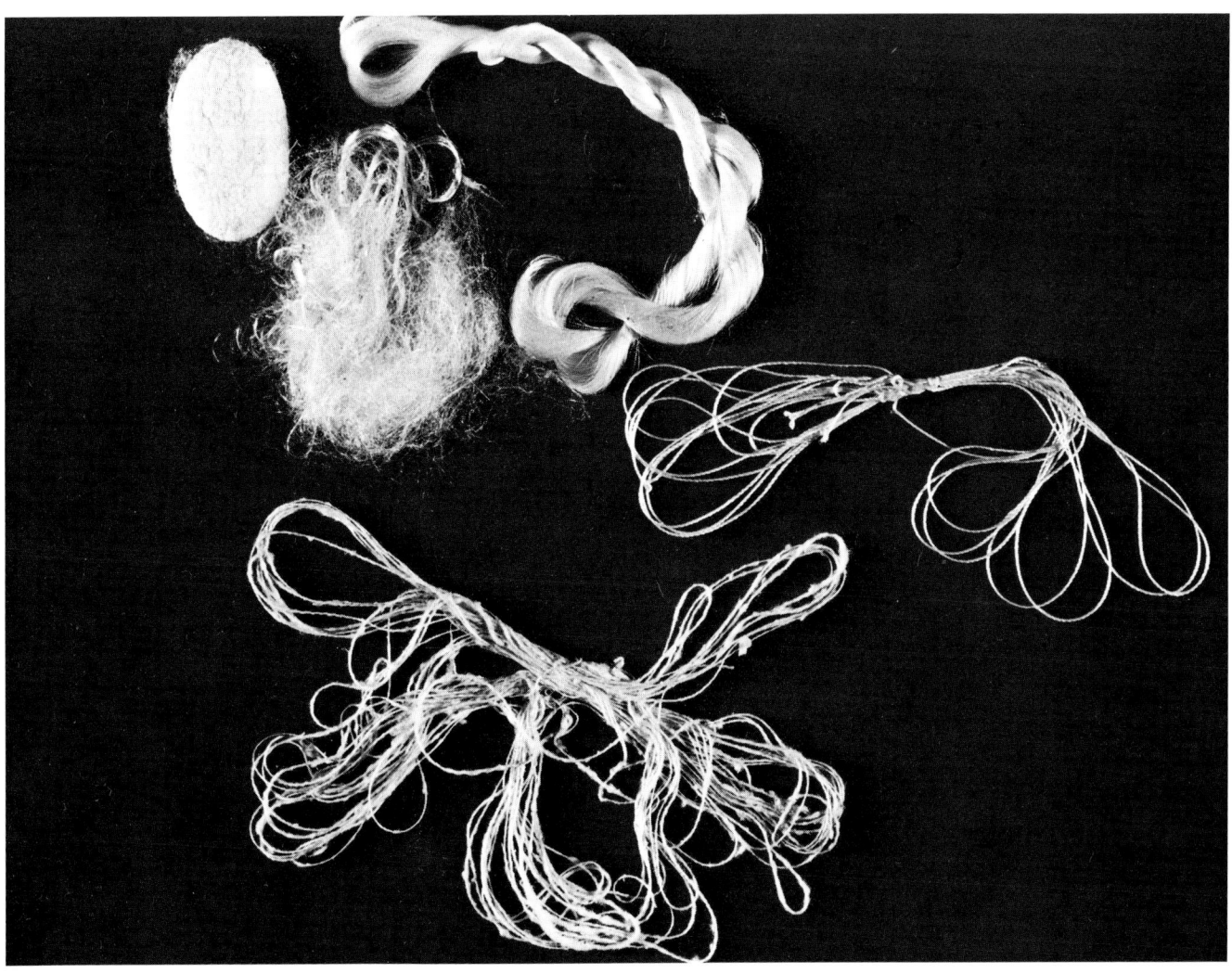

*41 Seide: Kokon, Endlosfaser, Strang, gezwirnte Haspelseide, gesponnenes Seidengarn*

## SEIDE

Die Geschichte der Seide beginnt im alten China. Um ihre Entdeckung und die Seidenraupenzucht ranken sich viele Legenden. Nach einer dieser Erzählungen hatte des Kaisers junge Gemahlin, in deren Garten sich viele Maulbeerbäume befanden, eines Tages durch Zufall den Faden eines Seidenraupenkokons abgespult und festgestellt, daß sich die Gummischicht, die den Kokon zusammenhält, löst, wenn man ihn in heißes Wasser wirft – und daß sich dann ein langer Faden abwickelt. Eine andere Kaiserin, Hsi-ling-shi, die Gemahlin von Huang-ti (2640 v. Chr.), soll sich persönlich um die Seidenraupenzucht gekümmert und in China seidene Stoffe in Mode gebracht haben.

Wie die Geschichte der Entdeckung auch gewesen sein mag, die Seidenproduktion wurde zum sorgfältig gehüteten Staatsgeheimnis und blieb dem Westen verborgen, bis zur Zeit des Kaisers Justinian im 6. Jahrhundert n. Chr. Von da ab breitete sich die Seidenraupenzucht und die Seidenweberei in Europa aus, und Seidenstoffe und -kleider sind nach wie vor das Non-plus-ultra an Schönheit und Eleganz.

Der Lebenszyklus der Seidenraupe ist faszinierend. Jeder Falter legt zwischen 300 und 800 Eier. Die etwa 3 mm langen Seidenraupen schlüpfen nach drei Tagen bis einer Woche aus ihrem Ei, aus dem sie sich herausfressen. Sie müssen dann intensiv betreut und ständig mit frischen, trockenen, jungen Maulbeerblättern gefüttert werden. Die Seidenraupen, die von Maulbeerblättern leben, liefern die feinste Seide. Seidenraupen, die sich von Eichen- oder anderen Blättern ernähren, werden Wildseidenraupen genannt und produzieren braune Seidenfäden, genannt Tussahseide.

Die Seidenraupen sind ungeheuer gefräßig und wachsen schnell, sie erreichen ein Vielfaches ihres Gewichts und werden etwa 8 cm lang. Nach 30 Tagen sind sie ausgewachsen. Das knirschende Kaugeräusch läßt nach;

nun befestigen sie sich an ihrem eigenen Halteseil an einem Zweig oder Ast und verspinnen sich in ihren Kokon. Um den Kokon zu bauen, bewegt die Seidenraupe den Kopf mehrmals pro Sekunde, wobei sie den Faden in Form einer Acht vor- und zurücklegt. Die Raupe hat zwei Drüsen am Kopf: die eine produziert Seide, die andere den gummiartigen Stoff namens Serizin. Beide Drüsen sind durch die Spinndrüse miteinander verbunden, die zu einer kleinen Öffnung unter dem Mund führt, aus der die beiden Stoffe als ein Faden austreten.

Die Kokons sind harte, eiförmige Gebilde, die in zwei bis drei Tagen fertiggestellt werden. Dann verpuppen sich die Seidenraupen, bis sie nach etwa 14 Tagen als Falter ausschlüpfen. Da die durchstoßenen Kokons, aus denen sich die Falter herausgearbeitet haben, nicht mehr als Endlosfaden abzuhaspeln sind, läßt man nur die für die Zucht benötigten Falter schlüpfen. Diese wiederum sterben, sobald sie sich gepaart und ihre Eier abgelegt haben. Ihre Kokons werden zusammen mit den Kokons, welche zwei Raupen gemeinsam gebaut haben, den Duppioni, ausgesondert. Die restlichen Puppen werden in ihren Kokons durch heiße, trockene Luft getötet und die Kokons weiterverarbeitet.

Jeder Kokon enthält einen Seidenfaden von 500 bis 1600 m Länge, aber man kann nur einen Teil der einzelnen Kokons tatsächlich abhaspeln. Man gibt dazu mehrere Kokons in kochendes Wasser, in dem das Serizin weich wird und die Fasern sich lösen. Dann nimmt man die Enden der Seidenfäden zusammen, wickelt und haspelt sie zusammen ab, so daß ein glatter, dünner, gleichmäßiger Faden entsteht. Das ist die Rohseide. Später wird die Rohseide durch ein Verfahren, das man Moulinieren oder Doublieren nennt, gedreht und manchmal auch gezwirnt. Schließlich wird das Seidengarn zum Strang oder auf Spulen oder konische Körper gewickelt. Seide von beschädigten Kokons und die Duppioni-Seide muß versponnen werden. Dieses Material gibt ein ungleichmäßiges, noppiges Garn, das auch Bourrette genannt wird. Bourrette und Tussahseide werden auch zusammen verarbeitet.

Die wichtigste Eigenschaft der Seide ist ihre hochgradige Feinheit bei gleichzeitiger extremer Zugfestigkeit. Eine Seidenfaser ist fester als ein Stahldraht gleichen Durchmessers. Seide hat einen herrlichen natürlichen Glanz und kann problemlos mit anderen Fasern wie Wolle oder Leinen gemischt werden.

Die Maßeinheit für Haspelseide ist der Denier. Diese Maßeinheit stammt aus dem 16. Jahrhundert, als der französische König Franz I. die ursprünglich von Julius Caesar geprägte Münze, den Denarius, zu neuem Leben erweckte. Franz I., der als Vater der französischen Seidenindustrie gilt, setzte den Denier als Standardmaß für Seide fest.

Für Haspelseide und gesponnene Seide werden zwei verschiedene Maßeinheiten verwendet. Wenn 450 m Haspelseide einen Denier (D), d. h. 0,05 g wiegen, wird die Seide mit der Nr. 1 bezeichnet. Ein Pfund Seide von 1 Denier hat eine Lauflänge von 4 500 000 m. Im Gegensatz zu anderen Maßeinheiten ist beim Denier das Garn um so gröber, je höher seine Nummer ist, und dementsprechend kürzer ist seine Lauflänge pro Pfund.

Da Seide eine Naturfaser ist, ist sie nicht unbedingt immer gleichbleibend stark. Aus diesem Grund werden manchmal zwei Deniernummern genannt, so daß zum Beispiel ein Faden von 13/15 Denier eine Fadenstärke bezeichnet, die zwischen diesen beiden Ziffern liegt.

Bei gesponnener Seide wird auf der Basis der Zahl der Stränge mit einer jeweiligen Lauflänge von 768,1 m die Menge berechnet, die nötig ist, um ein Pfund Garn zu ergeben. Hier bleibt die Maßeinheit unberührt von der Zahl der miteinander verzwirnten Fäden: die Lauflänge bleibt die gleiche in einem Garn einer bestimmten Nummer, ob das Garn einfach oder gezwirnt ist. Insofern hat ein ungezwirntes Seidengarn der Nr. 30 dreißigmal die Lauflänge von 768,1 m, bzw. 23 043 m pro Pfund (Gewicht dabei = 453,59 g) Seide. Ein zweifädiges Seidengarn 2/30 hat ebenfalls eine Lauflänge von 23 043 m pro Pfund, da zwei Stränge der Nr. 60 dafür verzwirnt wurden.

*42 Baumwollkapsel*

# PFLANZENFASERN

## Baumwolle

Auch Baumwolle ist seit Urzeiten eine wichtige Textilfaser – in Indien ist sie bereits 5000 Jahre vor Christi Geburt verarbeitet worden. Die Baumwollpflanze ist ein Malvengewächs und mit Hibiskus und Stockrose verwandt. Sie gedeiht nur in warmen Klimazonen. Die Samen werden im zeitigen Frühjahr gesät. Nach etwa zwei Monaten ist der Keim zu sehen und wächst zu einem niedrigen Busch von etwa 1,30 m Höhe heran. Nach einigen Wochen erscheinen die Knospen, und drei Wochen später blüht der Busch. Die Blütenblätter öffnen sich, welken und fallen ab, so daß eine kleine Kapsel zum Vorschein kommt, die Baumwollkapsel. Wenn sie etwa zwei Monate später reif ist, bricht die flockige Fruchtkapsel auf, und man kann die darin enthaltenen weißen Samenhaare pflücken.

Der erste Schritt bei der Baumwollverarbeitung ist die Trennung der Samen vom Lint (den Baumwollfasern), was man mit der Egreniermaschine (der Baumwollentkörnungsmaschine) macht. Das Lint wird gereinigt und zu Ballen von etwa 500 Pfund gepreßt.

Der nächste Schritt ist das Kardieren. Die Baumwolle wird gereinigt und die Faserbüschel maschinell auseinandergezogen und zu einem Faserband, einem sogenann-

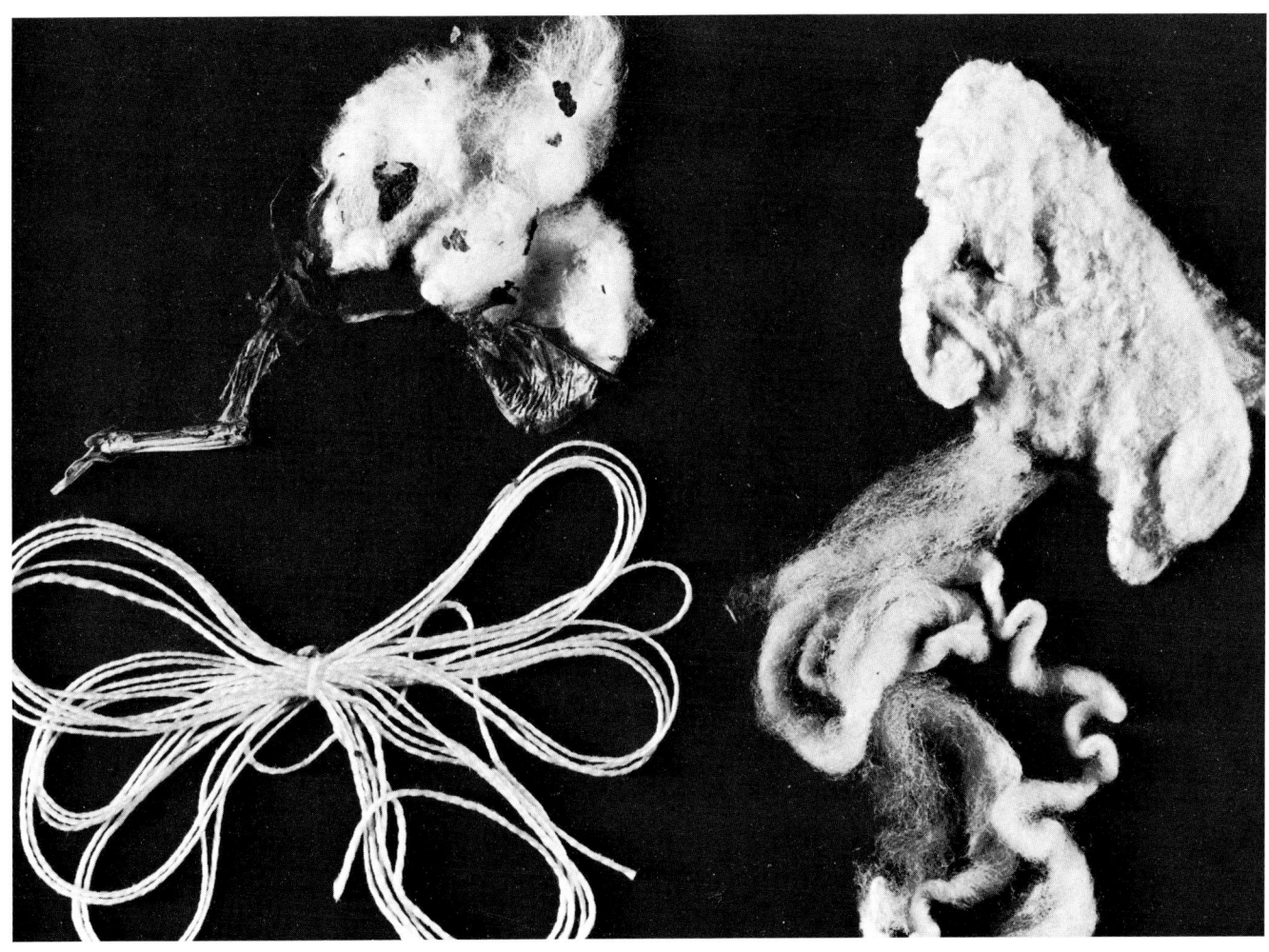

43 Baumwolle: Kapsel, Rohbaumwolle (Lint), Florband, versponnenes und gezwirntes Garn

ten Florband, geformt. Mehrere solcher Florbänder werden zusammen verstreckt und zusammengepreßt. Danach wird die Baumwolle gekämmt. Dieses Verfahren, das der Kammgarnspinnerei gleicht, ergibt die besten Qualitäten. Dann wird die Baumwolle zum Vorgarn verarbeitet, einem dünneren und leicht gedrehten Faserband. Aus dem Vorgarn wird die Baumwolle schließlich dünn ausgesponnen.

Baumwollgarne oder -stoffe werden häufig merzerisiert: ein Verfahren, bei dem man die Baumwolle in eine starke Natronlauge taucht, um sie fester, glänzender und aufnahmefähiger für Färbemittel zu machen.

Die Qualität der Baumwolle hängt von verschiedenen Faktoren ab. Ein entscheidendes Kriterium ist die Faserlänge. Aus Fasern, die kürzer als 2,5 cm sind, kann nur ein gröberer Stoff entstehen. Mittlere und lange Fasern – 2,5 bis 20 cm – werden meist für die amerikanischen Textilien genommen. Feine Baumwolle mit einer glatten, fast seidigen Oberfläche wird aus superlangen, peignierten (d. h. gekämmten) Baumwollen gewebt.

Die Standardauflage für Baumwolle sind 768,1 m pro Pfund (lbs). Ein Baumwollgarn nr. 1 läuft also 768,1 m pro Pfund; ein Garn Nr. 30 läuft 30mal weiter pro Pfund. Wenn zwei Fäden der Nr. 30 miteinander verzwirnt sind, trägt das Garn die Nr. 30/2, das nur mehr die halbe Lauflänge pro Pfund aufweist.

Kaum eine andere Faser hat die Vielseitigkeit und guten Trageeigenschaften der Baumwolle aufzuweisen. Sie eignet sich gut zum Färben und Bleichen, ist leicht waschbar, läßt sich hervorragend verarbeiten, verträgt Temperatur- und Feuchtigkeitsschwankungen und reizt die Haut nicht. Sie ist gut mit vielen Kunstfasern zu mischen. Aufgrund dieser Eigenschaften sind die zahllosen, im Handel erhältlichen Baumwollgarne von ganz besonderem Interesse für den Handweber.

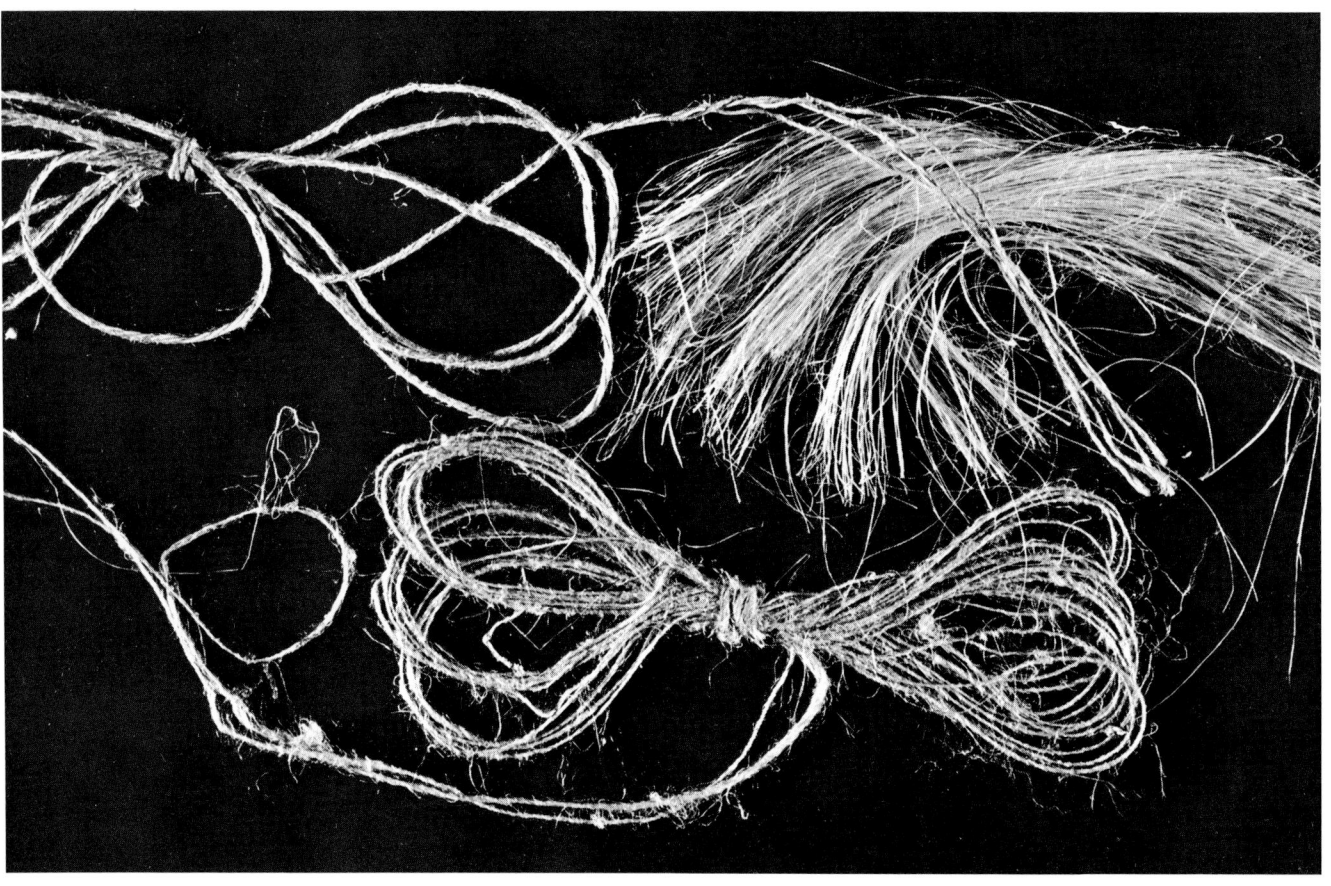

*45 Leinen, Flachsfaser, Werg*

*44 Blühender Flachs*

## Bastfasern

### Leinen

Keine Bastfaser ist so vielseitig verwendbar wie das Leinen, die Faser der Flachspflanze. Leinen soll die älteste Textilfaser sein und ist sogar schon vor der Baumwolle bezeugt.

Flachs wächst aus Samen, die dicht an dicht ausgesät werden, damit die Pflanze hohe, lange Stengel entwickelt, die sich erst oben verzweigen. Da sich die Faser bis hinunter in die Wurzeln zieht, müssen die Pflanzen zur Ernte ausgerissen (gerauft) werden. Die faserigen Stengel läßt man verrotten (Rösten): man weicht sie in sauberem, klaren Wasser ein, damit die hölzerne Rinde verrottet und sich der Leim löst, der die Fasern zusammenhält. Dann werden die Fasern getrocknet und zur Mühle gebracht, wo die holzigen Stengel von den langen Fasern getrennt werden (Brechen und Schwingen). Die Fasern werden dann gehechelt (gereinigt und durch Kämmen gestreckt), gezogen und zu Garn versponnen. Es werden zwei Sorten Garn produziert. Die kurzen Fasern verspinnt man zu einem ungleichmäßigen Garn, Werg genannt. Die langen Fasern werden gekämmt und zu einem festen, glatten Garn, dem Leinen, versponnen.

Der Flachs besteht großenteils aus Zellulose, die die Faser glatt und glänzend macht. Sie ist zwar nicht elastisch, weshalb Leinenstoffe auch gern knittern, aber fest und von schöner natürlicher Farbe. Sie kann viel Feuchtigkeit aufnehmen und ist gut waschbar.

Das Garnmaß bei Leinen basiert auf dem Lea, einer Einheit von 300 Yard, die aus einem Pfund Rohflachs gesponnen werden.

### Jute

Jute ist der Faserstengel einer Pflanze, die ursprünglich in den Mittelmeerländern beheimatet war und nach Indien und Ostpakistan verpflanzt worden ist, den heute wichtigsten Juteanbauländern. Die Jutepflanze wird zwischen 3 und 4,5 m hoch, die Fasern sind 1,20 bis 2,10 m lang und werden wie Leinen gesäubert (geriffelt), geröstet, geschwungen und gehechelt.

Die Jutefaser ist fest und glänzend. Ihr natürlicher Farbton ist Gelblichbraun, aber sie läßt sich gut bleichen und färben. Obwohl sie wenig elastisch ist und sich in Wasser gern löst, wird sie – weil sie sich so angenehm anfühlt – zunehmend für Taschen, Seile, Rupfen, Wandbespannungen oder Tapeten und Bekleidungsstoffe verwendet.

### Hanf

Hanf ist wie Leinen eine alte Textilfaser. Es gibt viele verschiedene, bekannte Hanfsorten, doch die bekanntesten Sorten wachsen auf den Philippinen (Manilahanf) und in Afrika.

### Ramie

Ramie, auch Chinagras genannt, wird ebenfalls aus dem Stengel einer Nesselpflanze gewonnen. Sie erreicht eine Höhe von 1,50 m bis 2,40 m, und ihre Faser hat eine durchschnittliche Länge von 12 cm bis 15 cm. Die Faser ist weiß und sehr resistent gegen Bakterien- und Schimmelbefall. Sie ist saugfähig, trocknet schnell und ist extrem fest.

Die Produktion von Ramie ist wegen der schwierigen Verarbeitungsverfahren nur beschränkt möglich. Neu entwickelte Anbaumethoden und Techniken zur Fasertrennung und zum Spinnen haben die allerdings noch immer begrenzte Produktion gesteigert. Ramie wird hauptsächlich in Bekleidungsstoffen verarbeitet, entweder allein oder als Beimischung. Auch für Fischernetze, Leinwand, Filterstoffe und andere Industriestoffe wird Ramie gebraucht.

### Unbekanntere Bastfasern

Sunnhanf, Kenaf und Urena sind Bastfasern, die in kleinen Mengen angebaut und verarbeitet werden. Dem Handweber stehen sie allerdings nur selten zur Verfügung.

Manche Fasern, die zum Weben verwendet werden, werden aus Rinden und Blättern gewonnen. Abaka ist eine solche. Es ist eine glänzende Blattfaser, die aus der

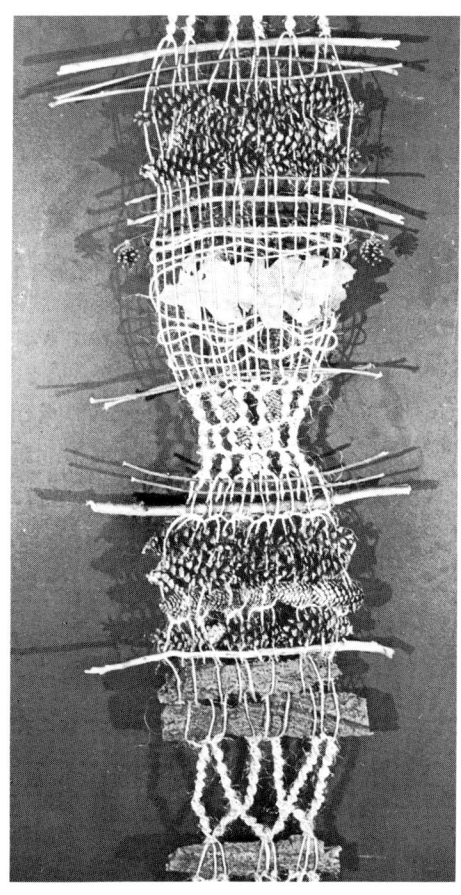

46 Wandgehänge aus Leinen, Pinienzapfen, Laub und Holz von Carolyn Saberniak

47 Tischset aus Holz und Bambus, gewebt von Helen Little

*48 Verschiedene Garne und Kieselsteine, zu einer interessanten Oberflächenstruktur gestaltet von Helga Zirkel*

äußeren Schicht der Blatthülle der Musapflanze gewonnen wird. Das Gros der verarbeiteten Abakafasern stammt von den Philippinen, wo sie auch verwebt werden. Wir kennen die Faser aus fein gemusterten Sets und gewebten Körben.

Sisal und Hennequen sind Agavefasern. Sie gleichen dem Abaka und können zu 100 cm bis 125 cm langen Fasersträngen gezogen werden. Sie werden hauptsächlich zu Seilen und Tauen verarbeitet und haben eine rauhe Oberflächenstruktur, die durchaus reizvoll für den Handweber ist.

Ananasfasern, die aus den Blättern der Pflanze gewonnen werden, sind relativ unbekannt, ergeben aber einen wunderbaren, zarten Stoff. Stoffe aus Ananasfasern, die hauptsächlich auf den Philippinen gewebt werden, sind weich, glänzend, geschmeidig und fest. Die Fasern werden manchmal mit Seide gemischt.

Der Handweber hat den Vorteil, daß er viele Pflanzen direkt vom Feld oder Baum zusammen mit Industriegarnen und -fasern verarbeiten kann. Getrocknete Pflanzenstengel und Blumen, Zweige und Gras können mit sehr schönen Ergebnissen eingewebt werden, wie die Abbildungen 46, 47 und 48 zeigen.

# MINERALFASERN

## Asbest

Asbest ist eine Mineralfaser – d. h. eine Faser ohne Zellstruktur. Sie kann zu Garn versponnen und verwebt werden wie Baumwolle. Ihre wichtigste Eigenschaft ist ihre absolute Hitze- und Feuerbeständigkeit (wenn bei solcher Verwendung heute auch gesundheitliche Bedenken anzumelden sind).

## Glasfaser

Aus einer erhitzten Glaskugel kann man eine dünne Faser ziehen und durch schnelle Drehung zu einem dünnen Faden formen. Glasfasern sind feuerbeständig, nehmen keine Flecken an und bleichen nicht aus. Die Glasfaser kann gewaschen, muß aber nicht gebügelt werden und läßt sich gut färben. Sie wird für Vorhänge und Isolationsstoffe verwendet. Allerdings ist sie auf Dauer nicht ganz reibfest – manche Handweber sind allergisch gegen Glasfasern.

## Metallfasern

Metallfasern werden aus Gold, Silber, Kupfer oder Aluminium gezogen oder geschnitten und durch einen Kunststoffüberzug vor dem Anlaufen geschützt. Oft wird der Kunststoff auch gefärbt, so daß der natürliche Metallglanz durch bunte Farben überhöht wird. Metallgarne gibt es in vielen verschiedenen Formen – als dünne Bänder, die um einen Leinen- oder Baumwollkörper gewickelt werden, der den Faden stärkt und trägt, oder anderes mehr. Der Handweber muß darauf achten, ob das Garn verstärkt ist oder nicht. Brüchige und spröde Metallfäden sollte er immer mit einem anderen, festeren Garn zusammen verweben.

# KUNSTFASERN

Synthetik- oder Kunstfasern werden in so großem Umfang für handelsübliche Stoffe verwendet und sind so vielseitig, daß man ihnen in einem kurzen Abschnitt kaum gerecht werden kann. Sie sind aus Basismaterialien wie Holzwolle, Zellulose, Mineralien, Petroleum, Salzen und Kohle entwickelt, setzen sich im einzelnen aber chemisch und physikalisch anders zusammen und erhalten von daher ihre spezifischen Eigenschaften. Viele sind wasser- und feuerfest und kaum allergie-auslösend. Die meisten sind sehr elastisch und motten- und schimmelfest. Viele sind waschbar, manche schmelzen allerdings, wenn man sie zu heiß bügelt. Alle sind fest und haltbar. Für den Handweber sind sie vor allem deshalb interessant, weil sie in sehr intensiven und leuchtenden Farben mit vielen verschiedenen Oberflächenstrukturen zu haben sind.

Grundsätzlich sind die Kunstfasern in zwei große Gruppen zu unterteilen: die klassischen anorganischen Chemiefasern und die Fasern, die aus rein organischen Rohstoffen auf Zellulose- oder Proteinbasis hergestellt werden und die man aus diesem Grund auch als halbsynthetische Fasern bezeichnen könnte.

## Kunstseide oder Viskose

Kunstseide wurde als erste Kunstfaser entwickelt, nachdem die Chemiker herausgefunden hatten, wie die pflanzliche Zellulose gelöst und zu endlosen Fasern gezogen werden kann. Sie sollte einen Ersatz für Seide darstellen. Es gibt verschiedene Kunstseiden, die auch unter diversen Handelsnamen registriert sind und jeweils unterschiedliche Eigenschaften aufweisen.

Die wichtigste Kunstseide ist wohl heute die Viskose, die nach dem Viskoseverfahren hergestellt wird. Hierbei wird der Zellstoff zerfasert und mit Natronlauge und Schwefelkohlenstoff so behandelt, daß sich eine zähflüssige Masse bildet, aus der dann im Naßspinnverfahren Endlosfäden gezogen werden, die entweder als Endloszwirne angeboten oder zerschnitten und wie andere kurze Fasern neu versponnen werden. Viskose ist sehr preiswert, hat der Baumwolle vergleichbare, gute Trageeigenschaften, einen feinen, der Seide vergleichbaren Glanz und kann gut Farbe und Feuchtigkeit aufnehmen. Wegen ihres Glanzes wird sie gern Wollgarnen beigemischt.

Eine andere Faser, aus einem anderen Verfahren (nämlich mit Kupferoxyd und Ammoniak) entwickelt, ist das Cuprofilament. Jede Faser reagiert anders auf die Färbung, weshalb verschiedene Kunstfasern, die im selben Farbbad gefärbt werden, interessante Schattierungen im Gewebe ergeben können.

Fortisan ist der Handelsname für eine der stärksten Kunstfasern, die es gibt. Bei diesem Garn liegen die Moleküle, die einen Faserstrang bilden, parallel zur Richtung des Faserstrangs, wodurch dieser extrem fest wird und kaum einlaufen oder sich überdehnen kann. Die Faser ist äußerst fein und weich und für hauchdünne Stoffe wie Fenstervorhänge oder Gaze geeignet.

## Acetat

Acetat ist eine Zelluloseverbindung, die aus Zelluloseacetat gemacht wird. Sie kann glänzend oder matt, dünn oder dick, glatt oder flauschig hergestellt werden, je nach gewählter Fertigungsmethode. Die Faser ist widerstandsfähig gegen Motten, Schimmel, wirkt antiallergisch und ist ein guter Isolator. Arnel und Celanese sind bekannte Handelsnamen dieser Triacetatfasern.

## Acryl

Acrylfasern fühlen sich weich an, haben glänzende Farben, können zu »wash-and-wear«-Kleidung verarbeitet werden und bleichen nicht aus.

## Polyester

Dacron ist die bekannteste Polyesterfaser, ein Synthetikgarn mit enormer Dehnfestigkeit, das sich kaum abnutzt. Dacron läßt sich gut mit anderen Fasern wie Wolle und Baumwolle oder anderen Kunstfasern mischen.

## Nylon

Nylon ist der Oberbegriff für ein Kunstfaserprodukt aus Kohle, Petroleum und Gas. Sie ist die wahrscheinlich

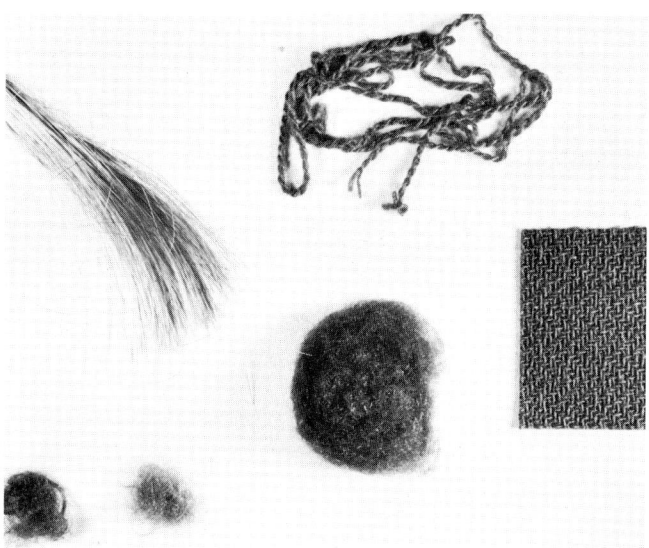

*49 Nylon: Filament, Faser, zweifarbiges Garn, Garn und gewebter Stoff*

wichtigste Kunstfaser und wird für viele verschiedene Artikel gebraucht. Nylon ist schimmelfest, trocknet schneller als jede andere Textilfaser und muß wenig oder gar nicht gebügelt werden. Sie ist ausgesprochen dehnfest. In trockenem Zustand ist sie fester als Seide, aber weitaus weniger saugfähig. Wegen ihrer Festigkeit wird sie für Angelschnüre, Tennisschlägersaiten und Fallschirme verwendet. Wegen ihrer Elastizität wird sie in Strumpfwaren und Wäsche verarbeitet. Spinnereien spinnen aus kurzen Nylonfasern weiche, flauschige Garne. Für den Handweber ist Nylon als Faser zum Mischen mit Naturgarnen interessant, oder auch wegen seiner Festigkeit und guten Wascheigenschaften allein zu verwenden.

In bezug auf das Garnmaß werden die Kunstfasern nach denselben Prinzipien wie die Naturfasern sortiert. Kunstfasern, die wie Kammgarn gesponnen sind, werden wie natürliche Kammgarne behandelt. Fasern, die wie Schurwollen gesponnen sind, werden wie Schurwolle behandelt. Die feinen Synthetikfasern werden in Denier gemessen.

## EFFEKTGARNE

Eine Vielzahl von natürlichen und künstlichen Garnen gehören zur Kategorie der Effektgarne. Sie werden so gesponnen und verzwirnt, daß sich Knötchen, Schlaufen, Schlingen oder Locken bilden, und man erhält sie im Laden unter Namen wie Bouclé, Flockengarn, Knotengarn, Ratiné, Vorgarn oder Schlingengarn.

50 Garne verschiedener Stärke, als Rapport für eine mögliche Kette zusammengestellt

## DIE OBERFLÄCHENBEHANDLUNG DER STOFFE

Handweber behandeln ihre fertigen Stoffe ganz anders, als es die Stoffabriken tun. Industriell hergestellte Stoffe werden verschiedenen Spezialverfahren unterworfen wie Walken (wodurch die Fasern des frisch gewebten Stoffs zu einem homogenen Ganzen zusammengepreßt werden), Dekatieren, Glätten, Verschrumpfen, Bleichen, Scheren, Filzen, Rauhen und Bürsten. Mittels anderer Verfahren werden die Stoffe knitterfest, wasserabweisend und feuerfest gemacht.

Allgemein gesagt gibt es drei grundlegende Techniken der Oberflächenbehandlung: Die natürliche Struktur der Faser wird wie gewebt belassen, d. h., Woll- und Tweedstoffe behalten einen natürlichen, feinen Flausch, die sogenannten Rauhgewebe. Die im Webstoff hochstehenden Fasern können aber auch abgeschnitten oder abgesengt werden, so daß die Webstruktur im fertigen Stoff ebenso sichtbar ist wie auf dem Webstuhl. Und schließlich kann man über das Gewebte einen Flor bürsten, so daß die Gewebestruktur nicht mehr zu sehen ist; das sind dann Stoffe »mit Strich«.

Zwei Verfahren müssen sowohl bei handgewebten Stoffen als auch bei industriell hergestellten Stoffen angewandt werden: das Vorschrumpfen und Dekatieren. Wie man den Stoff behandelt, hängt vom jeweiligen Material und dem vorgesehenen Verwendungszweck ab. Manche Stücke, wie Wandbehänge, müssen nur sorgfältig von Hand gesäumt oder mit Fransen versehen und leicht gedämpft werden. Andere, wie Vorhänge oder Möbelstoffe, müssen mit heißem Dampf dekatiert oder in der Reinigung trockengereinigt werden; dort kann die Oberfläche gleichzeitig flecken- und wasserabweisend behandelt werden.

Bekleidungsstoffe müssen sehr sorgfältig vorbehandelt, Seide, Baumwolle, Leinen und Fasermischungen dabei am besten professionell vorbearbeitet werden. Zwar lassen sich die Baumwoll- und Leinenstoffe aus der Industrie hervorragend waschen, aber die handgewebten Stoffe sind oft sehr locker gewebt und werden nach dem Waschen schlaff, stumpf und formlos. Diese Stoffe sollte man professionell dekatieren lassen, wenn nicht ein Musterstück getestet wurde und sich diese Notwendigkeit erübrigt hat.

Effektgarne wie Mohair kann man aufbürsten, so daß eine dichte, flauschige Oberfläche entsteht. Man macht das am besten bereits direkt auf dem Webstuhl. Trotzdem sollten diese Stoffe von Fachleuten dekatiert und gereinigt werden, da sie leicht filzen.

Wollstoffe können im allgemeinen vom Weber selbst behandelt werden, wenngleich anfangs ein Musterstück getestet werden sollte. Die Behandlung besteht darin, den Stoff in lauwarmem Wasser mehrmals mit einem milden Waschmittel zu waschen. Dann sollte er in Wasser der gleichen Temperatur so lange ausgespült werden, bis das Wasser klar bleibt. Der Stoff wird schließlich ausgedrückt (nicht ausgewrungen!) und an einer schattigen Stelle an der Webkante aufgehängt oder in Handtücher gewickelt, um so über Nacht zu trocknen. Wenn der Stoff dann gründlich gedämpft wird, erhält er seine endgültige Schönheit.

# 3
# DIE KETTE

Der erste Schritt zum Weben eines Stoffes ist immer der Entwurf der Kette und das Bespannen des Webstuhls. Der Anfänger sollte am besten damit beginnen, die Kette für ein Musterstück zu entwerfen. Der erfahrene Weber entwirft seine großen Arbeiten mit Hilfe solcher Probestücke. Der Anfänger hat hier die Gelegenheit, die Möglichkeiten aufzuspüren, die in seinen Garnen und ihren Farben und Oberflächen stecken, und er kann auf diese Weise herausfinden, mit welcher Wirkung sie sich mischen lassen. Seine Wahl hängt im Prinzip nur von seiner Phantasie, seiner Unternehmungsfreude und seinem gesunden Menschenverstand ab. Dem erfahrenen Weber bieten sich die gleichen Möglichkeiten, allerdings hat er gleichzeitig die spezifischen Anforderungen zu berücksichtigen, denen sein Webstück genügen muß.

Wenn man ein Probestück erstellt, müssen folgende grundlegende Fragen vorab entschieden werden: welches Kettgarn, welche Kettlänge, wieviel Kettfäden pro cm, welche Kettbreite und wieviel Kettfäden überhaupt auf den Webstuhl kommen sollen.

Bei der Wahl der Kettfäden müssen einige einfache Regeln beachtet werden. Grundsätzlich kann man jedes Garn – Wolle, Baumwolle, Seide, Leinen, Kunstfaser oder Mischgarne – verwenden, solange es relativ glatt und zug- und reibfest ist. Sehr flauschiges und sehr knotiges Garn sollte man meiden, es eignet sich besser für den Schuß. (Wenn man unbedingt ein Flauschgarn in der Kette verwenden will, sollte man ein grobes Webblatt mit wenig Rieten pro cm wählen, damit das Garn nicht übermäßig beansprucht wird, und nötigenfalls zwei Fäden in ein Riet einziehen.) Jedes Kettgarn, ob dick oder dünn, glatt oder rauh, glänzend oder matt, muß auf jeden Fall eine starke Spannung aushalten können, wenn es auf dem Webstuhl aufgezogen wird.

Es eignet sich jede Wolle, die entsprechend zugfest ist. Wolle sollte nie längerfristig straff gespannt werden oder auf Spulen gewickelt sein, da sie sonst ihre Elastizität verliert und »tot« und hart wird.

Seide ist sehr zugfest; für die Kette sind allerdings festere, verzwirnte oder gesponnene Seidengarne besser als dünne, ungedrehte Fasern. Auch Baumwollgarne kann man nehmen, vor allem die festen und glänzenden, merzerisierten Fäden. Da Leinen nicht elastisch ist, ist es schwieriger zu handhaben. Hier ist vor allem darauf zu achten, feste, runde Garne für die Kette zu wählen. Unverzwirntes Leinen oder Werggarn kann man nur im Schuß verwenden.

Ein einfacher Test, die Zugfestigkeit zu prüfen, ist, den Faden mit beiden Händen ruckhaft anzuziehen. Wenn er hierbei leicht reißt, sollte man das Garn nicht für die Kette nehmen. Allgemein gilt, daß schwach gedrehte Garne und unverzwirnte Garne, die leicht brechen, nicht als Kettgarn geeignet sind.

## DAS ENTWERFEN DER KETTE

Die einfachste Kette ist natürlich die, die nur aus einer Sorte Kettgarn besteht. Man kann aber auch in einer Kette mit beliebig vielen verschiedenen Kettgarnen arbeiten und abwechselnd mit zwei verschiedenen Garnen schären oder diese streifen- oder partienweise aufeinander folgen lassen. Man kann auch eine Kette erstellen, die sich in der Farb- und Garnfolge über die ganze Breite des Webstuhls weg nicht wiederholt. Bei einer Kombination verschiedener Garne sollte man allerdings berücksichtigen, daß sich sehr dicke und sehr dünne Fäden unterschiedlich auf die Spannung in der Kette auswirken. Dicke und dünne Garne lassen sich nur dann kombinieren, wenn man sie in direktem Wechsel schärt (einmal dick, einmal dünn), nicht aber, wenn man auf eine Partie dicker eine Partie dünner Fäden folgen läßt. Die dünnen Fäden legen sich eng um den Kettbaum, während die dicken Fäden einen Wulst bilden, so daß die gleichmäßige Spannung, die man für ein sauberes Gewebe braucht, nicht mehr zu erzielen ist. Dieses Problem kann man nur mit Hilfe zweier Kettbäume vermeiden, einen für die dicken und einen für die dünnen Fäden.

Um mit einigen gestalterischen Möglichkeiten für die Kette vertraut zu werden, kann man folgendes probieren: Benötigt wird ein Stück Pappe, Tesakrepp, eine Schere und diverse Garne. Aus der Pappe schneidet man 9 Rechtecke von 7,5 cm × 12,5 cm zu. Um diese Pappstücke wird längs eine Kettfadenfolge gewickelt, die nach folgenden unterschiedlichen Prinzipien aufgebaut ist:

1 Drei Kettfolgen aus Garnen gleicher Struktur, aber unterschiedlicher Farbe

2 Drei Kettfolgen aus verschiedenartigen, aber gleichfarbigen Garnen

3 Drei bunte Kettfolgen aus verschiedenartigen Garnen. Die Fädenenden werden auf der Rückseite der Pappe mit Tesakrepp befestigt.

Diese Versuche ergeben neun verschiedene Kettfolgen. Eine oder mehrere dieser Musterketten können als Vorlage für die Kette auf dem Webstuhl dienen. Man kann auch alle zusammen zur Anregung und als Dekoration auf eine große Pinnwand heften.

51  Garne verschiedener Struktur, als Rapport für eine mögliche Kette zusammengestellt

Beim Entwurf einer Kette für ein bestimmtes Webstück muß man vor allem den Verwendungszweck im Auge behalten. Die Kette für einen Bekleidungsstoff sollte weich, elastisch und nicht zu massig sein. Eine Kette für Polsterstoffe hingegen muß vor allem fest sein; die Fäden dürfen keine schwachen Stellen aufweisen und müssen äußerst zug- und reibfest sein. Gardinenstoffe brauchen eine Kette, die sich gut aushängt, elastisch genug zum Drapieren und so fest ist, daß sie den Schußfaden tragen kann, ohne unter seinem Gewicht durchzuhängen.

Welche Kettdichte im Webblatt man wählt, hängt vom Stoff ab, den man weben will. Es gibt drei Gestaltungsmöglichkeiten: Die Kette kann im Gewebe zur selben Geltung kommen wie der Schuß. Der Schuß kann die Kette aber auch vollständig verdecken (Schußrips), oder umgekehrt die Kette den Schuß (Kettrips). Auch die Garnstärke muß hierbei berücksichtigt werden: Bei dünnem Garn braucht man mehr Fäden pro cm, bei dickem weniger. Wenn die Kette den Schuß verdecken soll, müssen die Fäden sehr dicht ins Webblatt gestochen werden – man kann auch doppelt oder dreifach stechen. (Den Einzug der Kettfäden ins Webblatt nennt man auch Stechen; wenn man einfach, doppelt oder dreifach sticht, heißt das, daß man ein, zwei oder drei Fäden in ein und dasselbe Riet des Webblatts einzieht.) Schußripsgewebe haben weniger Kettfäden. Für solche »weitmaschigen« Einzüge kann man auch Riete im Blatt überspringen.

Das Webblatt bestimmt insofern nicht unbedingt die Kettdichte, da man die Fäden eben auch doppeln, verdreifachen oder entsprechende Riete auslassen kann. Entscheidend ist die gewünschte Stoffstruktur, die wiederum von Entwurf, Stoffgewicht und -funktion abhängt.

Für Stoffe mit gleicher Kett- und Schußdichte gelten folgende grobe Richtlinien: Ein einfaches oder gezwirntes Kammgarn oder Streichgarn für Anzugstoffe verträgt im allgemeinen eine Kettdichte von 5 bis 10 Fäden/cm. Gute Gardinen- oder Polsterstoffe gibt es aus Perlgarn Nr. 5 bei einer Kettdichte von 5 bis 7 Fäden/cm. Für Wandbehänge und Teppiche nimmt man Leinen oder Baumwollkettgarn 20/2 × 3 (Cordonett) mit 0,5 bis 2 Fäden pro cm.

Diese sehr groben Richtlinien lassen sich natürlich vielfach abwandeln. Die jeweilige Kette wird alle hier besprochenen Faktoren zu berücksichtigen haben. Ein Probestück erleichtert die endgültige Entscheidung.

## DAS SCHÄREN UND AUFBÄUMEN DER KETTE

Es gibt viele verschiedene Methoden, die Kette auf den Webstuhl zu bringen. Jeder Weber entwickelt seine eigenen Vorlieben und hält die eigene Technik mit Sicherheit für die beste. Die Autorin möchte sich hier auf zwei Methoden beschränken, die praktisch sind – das Schären und Aufbäumen mit Kettzopf und das Direktzetteln oder Direktschären (eine Anleitung zur Berechnung des für die Kette benötigten Garns findet sich im Anhang).

### Der Kettzopf

Hier wird die Gesamtzahl der Kettfäden, die auf den Webstuhl gespannt werden sollen, in einem Arbeitsgang abgemessen und in einem zweiten Arbeitsgang auf den Kettbaum gewickelt, also aufgebäumt. Dieses Verfahren bietet sich vor allem für kurze (5 m oder weniger) oder schmale Ketten an. Vorteilhaft an dieser Methode ist, daß man für jede Farbe der Kette nur eine Spule zum Schären braucht und der Entwurf auf eine Wiederholung der Farbsequenzen verzichten kann. Nachteilig daran ist, daß man mit allen Kettfäden auf einmal hantiert und deshalb sehr sorgfältig arbeiten muß, damit die Fäden geordnet bleiben und sich nicht verheddern. Es müssen zwei Personen zusammenarbeiten: die eine wickelt die Kette auf den Baum, die andere hält die Fäden straff gespannt. Außerdem braucht man für diese Technik einen Schärbaum oder Schärrahmen.

Die folgende Vorgehensweise ist einfach und effizient. Es spielt dabei keine Rolle, ob der Webstuhl mit einem glatten Kettbaum oder einem Kettbaum mit Abstandbügeln ausgestattet ist:

*52 Weber in Quito, Ecuador, beim Schären einer Kette auf dem Schärbaum*

**1 Die Zahl der Kettfäden festlegen.** Die gewünschte Stoffbreite mit der geplanten Anzahl Fäden pro cm multiplizieren und zwei Fäden an jeder Seite für die Webkanten dazurechnen.

Wenn man zum Beispiel einen Stoff von 25 cm Breite mit 6 Fäden pro cm weben möchte, so müssen 6 × 25 Fäden, d. h. 150 Fäden plus 4 Fäden für die Webkante, also insgesamt 154 Fäden geschärt werden.

*54 Auf ein und demselben Schärbrett wird eine 5 m lange Kette (a) und eine 10 m lange Kette (b) abgemessen.* ▷

*53 Schülerin beim Schären einer 3 m langen Kette auf einem kleinen Schärbrett* ▽

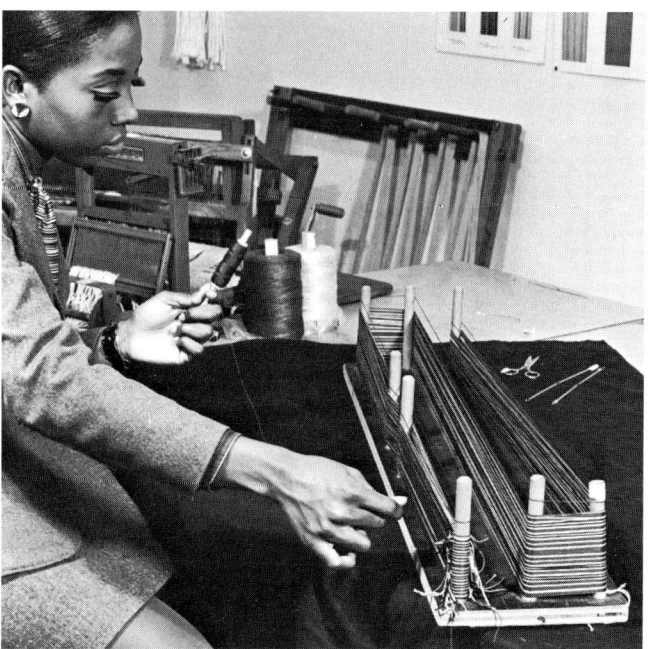

**2 Die Länge der Kette bestimmen.** (Für ein Probestück reichen 3 bis 5 m.) Zur gewünschten Stofflänge 90 cm zum Anknüpfen der Kette und als Endabfall dazurechnen. Sollen aus der Kette mehrere Stücke gewebt werden, muß die Kettlänge die Summe aller Stofflängen plus 90 cm Länge zum Anknüpfen und Endabfall plus etwa 15 cm Abfall zwischen den einzelnen Stücken betragen. Zusätzlich berechnet werden müssen eventuelle Fransen oder Säume.

Wenn man zum Beispiel einen 100 cm langen Schal mit Fransen machen will, braucht man 100 cm plus 90 cm für das Anknüpfen und Endabfall sowie 25 cm für die Fransen, insgesamt also 215 cm. Für zwei gleichlange Schals muß man nochmal 100 cm sowie 25 cm für die Fransen, zuzüglich 15 cm Abfall dazwischen berechnen, so daß man auf insgesamt 355 cm kommt.

**3 Das Kettgarn auf ein Schärbrett oder einen Schärbaum wickeln.** Wenn das Garn im Strang gewickelt ist, braucht man zusätzlich noch eine Haspel. Garnspulen werden ins Spulgestell gesetzt. Wenn man von mehreren Spulen gleichzeitig schärt, setzt man sie so ins Spulgestell ein, daß das Garn von allen Spulen in der gleichen Richtung abläuft. Wie Abbildung **54** zeigt, wird der erste Kettfaden an den ersten Stift (a) auf dem Schärbrett geknüpft. Den Faden dann unter Stift b und über c zu Stift d führen (je nach gewünschter Kettlänge können weitere Stifte einbezogen werden. Die Standardentfernung zwischen den Stiften beträgt auf dem Schärbrett 1 m; die Seiten eines Schärbaums sind meist ebenfalls 1 m breit.) Am letzten Stift (in der Abbildung Stift f) wird der Faden retour geführt. Bei Stift b und c wird er diesmal unter c und über b geführt. Diese Stifte nennt man der

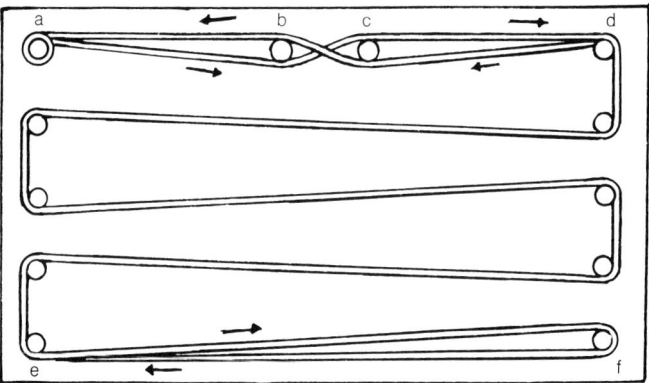

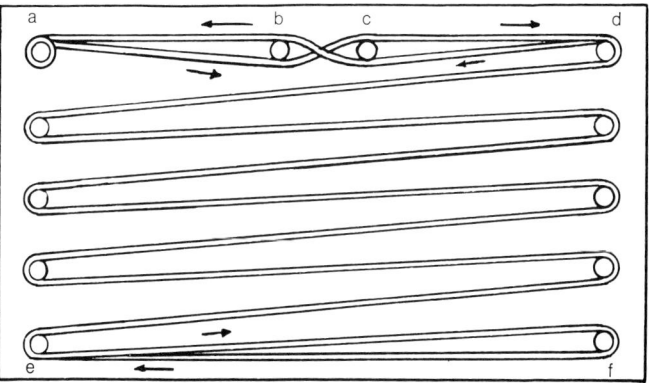

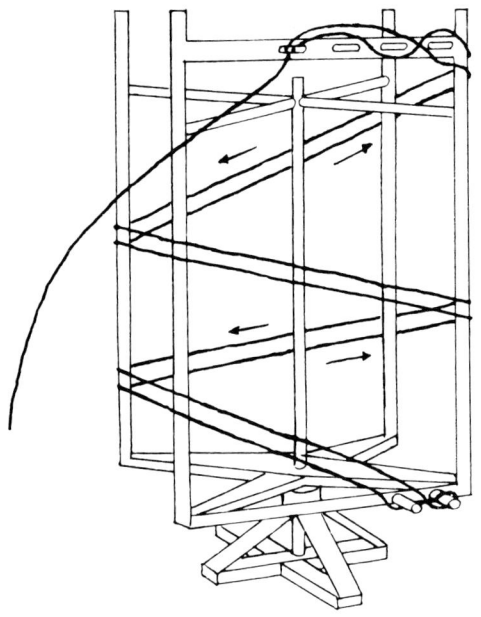

55 Schären einer 4 m langen Kette auf einem Schärbaum

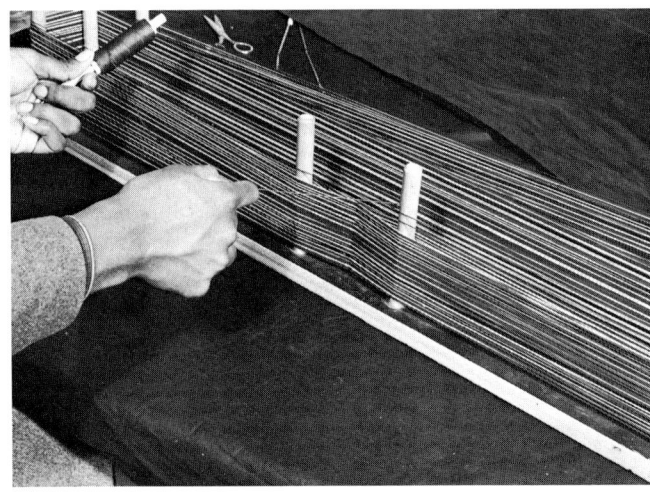

56 Überkreuzen der Kettfäden, so daß ein Fadenkreuz oder Gelese entsteht.

Fadenführung entsprechend Kreuzstifte (Fadenkreuzstifte). Dieses Fadenkreuz ist außerordentlich wichtig, da die Kettfäden hierbei so geordnet werden, daß sie zum Einziehen ins Webblatt in der richtigen Reihenfolge liegen. Wenn der Faden wieder bei Stift a angekommen ist, sind der erste und zweite Kettfaden abgemessen. Farbwechsel können allerdings nur zu Anfang oder Ende der Kette (in unserem Beispiel bei Stift a oder f) vorgenommen werden!

4 **Fäden zählen.** Gezählt wird an den Kreuzstiften in Fadengruppen von zehn Fäden. Um jede abgezählte Fadengruppe wird ein bunter Faden geschlungen, so daß man für die Gesamtzahl der Kettfäden nur noch die einzelnen Zehnergruppen zählen muß.

5 **Die Kette vom Schärrahmen oder Schärbaum abnehmen.** Als erstes das Fadenkreuz durch einen Faden sichern und später zwei Stäbe auf beiden Seiten des Fadenkreuzes einführen und diese Kreuzstäbe an den Enden mit Tesakrepp zusammenkleben. Zwischen den Stäben läßt man einen Abstand von etwa 5 cm (siehe Abb. 57). Dann wird die Kette erst bei Stift b, dann bei c und schließlich am Ende bei f mit einem bunten Faden fest abgebunden. (Auf dem Schärbaum werden die Fäden an den Kreuzstiften im Faden- und Gangkreuz und über die ganze Kettlänge auf jeder Seite des Schärbaums abgebunden.) Dann schneidet man die Kette bei f ab; dieser Punkt ist das Ende der Kette und am weitesten vom Fadenkreuz entfernt.

6 **Die Kette wie in Abbildung 58 zum Zopf flechten,** d.h., am aufgeschnittenen Ende eine Schlinge aus der Kette bilden, mit der rechten Hand durchschlüpfen, die Kette oberhalb der Schlinge fassen und so durch die Schlinge ziehen, daß sie eine neue Schlinge bildet. Die Kette wird so vollständig bis zu den beiden Fadenkreuzstäben hin »abgehäkelt« und vom Schärbrett genommen.

7 **Dann die Kette zum Webstuhl bringen und einziehen.** Dazu legt man den Kettzopf auf einen Stuhl so über den Brustbaum, daß die Kreuzstäbe auf dem Brustbaum liegen, an den sie festgebunden oder angeklebt werden. Dann schneidet man den Kettzopf vorsichtig an dem Ende auf, an dem er von Stift a abgenommen worden war. Die Kettenden werden so vor das Webblatt gezogen, daß sie nicht aus den Kreuzstäben herausrutschen. Von der Mitte des Webblatts aus ist die halbe Kettbreite nach der einen Seite hin abzumessen. (Die Kette soll genau in der Mitte des Webstuhls sitzen.) Dann werden Einziehhaken oder Blattstecher benötigt, mit dem die Fäden einzeln durch die Riete gezogen werden, wobei immer abwechselnd ein Faden oben und einer unten aus dem Fadenkreuz genommen wird. Sobald man ein paar Fäden eingezogen hat, sichert man sie hinter dem Webblatt mit einem Laufknoten, damit sie nicht mehr herausrutschen. An den Seiten werden für die Webkanten jeweils zwei Fäden eingezogen (die Webkantenfäden werden ins Blatt gedoppelt und in die Litzen einzeln eingezogen).

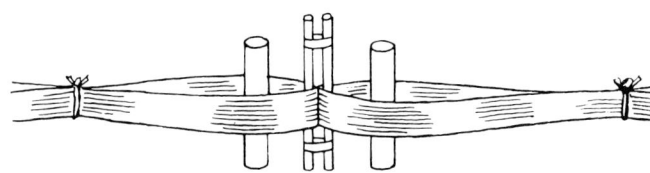

◁ 57 Sichern des Fadenkreuzes an den Kreuzstiften

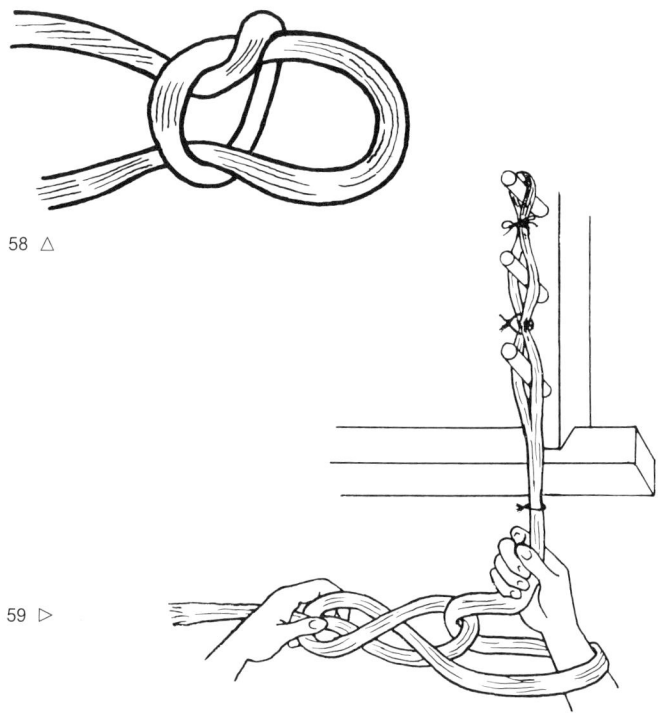

58 △

59 ▷

*58 Beginn mit dem Flechten eines Kettzopfs. Die Kette wird gefaßt und durch die Schlinge gezogen.*

*59 Der fertige Kettzopf vor dem Abnehmen vom Schärbrett*

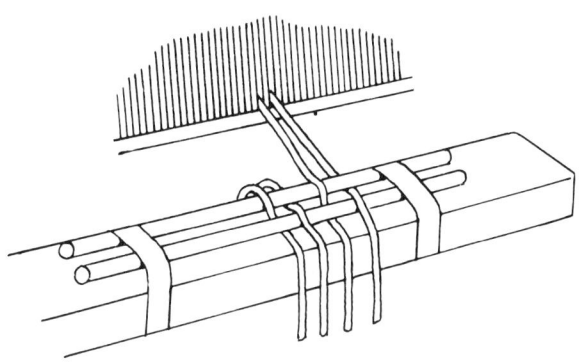

*60 Blattstechen – der Einzug der Kettfäden in die Riete des Webblatts*

*61 Einzug der Kettfäden in die Litzen*

*62 Blick von der Rückseite des Webstuhls auf die in die Litzen gezogenen Kettfäden*

*63 Sichern der Fäden mit einem Laufknoten*

*64 Laufknoten. Dieser Knoten löst sich leicht, wenn man an dem einen Ende zieht.* ▷

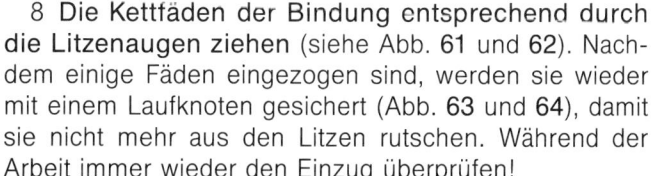

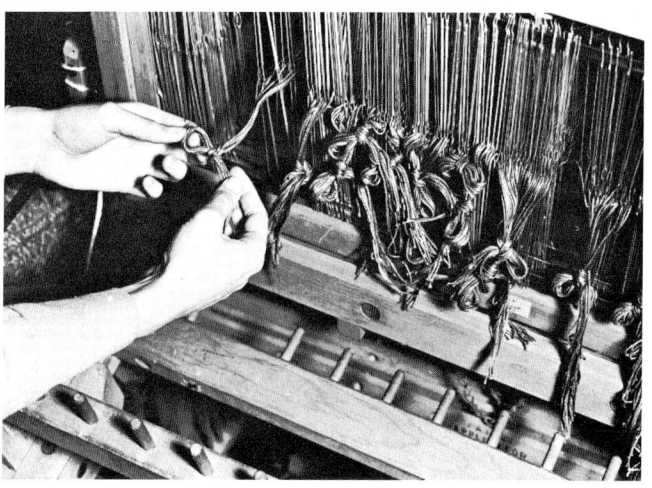

**8 Die Kettfäden der Bindung entsprechend durch die Litzenaugen ziehen** (siehe Abb. **61** und **62**). Nachdem einige Fäden eingezogen sind, werden sie wieder mit einem Laufknoten gesichert (Abb. **63** und **64**), damit sie nicht mehr aus den Litzen rutschen. Während der Arbeit immer wieder den Einzug überprüfen!

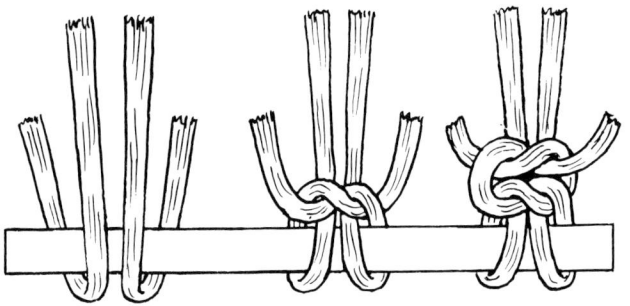

*65 Die Kettfäden werden mit einem Kreuzknoten an den Schürzenstock hinten im Webstuhl geknüpft (drei Arbeitsschritte).*

*66–68 Die Kettfäden werden vorn an den Schürzenstock geknüpft. Die drei Schritte, den Knoten zu knüpfen*

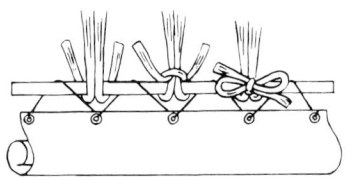

9 Jeweils mehrere Kettfäden zusammen mit einem Kreuzknoten an den Schürzenstock hinten im Webstuhl knüpfen (Abb. 65). Darauf achten, daß die Fäden vom Blatt zum Baum in gerader Linie verlaufen.

10 **Aufbäumen.** Die Fäden und Litzen so richten, daß jeder Faden an seinem Platz im rechten Winkel zu Blatt und Kettbaum liegt. Vor dem Aufbäumen der Kette mit den Fingern oder einer Bürste Verknotungen und verhakte Fäden auskämmen. Dabei nimmt man sich gleichzeitig immer etwa 1,20 m Kette vor. Um eine gleichmäßige Spannung zu bekommen, hält eine Person die Fäden in weiter Entfernung vom Webstuhl straff, während die andere die Kette auf den Kettbaum wickelt und dabei in gewissen Abständen immer wieder einen flachen Stab parallel zum Kettbaum in die Kette legt. Man verhindert damit eine ungleichmäßige Kettspannung und erhält eine glatte Garnrolle auf dem Kettbaum. Auch Zeitungspapier an Stelle der Kettstäbe verhindert, daß sich die Kettfäden uneben, wellig aufbäumen. (Bei Kettbäumen mit Abstandbügeln braucht man weder Kettstäbe noch Zeitungspapier.) Die gesamte Kettlänge wird bis auf einen halben Meter vor dem Webblatt aufgebäumt und dann die Kette so gestutzt, daß alle Kettfäden gleich lang sind.

11 **Anknüpfen.** Jeweils etwa acht Fäden werden an den Schürzenstock vorn im Webstuhl geknüpft. Man macht zuerst über die ganze Kettbreite nur Halbknoten, prüft die Spannung der Fäden und setzt sie nach entsprechender Korrektur mit einem weiteren Halb- zum Kreuzknoten fest (Abb. 68). Die Fadenbündel müssen gleichmäßig verteilt und rechtwinklig zum Webblatt geknüpft sein.

12 **Tritte anschnüren.** Beim Flachwebstuhl mit Tritten werden die einzelnen Schäfte der Bindung entsprechend mit einem verstellbaren Knoten (Abb. 69) an die Tritte gebunden. Mit den Tritten werden nun die gegensätzlichen Fächer gebildet, und es wird mit einem dickeren Garn angewebt, bis sich die Kettfäden gleichmäßig verteilt haben und eine feste Kante, der Anschuß, gewebt ist.

Wenn sich kein sauberes Fach bildet, muß man prüfen, ob der Webstuhl richtig eingerichtet ist. Die Schäfte müssen auf gleicher Höhe hängen. Beim Flachwebstuhl hängen die Schäfte waagerecht auf gleicher Höhe, und die Tritte hängen ebenfalls auf gleicher Höhe etwa 10 cm über dem Boden. Diese technischen Mängel sollten am besten gleich zu Anfang korrigiert werden.

Wenn ein Stück fertig gewebt ist und man sich die ersten Arbeitsschritte beim nächsten Gewebe in gleicher Bindung sparen will, benützt man noch den Rest Kette, der auf dem Webstuhl ist. In diesem Fall werden die Fäden mit Klebeband oder vielen Laufknoten vor dem Webblatt befestigt, damit sie nicht herausrutschen. Dann schärt man eine neue Kette mit derselben Anzahl Kettfäden. Die Kreuzstäbe mit dem Fadenkreuz werden wieder vorn im Webstuhl an den Brustbaum gebunden. Jetzt kann man jeden neuen Kettfaden mit einem Weberknoten (Abb. 70) an den gegenüberliegenden alten Faden knüpfen und die neue Kette vorsichtig durch das Blatt und die Litzen nach hinten ziehen. Danach wird wie üblich angeknüpft und aufgebäumt.

## Das Direktzetteln

Beim Direktzetteln läuft das Kettgarn von den Spulen über ein Fadenspanngerät direkt auf den Kettbaum, der allerdings nur abschnittsweise bewickelt wird. Diese Methode eignet sich am besten für lange und breite Ketten mit einem nicht mehr als 5 cm breiten Musterrapport (bei den meisten Kettbäumen zum Direktzetteln sind die Abstandbügel im Abstand von 5 cm gesetzt). Da die Kette direkt auf den Kettbaum gewickelt und weiter nicht hin- und herbewegt wird, ist es kein Problem, die Fäden in Ordnung zu halten. Die Kette kann von einer Person allein sehr schnell aufgebäumt werden. Ein anderer Vorteil ist, daß die Kette in jedem Abschnitt gleich straff gespannt ist. Man muß hierbei allerdings soviele Garnspulen bespulen, wie es in einem Abschnitt Kettfäden gibt.

Statt die ganze Kettbreite auf einmal aufzubäumen, wird immer nur ein Abschnitt auf den Kettbaum gewickelt. Dann wird das Garn abgeschnitten, Spulgestell und Fadenspanngerät um 5 cm versetzt und der nächste Abschnitt auf die gleiche Weise aufgebäumt. Und so wird es gemacht:

1 **Festlegen, wieviele Kettfäden man auf 5 cm braucht.** Wenn man zum Beispiel sechs Fäden pro cm einziehen will, hat man auf 5 cm Breite 30 Fäden. Man braucht also 30 Spulen sowie zwei weitere Spulen für die gedoppelten Fäden an den Webkanten.

2 **Genügend Garn auf jede Spule wickeln,** daß es über die ganze Kettbreite für jeden Abschnitt reicht.

3 **Die vollen Spulen ins Spulgestell einsetzen** – oben rechts beginnen und das Spulgestell dem Farbentwurf entsprechend nach unten auffüllen; dann den nächsten Abschnitt von oben nach unten füllen, bis alle Spulen in der richtigen Reihenfolge im Spulgestell sitzen (siehe Abb. 71). Darauf achten, daß der Faden bei jeder Spule von oben abläuft.

4 **Das Fadenspanngerät hinten am Streichbaum direkt über dem aufzubäumenden Abschnitt befestigen.** Man fängt am besten in der Mitte des Kettbaums an und füllt abwechselnd die Abschnitte auf der einen und anderen Seite auf. Wenn man so vorgeht, sitzt die Kette immer in der Mitte des Webstuhls, selbst wenn das Garn vorzeitig ausgehen sollte. (Das sollte nicht passieren, tut es aber manchmal!)

5 **Jeden Kettfaden in der Reihenfolge, wie er vom Spulgestell kommt, durch das Fadenspanngerät führen.** Manche Fadenspanner sind mit einem Riet oder einem Lochbrett versehen, in das die Kettfäden einzeln gefädelt werden (siehe Abb. 71). (Wenn man ein anderes Gerät benützt, richtet man sich nach den Anleitungen des Herstellers.) Es ist darauf zu achten, so viele Löcher oder Riete zu benutzen, wie man für eine gleichmäßige Verteilung der Kettfäden auf die 5 cm braucht. Dann werden die Fäden über und unter den Holzstiften des Fadenspanners durchgezogen.

6 **Wenn alle Fäden eingezogen sind, die Fäden in der Mitte des aufzubäumenden Abschnitts an den Stab auf dem Kettbaum knüpfen** (Abb. 72).

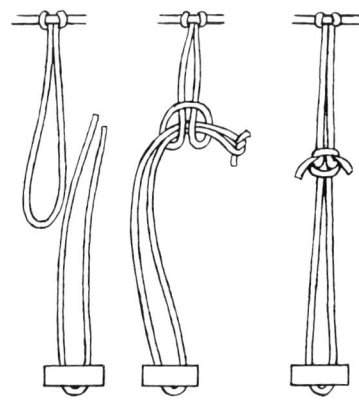

69 Das Verschnüren der Querhölzer mit den Tritten. Der Knoten ist verstellbar (drei Arbeitsschritte).

70 Weberknoten ▽

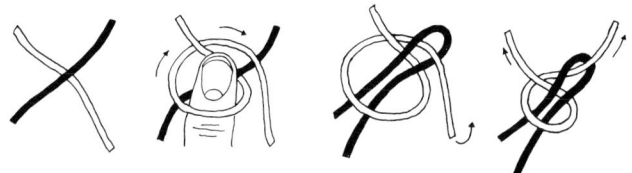

71 Die Kettfäden laufen vom Spulgestell über das Fadenspanngerät auf den Webstuhl.

72 Seitenansicht auf die Kettfäden im Fadenspanngerät

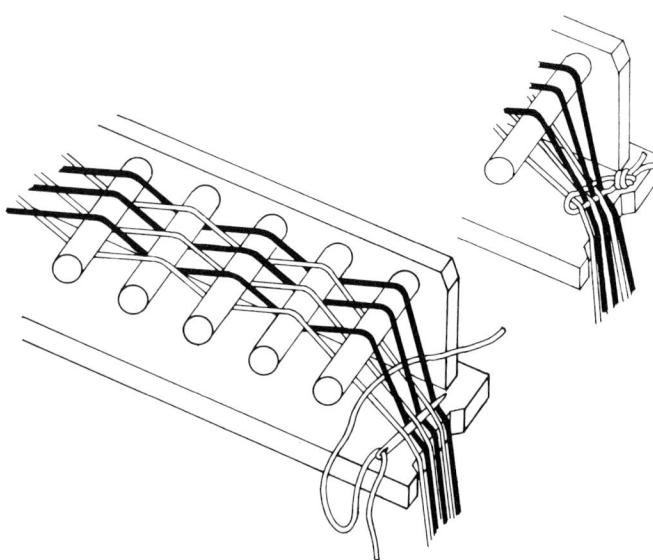

73 Bildung des Fadenkreuzes im Fadenspanngerät beim Direktzetteln (Zeichnung George Suyeoka)

74 Die Kettfäden werden in die Litzen gefädelt.

75 Die Kettfäden werden ins Blatt gestochen.

7 Den Kettbaum – anfangs langsam – in der richtigen Richtung drehen: Die Kette muß sich beim Weben in der richtigen Richtung abwickeln können. Beim Aufbäumen darauf achten, daß sich die Kettfäden genau zwischen die beiden Abstandbügel legen. Wenn das Fadenspanngerät nicht genau in der Mitte des entsprechenden Abschnitts sitzt, gelingt das nicht. Man muß es dementsprechend minimal nach rechts oder links versetzen.

Bei den meisten Webstühlen wickelt sich mit einer Umdrehung des Kettbaums 1 m Kettgarn auf den Baum. Bei anderen Geräten bedarf es für einen Meter möglicherweise zweier oder mehr Umdrehungen. Die genauen Umdrehungen müssen unbedingt mitgezählt werden. Wenn man einen der Abstandbügel gleich anfangs mit einem Faden oder Farbe markiert, kann man leicht sehen, wann eine Umdrehung beendet ist. Papier und Stift sind bereitzulegen, damit die Zahl der Umdrehungen sofort notiert werden kann, wenn die Arbeit unterbrochen werden muß. Wenn man sich nicht sicher ist, wieviele Umdrehungen noch gemacht werden müssen, ist in diesem Abschnitt lieber eine Umdrehung mehr aufzuwickeln, als eine zuwenig, denn bei einer fehlenden Umdrehung wäre die restliche Kette nicht mehr zu gebrauchen.

8 Wenn ausreichend Umdrehungen oder Meter in einem Abschnitt aufgebäumt sind, die Fäden mit Klebeband befestigen, bis man sie in die Litzen einziehen kann. Dafür ist ein Stück Klebeband zuzuschneiden, das doppelt so breit wie der Abschnitt ist (10 cm); dieses wird etwa 8 bis 10 cm unterhalb des Fadenspanners unter die gestrafften Fäden gelegt und umgeklappt, so daß die Fäden nebeneinander in der richtigen Reihenfolge liegen. Nochmals 15 bis 20 cm Kettgarn abwickeln und die Enden mit einem weiteren Klebeband auf die aufgebäumte Garnrolle kleben. Dann abschneiden und den Fadenspanner über dem nächsten Abschnitt anbringen. Auf diese Weise ist fortzufahren, bis die Webbreite erreicht ist.

Wenn ein Kettabschnitt aus vielen Spulen mit vielen verschiedenen Farben oder Garnen besteht, ist es ratsam, für jeden Abschnitt ein Fadenkreuz zu machen (Abb. 73), damit die Fäden in der richtigen Reihenfolge bleiben und leichter eingezogen werden können: Etwa 40 cm vor dem Abschneiden der Kettfäden mit dem Aufbäumen aufhören, einen 12 bis 15 cm langen Baumwollfaden in eine große, stumpfe Teppichnadel oder Stopfnadel fädeln. Bei gespannter Kette die Nadel mit dem Faden in das geöffnete Fach unter dem letzten Stift des Fadenspanners einführen und den Faden halb durchziehen. Die Nadel zurückführen und dabei jeden zweiten Faden aufnehmen, so daß ein Fadenkreuz entsteht. Die beiden Fadenenden miteinander verknoten. Jetzt nochmals etwa 12 bis 15 cm Kette aufbäumen, die Enden der aufgebäumten Fäden an den Kettbaum kleben und abschneiden. – Wenn man dann die Kettfäden der einzelnen Abschnitte wie unten beschrieben einzieht, werden die Fäden nacheinander aus dem Fadenkreuz und in der üblichen Weise in die Litzen gezogen.

Wenn eine Spule leer ist, bevor man mit dem Aufbäumen fertig ist, wird die leere Spule durch eine volle ersetzt, wobei auf die richtige Reihenfolge der Kettfäden zu achten ist. Die Spulen sollten möglichst immer vor Beginn eines Abschnitts ausgewechselt werden, damit keine Knoten in die Kette kommen. Der neue Faden wird mit einem Weberknoten (Abb. 70) an den alten geknüpft, der Knoten durch den Fadenspanner gezogen und die Fadenenden abgeschnitten.

9 **Einziehen in Litzen und Webblatt. Die Litzen auf jedem Schaft nachzählen, um sicherzugehen, daß sie reichen.** Wenn die ganze Kette fertig aufgebäumt ist, nimmt man jeweils einen Abschnitt Kettfäden auf und befestigt die Fäden mit Klebeband am Streichbaum. Alle Kettfäden werden so auf den Streichbaum gebracht. Dann wickelt man die Kette so weit ab, bis die Kettfäden gerade so lang sind, daß man sie durch das Webblatt vorn im Webstuhl ziehen kann. Nun können die Fäden nacheinander in die Litzen gezogen werden. Jeden Kettfaden muß man entsprechend der Bindung durch das Auge einer Litze ziehen. Wenn alle Kettfäden eingezogen sind (Abb. 74), werden sie mit Laufknoten gesichert und anschließend ins Blatt gestochen (Abb. 75).

10 **Jeweils mehrere Kettfäden zusammen an den Schürzenstock vorn im Webstuhl knüpfen – auf die gleiche Weise wie beim Aufbäumen mit Kettzopf. Fest anziehen und prüfen, ob die Spannung über die ganze Kettbreite gleichmäßig ist.** Die Tritte der Bindung entsprechend anbinden. Dann mit einem dicken Garn anweben, bis die Kette gleichmäßig verteilt und ein festes Anschußstück gewebt ist.

76  Es kann gewebt werden.

Wenn der Webstuhl eingerichtet ist, kann mit dem Weben begonnen werden. Beim Weben wiederholen sich grundlegende Schritte:

1 Einen dem Muster entsprechenden Tritt niedertreten, um das Fach zu öffnen. Das Webblatt nach vorn ziehen und wieder zurückschwingen lassen, so daß sich ein sauberes Fach bildet.

2 Das Schiffchen mit dem Schußfaden durch das Fach werfen oder schieben. Man nennt dies einen Einschuß oder Schußeintrag. Das Ende des Schußfadens mit einer Länge von etwa 3 cm hängenlassen.

3 Den Schußfaden mit der Blattlade nach vorn drücken oder anschlagen und die Blattlade wieder zurückführen. Damit ist der erste Webvorgang abgeschlossen.

4 Den nächsten Tritt treten. Die Blattlade für ein sauberes Fach nach vorn drücken und zurückführen.

5 Das Schiffchen von der anderen Seite aus ins Fach eintragen und das lose Ende des ersten Schußfadens in dieses Fach einlegen (das wird nur zu Beginn gemacht).

6 Den Schußfaden an den ersten Faden andrücken und wieder beim 1. Schritt beginnen.

Die Kanten dürfen beim Weben nicht zu stark einziehen. Weben ist ein rhythmischer Prozeß: glatte Bewegungen und Schnelligkeit stellen sich mit etwas Übung bald von alleine ein.

*Abbildung auf der folgenden Seite*
*77  Panamagewebe mit Köper kombiniert, s. Abb. 97* ▷

# 4
# DIE BINDUNGEN

Gewebe stellen ein Geflecht sich überschneidender Kett- und Schußfäden dar. Die Stoffstruktur, die Bindung, entsteht durch die Art und Weise, wie und wo sich diese Fäden kreuzen. Der Anfänger kann, indem er die wichtigsten Bindungen kennenlernt, auf einer soliden Grundlage aufbauen; der erfahrene Weber baut jene aus, verwandelt sie, spielt mit ihnen. Die Grundbindungen werden dem Weber zum »täglichen Brot« seiner Arbeit und sind in der Tat seine täglich neue Aufgabenstellung. Man kann sie so frisch und phantasievoll auf so vielerlei Art anwenden, daß sie niemals langweilig werden.

Es gibt effektiv Tausende von Bindungen zu entdecken. Viele ausgezeichnete Bücher – die nur auszugsweise in der Bibliographie aufgeführt sind – behandeln eine Vielzahl dieser Bindungen und eröffnen den Zugang zu unerforschtem Neuland. Man kann in einem Buch nicht alle Bindungen und Techniken erschöpfend behandeln. Insofern soll hier eine Beschränkung auf die grundlegenden Gewebestrukturen und Webtechniken erfolgen, die besonders anregend und lohnend sind. Je besser Weber und Weberinnen diese Grundlagen verstehen, desto freier können sie sie in eigene Ideen und für eigene Zwecke umsetzen.

## DIE GRUNDBINDUNGEN

### Leinwandbindung

Die Leinwand- oder Leinenbindung ist die einfachste und wichtigste Gewebestruktur überhaupt. Hier wechselt jeder Kettfaden mit jedem Schußfaden im Verhältnis 1:1 ab, so daß ein sehr festes und etwas steifes Gewebe entsteht. In der Industrie werden über 80% der Stoffe in Leinenbindung gewebt; Leinenbindung liegt auch vielen anderen Techniken zugrunde. Sie kann auf beliebig vielen Schäften gewebt werden, da sich aber beim Weben jeder Kettfaden abwechselnd hebt und senkt, kann sie auch auf nur zwei Schäften gewebt werden.

### Köper

Köper ist eine vielseitige Grundbindung, die man fast endlos variieren kann. Die Köperstruktur basiert auf versetzt sich überlappenden Kett- und Schußfäden, die im Stoff schräge, diagonale Linien oder Grate entstehen lassen. Die Köpergrate können von links nach rechts (Rechtsgrat) oder von rechts nach links (Linksgrat) verlaufen. Gewöhnlich verläuft der Köpergrat in einem vierschäftigen Gewebe in einem Winkel von 45°, aber je nach Garn und Kettdichte entstehen auch andere Schrägen.

### Atlas oder Satin

Bindungen, die an unregelmäßige Köpergewebe erinnern, findet man unter den sogenannten Atlas- oder Satinbindungen. Auf Atlas- oder Satinbindungen bauen vor allem die Damast- und Brokatstoffe auf. Die Punkte, wo Kett- und Schußfäden abbinden, werden so gesetzt, daß schräge Linien vermieden und glatte, manchmal glänzende Oberflächen gestaltet werden können. Bei dieser Bindung muß die Kette sehr dicht ins Blatt eingezogen sein, sonst wird das Gewebe leicht zu locker. Für Atlasbindungen braucht man mindestens fünf Schäfte.

## DAS PATRONIEREN

Die Patrone ermöglicht, die vielen Arten von Bindungen zu verstehen. Dem Anfänger mag das Patronieren oder Zeichnen von Bindungen allzuoft verwirrend und mühsam erscheinen, aber nur wenn er diesen Vorgang beherrscht, kann er über das vom Lehrer vermittelte Wissen hinaus Bindungen erforschen und freie Bindungen nach seinem Wunsch entwerfen.

In diesem Buch wird im besonderen eine Art des Patronierens dargestellt, die die Autorin für leicht erlernbar und praktisch hält. **Diese stellt die Wirkung des sich nach oben öffnenden Fachs dar, wie sie bereits von der Oberfachbildung beim Hebelwebstuhl bekannt ist.** Wie diese Anleitung für Webstühle mit Unterfachbildung oder Kontermarsch umzuschreiben ist, ist im Anhang erklärt.

Die vollständige Patrone gibt ein Bild der vier wesentlichen Entstehungsfaktoren eines Gewebes: vom Einzug der Kettfäden in die Litzen; von der Verschnürung, die zeigt, welche Schäfte sich zusammen heben sollen; von der Tretfolge (siehe unten) und von der Bindung oder vom Gewebeband selbst.

Beim Einzug werden die Kettfäden in einer vorher festgelegten Reihenfolge in die Litzen gezogen. Bei einem von dieser Reihenfolge abweichenden Einzug verändert sich das Bindungsbild.

Der einfachste Einzug ist der mit fortlaufendem Einzugsbild, genannt »Einzug gerade durch« oder Köpereinzug: Auf einem vierschäftigen Webstuhl wird der erste Kettfaden durch die erste Litze auf dem ersten Schaft, der zweite Kettfaden durch die erste Litze auf dem zweiten Schaft, der dritte Kettfaden durch die erste Litze auf dem dritten und der vierte Kettfaden durch die erste Litze auf dem vierten Schaft gezogen. Diese Reihenfolge wiederholt sich über die ganze Webbreite, bis alle Kettfäden in der richtigen Reihenfolge in die Litzen eingezogen sind.

Bei acht Schäften arbeitet man in der gleichen Reihenfolge über alle acht Schäfte.

Mit der Verschnürung wird festgelegt, welche Schäfte sich heben sollen. Man kann sie einzeln oder gleichzeitig mit anderen Schäften heben. Bei einem Muster- oder Tischwebstuhl werden die Schäfte mit Handhebeln kombiniert, während die entsprechenden Kombinationen beim Standwebstuhl über die Querhölzer mit den Tritten fest verschnürt werden.

Eine Standardverschnürung für Leinenbindung ist:
Schaft 1 und 3 an Tritt 1 geschnürt
Schaft 2 und 4 an Tritt 2 geschnürt.

Eine Standardverschnürung für Köper ist:
Schaft 1 und 2 an Tritt 1
Schaft 2 und 3 an Tritt 2
Schaft 3 und 4 an Tritt 3
Schaft 4 und 1 an Tritt 4.

Die Reihenfolge, in der diese Verschnürungen aktiviert werden, nennt man die Tretfolge. Jede Änderung der Tretfolge macht sich als Veränderung im Bindungsbild bemerkbar.

In diesem Buch schreiben wir die Tretfolge als Zahlenfolge mit Kommata zwischen den Zahlen (z. B. 1, 2, 3, 4). Die Verschnürung der Schäfte schreiben wir als Zahlenfolge mit Bindestrichen (z. B. 1-2-3-4).

Die Symbole in der Patrone sind in den verschiedenen Publikationen zwar nicht immer die gleichen, doch bleibt das Prinzip der Patrone das gleiche, egal, wie sie gezeichnet ist. Nachdem sich viele Weber durch diese abweichenden Symbole verwirrt fühlen, ist im Anhang eine Liste der verschiedenen gebräuchlichen Symbole aufgeführt.

Einzug, Verschnürung, Tretfolge und Bindung kann man auf Karopapier zeichnen, allerdings ist dafür spezielles Patronenpapier sehr zu empfehlen. **Eine Patrone wird immer von unten nach oben gelesen.** Jedes Quadrat bezeichnet eine Litze auf einem Schaft. Jede Zahl in einem Quadrat bezeichnet einen Kettfaden in dieser Litze.

## Die Verschnürung

Die Verschnürung wird durch Punkte parallel zum Schafteinzug symbolisiert. So zeichnet man die Verschnürung für Leinenbindung bei einem Köpereinzug:

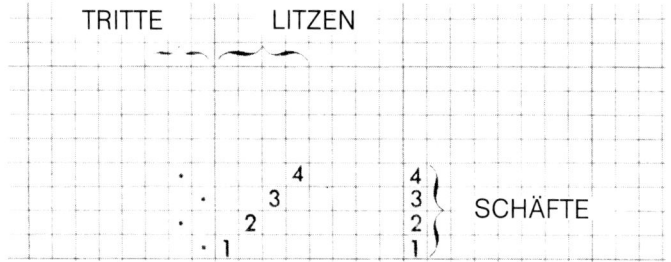

und so für die Köperbindung:

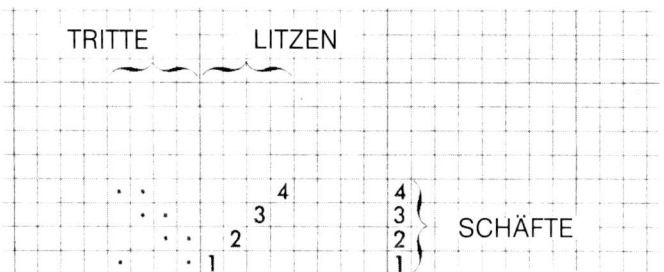

## Der Einzug auf die Schäfte

Der Köpereinzug auf einem Webstuhl mit vier Schäften wird so gezeichnet:

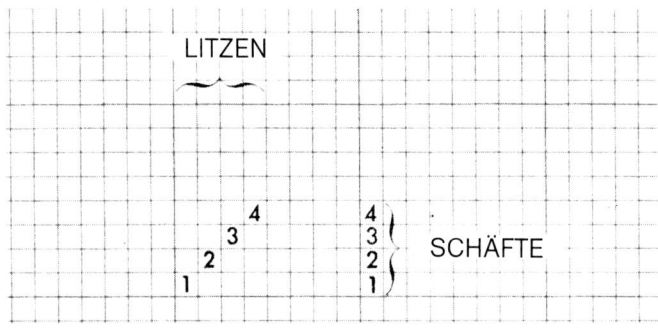

## Die Tretfolge

Die Tretfolge wird durch senkrechte Striche unter den Verschnürungspunkten angegeben. Wenn wir das obige Beispiel noch einmal aufgreifen, wird die Tretfolge für Leinenbindung folgendermaßen gezeichnet:

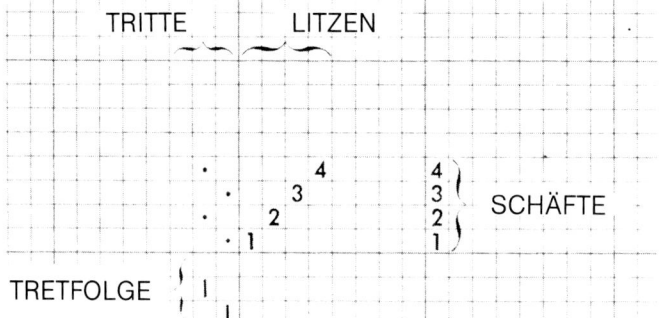

und so der Köper:

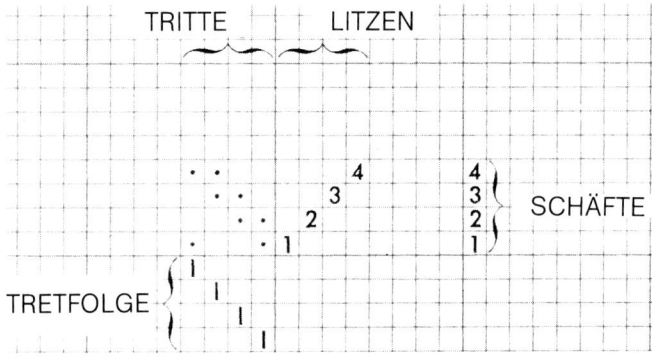

## Das Bindungsbild

Die Bindung ist das Ergebnis von Verschnürung und Tretfolge und wird mit schwarzen und weißen Quadraten gezeichnet. **Jedes schwarze Quadrat stellt einen sich hebenden Kettfaden dar. Das Bindungsbild muß mit der Zeichnung des Einzugs übereinstimmen.**

Die komplette Patrone für Leinenbindung nach dem oben angeführten Beispiel sieht dann folgendermaßen aus:

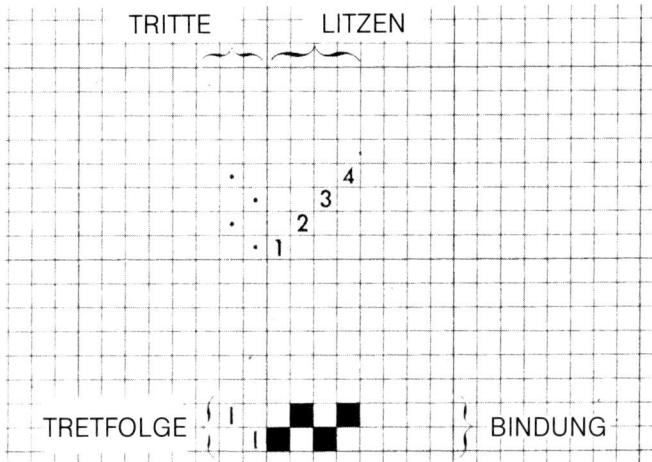

und so für den Köper:

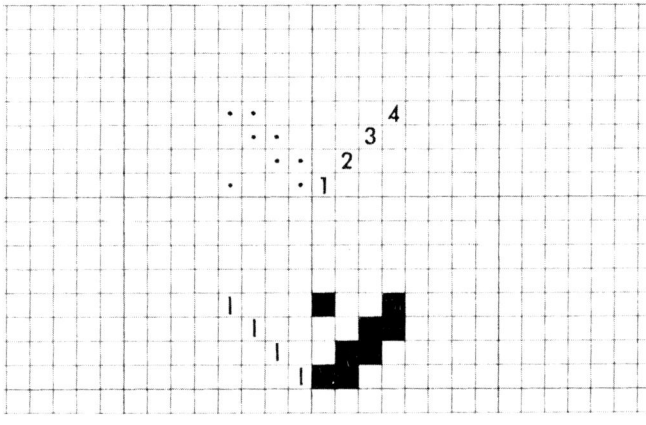

Das gleiche Prinzip gilt für zweischäftige wie für achtschäftige Bindungen. Eine Patrone für Leinenbindung auf zwei Schäften sieht so aus:

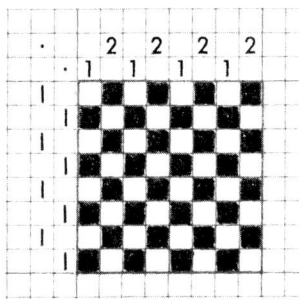

und auf acht Schäften so: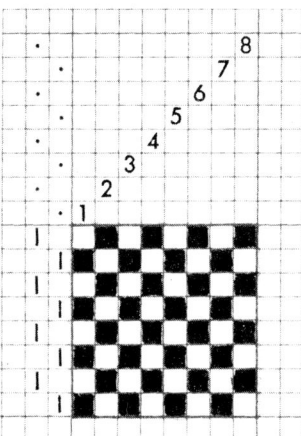

Für die Patrone genügt es meist, wenn man nur einen Musterrapport zeichnet. Bei manchen Bindungen muß man jedoch mehrere Rapporte zeichnen, um sehen zu können, wie die Bindung wirklich aussieht.

Wenn die Farbe von Kette oder Schuß wichtig für das Bindungsbild ist, werden die Farben in der Patrone eingezeichnet. Die Farben ersetzen dann die Zahlen im Schafteinzug und die senkrechten Striche in der Tretfolge. Ein Beispiel dafür wären die Abbildungen 120 und 121.

## DAS SKIZZENBUCH

Jeder Weber muß unbedingt alles Wissenswerte über seine Webstücke notieren, damit er diese später reproduzieren kann. Man kann diese Angaben in einem Skizzenbuch, Ringbuch, Schnellhefter o. ä. aufbewahren. Nützlich ist es auch, alle Veränderungen, die man während des Webens vorgenommen hat, direkt im Anschluß aufzuschreiben. Die Informationen sollten folgende Angaben enthalten: Kettfolge, Schußfolge, Kettdichte, die komplette Patrone mit Schafteinzug, Verschnürung (einschließlich farblicher Veränderungen), Tretfolge und Bindungsbild. Muster von Kett- und Schußfäden und ein Stückchen des Gewebes oder gar ein ganzes Musterstück gehören dazu.

Der erfahrene Weber wird kaum ein größeres Projekt ausführen, ohne vorher ein Probestück zu weben. Die Garnqualität, die Kettdichte, Farbeinzug, Tretfolge und schließlich die Reaktion der Fasern auf Waschen, Bügeln oder Reinigen kann man nur testen, wenn man vorher ein Probestück webt.

Es ist viel leichter, die relevanten Informationen bereits während des Webens im Skizzenbuch festzuhalten, als das Gewebe später zu analysieren. Ein genaues Arbeitsbuch steigert das Gefühl der eigenen Leistung, das das Weben zu einem so schönen Handwerk macht.

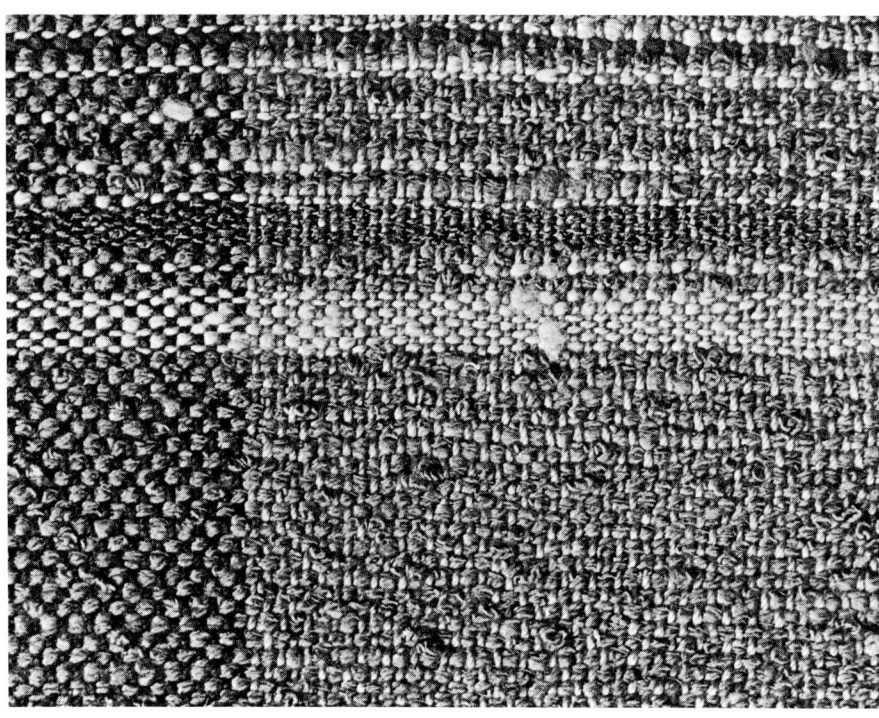

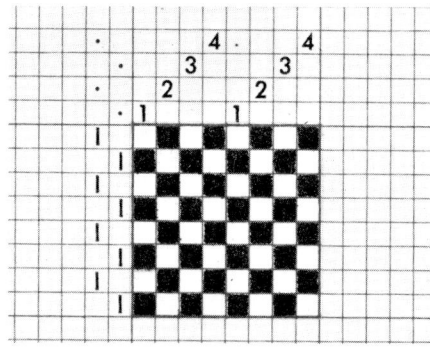

*78/79 Verschiedene Leinwandbindungsmuster mit Patrone*

## DIE GRUNDBINDUNGEN UND IHRE ABLEITUNGEN

### Panama

Panama, auch Aida- oder Straminbindung genannt, sind erweiterte Leinwandbindungsformen, die ebenfalls mit wechselweise gehobenen und gesenkten Kettfäden arbeiten. Aber an Stelle des einen Fadens der Leinwandbindung werden hier zwei oder mehr nebeneinanderliegende Kettfäden zusammen gehoben und zwei oder mehr Schußfäden ins gleiche Fach eingetragen, so daß sich ein Bindungsbild mit kleinen quadratischen Kästchen ergibt. Ungleichseitige Panamabindungen entstehen durch Heben und Einweben einer ungleichen Zahl von Kett- und Schußfäden.

### Ripsgewebe

Ripsbindungen sind ebenfalls von der Leinwandbindung abgeleitet. Zwei Schritte folgen regelmäßig aufeinander und bilden vertikale Rippen. Zum Beispiel werden die Schäfte 2-3-4 gehoben, Schaft 1 gesenkt; Schaft 1 gehoben, Schäfte 2-3-4 gesenkt. Andere Rippengewebe entstehen durch einen Wechsel von dickem und dünnem Garn in Kette und Schuß. Wenn sich in einer dicht eingezogenen Kette dünne und dicke Kettfäden abwechseln, entsteht ein Kettrips mit senkrechten Rippen. Wenn man stattdessen im Schuß abwechselnd mit dickem und dünnem Garn arbeitet, entsteht ein Schußrips mit waagerechten Rippen.

*80/81 Panamagewebe mit Patrone. Im Bindungsbild sind Kett- und Schußfäden zu sehen.*

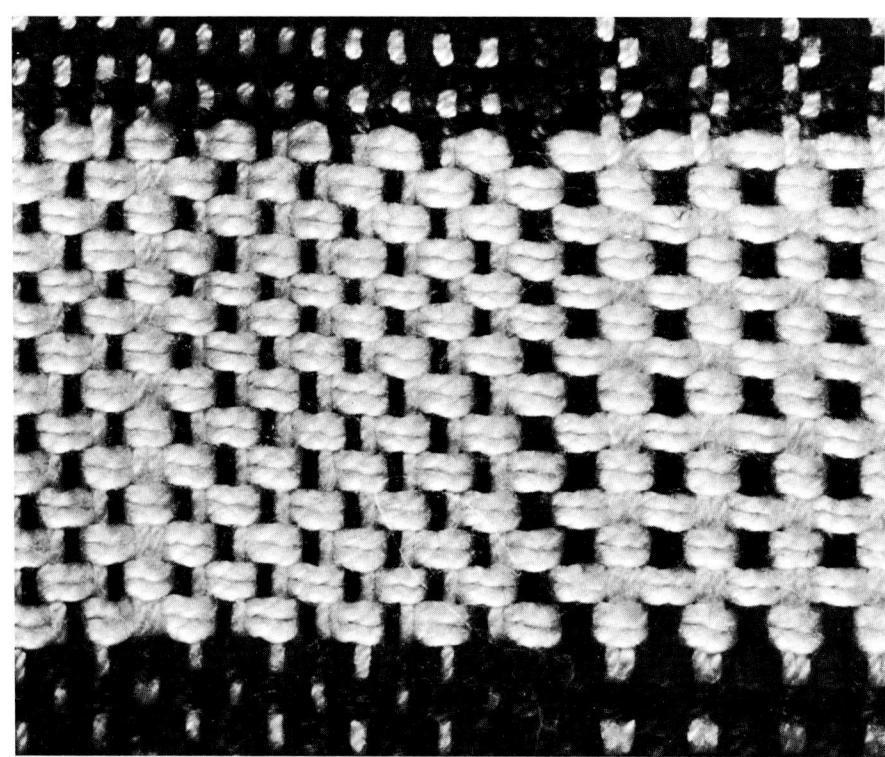

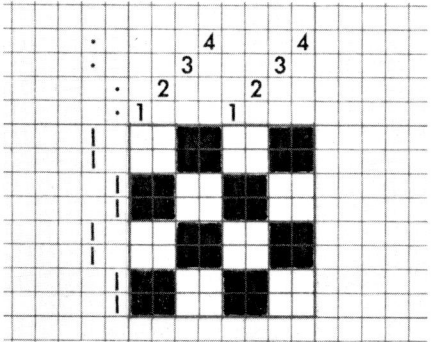

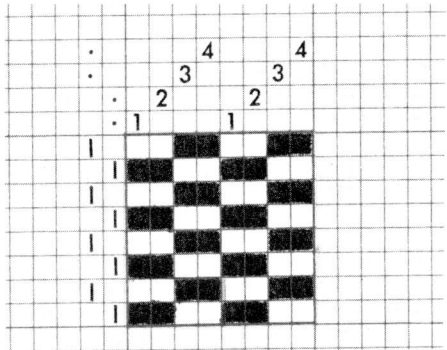

82/83 Panamagewebe mit Patrone. Hier verdeckt der Schuß die Kette vollständig, das Gewebe ist schußdominant.

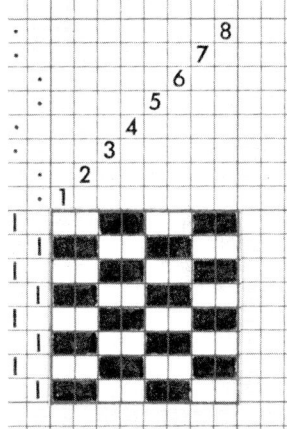

84 Vierfädiger Panama auf zwei Schäften

85 Vierfädiger Panama auf acht Schäften ▷

86/87 Rippenmuster mit Patrone

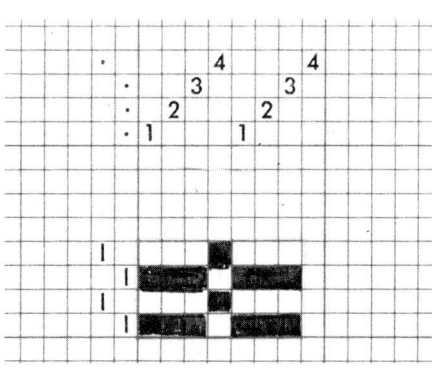

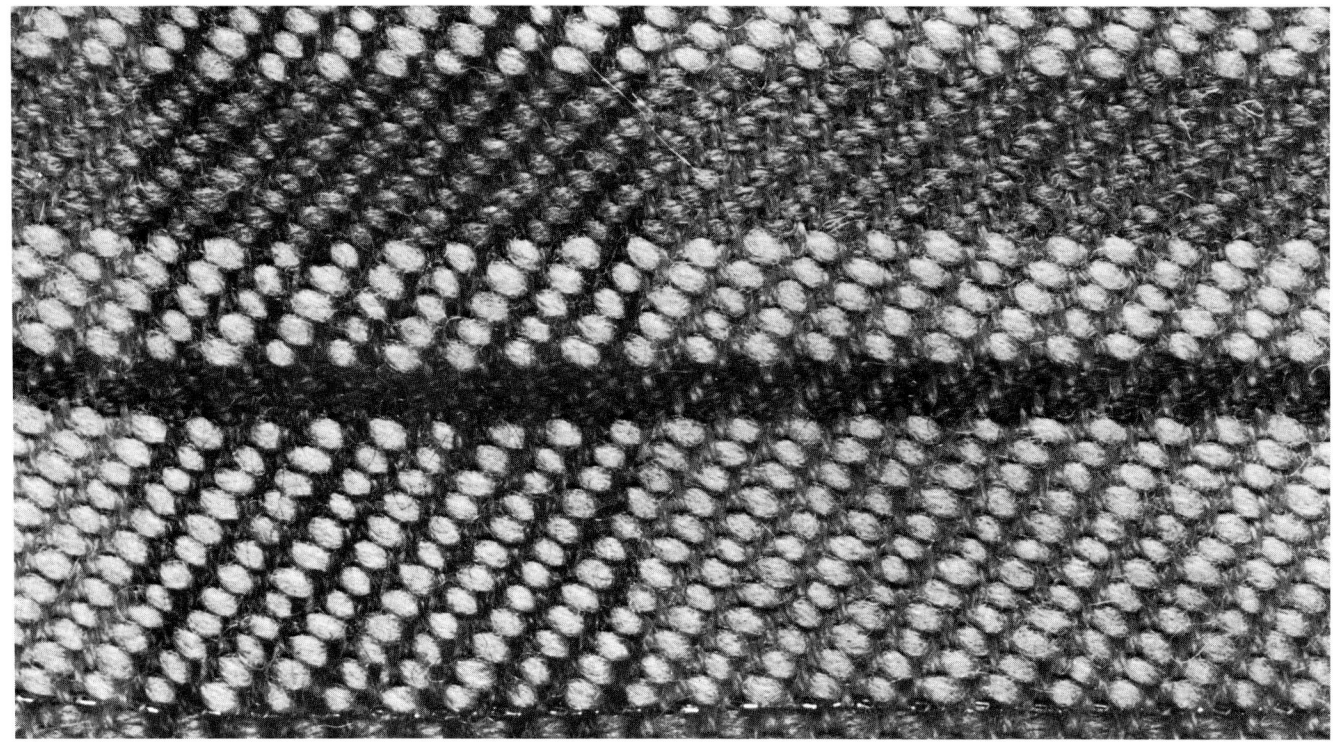

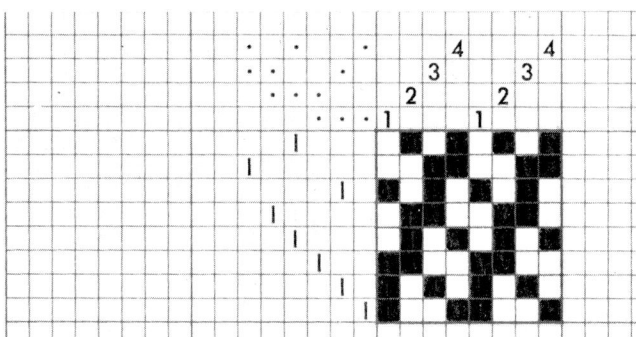

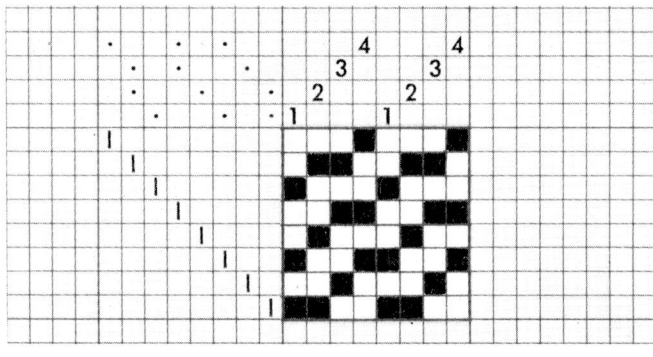

88 Ein 2/2 Köper

89/90 Steil (links) und sanft verlaufender Köpergrat

## Vierschäftige Köper

Köperbindungen können gleichseitig oder ungleichseitig sein. Gleichseitige Köper zeigen auf Vorder- und Rückseite des Gewebes gleich viel Kett- wie Schußfäden, während ungleichseitige Gewebe auf der einen Seite mehr Kette als Schuß und auf der anderen Seite mehr Schuß als Kette zeigen.

Den Köper kennzeichnet man mit Zahl und Schrägstrich. Zum Beispiel steht 2/2 für den Standardköper, einen gleichseitigen Köper, bei dem sich zwei Kettfäden heben und zwei Kettfäden senken. Die obere Zahl bezeichnet die sich hebenden Fäden, die untere die, die sich senken oder unten bleiben und vom Schußfaden verdeckt werden. Der Schrägstrich ist das Kennzeichen des Köpers.

Der Doppelköper 2/2, wie er auch genannt wird, mit einem Einzug gerade durch (Abb. 91) hat folgende Verschnürung:  
    1-2  
    2-3  
    3-4  
    4-1.

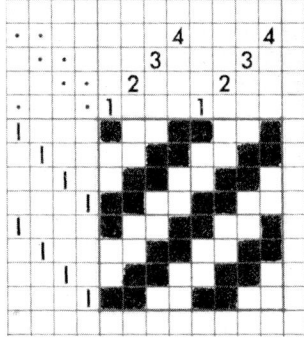
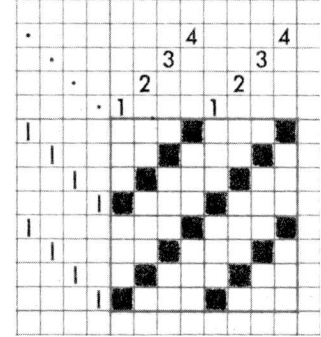

91 Ein 2/2 Köper auf vier Schäften

92 Ein 1/3 Köper gerade durch

Beim ungleichseitigen Köper 1/3 (Abb. 92) werden hingegen nur folgende Schäfte gehoben:  
    1  
    2  
    3  
    4.

So entsteht ein Schußköper – der Schuß verdeckt jeweils die drei Kettfäden, die nicht gehoben werden. Die andere Seite erscheint dementsprechend als Kettköper. Will man dasselbe Gewebe mit der Kettköperseite nach oben weben (ein 3/1 Köper, Abb. 93), schnürt man folgende Schäfte an die Tritte:

1-2-3
2-3-4
1-3-4
1-2-4.

Wenn der aufsteigende Köpergrat unterbrochen und durch eine andere Verschnürung neu geordnet wird, entsteht ein gebrochener Köper. Bei einem gebrochenen Köper 2/2 (Abb. 94) werden folgende Schäfte gehoben:

1-2
2-3
1-4
3-4.

Und ein gebrochener Köper 1/3 (Abb. 95) wird so verschnürt:

1
2
4
3.

Ein gebrochener Köper 3/1 (Abb. 96) hebt folgende Schäfte zusammen:

1-2-3
2-3-4
1-2-4
1-3-4.

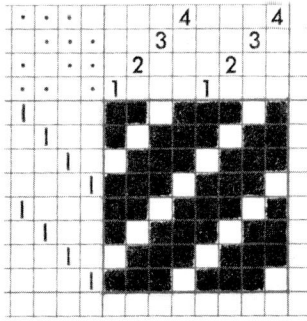
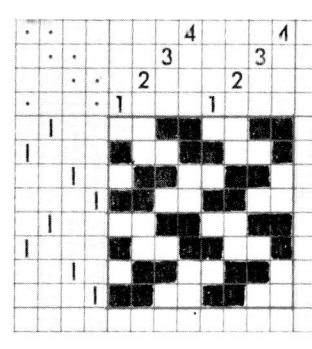

93  Ein 3/1 Köper gerade durch    94  Ein 2/2 gebrochener Köper

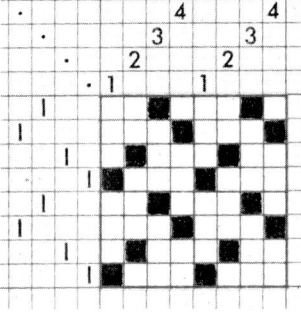
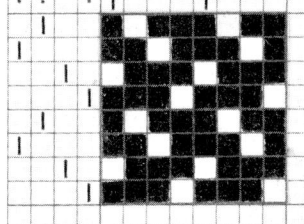

95  Ein 1/3 gebrochener Köper    96  Ein 3/1 gebrochener Köper

Man erhält noch viele weitere Variationen, wenn man verschiedene Köper miteinander oder mit Leinwandbindung kombiniert.

97  Panama und Köper kombiniert

98  Gebrochener Köper und Köper gerade durch kombiniert

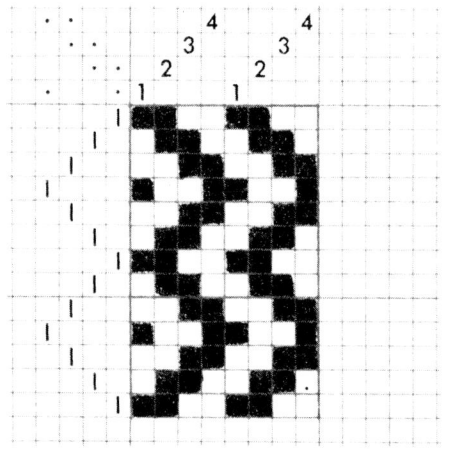

99/100  Ein 2/2 Köper (Spitzköper) mit Tretfolge vor und zurück mit Patrone

◁ 101  Leinenbindung, kombiniert mit 1/3 Köper mit Tretfolge vor und zurück

Der Köper läßt sich auch dadurch abwandeln, daß man während des Webens die Richtung des Köpergrats abändert. Wenn man erst die eine, dann die andere Reihenfolge tritt, entstehen interessante Umkehrmuster wie in den Abbildungen **99/100**. Wenn man in unregelmäßiger Folge vorwärts und rückwärts tritt, entsteht ein Muster, das wie ein Blitz aussieht (Abb. **141**).

Weiter läßt sich der Köper durch Veränderungen im Einzug abwandeln. Zu diesen Variationsmöglichkeiten gehört auch der Fischgrat (Abb. **105**). Hier wird der aufsteigende Köpergrat zum Fischgrat umgebogen (Spitzköper) und der Spitzköper wieder zur Raute geschlossen. Die Abbildungen **108 und 110** zeigen einige der faszinierenden Möglichkeiten, die sich bei gleichbleibender Verschnürung und Tretfolge mit verschiedenen Einzügen in die Schäfte ergeben.

Eine weitere Variation, entstanden aus einem abgewandelten Einzug, ist der Wellenköper. Die Kettfäden werden hier einfach, doppelt oder dreifach auf einen Schaft genommen, oder ein Schaft wird übersprungen, so daß eine richtige Wellenlinie entsteht. Bei dem in Abbildung **111** gezeigten Beispiel sind die Kettfäden so auf die Schäfte eingezogen:

1,2,3,4
2,3,4
1,3,4
1
2,2
3,3,3
4,4.

Das Ergebnis ist ein stark strukturiertes Bindungsbild.

◁ 102  Über die Verschnürung kombinierter 1/3 und 3/1 Köper

103/104 Köpervariation mit Fischgräteinzug und Köper 1/3 und 3/1 mit Patrone

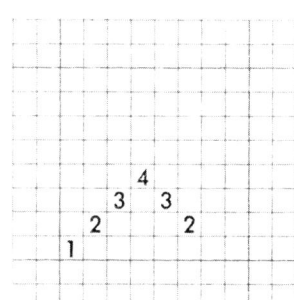

105 Fischgrät- oder Spitzköpereinzug

106 Fischgrätvariation, auf schwarzer und weißer Kette gewebt ▽

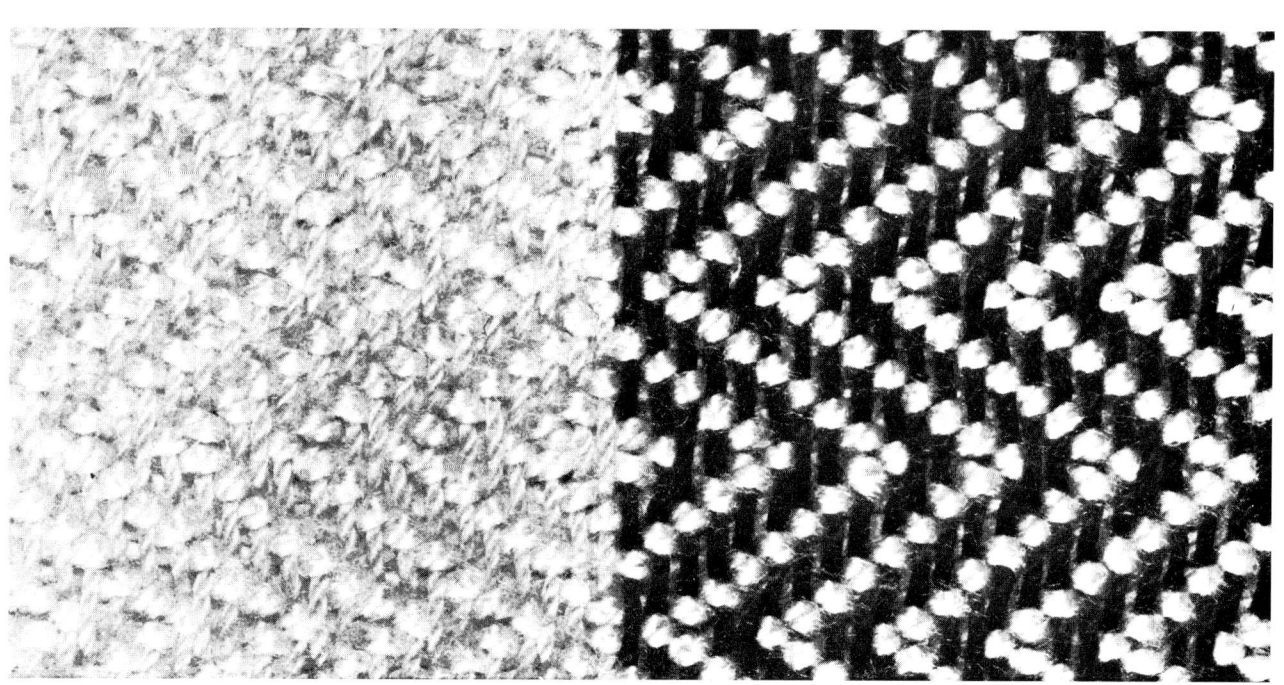

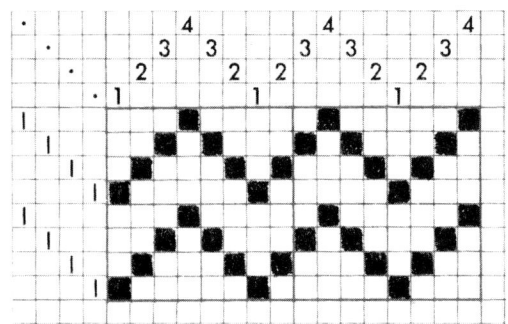
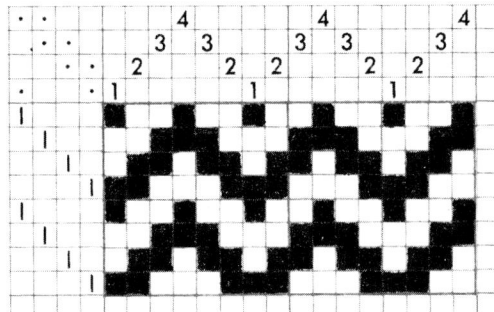

107/108  1/3 Köper mit Spitzeinzug und 2/2 Köper mit Spitzeinzug

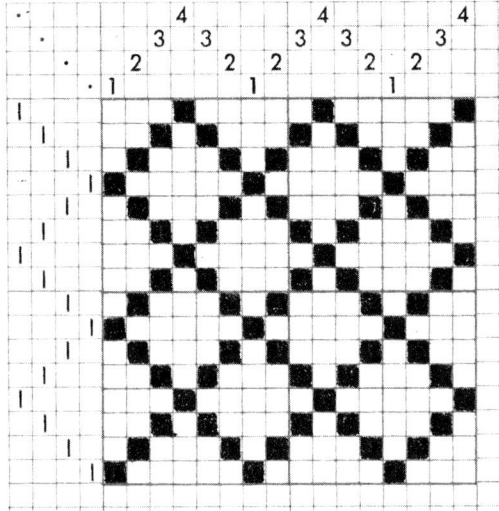
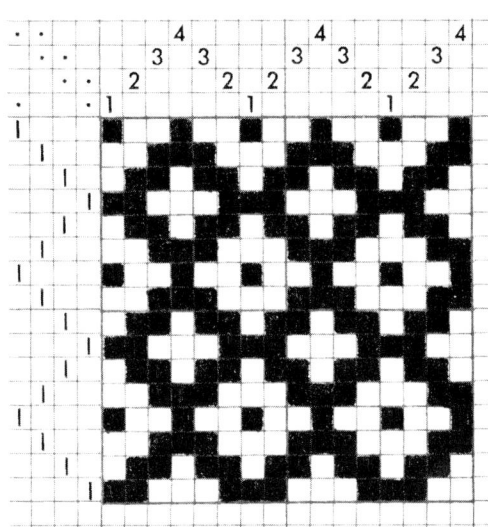

109  Spitzköpereinzug, mit Tretfolge vor und zurück gewebt. Es entsteht ein Vogelaugenmuster.

110  Gleicher Einzug wie in Abbildung 109, gewebt als 2/2 Vogelaugenköper

111  Gewellter Köpereinzug, gewebt als 2/2 Köper

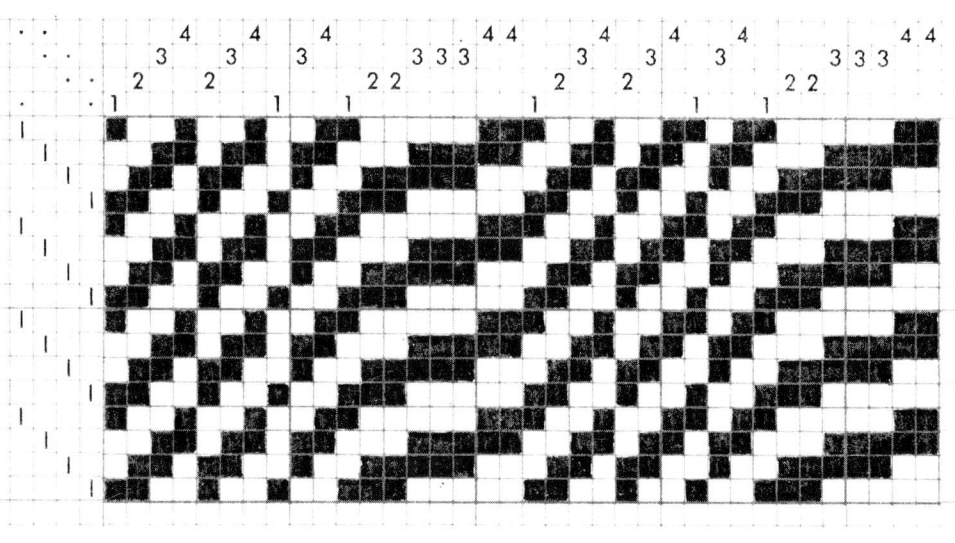

112/113  Jacke, gewebt in gewellter vierschäftiger Köperbindung von Gwynne Lott, mit Patrone

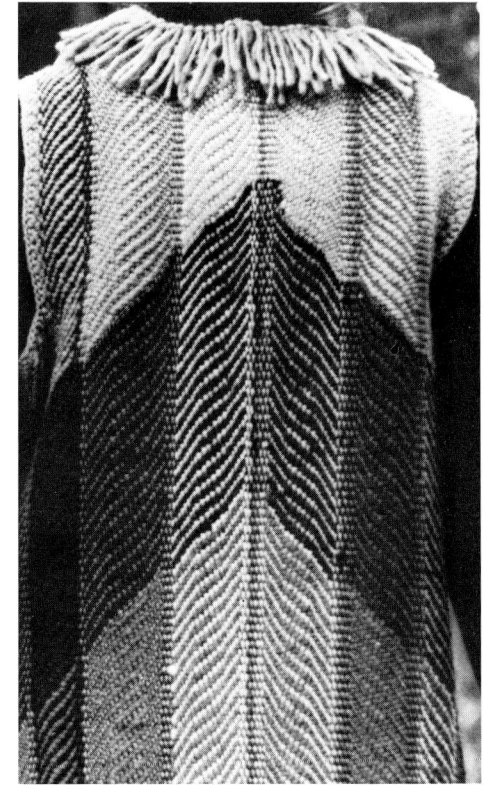

## FARBMUSTER AUF VIER SCHÄFTEN

Wenn man für Kette und Schuß verschiedene Farben nimmt, kann man bei gleicher Bindung noch ganz andere und oft überraschende Ergebnisse erzielen. Die Bindung selbst spielt dann nur eine untergeordnete Rolle, und die Farben sind das tragende Musterelement.

Wenn Kett- und Schußgarne gleichmäßig im Gewebe verteilt sind, sieht man im Muster sowohl das Kettgarn als auch das Schußgarn (Abb. 114). Wenn die Kette in so weitem Abstand ins Blatt gestochen wird, daß der Abstand zwischen den Kettfäden größer als das Schußgarn dick ist, verdeckt das Schußgarn die Kette. Es entsteht ein sogenanntes Schußripsgewebe (Abb. 115). Bei vielen, sehr dicht gestochenen Kettfäden, erhält man ein Kettripsgewebe (Abb. 116), das den Schußfaden verdeckt.

### Streifen

Streifen sind vor allem dann markant, wenn sie mit dem Hintergrund kontrastieren. Waagerechte Streifen werden mit dem Schußgarn gewebt und können insofern bezüglich Farbe und Muster spontan verändert werden. Senkrechte Streifen müssen in der Kette bereits eingeplant werden.

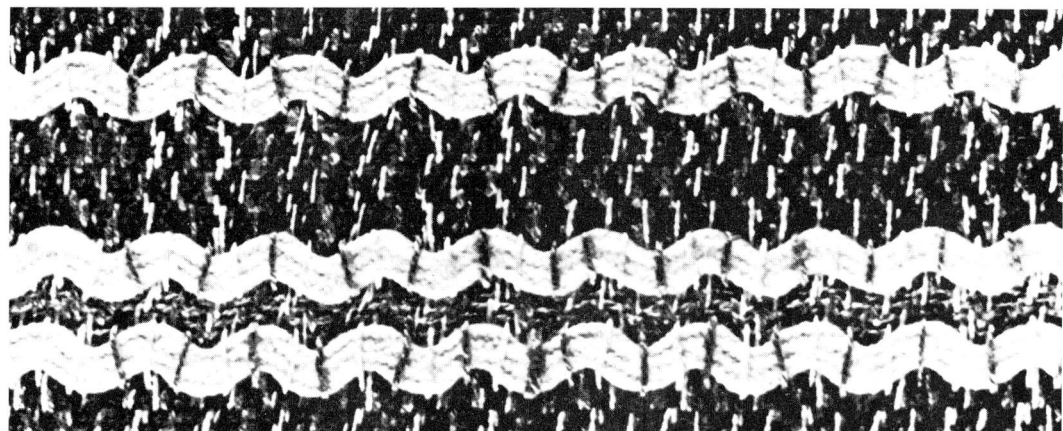

*114 Waagerechte Streifen in einem Wandbehang von R. v. Reitzenstein; in das Muster ist ein Zickzackband eingearbeitet.*

*115 Waagerechte Streifen in einem Vorhangstoff, Schülerarbeit*

*116 Senkrechte Streifen in einer Wollstola aus Guatemala*

*117/118 Entwurf von Kette und Schuß für ein Schottenkaro (117) und ein Schottenmuster mit verschieden strukturierten Garnen in Kette und Schuß (118) von Jay Hinz*

## Schottenkaros

Wenn sowohl Kette als auch Schuß gestreift sind, entsteht ein karierter Stoff. Die Schottenmuster beruhen auf verschieden breiten Farbmusterstreifen in Kette und Schuß. Der Entwurf von Karomustern ist ein faszinierendes und lohnendes Unterfangen. Man kann beliebig viele Farben in die Streifen nehmen, und die Kettstreifen können im Schuß in genau derselben Breite und Reihenfolge

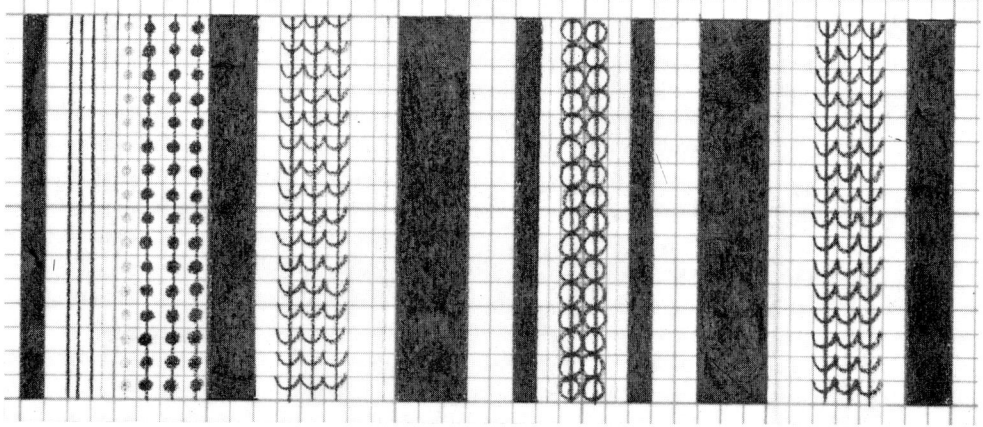

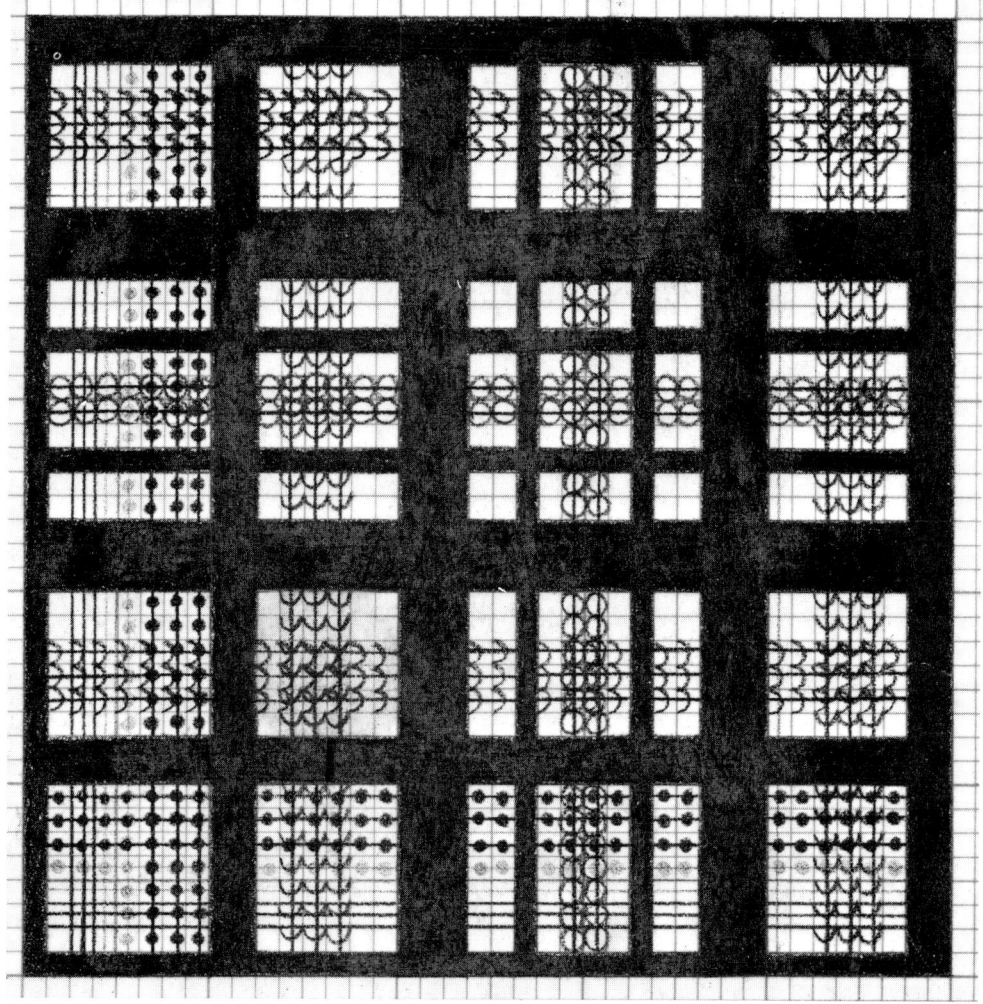

118 ▷

*119 Schottenkaro in Leinenbindung*

wiederholt oder nach Geschmack farblich oder in der Anordnung der Streifen abgewandelt werden. Hier lohnen sich Versuche mit Leinwand-, Panama- und Köperbindungen, um die vielen Farb- und Mustermöglichkeiten herauszufinden.

## Würfelmuster

Der Unterschied zwischen Schotten- und Würfelmuster liegt in der Größe und Anordnung der Streifen. Während der Schottenstoff aus breiten, bunten Streifen besteht, entsteht das Würfelmuster gewöhnlich aus schmalen, regelmäßig angeordneten, hellen und dunklen Streifen.

Meist umfassen die Streifen hier nur zwei bis sechzehn Fäden. Beim Pepita webt man in einem leinwandbindigen Gewebe immer abwechselnd zwei dunkle und zwei helle Fäden in Kette und Schuß (Abb. 120). Nimmt man stattdessen jeweils vier dunkle und vier helle Fäden in die Leinwandbindung, entsteht ein anderes Würfelmuster (Abb. 121). Diese Muster wirken durch die Art, wie sich helle und dunkle Fäden kreuzen. Wenn sich ein dunkler Kettfaden hebt, verdeckt er den Schußfaden darunter, wodurch an dieser Stelle ein dunkler Punkt entsteht. Wenn ein heller Kettfaden gehoben wird, gibt es einen hellen Punkt, selbst wenn der darunter liegende Schußfaden dunkel ist.

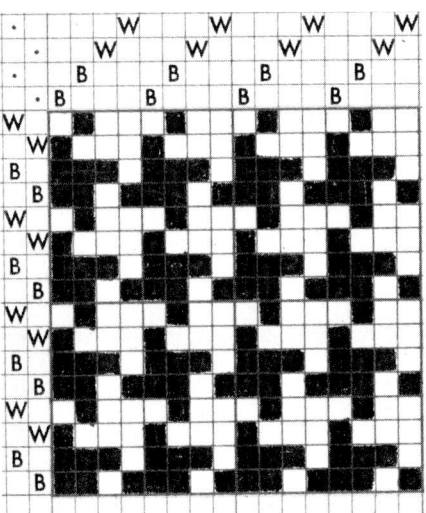

*120 Farbverflechtung: Hahnentrittmuster in Leinwandbindung*

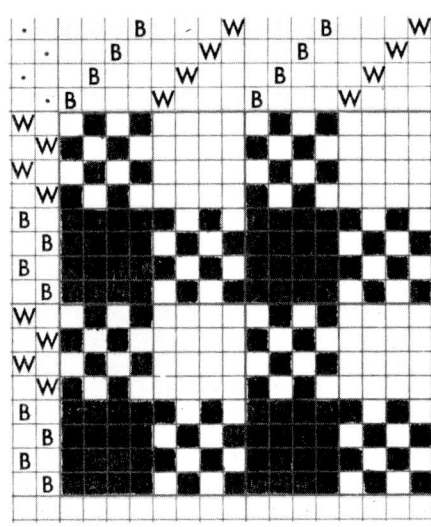

*121 Farbverflechtung: Großflächige Würfel in Leinwandbindung*

B = Schwarz; W = Weiß

# FARBVERFLECHTUNGEN

Die beiden folgenden Muster sind insofern interessant, als die einfachsten Bindungen durch die verschiedenen Farben anders erscheinen, als sie von der Verflechtung her sind.

## Leinwandbindige Streifenblöcke

Das Muster besteht hier aus nadelfeinen, blockförmig angeordneten waagerechten und senkrechten Streifen (Abb. 122). Das leinwandbindige Farbmuster kann auf zwei Schäften gewebt werden. Helle und dunkle Farben wechseln in Kette und Schuß. In die Litzen wird über die Breite eines Blocks abwechselnd ein heller und ein dunkler Faden eingezogen. Beim Wechsel der Musterblöcke werden die Farben getauscht bzw. auf jeweils den anderen Schaft eingezogen. Dadurch liegen zwei helle oder zwei dunkle Fäden direkt nebeneinander, auf die dann wieder über die Breite des Musterblocks ein heller und ein dunkler Faden folgen. In der Kette müssen die »Wendepunkte« schon vor dem Einzug beim Schären festgelegt werden. Im Schuß lassen sich die Musterblöcke spontan variieren.

Größe und Proportion der Musterblöcke können durch die Anordnung der Wendepunkte in Kette und Schuß variiert werden. An Stelle eines hellen oder dunklen Fadens in Kette oder Schuß kann auch an einem Wendepunkt eine dritte Farbe eingebracht werden, wodurch sich das Muster optisch an Schottenkaros annähert. Man kann desgleichen anders strukturierte Garne wählen. Der Einzug funktioniert auch in einem Panamagewebe mit Hell-/Dunkelvariationen (Abb. 125). Ein Treppenmuster entsteht, wenn man die Farbfolge in einer 2/2 Köper-Verschnürung webt (Abb. 126/127).

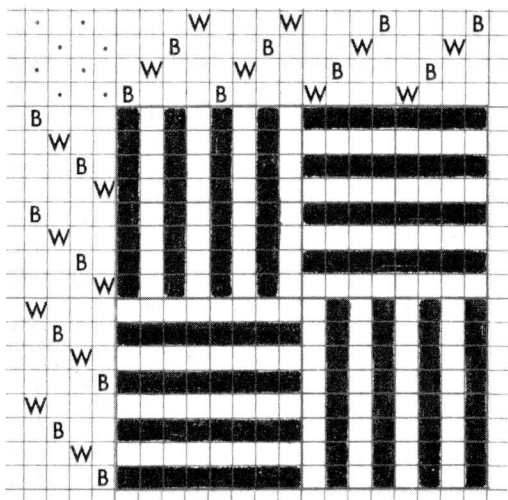

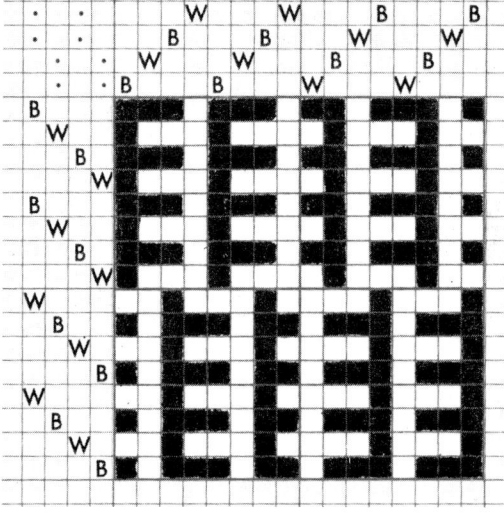

124  *Farbverflechtung mit Farbwechseln in der Kette* ▽     122  *Farbverflechtung: Feine Streifen in Leinwandbindung* △

125  *Gewebe aus kombinierter Leinwand- und Panamabindung* ▷     123  *Farbverflechtung von Abbildung 122 in Panamabindung* △

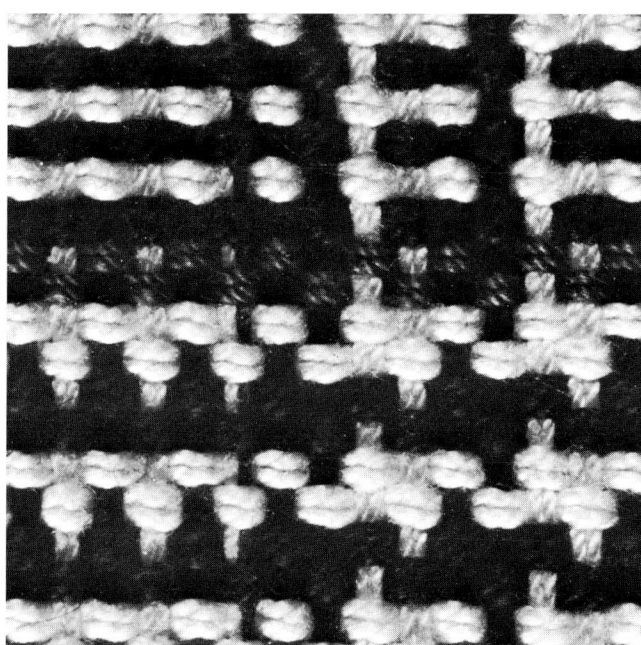

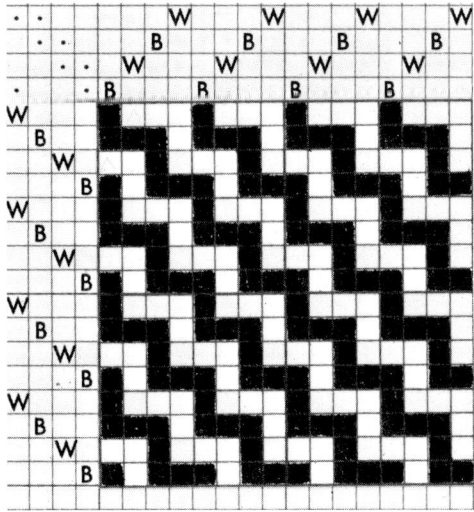

B = Schwarz; W = Weiß

126/127 Ein Treppenmuster entsteht, wenn man in einem 2/2 Köper mit einem dunklen und einem hellen Faden webt.
Patrone zu Abbildung 126

## Doppelköper-Streifen

Die folgenden Muster basieren auf Streifen von vier dunklen und vier hellen Fäden in Kette und Schuß. Wie Abbildung **128/129** zeigt, ergibt ein Einzug gerade beim Doppelköper 2/2 ein unregelmäßiges, nicht besonders attraktives Muster. Klarer und schärfer werden die Konturen jedoch, wenn man den Einzug abändert:

        1,2,3,4 – dunkel
        2,1,4,3 – hell.

Farbmuster lassen sich unendlich variieren. Man kann auch gleichzeitig mit verschiedenen Farbkombinationen auf dem Webstuhl arbeiten und damit solch interessante Muster erzielen, wie sie die Abbildungen **130/131** und **136/137** zeigen.

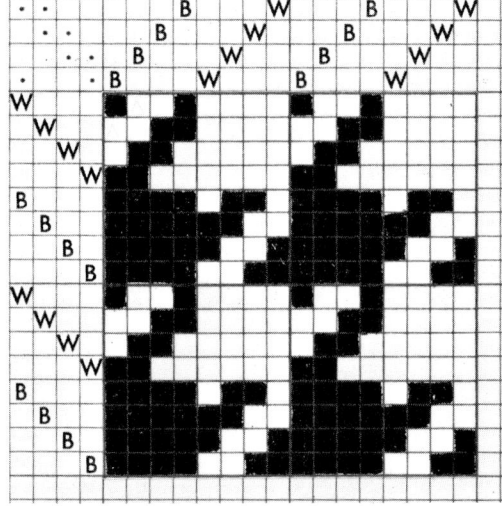

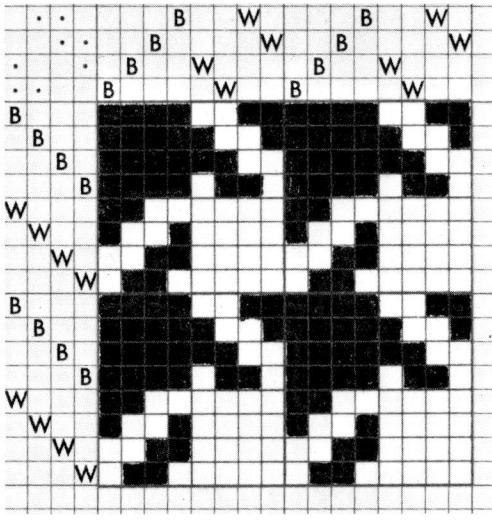

128/129 Großflächige Farbverflechtung mit Einzug gerade durch und mit abgeänderter Einzugsfolge

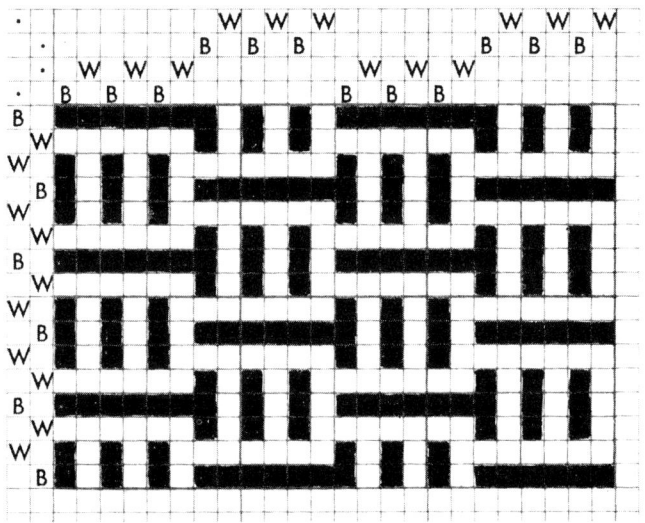
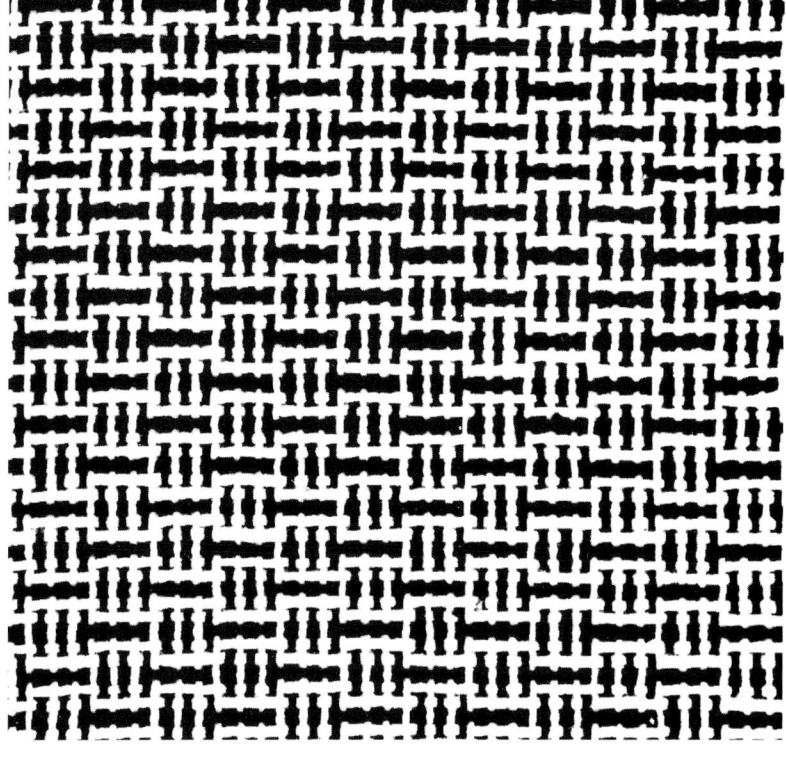

B = Schwarz; W = Weiß

130/131 Einzugsvariation für einen Möbelstoff, entworfen von Helen Little, Patrone zu Abbildung 131

132/133 Farbverflechtung mit gebrochenem Fischgrätköpereinzug in einem mit Schiffchen gewebten Stoff von Irene Suyeoka, Patrone zu Abbildung 133

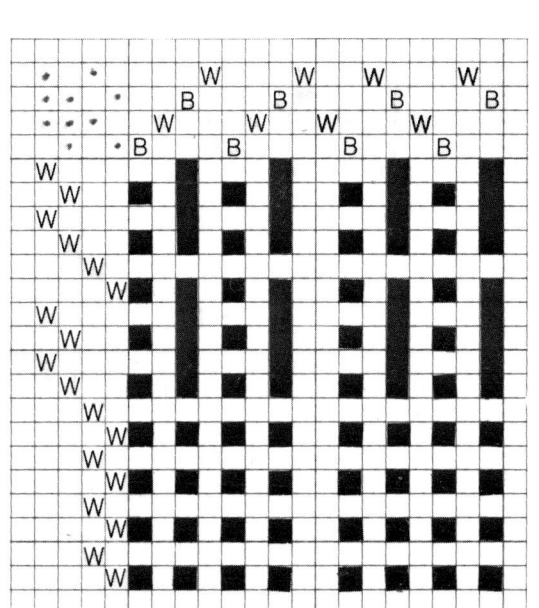

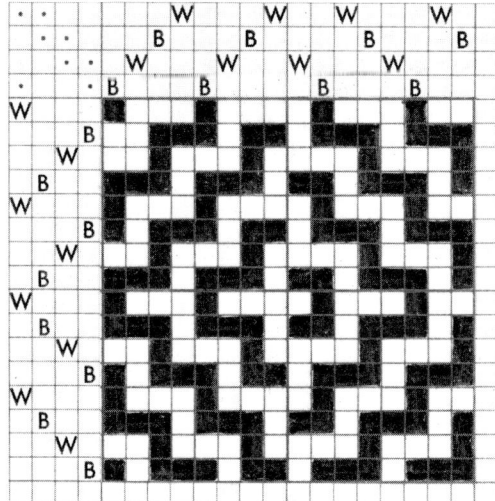

B = Schwarz; W = Weiß

*134/135 Variation zu Abbildung 133 von Delma Kelly, mit Patrone*

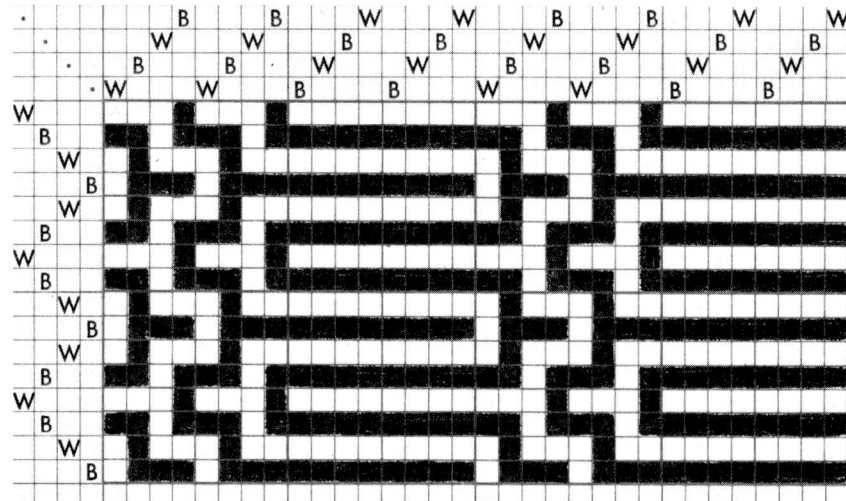

*136/137 Farbverflechtung im Mäandermuster in einem Stoff von Takeko Nomiya, mit Patrone*

## ACHTSCHÄFTIGE KÖPERBINDUNGEN

Der vierschäftige Webstuhl ist zwar bereits sehr vielseitig, aber mit acht Schäften erschließt sich dem Schaffensdrang des Webers erst ein ungeheurer Reichtum der Möglichkeiten. An Stelle von Köpergeweben mit nur einem Köpergrat kann man verschieden breite Grate nebeneinander oder gar gegeneinander in verschiedene Richtungen laufen lassen. Die acht Schäfte werden dann so verwendet, als hätte man zwei vierschäftige Webstühle zusammengesetzt.

Die Symbole, die den Köpergrat kennzeichnen, sind die gleichen wie bei den regelmäßigen Köperbindungen; die Symbole werden nebeneinander geschrieben, wenn man verschiedene Grate in einer Bindung anzeigen will. Ist die Bindung zum Beispiel aus einem 2/2 Köper auf den ersten vier Schäften und einem 1/3 Köper auf den hinteren vier Schäften kombiniert, bedeutet 2/2 1/3/, daß zwei Kettfäden hoch- und zwei heruntergehen, dann einer hoch und drei herunter. Der letzte Schrägstrich ist die Köpermarkierung. Die Verschnürung sieht bei diesem Muster (Abb. **138**) so aus:

1-2-5
2-3-6
3-4-7
4-5-8
1-5-6
2-6-7
3-7-8
1-4-8.

*138 Achtschäftiger Köper mit zwei Graten (2/2 1/3)*

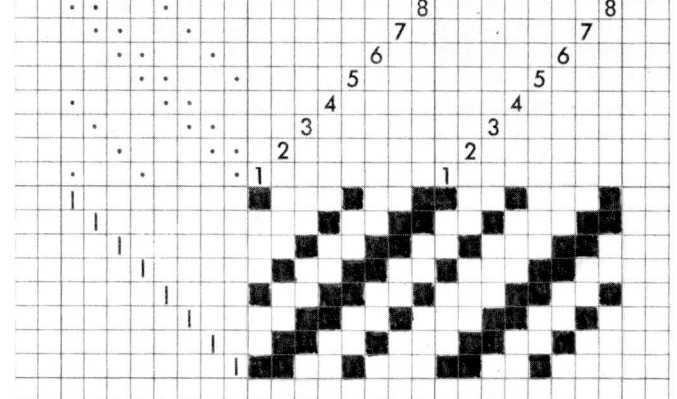

Auf acht Schäften können sogar drei Köpergrate simultan gewebt werden. Ein 1/2 1/1 2/1 Köper (Abb. 139) wird so verschnürt: 
1-4-6-7
2-5-7-8
1-3-6-8
1-2-4-7
2-3-5-8
1-3-4-6
2-4-5-7
3-5-6-8.

139 ▷

139 Achtschäftiger Köper mit drei Graten (1/2 1/1 2/1)

140 Achtschäftiger Spitzköper mit drei Graten (1/2 1/1 2/1)

141 Blitzköpermuster ▷

142–144 Köper mit partieweisem Einzug auf acht Schäften
a Köper vor und zurück (1/3 3/1)
b Wechsel in den Graten (1/2 3/2)
c Würfelförmige Anordnung (1/3 3/1). Wenn man die Patrone von unten nach oben zeichnet (wie sie auf dem Webstuhl gewebt wird), ist es hilfreich, die Schäfte in der Einzugsfolge unter der ersten Reihe des Bindungsbildes durchzunumerieren.

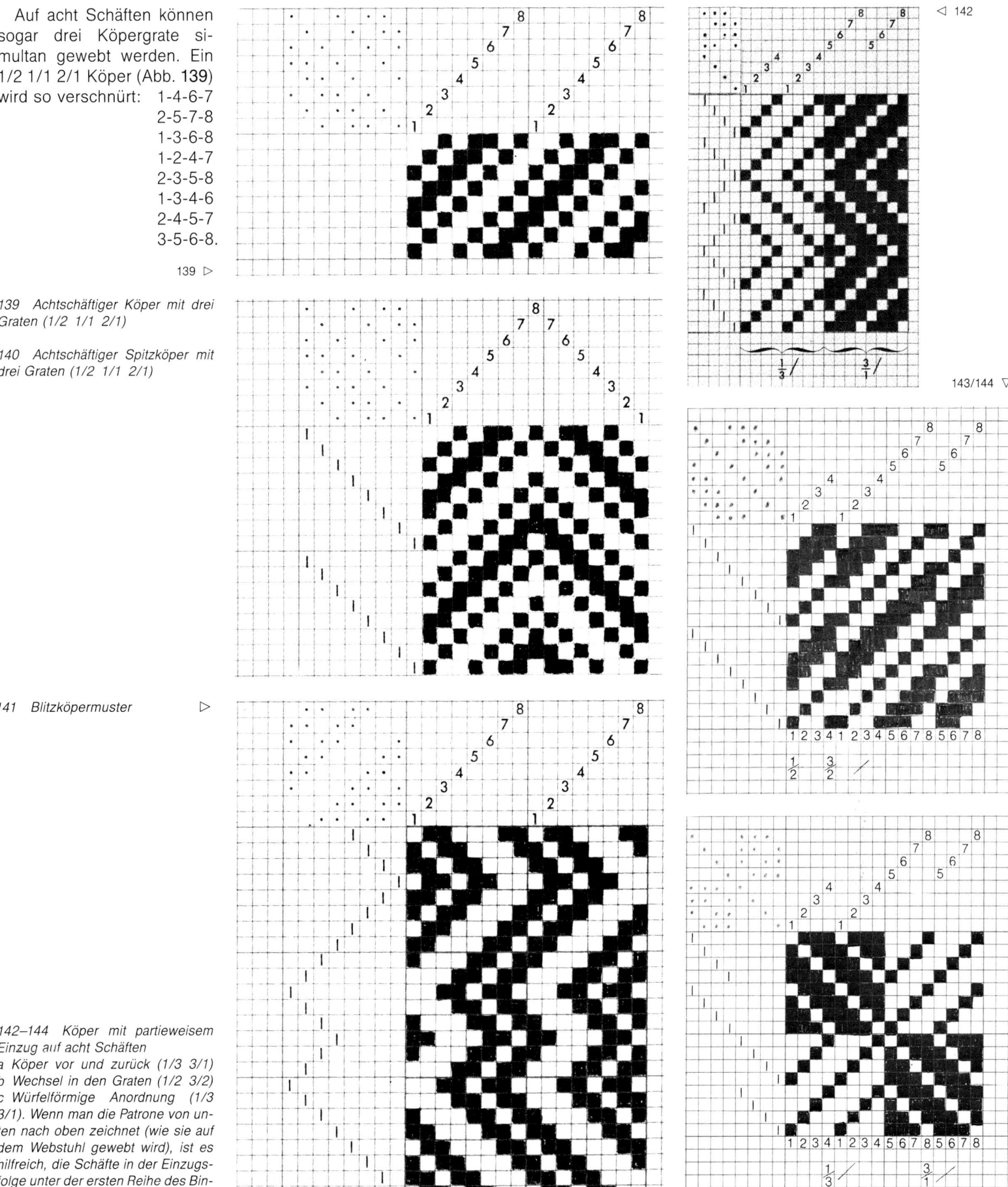

◁ 142

143/144 ▽

71

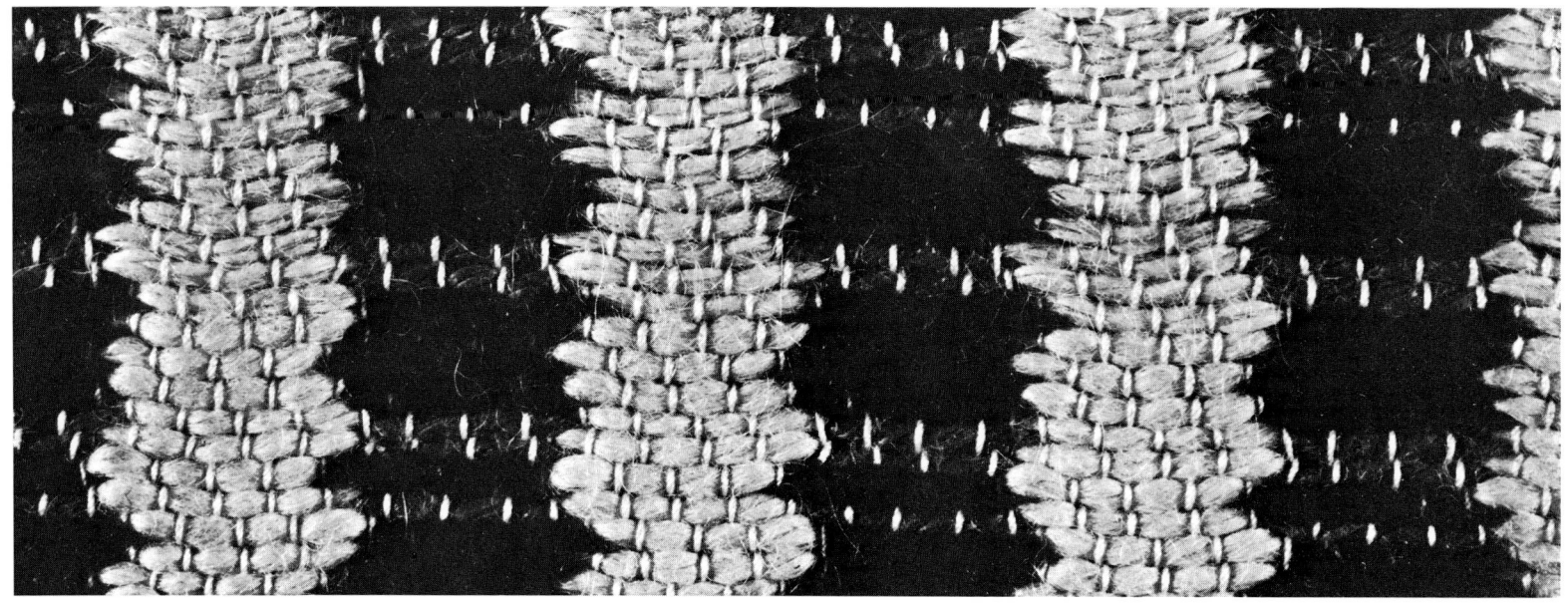

145/146 Köper mit partieweisem Einzug über acht Schäfte, Möbelstoff von Else Regensteiner, Patrone zu Abbildung 145

147 Partieweiser Einzug von Leinwand- und Panamabindung auf acht Schäften, Muster in dicker, schwarzer Wolle von Irene Suyeoka

148 Das gleiche Muster wie oben, in dünnerer Wolle mit anderer Wirkung von Irene Suyeoka gewebt (Photos Genn Suyeoka) ▽

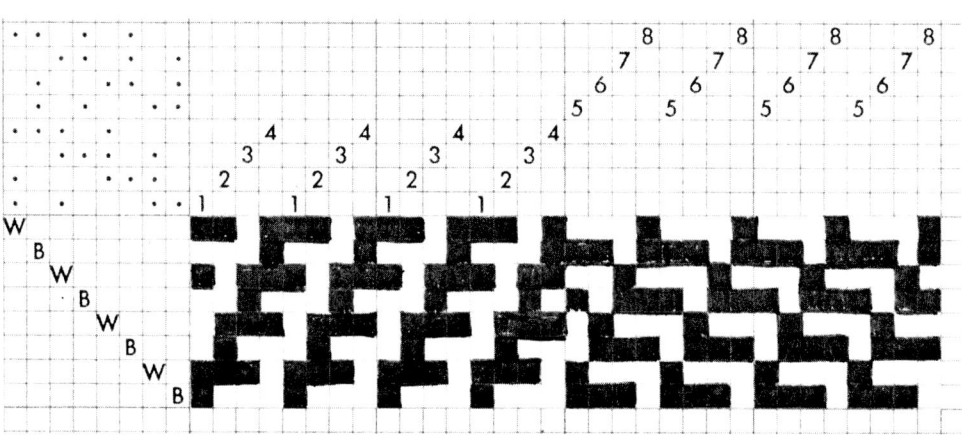

B = Schwarz; W = Weiß

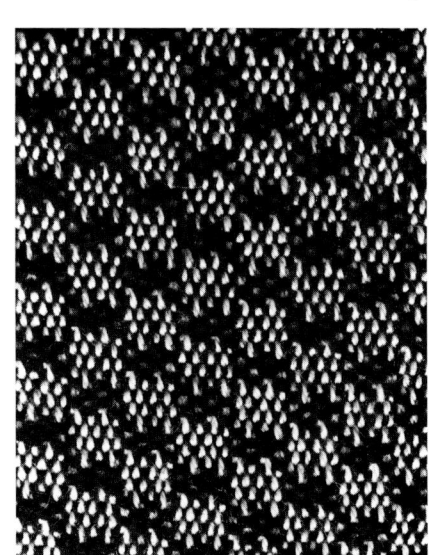

149 Patrone zu Abbildung 147

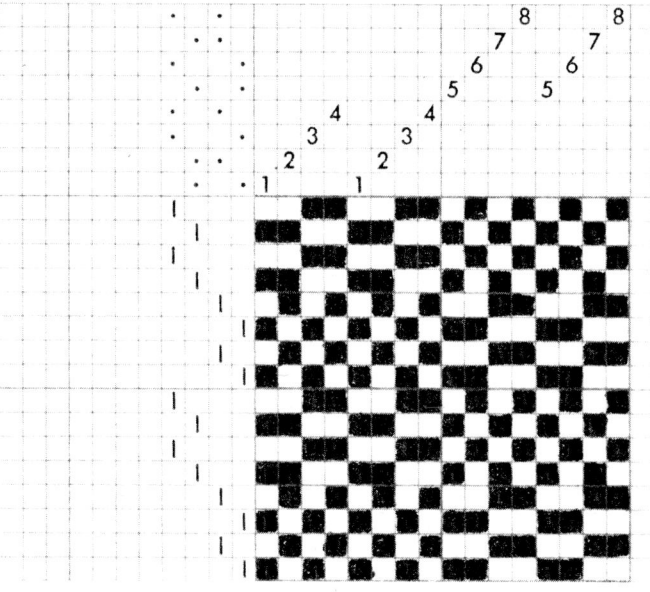

Man kann auf dem achtschäftigen Webstuhl auch einen gleichseitigen und ungleichseitigen Köper kombinieren. Diese Muster sind äußerst vielseitig und anregend. Zwei Köperpartien können nebeneinander als Blöcke eingezogen werden, wobei die ersten vier Schäfte einen Block und die zweiten vier den anderen Block bilden (Abb. 142–144). Auch Leinwand- und Panamabindungen können so kombiniert werden, daß sie Musterblöcke bilden (Abb. 147–149).

Aus Wellenköper, Spitzköper und gebrochenem Köper lassen sich des weiteren viele andere interessante Effekte erzielen – die Abbildungen 150/151 und 152/153 zeigen zwei dieser fließenden und anmutigen Bindungen.

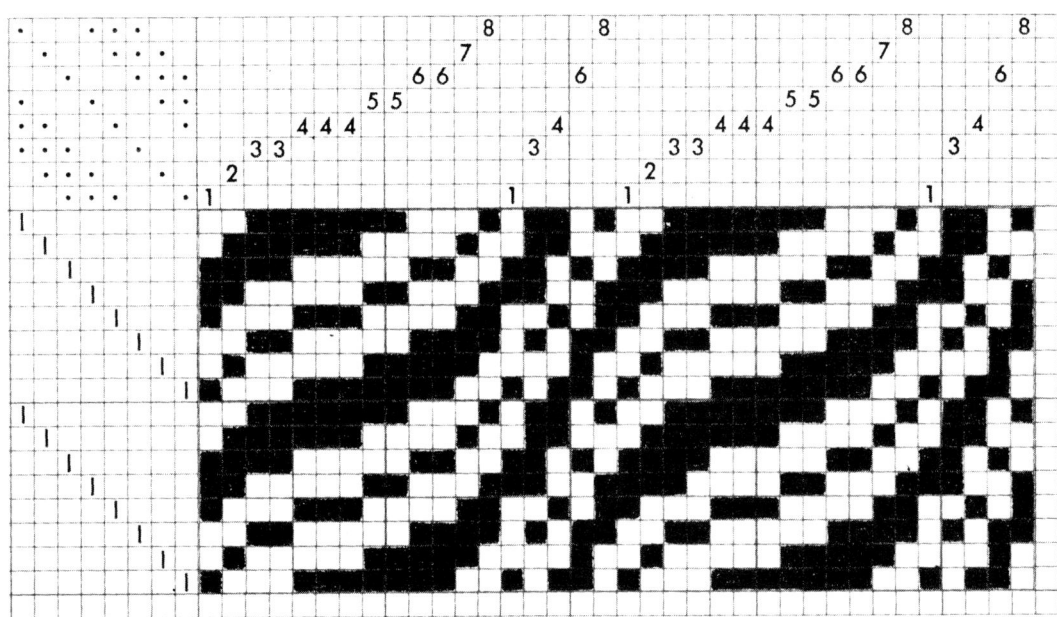

150/151 Gewellter Köper auf acht Schäften, Möbelstoff von Else Regensteiner, Patrone zu Abbildung 151

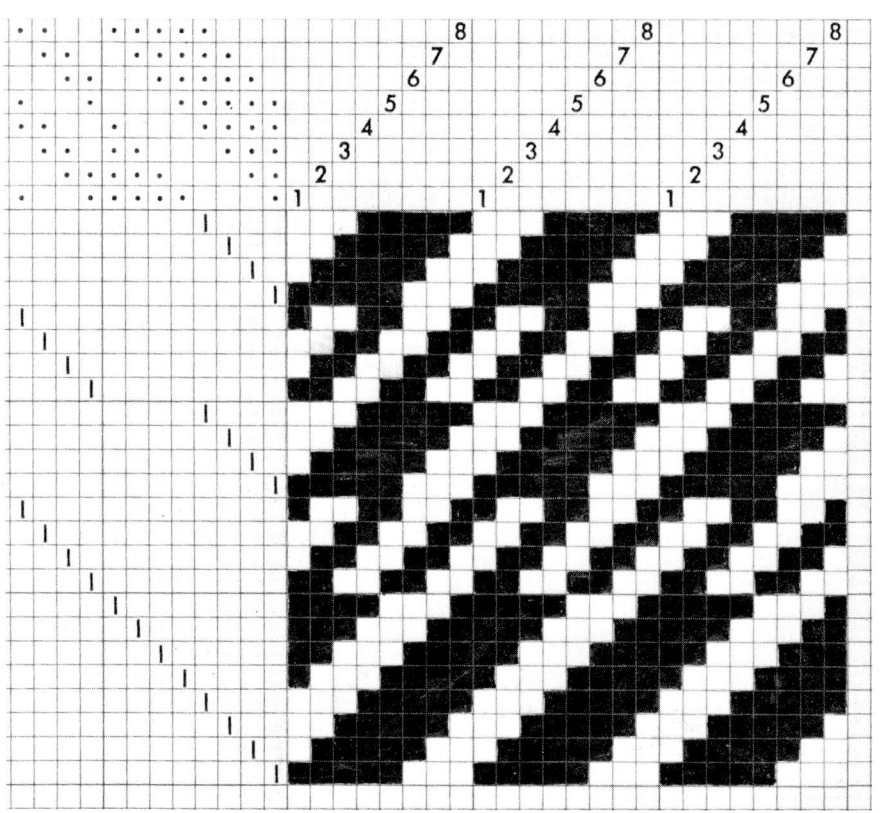

152/153 Gebrochener Köper auf acht Schäften, Anzugstoff von Jennifer Stewart, Patrone zu Abbildung 152

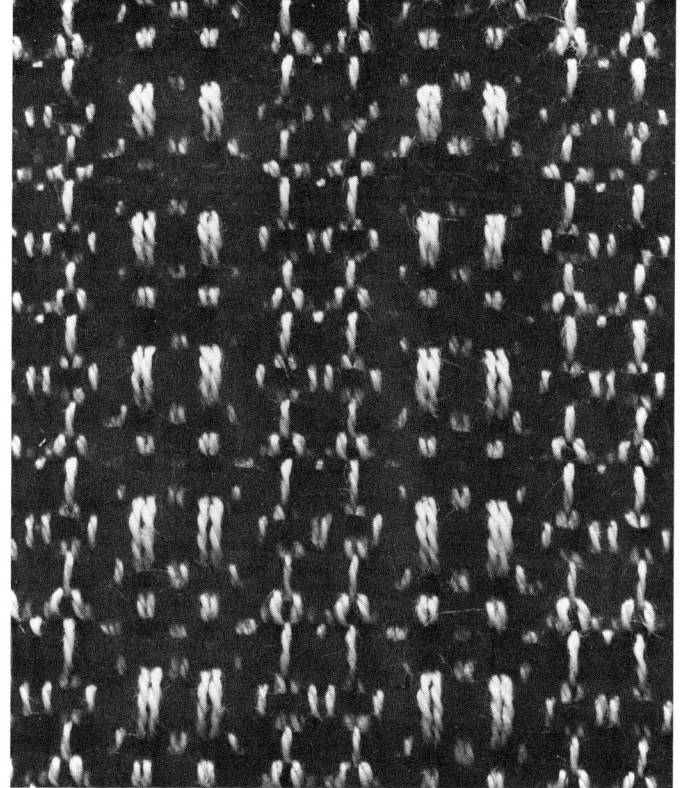

154 Achtschäftiges Spitzköpermuster mit gleichem Einzug und gleicher Verschnürung wie Abb.155, aber veränderter Tretfolge von Ruta Bremanis (mit Patrone, Abb.156)

155 Achtschäftiges Spitzköpermuster von Irene Suyeoka (Photo Genn Suyeoka)

## FARBMUSTER MIT ACHT SCHÄFTEN

Mit achtschäftigen Farbmustern hat man ein breites Spektrum an Gestaltungsmöglichkeiten. Die Abbildungen 157 bis 162 zeigen einige der Variationsmöglichkeiten, die sich aus einem Rapport von acht hellen und acht dunklen Fäden ergeben.

Ein Leben reicht nicht, um alle alten und neuen Mustermöglichkeiten mit den Grundbindungen und ihren Ableitungen zu erforschen und zu erfinden. Der Entwurf, das Design, ist eine Arbeit, die mathematische Präzision mit schöpferischer Vision verbindet, ein spannender und immer neuer Aspekt des Webens.

157/158  Achtschäftiges Sternmuster mit Patrone

B = Schwarz; W = Weiß

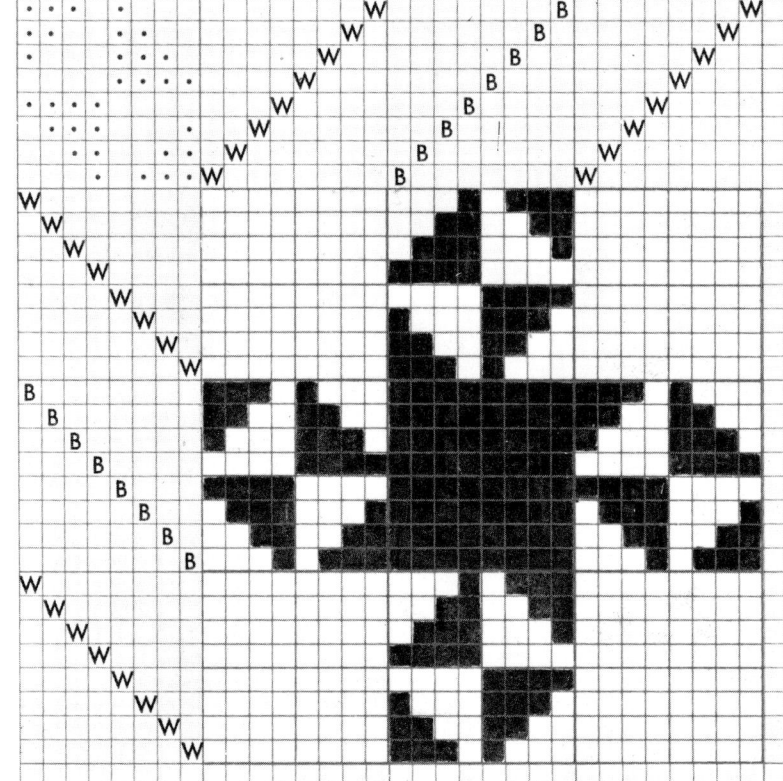

159/160  Achtschäftiges Sternmuster mit Patrone  ▷ ▷

161/162  Achtschäftiges Froschhüpfmuster mit Patrone  ▷ ▷

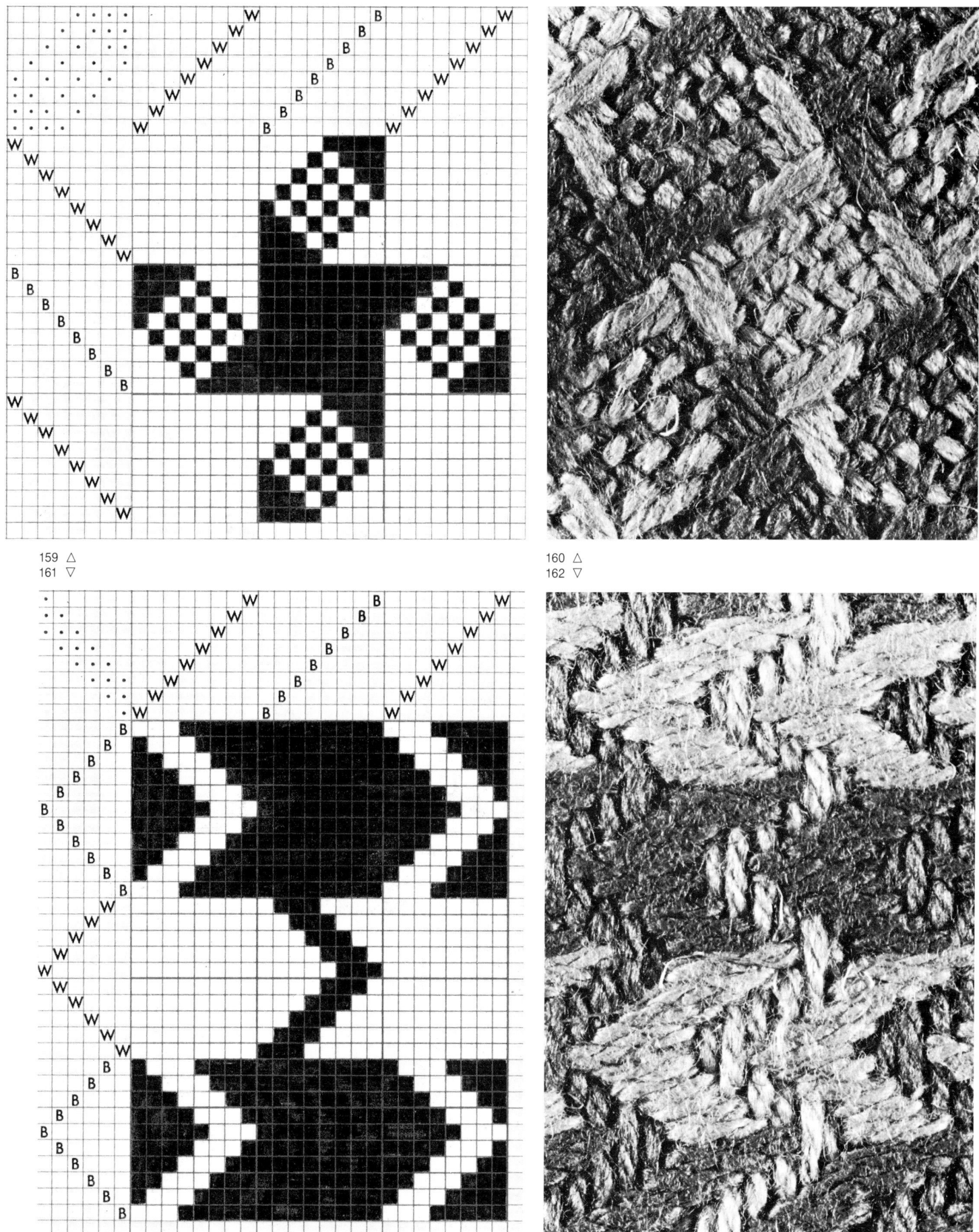

159 △
161 ▽

160 △
162 ▽

77

# 5
# PARTIEMUSTER UND IHRE MUSTERMÖGLICHKEITEN

Bindungsbilder sind Hilfsmittel für einen guten Entwurf. Sie sollen den Weber nicht einschränken oder ihm Grenzen setzen, vielmehr seinen Horizont für die Vielfalt der Möglichkeiten erweitern. Eine Patrone ist kein Rezept, sondern die Ausgangsbasis für Neuentdeckungen. Die folgenden Webmuster sind also nicht nur Anleitungen zum Nacharbeiten oder bloßer Selbstzweck. Das Verständnis ihrer Grundprinzipien sollte den Weber zu neuen Entwürfen und Anwendungen führen. Wenn man erst die Struktur eines Musters verstanden hat, kann man es auch benützen und verändern. Manche der beschriebenen Bindungen sind leicht, andere komplizierter, aber in all diesen Mustern steckt eine Vielzahl schöpferischer Umsetzungsmöglichkeiten, weswegen sie hier ausgewählt wurden.

Partiemuster bauen gewöhnlich auf diversen Kettfadengruppen auf, die jeweils eine Mustereinheit auf einem Schaftpaar bilden. Auf einem vierschäftigen Webstuhl bilden vier Schaftpaare vier verschiedene Musterfächer:

Schaft 1 und 2 (Einzug 1,2,1,2)
Schaft 2 und 3 (Einzug 2,3,2,3)
Schaft 3 und 4 (Einzug 3,4,3,4)
Schaft 1 und 4 (Einzug 1,4,1,4).

Jedes Musterfach kann in beliebiger Folge beliebig oft gewählt werden. Grundlage des Musters bildet die Anordnung der Mustereinheiten. In den Musterpartien, wenn bestimmte Schaftpaare gehoben werden, überspringt der Schußfaden eine Kettfadengruppe, er »flottiert«, wie die Weber sagen, und liegt als Musterelement obenauf.

Um die Flottierungen einzubinden und einen festen Gewebeuntergrund für sie zu schaffen, muß zwischen die Musterschüsse Leinwandbindung gewebt werden. Wenn man die Leinwandbindung nur auf diese Art zum Abbinden einsetzt, wird dies auf der Patrone mit X gekennzeichnet, um die Zwischenschüsse von den Musterschüssen unterscheiden zu können. Der Schußfaden für die Leinwandbindung, der in ein zweites Schiffchen gesetzt wird, sollte dünner und unauffälliger sein als das Mustergarn. Andersfarbiges Leinwandgarn steigert die Wirkung des Musterschusses.

Jeder Musterschuß ist von einem Leinenbindungsschuß gefolgt, weshalb man denselben Musterschuß beliebig oft hintereinander wiederholen kann. Vor allem für großflächigere Muster ist das wichtig, wenn man einzelne Musterblöcke klar herausarbeiten will.

Der erste Leinenbindungsschuß – mit dem Buchstaben A gekennzeichnet – gehört in das Fach mit Schaftaushub 1 und 3. Der zweite Leinenbindungsschuß – B – wird in das Gegenfach mit den Schäften 2 und 4 eingetragen. Man sollte unbedingt darauf achten, Leinenschuß A immer von links und Leinenschuß B immer von rechts ins Fach einzutragen, bis dieser Rhythmus ganz selbstverständlich wird. (Wenn man ein Stückchen Klebeband mit A bzw. B seitlich an den Brustbaum klebt, vermeidet man zudem Fehler.)

Diese Partiemuster werden gewöhnlich wie ein Standardköper verschnürt:  1-2
2-3
3-4
4-1.

Die Tretfolge ist bei den traditionellen Mustern gleich der Einzugsfolge und wird auch genausooft wiederholt. Wenn im Einzug als erste Musterpartie 1,2 sechsmal wiederholt wird, wird auch sechsmal das Schaftpaar 1-2 getreten. Wenn die zweite Einzugspartie aus zweimal 2,3 besteht, tritt man das Schaftpaar 2-3 ebensooft, also zweimal, hoch. Hier wird »nach Einzug gewebt«. Das Ergebnis sind vollkommen quadratische Musterpartien. Für den modernen Handweber besteht aber heute kein Zwang, strikte Regeln zu befolgen. Er kann nach eigenem Ermessen verschiedene Trittkombinationen ausprobieren. Abbildung **165/166** zeigt ein Partiemuster mit sehr attraktiven, geometrischen Musterelementen. Das Muster ist aus vielen verschieden großen Blöcken in phantasievollen Farben zusammengesetzt und transponiert ein traditionelles Muster in eine ausgezeichnete zeitgenössische Komposition. Die Patrone zeigt nur einen Rapport.

Manchmal bindet die Musterpartie an den Webkanten nicht ab. Deshalb wird für die ersten vier Fäden an jeder Webkante häufig ein Standardköpereinzug gewählt (der in die Patrone hier nicht eingezeichnet ist).

## SOMMER/WINTER-HALBDRELL

Ein besonders vielseitiges und anregendes Muster für die moderne Handweberei ist der Sommer/Winter-Halbdrell. Der seltsame Name stammt aus einer Zeit, als Bettüberwürfe noch ein wichtiges Stück der Aussteuer waren.

◁ *163 Sternmuster. Traditionelle Bindung mit partieweisem Einzug, adaptiert für einen modernen Stoff von Benjamin Gladfelter*

Man webte sie mit einer hellen Seite für den Sommer und einer dunklen Seite für die Wintermonate. Die Bindung ergibt einen zweiseitigen Stoff, bei dem auf der einen Seite die Kettfäden und auf der anderen Seite die Schußfäden dominieren. Sie kann in vielen verschiedenen Variationen gewebt werden. Der Einzug ist so gestaltet, daß die längste Flottierung nur über drei Kettfäden geht. Die Bindung eignet sich deshalb auch für Möbelstoffe, Vorhänge und sogar Bekleidung.

Im Sommer/Winter-Halbdrell entstehen austauschbare Blöcke mit Kett- und Schußwirkung. Der Einzug besteht aus zwei Partien, A und B. Die Einzugsfolge ist anders als bei den meisten Partiemustern: Partie A besteht aus 1,3,2,3 und Partie B aus 1,4,2,4. Die Leinenbindung muß deshalb mit den Schäften 1-2 und 3-4 gewebt werden.

Im Entwurf muß man die verschiedenen Blockgrößen nur in einer Kurzpatrone festlegen (siehe Abb. 177). Diese zeigt allein die Proportionen der Musterblöcke. Wenn die Entscheidung über den Einzug gefallen ist, zeigt jedes Kästchen auf dem Karopapier nur noch, wie oft diese Einzugsfolge wiederholt wird. Der erste Strich bezeichnet Block A, der zweite Block B usw. (In großen Bindungsbildern kann ein Karo in der Kurzpatrone auch 2 cm statt einer Fadengruppe bedeuten.)

Es gibt zahlreiche Variationsmöglichkeiten beim Sommer/Winter-Halbdrell. Die Musterblöcke in der Kette können gleich oder verschieden groß sein. Die Kette kann gleichfarbig und aus gleichem Garn oder mehrfarbig und aus verschiedenen Garnen sein usw. Die Musterblöcke

△ 164  *Partiemuster in einem Möbelstoff von Terry Albright*

165  *Partiemuster in einem Bettüberwurf von Linda Howard. Die Kette ist aus fünf verschiedenen Rosatönen, der Musterschuß leuchtendes Purpur. Der Leinwandzwischenschuß ist in schockfarbenem Pink.*

166  *Patrone zu Abbildung 165 (Use Tabby = Leinwandzwischenschuß)*  ▽

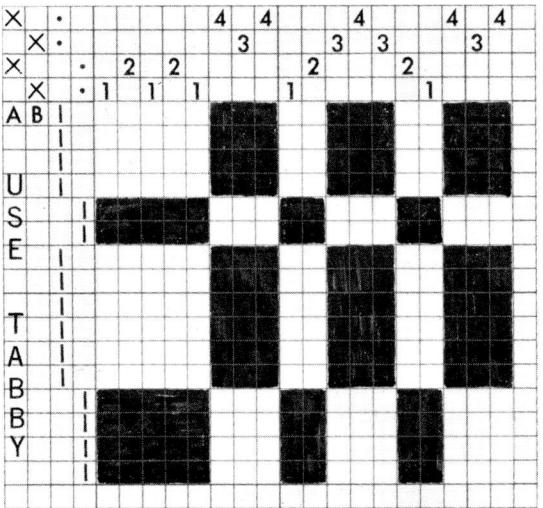

*167 Vierschäftiger Sommer/Winter-Halbdrell mit Musterblöcken in Kette und Schuß*

*168 Vierschäftiger Sommer/Winter-Halbdrell in einem Möbelstoff von Else Regensteiner. Die Blöcke sind farbig unterteilt.*

können verschiedenfarbig unterteilt, die eine Hälfte der Kettfäden einer Musterpartie in der einen und die andere Hälfte in der anderen Farbe sein. Drei innerhalb von zwei Blöcken aufeinander folgende Farben lassen die Farben zerfließen und die Musterblöcke jeweils anders erscheinen. Mit einer Kette, in der beispielsweise Partie A weiß, Partie B schwarz, A grau, B weiß, A schwarz und B grau ist, erscheint das Muster im Endeffekt weitaus komplizierter, als es ist.

Noch mehr Möglichkeiten eröffnen sich mit dem Schuß. Die Leinwandverschnürung für Sommer/Winter-Halbdrell ist:
        Leinenschuß A 1-2
        Leinenschuß B 3-4.
Die Verschnürung für die Musterpartien ist:
        Partie A 1-3
               2-3
        Partie B 1-4
               2-4.

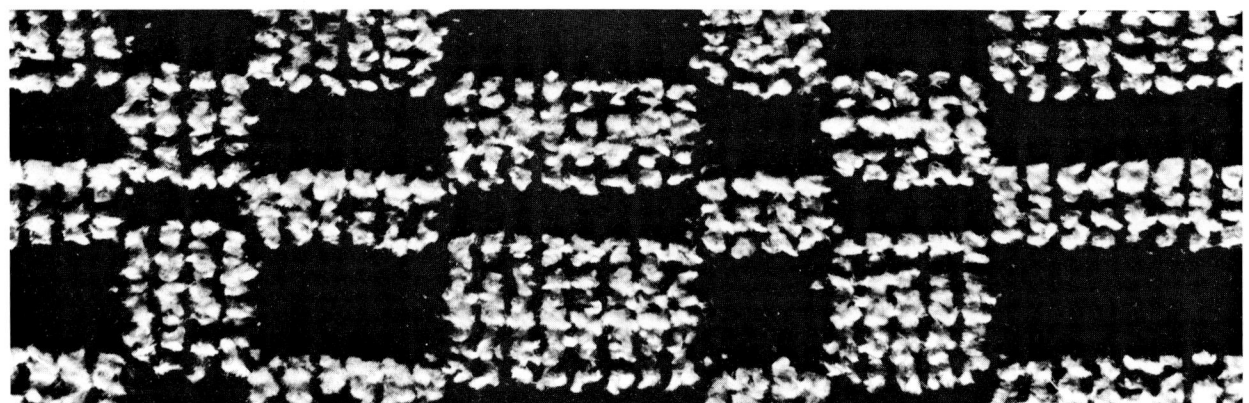

169 Vierschäftiger Sommer/Winter-Halbdrell von Takeko Nomiya. Die Blöcke sind als senkrechte Streifen gewebt.

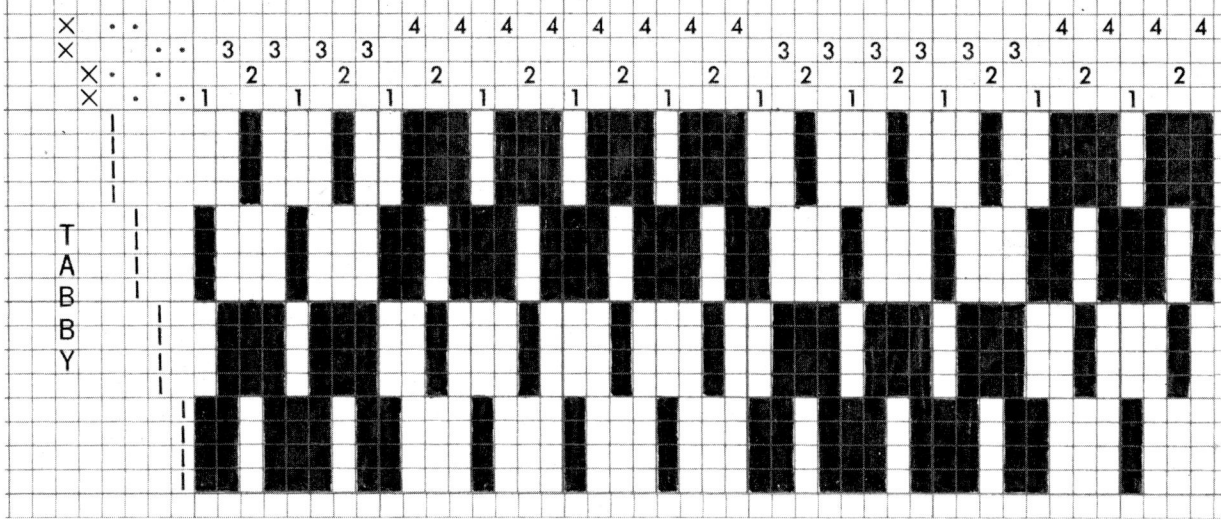

170 Patrone zu Abbildung 169 (Tabby = Leinwandzwischenschuß)

171 ▽

Viele Variationsmöglichkeiten ergeben sich auch beim Weben durch die Trittfolge. Wenn man dieselbe Musterpartie ständig wiederholt und dazwischen nur die Leinwandbindung webt, entsteht ein senkrechtes Streifenmuster (Abb. 171/173). Wenn beide Tritte einer Musterpartie (mit den Leinenschüssen dazwischen) jeweils blockweise aufeinander folgen, entsteht ein Backsteinmuster (Abb. 171).

Weitere Variationsmöglichkeiten hat man, wenn man die Schaftpaare 1-3 und 2-3 mit den Schaftpaaren 1-4 und 2-4 abwechselt, wenn man mit Musterblockpaaren arbeitet und jeweils nach zwei Musterschüssen erst mit Leinwandbindung abbindet, wenn man verschiedene Garne und Farben im Schuß verwendet oder wenn man die Musterblöcke verschieden hoch webt usw.

Wenn man die Tritte wie für Köper bedient und die Leinwandzwischenschüsse wegläßt, bilden sich keine Musterblöcke, und es entsteht ein durch und durch gemusterter Stoff.

Besondere Farbeffekte lassen sich mit folgender Trittfolge erzielen:

        1-3 mit Farbe A
        1-4 mit Farbe B
        2-3 mit Farbe A (oder C)
        2-4 mit Farbe B (oder D).

Die Farben können in diesem Muster beliebig geändert, nur die Trittfolge muß beibehalten werden. Da mit dieser Trittfolge alle Schaftpaare nacheinander benutzt werden, kann man dabei den Leinwandzwischenschuß ganz weglassen. Wie Abbildung 174 zeigt, sind alle Musterpartien im Gewebe vertreten.

*171/172 Vierschäftiger Sommer/Winter-Halbdrell von Takeko Nomiya. Die Blöcke sind hier als Ziegelmuster gewebt (172). Op-Art-Effekt bei vierschäftigem Sommer/Winter-Einzug (171). Der Eindruck von Bewegung wird durch die in Kette und Schuß variierte Größe der Blöcke erzeugt.*

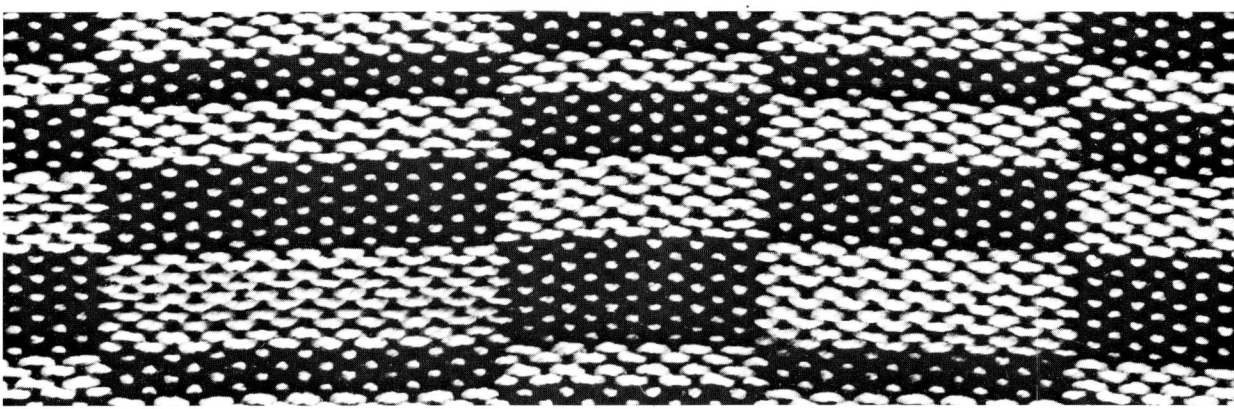

*173 Patrone zu Abbildung 171 (Tabby = Leinwandzwischenschuß)*

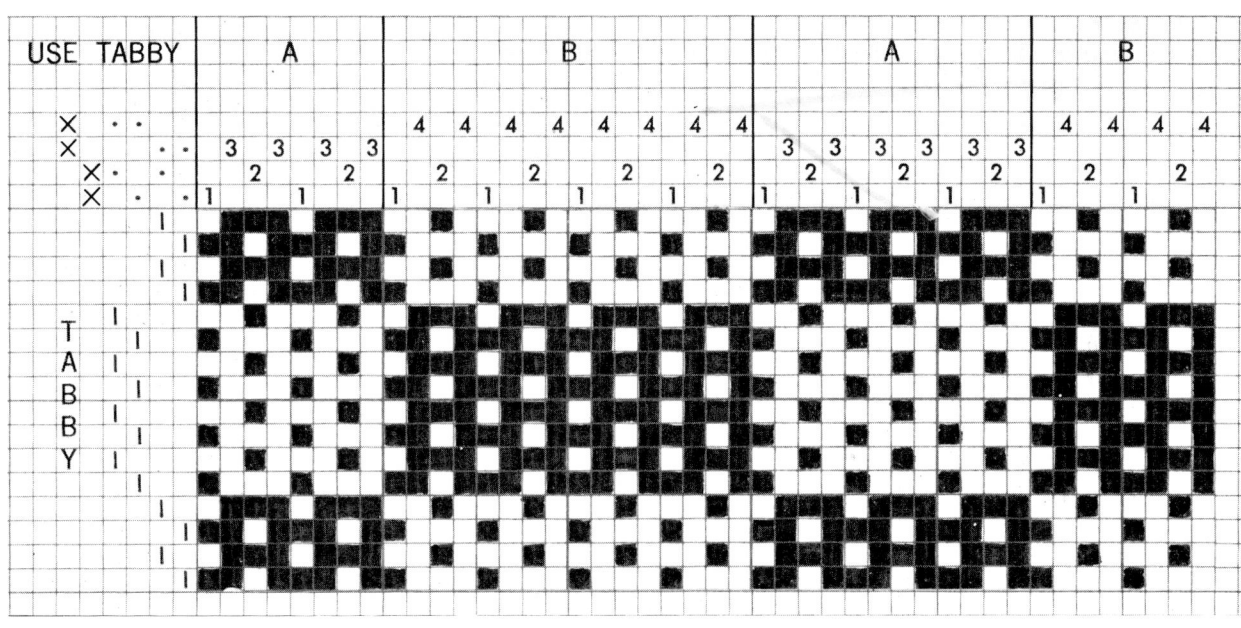

*174 Vielfarbiges, vierschäftiges Sommer/Winter-Muster von Else Regensteiner*

*175 Achtschäftiges Muster in Sommer/Winter-Halbdrell in einem Möbelstoff von Else Regensteiner*

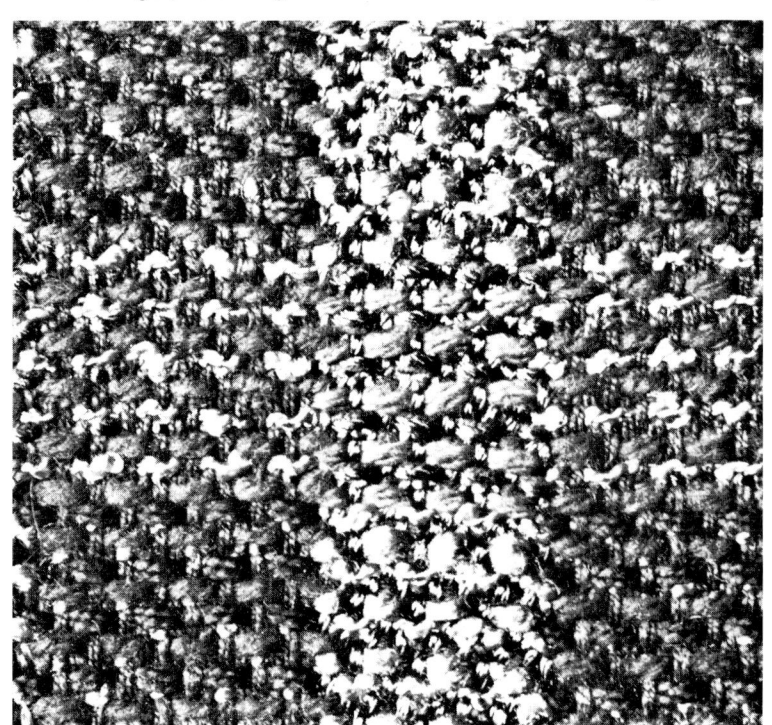
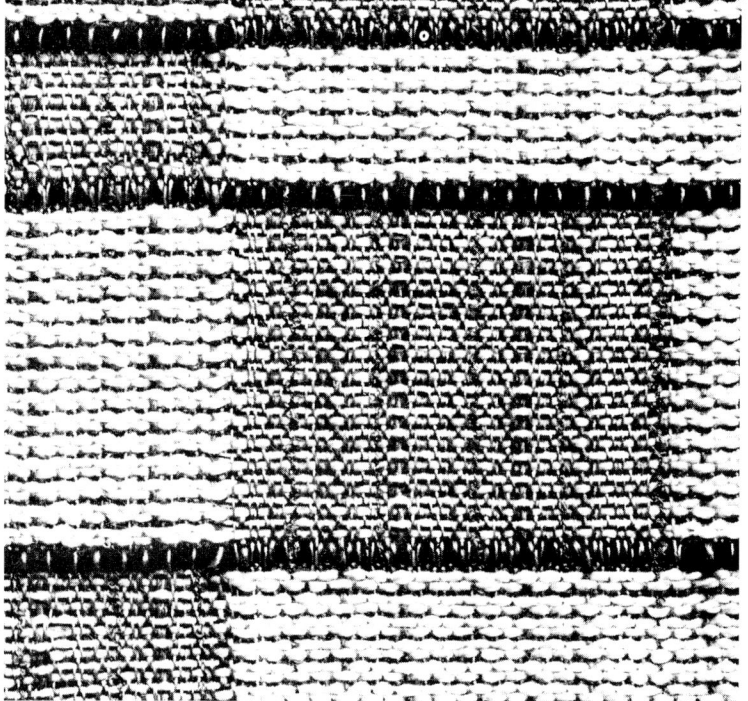

# SOMMER/WINTER-MUSTER AUF ACHT SCHÄFTEN

Das Sommer/Winter-Muster auf acht Schäften stellt eine Erweiterung der vierschäftigen Bindung dar. Es erlaubt jedoch viel mehr Gestaltungsmöglichkeiten, da man die Partien beim Weben nicht nur abwechseln, sondern auch kombinieren kann. Außerdem kann hier mit ganzen sechs Einzugspartien gearbeitet werden. Der Einzug auf die acht Schäfte ist wie folgt:
Block A — 1,3,2,3
Block B — 1,4,2,4
Block C — 1,5,2,5
Block D — 1,6,2,6
Block E — 1,7,2,7
Block F — 1,8,2,8.

Diese Blöcke lassen sich auf vielerlei Weise anordnen. Die Reihenfolge ist beliebig, wird aber vor dem Einzug in der Kurzpatrone festgelegt. Ein Beispiel zeigt Abb. **177**.

Die Leinwandbindung wird folgendermaßen angeschnürt:
Leinenschuß A — 1-2
Leinenschuß B — 3-4-5-6-7-8.

Für das Muster kann man jede beliebige Schaftkombination wählen. Einzige Voraussetzung ist, daß die verschiedenen Kombinationen gleichzeitig mit Schaft 1 oder Schaft 2 gehoben werden.

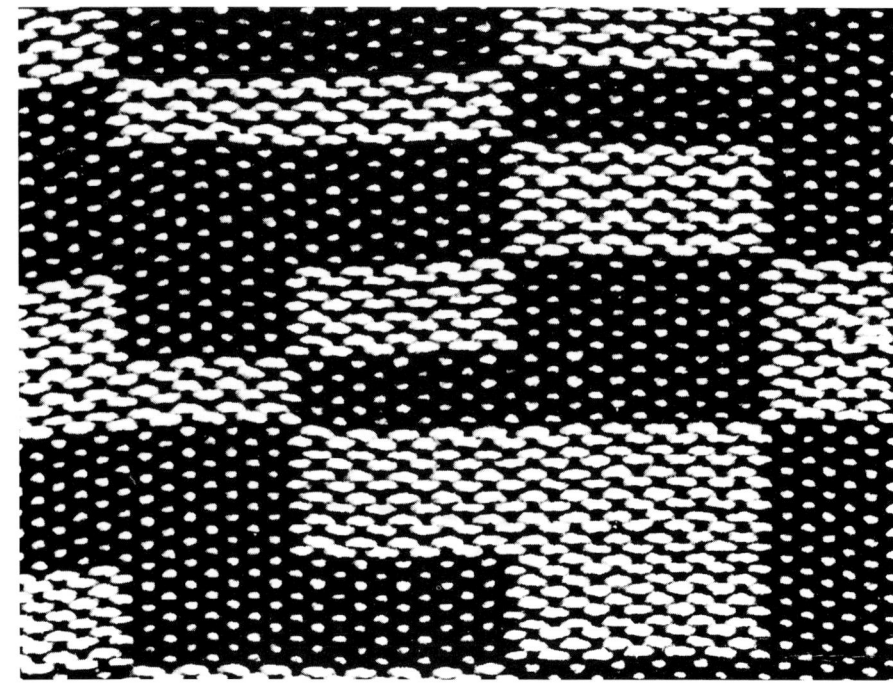

176 △   177 ▷

*176 Achtschäftiges Muster in Sommer/Winter-Halbdrell von Takeko Nomiya*

*177 Kurzpatrone (Profil), die die Größe der Kettmusterblöcke zu Abbildung 176 in verkürzter Schreibweise wiedergibt.*

*178 Kurzpatrone für das gesamte, in Abbildung 176 realisierte Muster (Use Tabby = Leinwandzwischenschuß)* ▽

*179/180 Vierschäftige Wabenbindung. Vorderseite und Rückseite* ▷

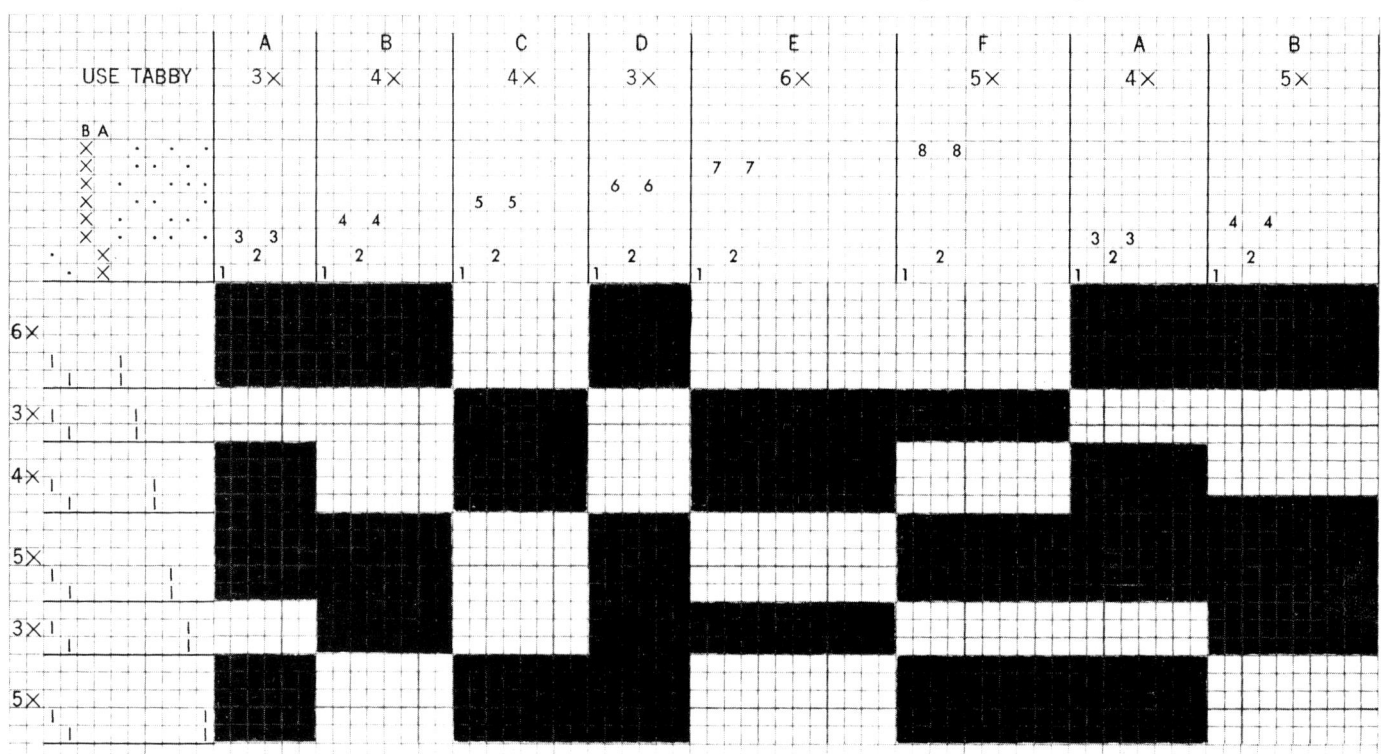

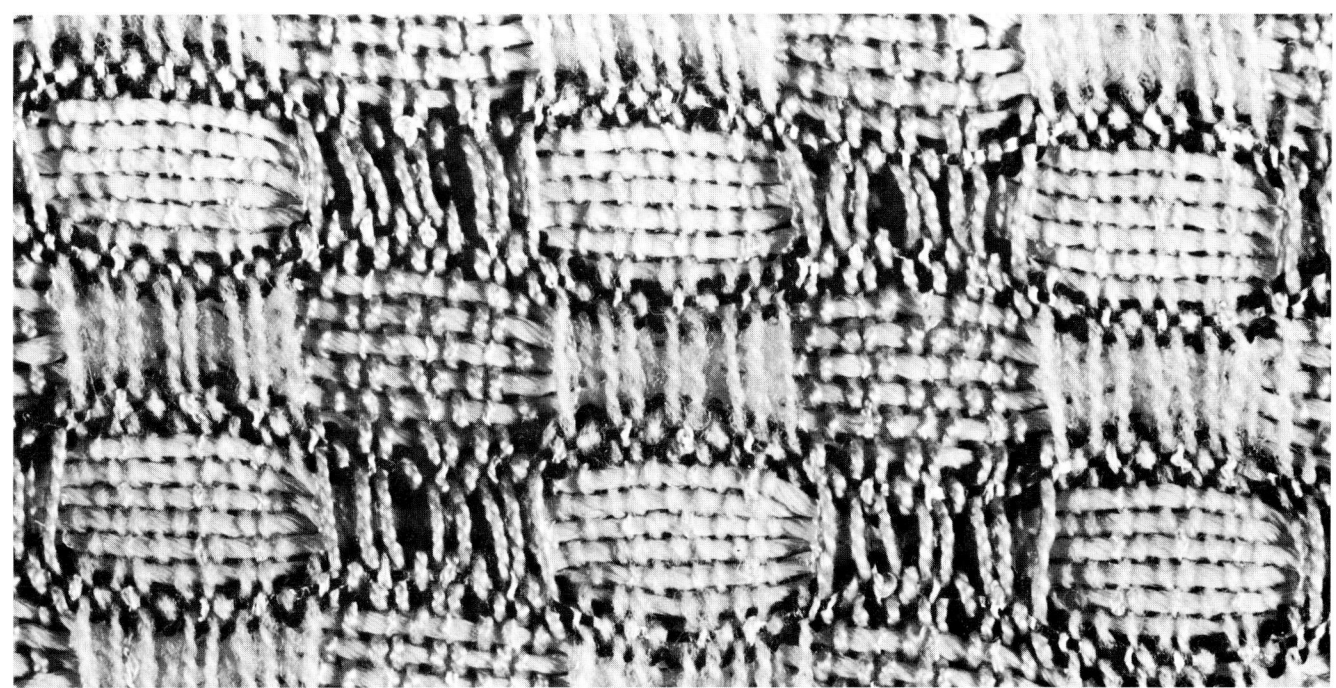

## WABENMUSTER

Das Wabenmuster ist eines der seltenen Muster, in denen Kette und Schuß nicht rechtwinklig zueinander liegen. Der Schuß bildet Wellenlinien, die sich zu Kreisen oder Ovalen formen. Das Wabenmuster hat einen ganz eigenen Charakter, und mit dem schrägen Köpergrat oder den rechtwinkligen Formen der Partiemusterblöcke nichts gemein.

Nichtsdestotrotz ist das Wabenmuster vom Einzug her ein Partiemuster. Die Waben kommen wegen des auf der Rückseite flottierenden Schußfadens am besten zur Geltung, wenn die Musterelemente klein gehalten werden. Zum Reiz des Musters trägt auch seine dreidimensionale Wirkung bei, die ihm Tiefe und Schatteneffekte verleiht.

Je nach Struktur des Leinenbindungsgarns, das die Musterblöcke konturiert, erhält das Muster einen weichen, flauschigen oder aber strengen, steifen Charakter.

Der Einzug ist:
        Block A – 1,2,1,2
        Block B – 3,4,3,4.

Die Leinenbindung wird so angeschnürt:
        Leinenbindung A – 1-3
        Leinenbindung B – 2-4.

Die Musterverschnürung ist:
        Block A – 1-2-3
                   1-2-4
        Block B – 1-3-4
                   2-3-4.

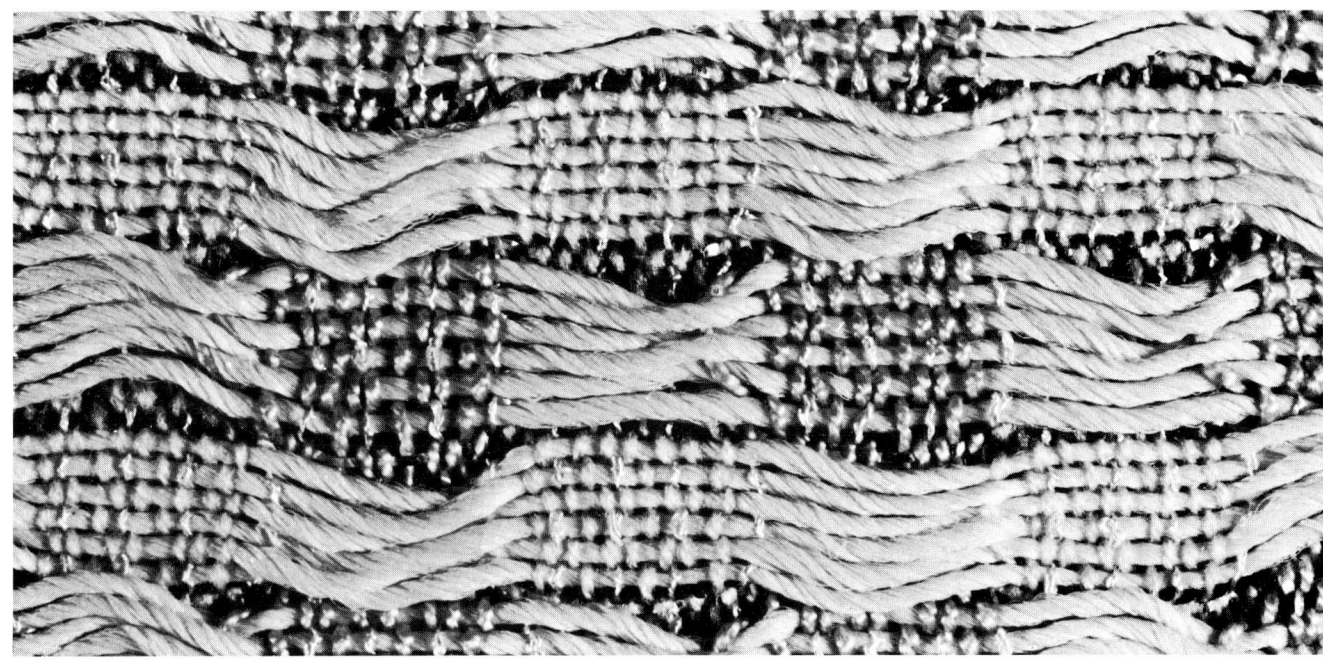

Ein erstes gutes Beispiel für diese Bindung zeigen die Abbildungen **181/182**. Mehrmals hintereinander werden die Tritte für Block A getreten (wie oft, hängt von der gewünschten Höhe der Musterelemente ab). Es folgt ein Leinwandschuß A mit dickem Garn. Danach wird mehrmals Block B getreten, worauf ein Leinwandschuß B mit dickem Schußgarn folgt.

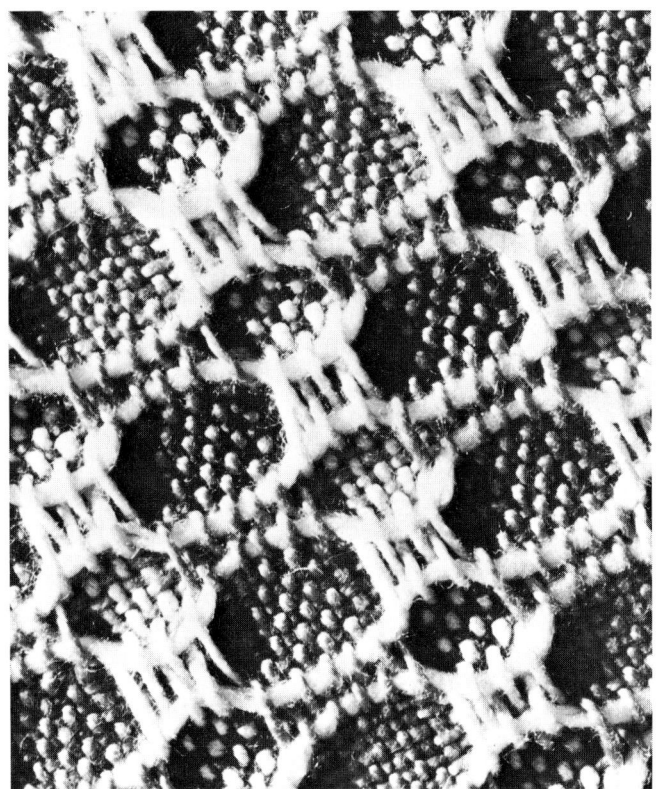

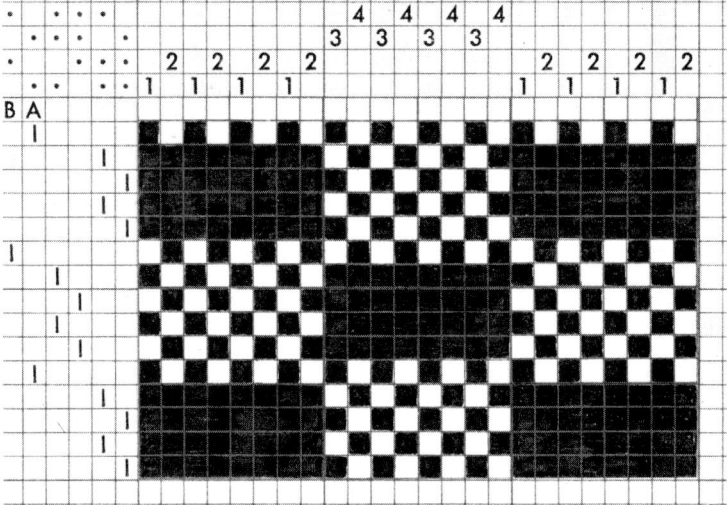

*181/182  Vierschäftige Wabenbindung mit Patrone*

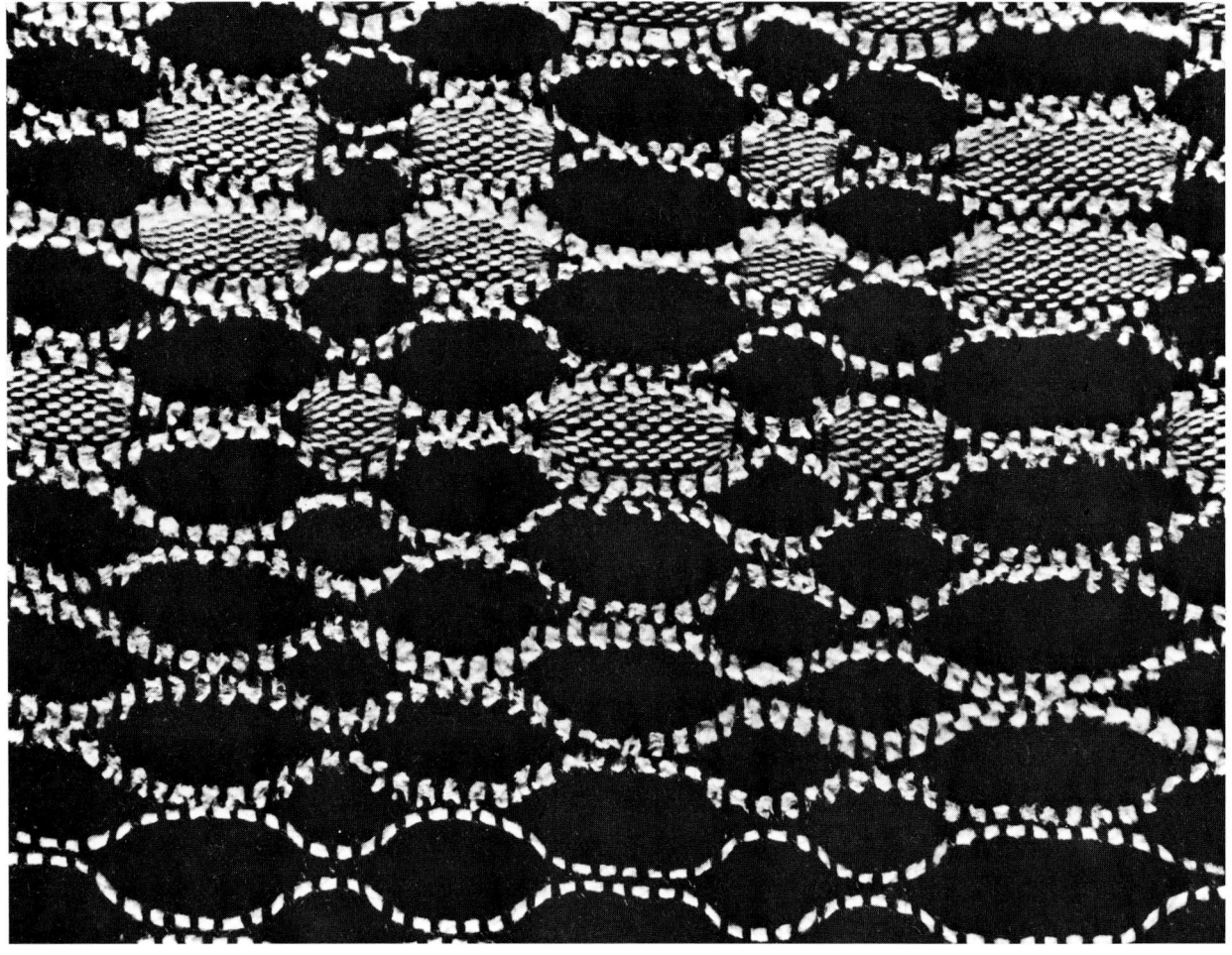

*183  Zwei Variationen einer vierschäftigen Wabenbindung von Takeko Nomiya*

*184  Patronen zu Abbildung 183. (B = schwarze Wolle, W = weiße Wolle, C = dickes, weißes Chenillegarn)* ▷

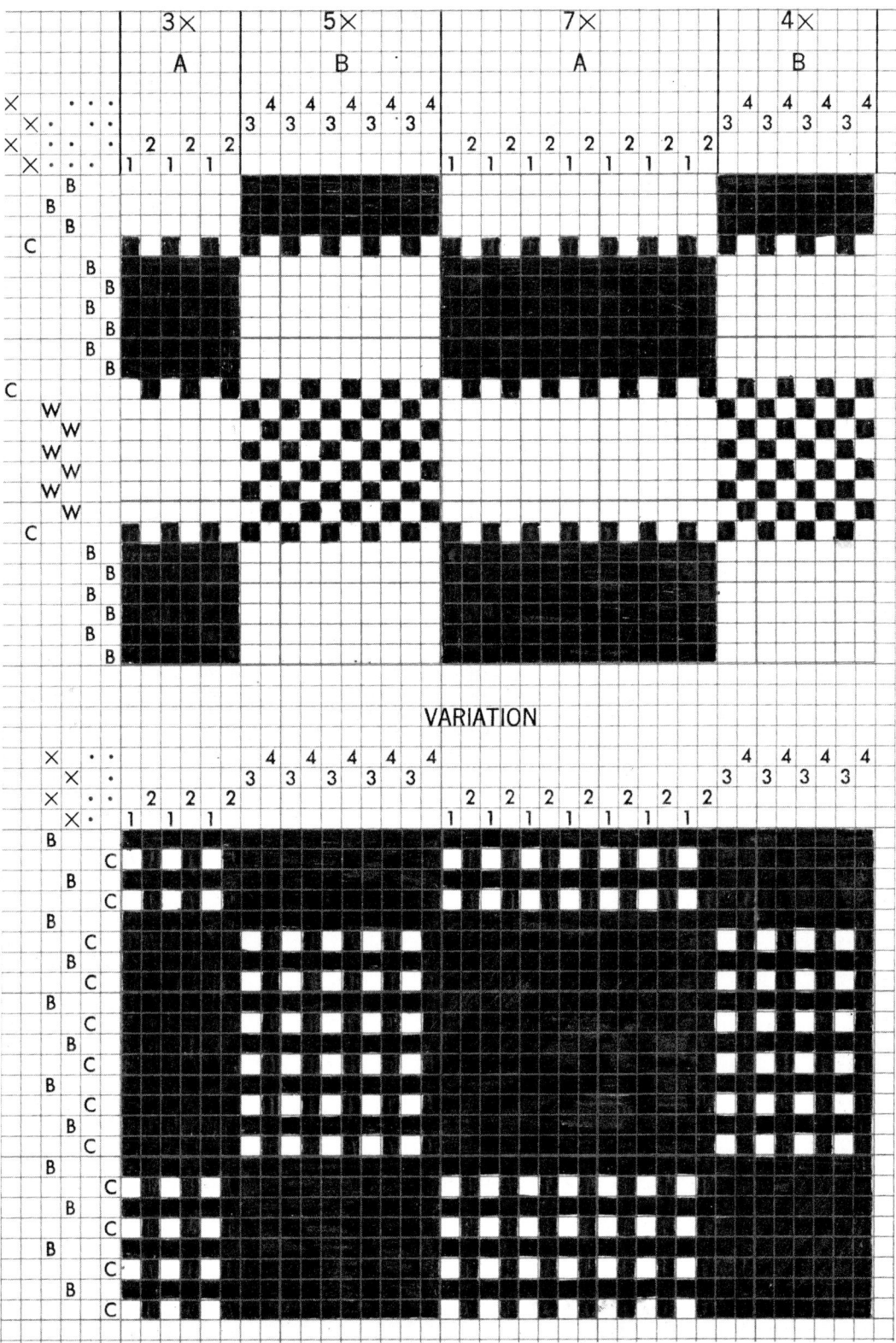

Leinen- und Musterschüsse sollten möglichst so gelegt werden, daß angrenzende Flächen gut eingebunden werden. Wenn die Leinenbindung die Ovale zusammenzieht, sollten Kette und Schuß nicht zu straff gespannt sein.

Das Wabenmuster läßt sich abändern, indem man mit anderen Blockgrößen, Farben und Garnen arbeitet. Wenn die Farben in einer unregelmäßigen Folge wiederholt werden, leuchten sie wie Edelsteine, selbst wenn man nur mit drei Farben arbeitet. Die Leinenschüsse können jeweils einzeln zwischen die Musterblöcke oder paarweise nach jedem Block eingetragen werden, so daß am Treffpunkt der Blöcke vier Leinwandschüsse sind. Hochwertige Möbelstoffe vertragen mehrere Leinwandschüsse, die einen festen Untergrund für die Ovale bilden. Man vermeidet damit lang flottierende Kettfäden und erhält eine durchgängig glatte Oberfläche.

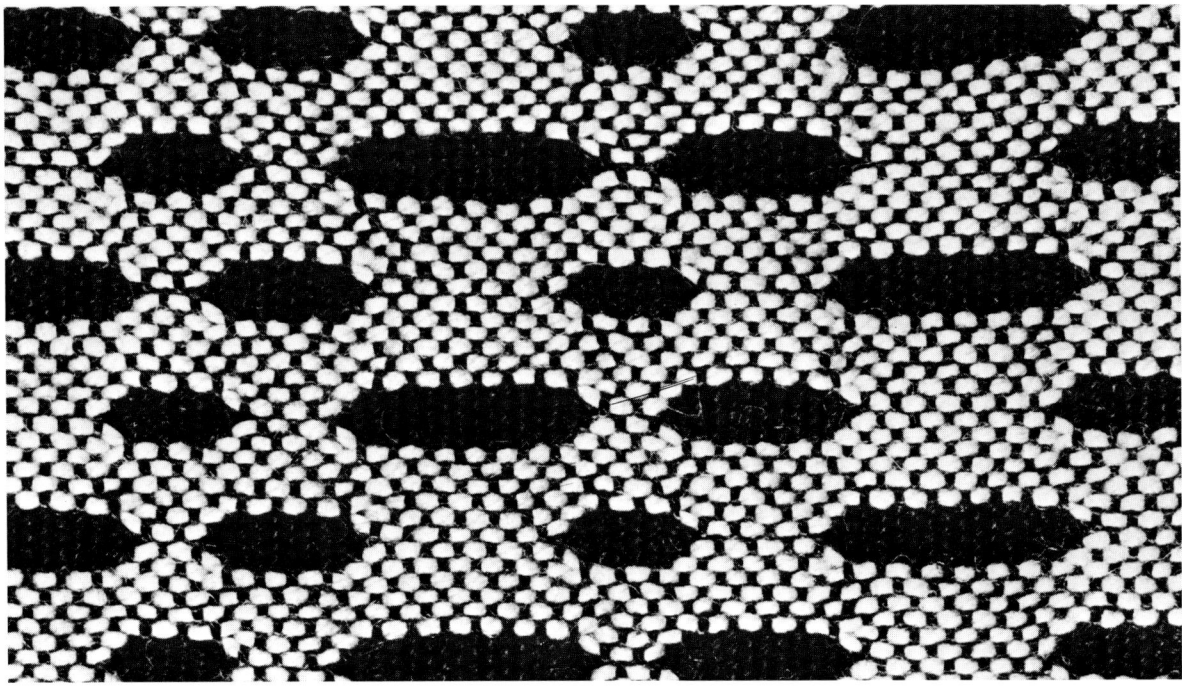

*185/186 Vorderseite und Rückseite eines vierschäftigen Wabenmusters von Takeko Nomiya. In den Ovalen sind Kette und Schuß schwarz, ansonsten ist der Schuß weiß.*

## WABENMUSTER AUF ACHT SCHÄFTEN

Wenn man das Wabenmuster mit acht Schäften arbeitet, werden die beiden Musterblöcke um einen Schaft und die Gesamtzahl der Musterblöcke auf vier erweitert.

Der Einzug ist wie folgt:

         Block A — 1,2,1,2
         Block B — 3,4,3,4
         Block C — 5,6,5,6
         Block D — 7,8,7,8.

Jede Musterpartie kann beliebig oft wiederholt werden.

Die Leinenverschnürung lautet:

         Leinwandschuß A — 1-3-5-7
         Leinwandschuß B — 2-4-6-8.

Die Musterverschnürung ist:

         Block A — 2-3-4-5-6-7-8
                        1-3-4-5-6-7-8
         Block B — 1-2-4-5-6-7-8
                        1-2-3-5-6-7-8
         Block C — 1-2-3-4-6-7-8
                        1-2-3-4-5-7-8
         Block D — 1-2-3-4-5-6-8
                        1-2-3-4-5-6-7.

Diese Partien können in jeder beliebigen Tretfolge wiederholt werden.

Zwischen die einzelnen Musterpartien müssen einige Leinwandschüsse eingetragen werden, damit das Muster zur Geltung kommt und praktisch verwertbar ist. Im Beispiel von Abbildung **187/188** wurden die Partien A, C, B und D mit jeweils sechs Leinenschüssen zwischen jeder Partie gewebt. Für die vier Partien wurden abwechselnd drei verschiedene Farben genommen, so daß jeder Musterblock einmal in einer anderen Farbe gewebt wurde.

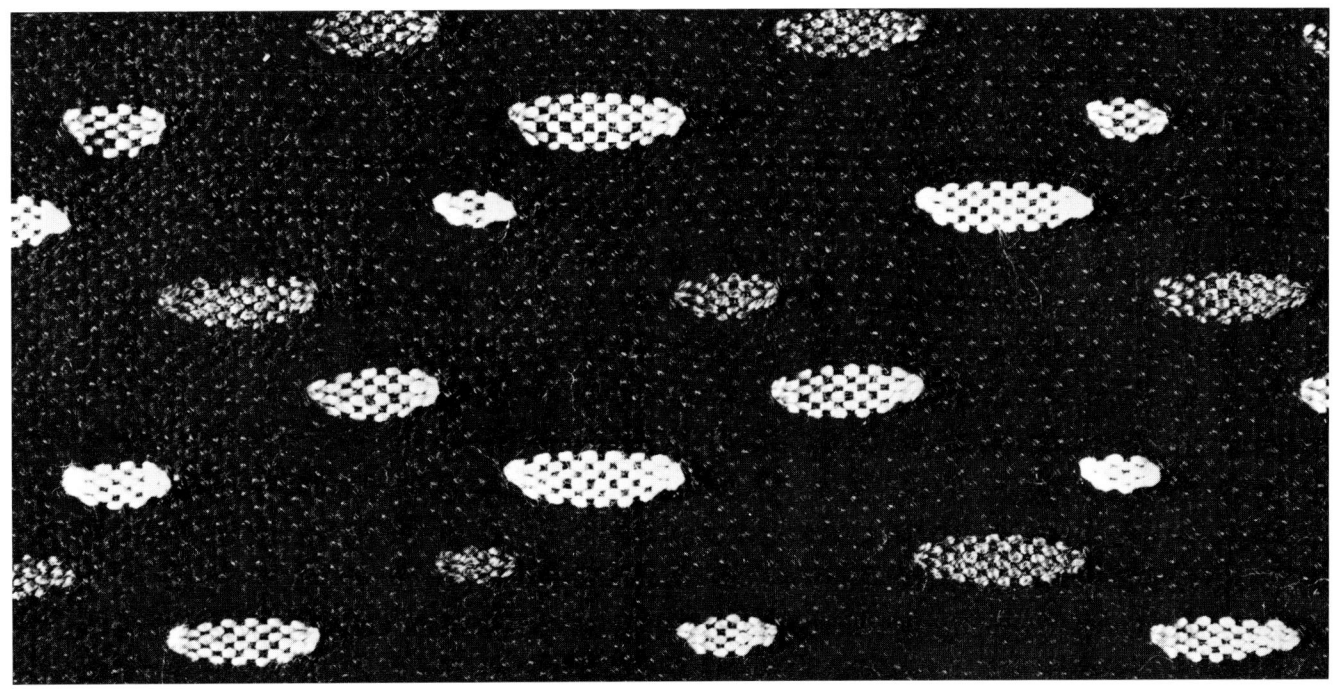

187 △   188 ▷

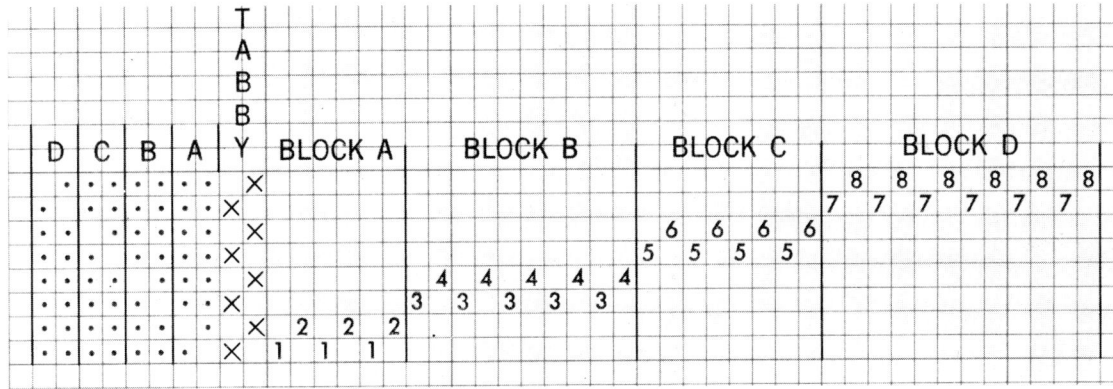

## PARTIEMUSTER MIT LANGER FLOTTIERUNG

Dieses traditionelle Muster ist dem Wabenmuster verwandt, wird aber mit zwei zusätzlichen Musterpartien auf nur vier Schäften gewebt. Seine charakteristischen Flottierungen können direkt nebeneinander liegen oder in Köper- oder gar Fischgratmanier aufgebaut werden. Der Leinengrund kann mit dem Mustergarn kontrastieren oder harmonieren. In einem dichten Gewebe kann man die Flottierungen als dekoratives Element sogar aufschneiden und als Quaste hängenlassen.

*187 Achtschäftiges Wabenmuster von Takeko Nomiya. Die Kette ist schwarz, der Schuß weiß, grün und türkis in den Musterpartien und schwarz im Leinwandschuß.*

*188 Patrone zu Abbildung 187 von Eunice Anders (Tabby = Leinwandzwischenschuß)*

*189 »Handgesponnenes«, Partiemuster mit Flottierung, entworfen für den Schnellwebstuhl von Julia McVickers und Else Regensteiner* ▽

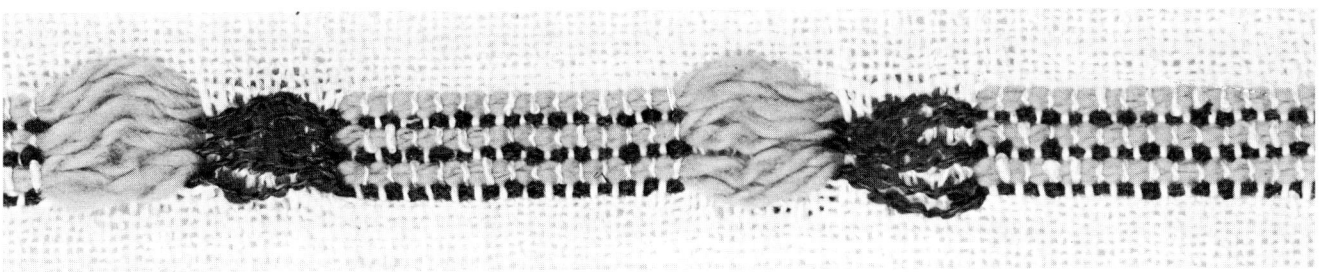

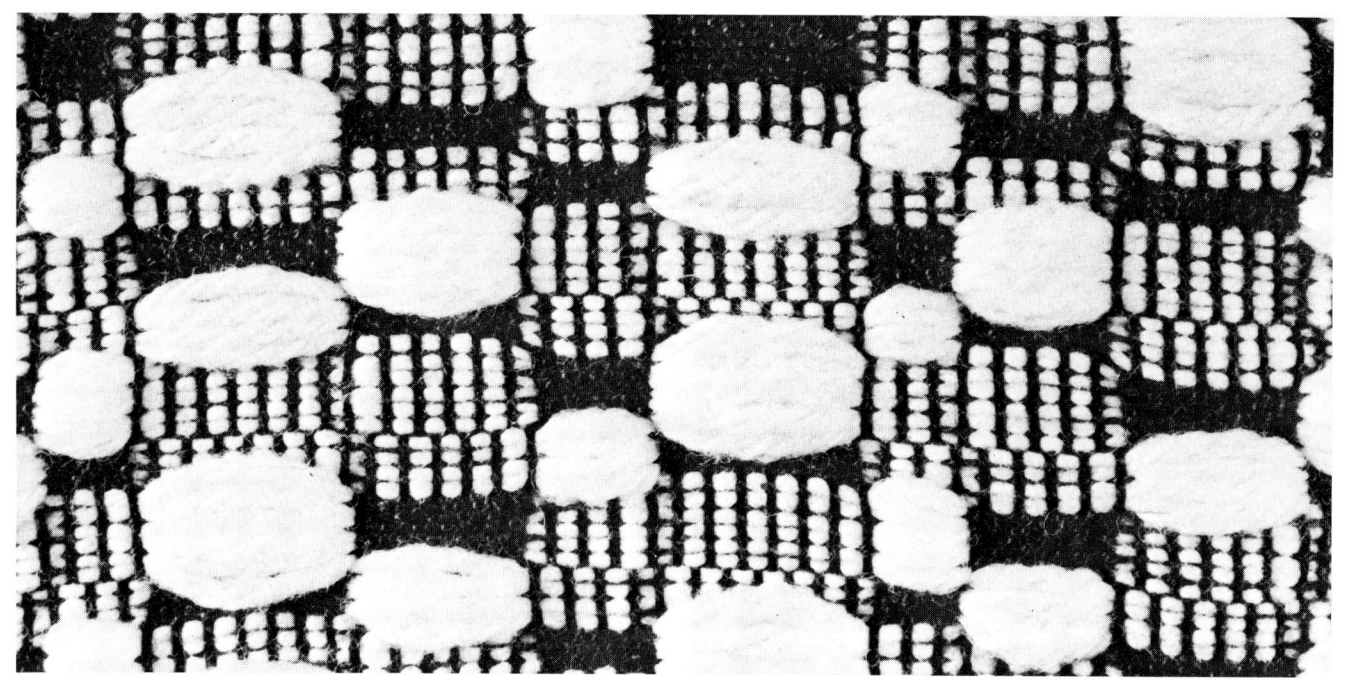

*190 Partiemuster mit Flottierung von Takeko Nomiya*

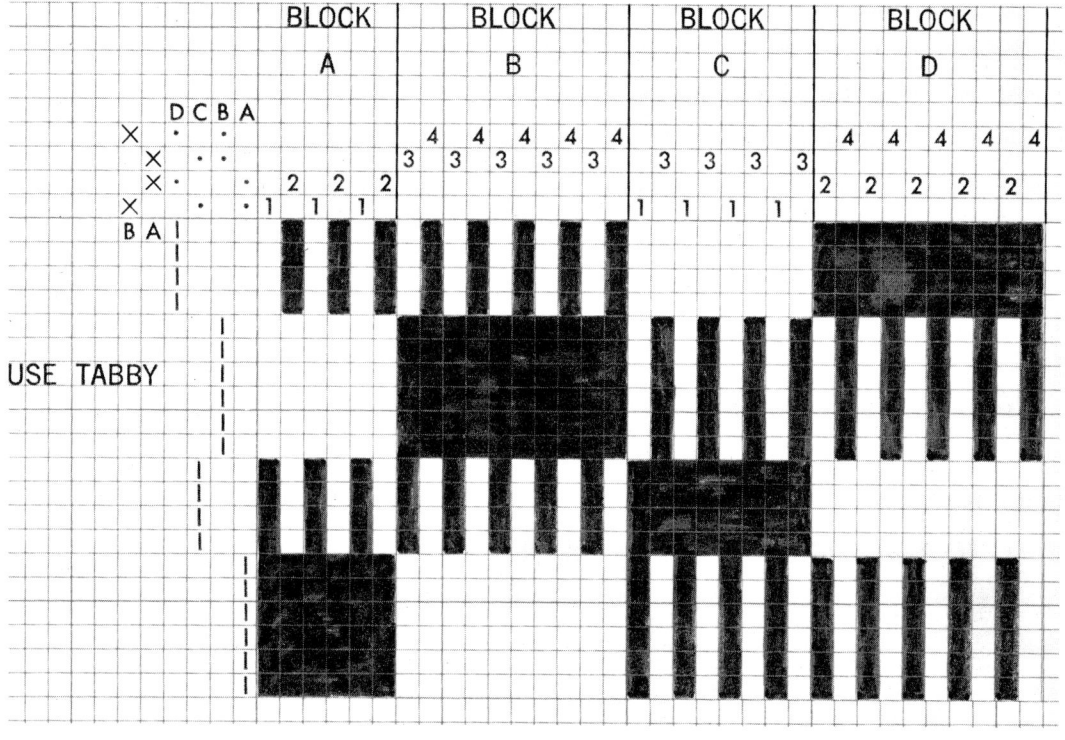

*191 Patrone zu Abbildung 190 (Tabby = Leinwandzwischenschuß)*

Der Einzug für dieses Muster ist:
    Partie A – 1,2,1,2
    Partie B – 3,4,3,4
    Partie C – 1,3,1,3
    Partie D – 2,4,2,4.

Die Leinenverschnürung ist:
    Leinenschuß A – 2-3
    Leinenschuß B – 1-4.

(Es ergibt sich allerdings keine »echte« Leinenbindung, weil sich am Treffpunkt der Blöcke zwei Fäden heben.)

Die Musterverschnürung ist wie folgt:
    Partie A – 1-2
    Partie B – 3-4
    Partie C – 1-3
    Partie D – 2-4.

Jede Musterpartie kann beliebig oft wiederholt werden. Auf jeden Musterschuß folgt ein Leinwandschuß.

## MECHANISCH ERSTELLTE TRANSPARENTGEWEBE

Transparentgewebe können mechanisch auf dem Webstuhl hergestellt oder von Hand eingelesen sein.

Die mechanisch hergestellten Transparentgewebe sind natürlich gröber und nicht so kompliziert wie die von Hand gefertigten. Auf dem Webstuhl kann man transparente Gewebe erstellen, indem man an einigen Stellen in Kette oder Schuß Platz freiläßt oder die Fäden in Gruppen in Litzen und Webblatt einzieht. Für die Transparentgewebe eignet sich dünnes oder grobes, glattes oder aufgerauhtes Garn. Die freiliegenden Stellen können ein ganzes Gewebe durchziehen oder punktuell in einen leinwandbindigen Grund gebettet sein wie in Abbildung **192**.

*192 Wandbehang, Transparentgewebe in Gerstenkornbindung von Darlyne Kasper*

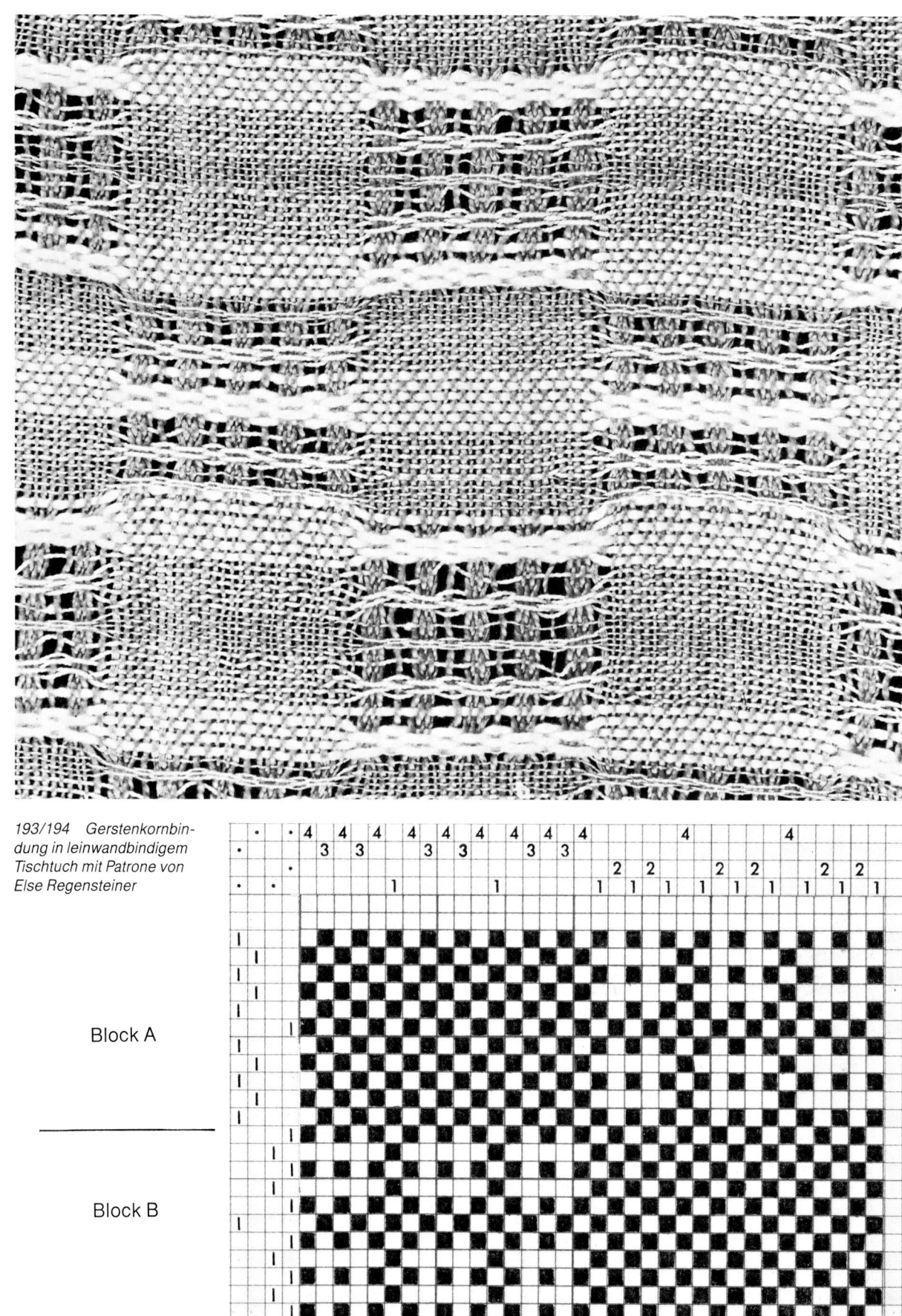

193/194 Gerstenkornbindung in leinwandbindigem Tischtuch mit Patrone von Else Regensteiner

Block A

Block B

Das Gewebe in Abbildung **193/194** zeigt die typischen Musterblöcke der Gerstenkornbindung. Auch bei der Gerstenkornbindung handelt es sich um ein Partiemuster mit springendem Einzug:

    Partie A — 1,2,1,2,1
                      4
                      1,2,1,2,1
                      4
                      1,2,1,2,1
    Partie B — 4,3,4,3,4
                      1
                      4,3,4,3,4
                      1
                      4,3,4,3,4.

Bei diesem Gewebe gehören die leinwandbindigen Schüsse zum Muster. Die einzeln auf Schaft 4 und 1 gezogenen Kettfäden dienen als sogenannte Bindepunkte zum Abbinden.

Die Schäfte werden so angeschnürt und getreten:

    Partie A — 1-3
                    4
                    1-3
                    4
                    1-3
                    2-4
    Partie B — 1-3
                    2-4
                    1
                    2-4
                    1-3
                    2-4.

Die Partien können beliebig oft wiederholt werden. Wenn man die Musterpartien im Gewebe nicht wechselt, sondern ständig nur eine Partie wiederholt, wachsen sich die Gerstenkörner zu Längsstreifen aus.

Transparenter wird das Muster noch, wenn man mehrere Fäden durch ein und dasselbe Riet im Webblatt zieht und neben den Abbindepunkten ein Riet freiläßt. Mit dieser Art des Blattstechens kann man ein sehr loses Gewebe wie das in Abbildung **195** erstellen.

Hier lautet der Einzug folgendermaßen:

    4,3,4
    2,4
    2,1,2
    4,2
    4,3,4 (dreifach gestochen, d.h. 3 Fäden in 1 Riet)
    0,2,0 (seitlich jeweils 1 Riet frei)
    0,4,0 (seitlich 1 Riet frei)
    2,1,2 (dreifach gestochen)
    0,4,0 (seitlich 1 Riet frei)
    0,2,0 (seitlich 1 Riet frei).

*195 Transparentgewebe mit verschieden strukturierten Garnen von Irene Suyeoka (Photo Genn Suyeoka)*

Verschnürung und Tretfolge sind wie folgt:

    2-3 ⎫
    3-4 ⎬ zusammen anschlagen
    2-3 ⎭

    1-4
    2-3

    1-2 ⎫
    1-4 ⎬ zusammen anschlagen
    1-2 ⎭

    2-3
    1-4

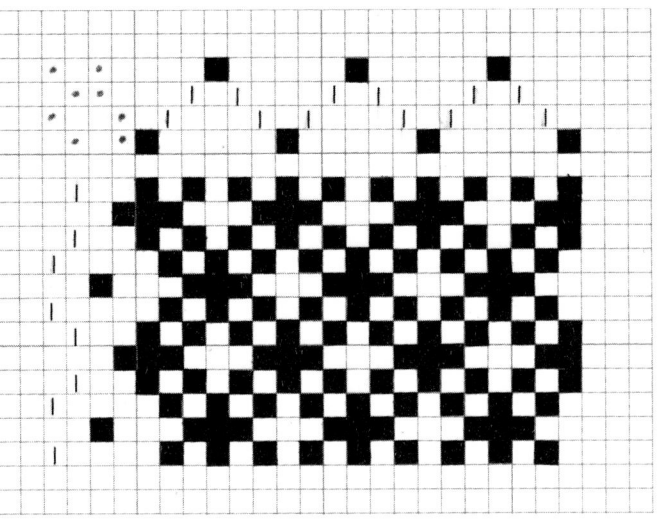

197 Patrone für den Kapuzenschal. Die schwarzen Kästchen geben das dicke Garn für Kette und Schuß an, die Striche dünnes Garn.

196 Kapuzenschal in Gerstenkorn von Gwynne Lott (Photo mit freundlicher Genehmigung der Künstlerin)

198 Achtschäftiges Gewebe von Lurene Stone

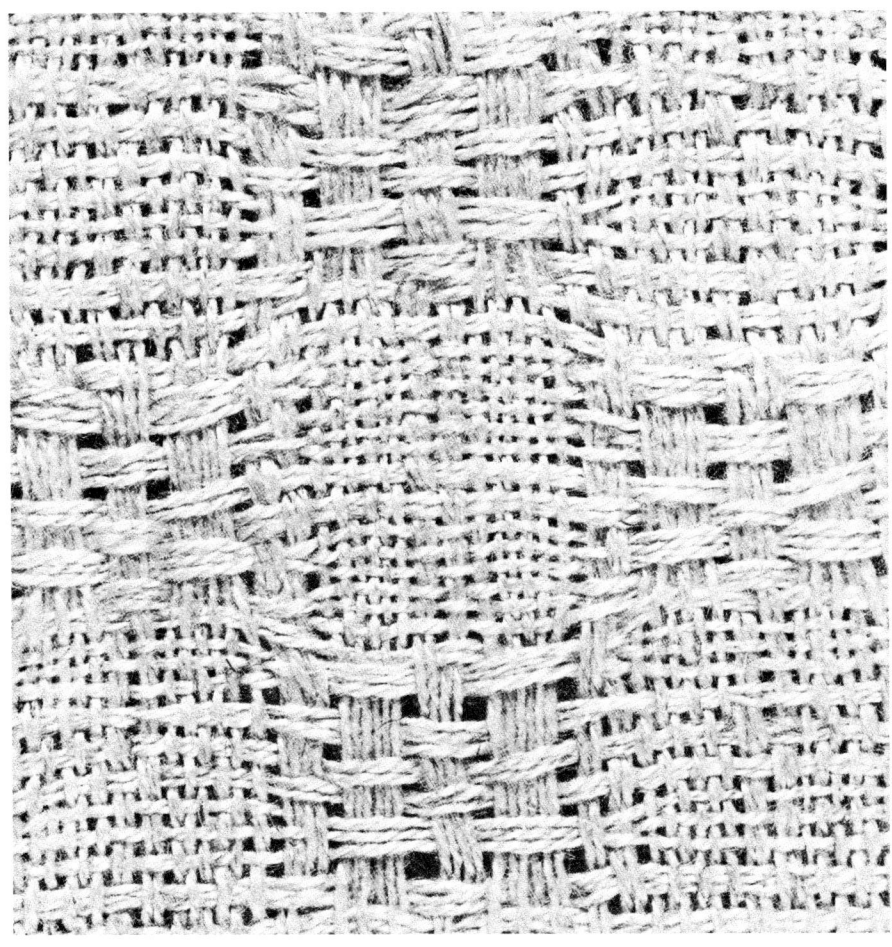

Wie transparent das Gewebe wird, hängt in großem Maße von der Stärke des Anschlags ab.

Eine vergrößerte Version der Gerstenkornbindung läßt sich auf acht Schäften ausführen. Ein Beispiel dafür zeigt Abbildung **198**.

*199 Patrone für achtschäftiges Transparentgewebe in Abbildung 198*

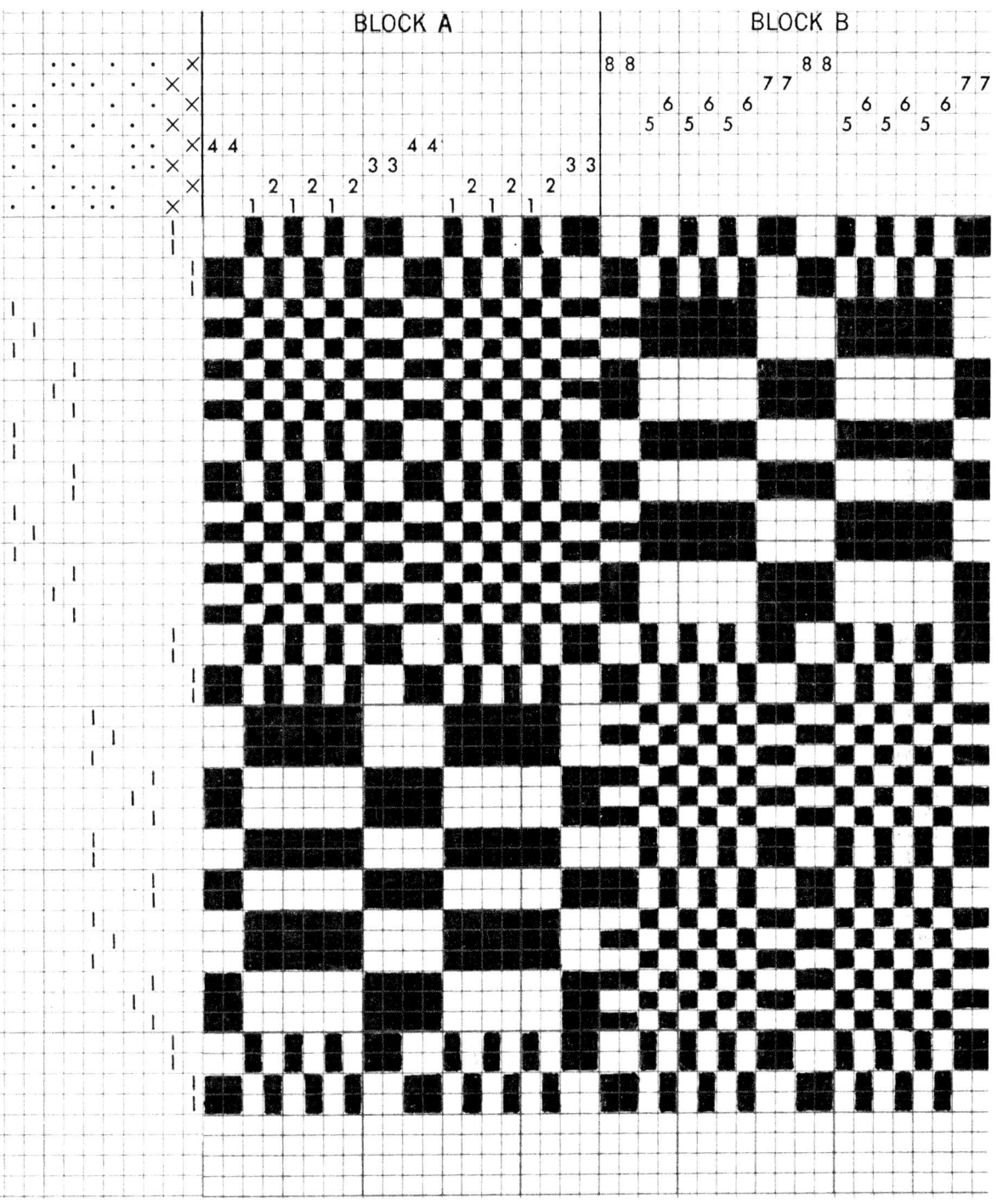

# 6
# HANDGEFERTIGTE TRANSPARENTGEWEBE

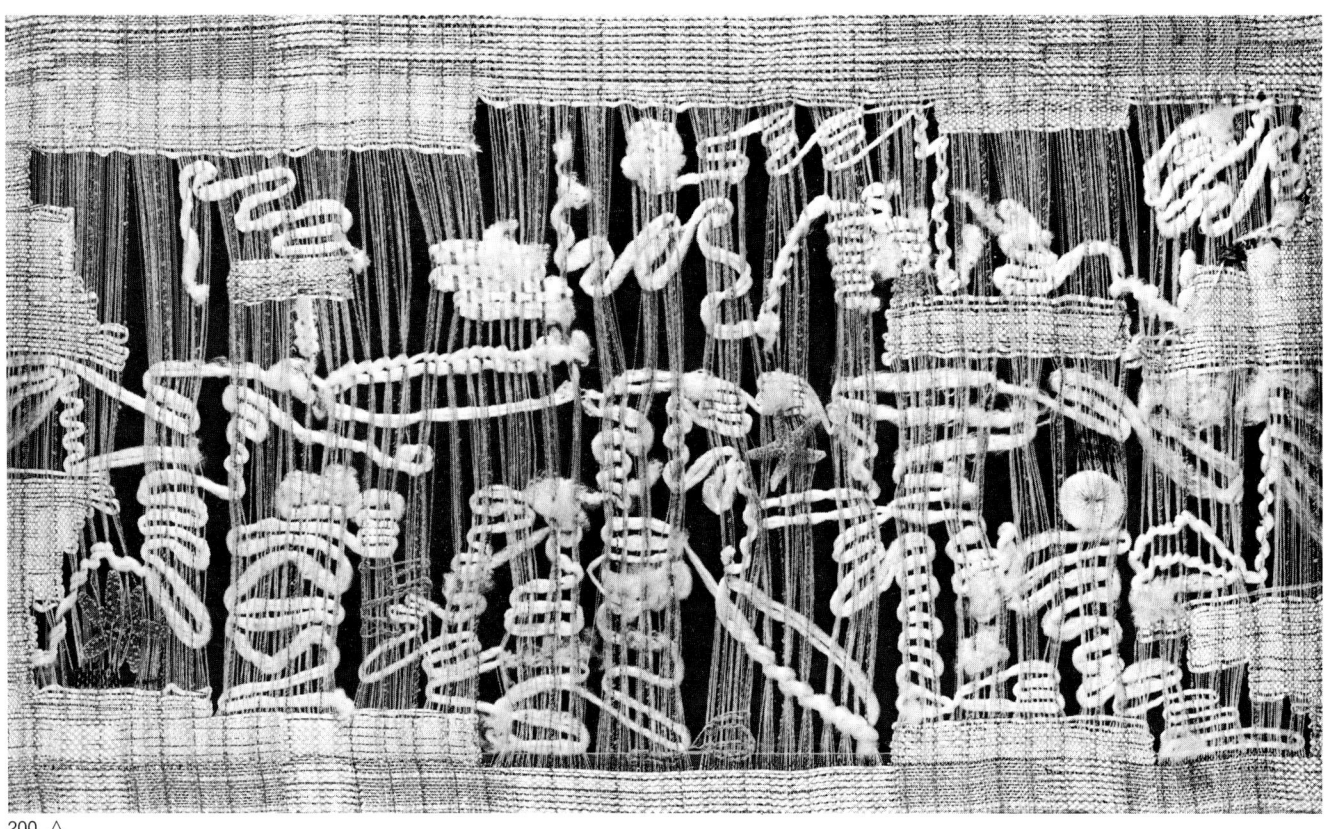

200 △

Die griechische Mythologie berichtet von Arachne, einer Weberin, die so herrliche Stoffe webte, daß die Göttin Athene eifersüchtig auf sie wurde und sie zu einem Wettkampf herausforderte. Arachnes Gewebe übertrafen die von Athene in so großem Maße, daß die Göttin zornig wurde und Arachnes Arbeit zerstörte. In ihrer Verzweiflung versuchte sich Arachne zu erhängen, aber die reuige Göttin verwandelte das Seil in ein Spinnennetz und Arachne in eine Spinne, so daß sie fürderhin die perfektesten Gewebe erstellen konnte.

Es gibt wohl kein Gewebe, das Arachnes feinen Gespinsten näherkäme als feine, fingerverlesene Drehergewebe. Zu den herausragendsten Beispielen gehören die der Weber im alten Peru. Die Abbildung 201 (links) zeigt das Beispiel eines peruanischen Gazegewebes.

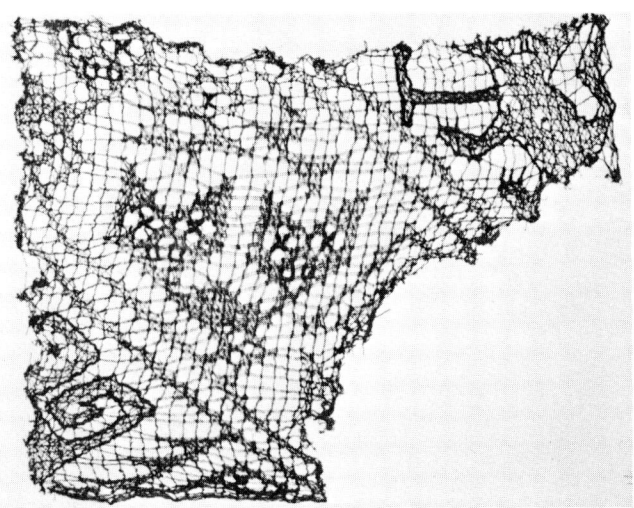

Von Hand eingelesene Drehergewebe sind sehr eigenständige Kreationen. Das Fingerspitzengefühl, nicht die Mechanik des Webstuhls, stellt hier einen intimen Zusammenhang zwischen Material und Entwurf, Technik und Resultat her. Gearbeitet werden kann auf jedem Webstuhl, auf dem man Leinwandbindung weben kann; die Technik bietet sich insofern vor allem für den zweischäftigen Webstuhl an.

Die auf einen Webstuhl gespannten Fäden können verdreht und geflochten, zusammengebunden und umwik-

202 △

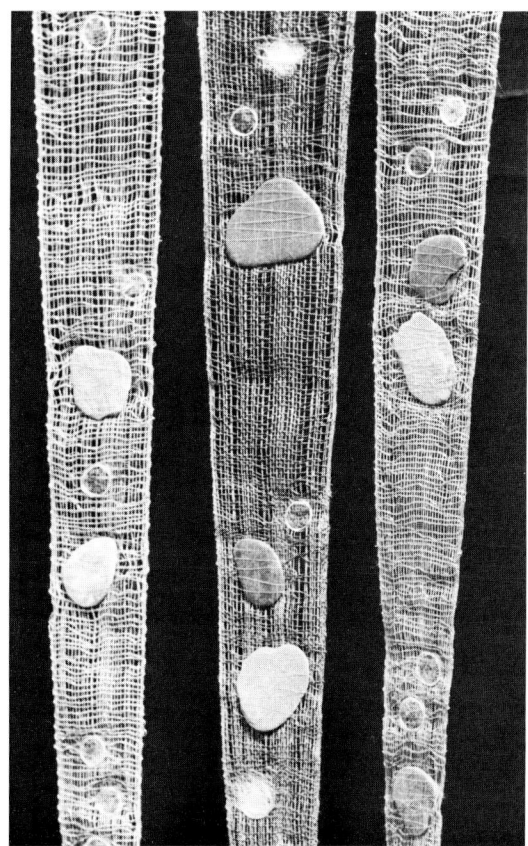

203 △

kelt, überkreuzt, auseinandergezogen, gruppiert und zu einer Vielzahl komplizierter und raffinierter Muster verwebt werden.

Bereits ein weiter, offener Einzug ins Webblatt ergibt ein einfaches, luftiges Gewebe. Man kann die Fäden in einigen Rieten doppelt oder dreifach nehmen und dafür andere Riete ganz auslassen. Ein weicher Anschlag und die Behandlung der Garne mit Fingern oder Kamm zeitigen jeweils eine ganz andere Wirkung. Außerdem kann man verschiedene fremde Materialien wie Kieselsteine, Muscheln oder andere Gegenstände in diesen feinen Transparentgeweben hervorragend zur Geltung bringen.

*200 »Wandbehang mit Seesternen«, Transparentgewebe aus unversponnener Wolle, Leinen und Kunstseide von Else Regensteiner*

*201 Peruanisches Transparentgewebe aus Chancay, etwa aus dem Jahre 900 v. Chr. (Photo mit freundlicher Genehmigung des Kunstinstituts Chicago)*

*202 »Florida I«, Transparentgewebe aus Seide, Leinen und Strandhafer von Diane Wiersba (Photo mit freundlicher Genehmigung der Künstlerin)*

*203 »Kiesel«, Detail eines Transparentgehänges mit flachen Kieseln in eingewebten Gewebetaschen aus naturfarbener Leinenkette von Theo Moorman (Photo mit freundlicher Genehmigung des Künstlers)*

## Dreherbindungen

Dreherbindungen erzeugen außerordentlich zarte Gewebe. Bei dieser Bindung werden die Kettfäden verdreht und durch den Schußfaden in der neuen Position gehalten. Man braucht dazu einen schmalen, glatten Gelesestab (Abb. **204**) und ein flaches Schiffchen oder eine Webnadel.

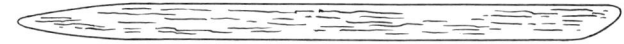

*204 Gelese- oder Musterstab*

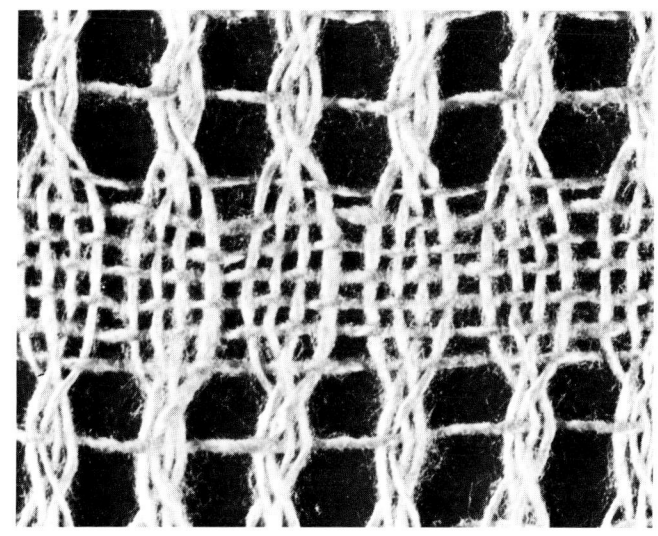

*205 Dreherbindung* ▷

206 Mexikanische Transparenttechnik. Muster von Irene Suyeoka. Diese Technik gleicht der Dreherbindung aus Abbildung 207, nur bleibt vorn ein weiterer Faden unter dem Gelesestab liegen.

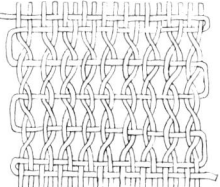

207 Dreherbindung

Die in Abbildung **207** vorgestellte Technik wird folgendermaßen gearbeitet:

1 Einige Reihen in Leinwandbindung weben.

2 Ausgehend von der rechten Webkante das Leinwandbindungsfach öffnen, so daß der erste Kettfaden unten liegt. Mit dem Gelesestab den ersten Kettfaden oben wegdrücken und den ersten Kettfaden von unten auf den Stab holen. Der Faden bleibt auf dem Stab, während man über den nächsten Kettfaden oben, der weggedrückt wird, zum nächsten Faden unten geht, der wieder hochgeholt wird usw. So entsteht die Drehung.

3 Den Gelesestab hochkant stellen, so daß ein Fach zwischen den verdrehten Fäden entsteht. Das Schiffchen durch die Öffnung führen und den Schußfaden am Rand sichern, so daß er sich nicht mehr herauszieht.

4 Den Gelesestab herausnehmen und den Schußfaden leicht und behutsam anschlagen.

5 Nun das andere Leinenbindungsfach treten, und mit dem gleichen Schiffchen und Schußfaden ohne Drehungen durch dieses Fach zur rechten Webkante weben. Leicht anschlagen.

6 Fach wechseln und die Fäden wieder wie anfangs mit dem Gelesestab auflesen und verdrehen.

Diese Technik läßt sich in vielfacher Hinsicht abwandeln. Statt nur eines Fadens können mehrere Kettfäden auf einmal verdreht werden. In der zweiten Dreherreihe kann man die Kettfäden dann teilen und andere Fäden aufnehmen. Zwischen die Reihen in Dreherbindung kann man festes Leinenbindungsgewebe setzen. Man kann die Bindung auch bei geschlossenem Fach herstellen und einzelne Kettfäden miteinander verdrehen.

◁ 208 Spanische Spitze von Jon Eric Riis

209 Mexikanische Dreherbindung

## Spanische Spitze

Die in Abbildung **210** gezeigte Spanische Spitze wird so gewebt:

1 An der linken Webkante beginnen. Mit einem kleinen Schiffchen eine kleinere Anzahl Kettfäden beliebig hoch in Leinenbindung verweben.

2 Den Schußfaden zur nächsten Gruppe Kettfäden führen und diese Fäden genauso hoch wie die erste Gruppe in Leinwandbindung verweben. Damit bis zur rechten Webkante fortfahren.

3 Wenn das Schiffchen auf der rechten Webkante angekommen ist, kann man die gleichen Fadengruppen auf dem Rückweg in der gleichen Weise verweben. Der Schußfaden, der die Gruppen verbindet, bildet ein zusätzliches Gestaltungselement.

Auch dieses Muster läßt sich vielfach abwandern, indem man zum Beispiel andere Kettfadengruppen oder Gruppen mit unterschiedlich vielen Fäden bildet und die Gruppen wechselt oder versetzt.

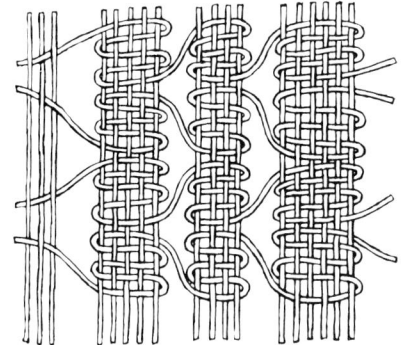

210  Spanische Spitze

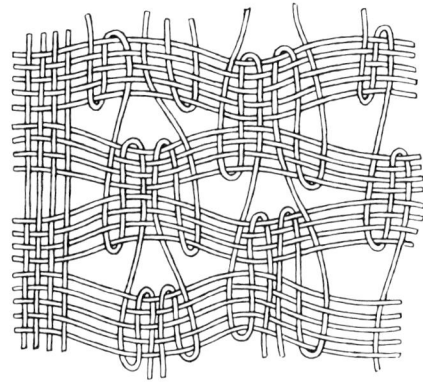

211  Spanische Spitze, versetzt

## Raffschlingen in der Kette

Das Zusammennehmen und Abbinden von Kettfäden ist eine andere alte Transparentwebtechnik. Die sogenannte Raffschlingentechnik ist hierfür ein einfaches und hübsches Beispiel. Das in Abbildung **214** gezeigte Musterbeispiel wird folgendermaßen gearbeitet:

1 Ein Anfangsstück in Leinwandbindung weben.

2 Ein Leinwandbindungsfach öffnen und das Schiffchen (das von rechts kommt) an der Stelle aus dem Fach nehmen, wo die erste Schlinge gelegt werden soll (in unserem Beispiel nach fünf Fäden).

3 Das Schiffchen über dem Fach zum Ausgangspunkt zurückführen. Unter den fünf Fäden hindurch an die Stelle zurückbringen, wo das Schiffchen das Fach verlassen hat, und durch die Schlinge führen, die sich dort im Schußfaden gebildet hat. Fest anziehen, so daß ein Knoten entsteht.

4 Das Schiffchen wieder ins Fach einführen und die einzelnen Arbeitsschritte mit der nächsten Fünfergruppe wiederholen. Auf diese Weise wird fortgefahren, bis alle gewünschten Raffschlingen gelegt sind. Das Fach bleibt bei dieser Arbeit ständig geöffnet.

5 Das Gegenfach öffnen und eine ungerade Zahl von Reihen in Leinwandbindung weben. Das Schiffchen kommt so wieder auf die rechte Seite und man kann eine neue Schlingenreihe beginnen und das Muster fertigstellen.

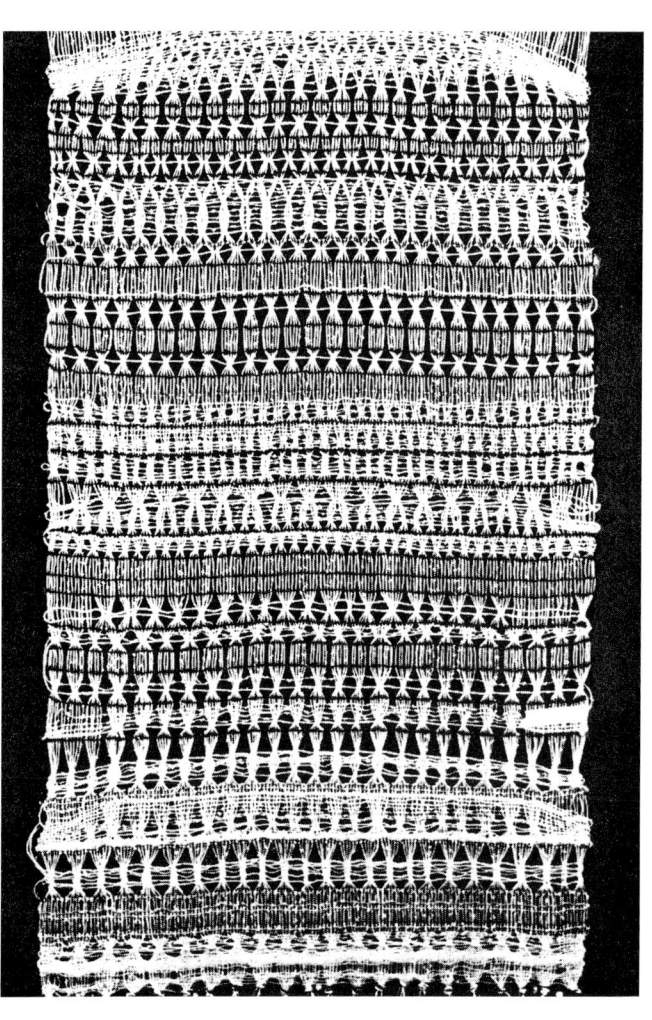

212  Raffschlingen in der Kette, Wandbehang von Jane Redman  ▷

## Raffschlingen im Schuß

Auch dieses sehr flexible Musterelement läßt sich auf vielerlei Weise erstellen. Wir nehmen dazu zwei Schiffchen (eines mit dickem und eines mit dünnem Garn) und gehen folgendermaßen vor (vgl. Abb. 216):

1 Ein paar Reihen in Leinenbindung weben.

2 Das Gegenfach öffnen und einen dicken Schußfaden von links nach rechts ins Fach einlegen.

3 Einige Reihen Leinenbindung mit dem dünnen Schußgarn weben.

4 Das nächste Fach öffnen und das dicke Schußgarn von rechts nach links bis an die Stelle einführen, wo die erste Schlinge gearbeitet werden soll. Das Schiffchen aus dem Fach herausführen.

5 Mit den Fingern oder einer Häkelnadel eine Schlinge aus dem dicken Garn ziehen und über die Leinenbindung und unter den ersten dicken Schußfaden legen. Das Schiffchen durch die Schlinge stecken und den sich bildenden Knoten fest anziehen.

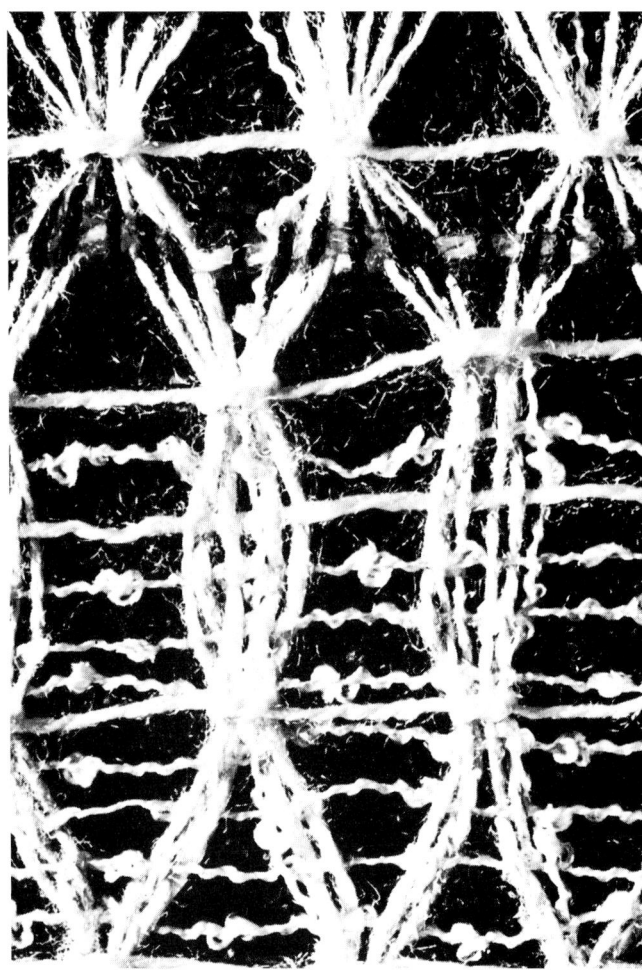

213  Ausschnitt aus Abbildung 212

215 △

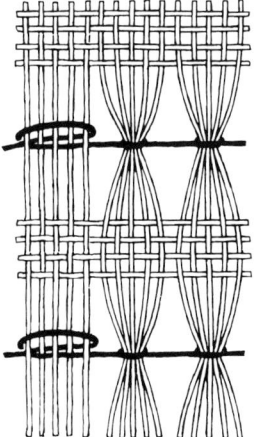

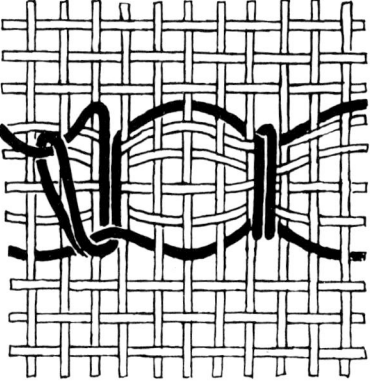

215  Mustergewebe mit (von oben nach unten) Raffschlingen (Schuß), Spanischer Spitze, Raffschlingen (Kette) von Carolyn Saberniak

214  Raffschlingentechnik in der Kette

216  Raffschlingentechnik im Schuß

6 Das Schiffchen im Fach bis zur nächsten zu arbeitenden Schlinge bringen und den Vorgang wiederholen. Mit diesen Arbeitsschritten fortfahren, bis der dicke Schußfaden an der linken Webkante angelangt ist.

7 Das Gegenfach treten und den dicken Schußfaden nach rechts eintragen, wo er nach einer Reihe dünner, leinwandbindiger Schußeinträge wieder aufgenommen wird.

Die von Hand eingelesenen Bindungen sind eine unentbehrliche Bereicherung zu den mechanischen Webtechniken. Die Abbildungen **215 bis 218** zeigen nur einige Beispiele für die Gestaltungsmöglichkeiten, die sich durch ein phantasievolles Kombinieren der hier beschriebenen Drehertechniken bieten.

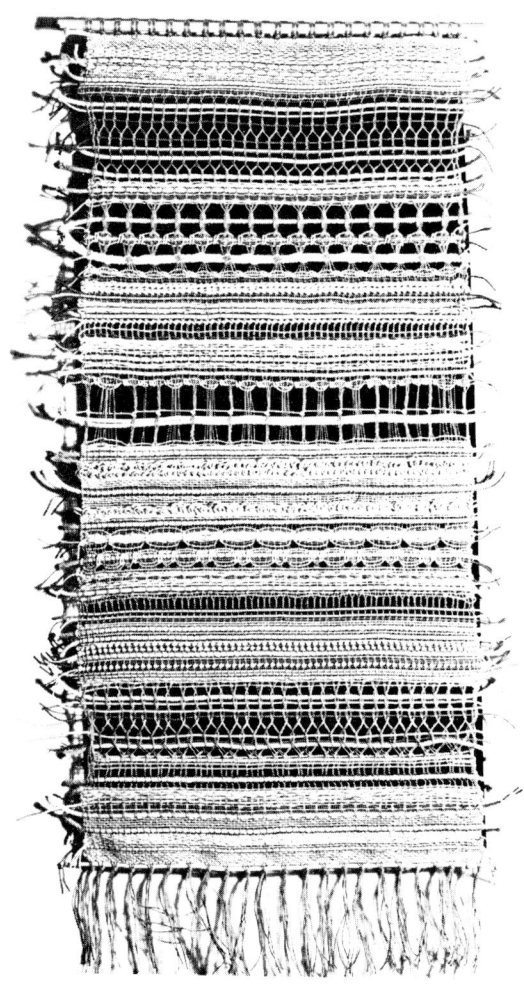

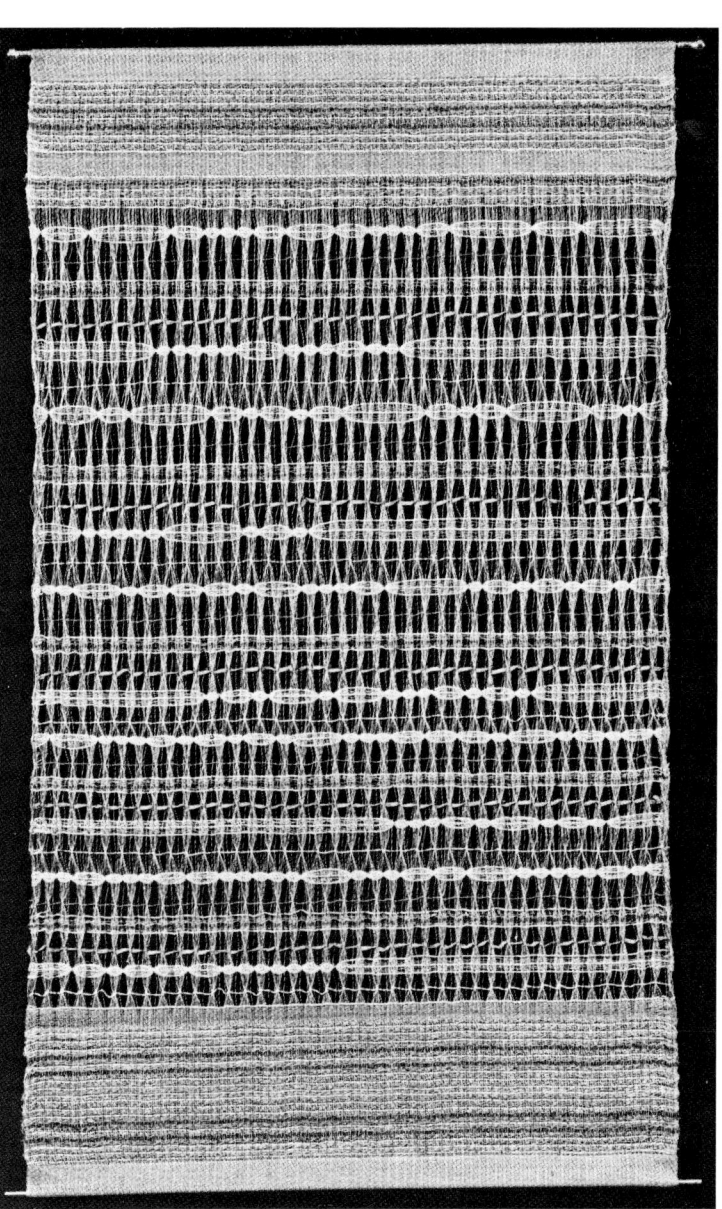

*217 Wandbehang aus Jute in Raffschlingen-, Dreher- und Schlingentechnik sowie Leinwandbindung von Shelley Christensen*

*218 »Goldene Spitze«, Wandbehang aus Leinen, Mohair und Seidenbändchen, Raffschlingentechniken von Else Regensteiner* ▷

Tafel VI  Wandbehang, Stabdoppelgewebe mit eingelesenem Muster von Darlyne Kasper

Tafel VII  Wandbehang, Doppelgewebe von Michi Ouchi

Tafel VIII »Alte Frauen in Arles«, Gemälde von Paul Gauguin (mit freundlicher Genehmigung des Kunstinstituts Chicago)

Tafel IX Experimentelles Köpergewebe, nach »Alte Frauen in Arles«, von Joanna Kiljanska

# 7
# DOPPELGEWEBE

Doppelgewebe bestehen aus zwei Stofflagen, die gleichzeitig gewebt werden, die eine oben, die andere unten. Die beiden Stofflagen können lose oder miteinander verbunden sein. Sie können auch von oben nach unten und unten nach oben ausgetauscht werden und so vielfältige Muster bilden. Diese Art von Doppelgeweben ist äußerst reizvoll und vielseitig verwendbar. Nach dem gleichen System kann man auch drei- und sogar vierlagige Stoffe weben.

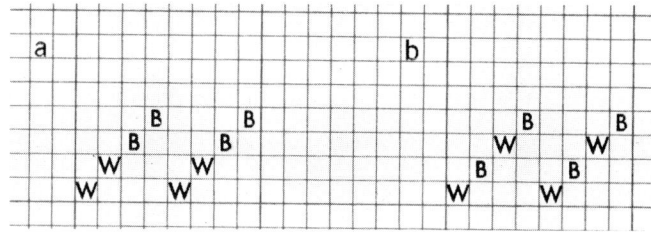

*220 Zwei Einzugsmöglichkeiten für Doppelgewebe (W = Weiß; B = Schwarz)*

## ZWEI GEWEBELAGEN (VIER SCHÄFTE)

Die zwei Stofflagen des Doppelgewebes werden gleichzeitig auf einem Webstuhl gewebt, aber jeweils als Einheit für sich behandelt: die Hälfte der Kettfäden wird auf ein Schaftpaar, die andere Hälfte auf das andere Schaftpaar eingezogen. (Nachdem man für eine Gewebelage jeweils zwei Schäfte braucht, kann man auf einem vierschäftigen Webstuhl nur Leinenbindung weben.)

Die Kette wird wie üblich geschärt und aufgebäumt, nur wählt man für die beiden Gewebelagen gewöhnlich verschiedene Farben, damit die Bindung auch zur Geltung kommt. Außerdem braucht man hier die doppelte Anzahl Kettfäden pro cm. Wenn man für eine Stofflage sechs Fäden pro cm vorsieht, muß man für beide Stofflagen zusammen zwölf Fäden pro cm einziehen. Die Kette sollte auf jeden Fall aus einer ungeraden Fadenzahl bestehen, damit an den Kanten zwei nebeneinander liegende Fäden nicht gleich abbinden.

Die Kettfäden können so angeordnet sein, daß entweder zwei helle und zwei dunkle oder ein heller und ein dunkler Faden sich abwechseln (Abb. 220). Der Einzug ist in beiden Fällen ein Köpereinzug gerade durch. Um der besseren Klarheit willen wird hier in der Anleitung abwechselnd mit einem weißen und einem schwarzen Faden gearbeitet.

Der Einzug in die Litzen lautet:
        Schaft 1 und 3 – weiß
        Schaft 2 und 4 – schwarz.

Die Verschnürung mit den Tritten:
        Tritt 1 an Schaft 1
        Tritt 2 an Schaft 2
        Tritt 3 an Schaft 3
        Tritt 4 an Schaft 4.

Dementsprechend heben die Tritte 1 und 3 die weißen und 2 und 4 die schwarzen Fäden.

Die Kettfäden werden einzeln in die Litzen gezogen, aber doppelt ins Webblatt gestochen (jedes Riet ein weißer und ein schwarzer Faden). Je nach Art des geplanten Doppelgewebes werden die Kantenfäden ebenso oder anders gestochen.

Wie gewebt wird, hängt ebenfalls von der Art des geplanten Doppelgewebes ab. Je nachdem, wie man mit dem oder den Schiffchen arbeitet, kann man die beiden Gewebelagen als Schlauch (die beiden Lagen werden an beiden Kanten geschlossen) oder mit einer offenen Seite weben, als zwei voneinander vollkommen unabhängige Stofflagen oder als ein Gewebe, in dem sich die zwei Stofflagen durch ein aufgelesenes Muster miteinander verbinden. Man kann sie zudem als einen Stoff mit einem losen, transparenten Gewebe oben weben, das in gewissen Abständen mit der unteren, festen Stofflage verbunden ist, die als »Bindegewebe« oder Untergrund dient.

### Schlauchgewebe

Schlauchgewebe eignen sich vor allem für Artikel wie Kissenbezüge, Taschen, Krawatten, Kleider und Wandbehänge und für dreidimensionale Gewebe. Für die Kette müssen Oberflächengestaltung und Farben von vornherein für beide Lagen geplant werden, aber im Schuß kann man spontan während des Webens reagieren und variieren.

Beim Schlauchgewebe wird immer abwechselnd die obere und untere Lage gewebt. Die Fäden der Oberkette bleiben immer über den Fäden der Unterkette. Eigentlich wird immer nur die Hälfte einer Kettlage gewebt: wenn man die untere Gewebelage weben will, wird die gesamte Oberkette sowie die Hälfte der Unterkette gehoben. Der Schußfaden – man arbeitet nur mit einem Schiffchen – geht immer rundherum von Oberkette zu Unterkette.

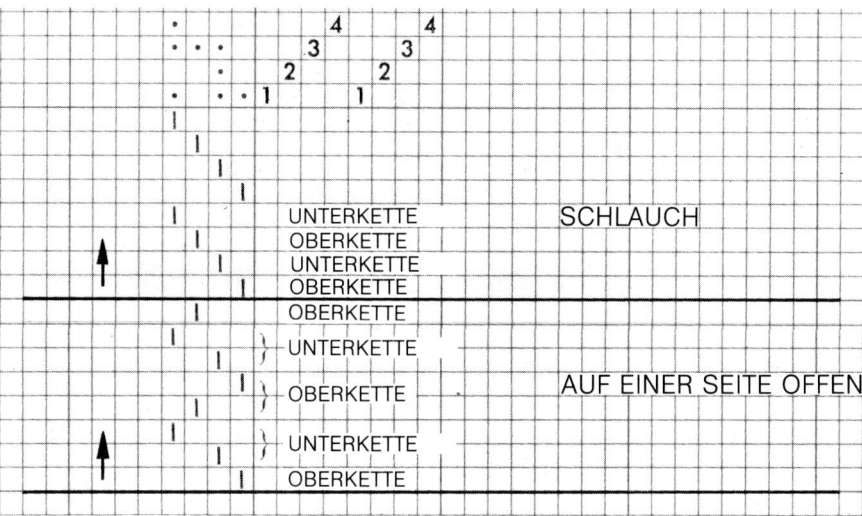

*223 Patrone für schlauchförmiges und für einseitig geschlossenes Doppelgewebe*

Damit sich die miteinander verbundenen Webkanten nicht zu fest zusammenziehen, wird in die ersten und letzten Riete im Blatt jeweils nur ein Faden gestochen.

Und so wird gewebt:
    Schaft 1 heben  (1. Schußeintrag Oberkette)
    Schaft 1-2-3    (1. Schußeintrag Unterkette)
    Schaft 3        (2. Schußeintrag Oberkette)
    Schaft 1-3-4    (2. Schußeintrag Unterkette).

*221 Kleid, Schlauchgewebe von Diane White*

*222 Schlauchförmiges Doppelgewebe* ▽

*224 Dreidimensionales Gehänge, Schlauchdoppelgewebe von Lois Lebov. Die Schläuche sind mit Watte ausgestopft.* ▷

## Zwei Gewebelagen, einseitig geschlossen

Wenn man ein zweilagiges, auf einer Seite geschlossenes Webstück vom Webstuhl nimmt und auseinanderfaltet, hat man einen doppelt breiten Stoff. Insofern bietet es sich bei breiten Geweben wie Bettüberwürfen und Tischdecken an, ein Doppelgewebe zu arbeiten. Auch für schmalere Stoffe ist die Technik interessant, wenn man nur einen Webstuhl mit geringer Webbreite hat.

Die Seite, an der das Schiffchen in die Kette eingeführt wird, ist die Seite, an der die beiden Gewebelagen offen sind, weshalb man von vornherein einplanen muß, von welcher Seite aus man beginnt. Auf der Seite, die geschlossen wird, werden die letzten drei Riete im Webblatt einfädig gestochen, während die offenen Seiten mit den Webkanten doppelt ins Blatt gestochen werden.

Die Tretfolge lautet:
   Schaft 1 heben (1. Schußeintrag in die Oberkette)
   Schaft 1-2-3   (1. Schußeintrag in die Unterkette)
   Schaft 1-3-4   (2. Schußeintrag in die Unterkette)
   Schaft 3         (2. Schußeintrag in die Oberkette).
Diese Reihenfolge wird wiederholt.

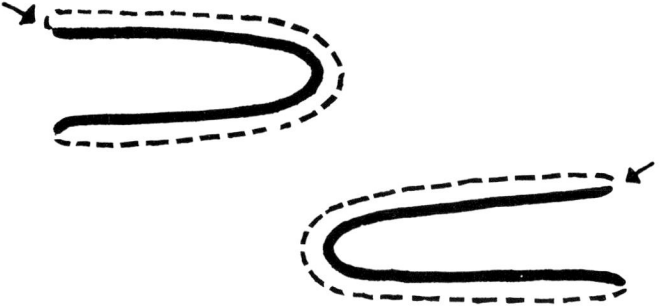

225 »Solarsturm«, Wandbehang mit doppelt gewebten Gewebetaschen von Joan Russell

226 Doppelgewebe aus zwei, auf einer Seite verbundenen Gewebelagen △

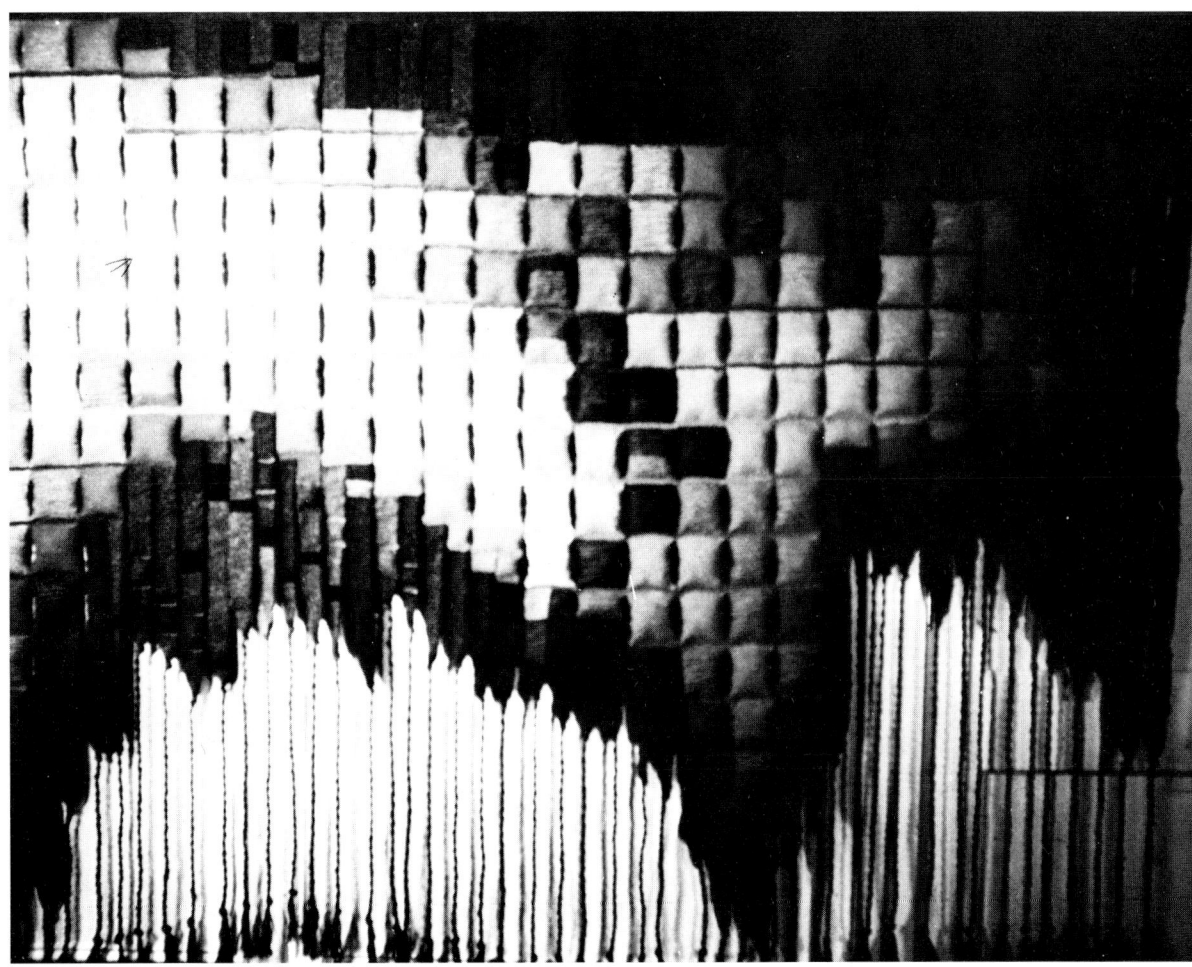

## Zwei einzelne Gewebelagen

Doppelgewebe ohne geschlossene Seiten fertigt man im allgemeinen dann, wenn man zwei Teile gleichzeitig – zum Beispiel Tischsets – oder dreidimensionale Gehänge erstellen will, in denen die Stofflagen nur in gewissen Abständen miteinander verbunden werden. Die beiden Gewebelagen werden einzeln mit jeweils eigenem Schiffchen gewebt; die Tretfolge ist die gleiche wie beim Schlauchgewebe oder den einseitig geschlossenen Geweben.

Nicht zu vergessen ist: Die letzten drei Riete auf beiden Seiten werden für die Webkanten beider Lagen doppelt gestochen!

## Stabdoppelgewebe

Bei Stabdoppelgeweben mit eingelesenem Muster **müssen** die beiden Ketten verschiedenfarbig sein. Das Muster erscheint auf der linken Gewebeseite in der anderen Farbe, d.h., wenn das Muster auf der Vorderseite schwarz auf weiß ist, erscheint es auf der Rückseite weiß auf schwarz.

Das Muster wird auf Karopapier entworfen, wobei die schwarzen Kästchen das Muster darstellen. Die Kästchen können auch – je nach Maßstab des Entwurfs – mehrere Kettfäden zusammen darstellen.

Man arbeitet mit zwei Schiffchen mit verschiedenfarbigen Spulen. Außerdem braucht man einen Gelesestab. Er sollte länger als die Kettbreite und etwa 3 cm breit sein.

Gewebt wird folgendermaßen:

1 Schaft 2 und 4 mit allen schwarzen Kettfäden heben. Die Blattlade ist in Ruhestellung. Den Gelesestab von rechts in die schwarze Kette einführen und all die schwarzen Kettfäden auf den Stab nehmen, die in der ersten Reihe der Entwurfszeichnung als Musterfäden ausgewiesen sind, bis der Gelesestab in voller Länge in die Kette eingeführt ist. Damit bekommt man das schwarze Muster auf dem weißen Untergrund. Dann drückt man den Stab mit den aufgelesenen Kettfäden nach hinten gegen das Webblatt, so daß er auch bei geöffnetem Fach oben auf den Kettfäden liegt. Das Fach schließen.

2 Schaft 1 heben, um die Hälfte der weißen Kettfäden nach oben zu bringen. Mit dem weißen Schußfaden weben. Mit dem in der Kette belassenen Gelesestab anschlagen, dann den Gelesestab wieder gegen das Webblatt drücken. Fach schließen.

3 Schaft 3 heben, um die andere Hälfte der weißen Kette zu heben. In Weiß weben. Den Gelesestab herausnehmen und fest anschlagen. Zu achten ist vor allem auf eine saubere Webkante, und der Schußfaden ist in einem großen Bogen ins Fach einzulegen, damit die Kanten nicht einziehen.

4 Schaft 1 und 3 heben, um alle weißen Kettfäden zu heben. Mit dem Gelesestab die im Entwurf als Hintergrund ausgewiesenen weißen Kettfäden (weiße Kästchen) aufnehmen (die gerade eingewebt worden sind). Gearbeitet wird wieder von rechts nach links. Der erste und letzte weiße Faden in jedem Riet zwischen den schwarzen Musterelementen wird ausgelassen (dieses Aufteilen der Paare, die an die Musterpartien angrenzen, ist eine skandinavische Technik, durch die der Stoff zwei genau gegengleiche Seiten bekommt). Fach schließen.

5 Schaft 2 heben und schwarz weben. Mit dem in der Kette verbliebenen Gelesestab so fest wie möglich anschlagen. Den Stab wieder zurück an das Webblatt schieben und Fach schließen.

6 Schaft 4 heben und schwarz weben. Den Gelesestab herausziehen und anschlagen. Damit ist die erste Musterreihe beendet. Wenn das Webmuster mit zwei Schußeinträgen in jeder Kettlage für jede Musterreihe des Entwurfs noch nicht quadratisch erscheint, muß diese Musterreihe mit den aufgelesenen Kettfäden so oft wie nötig wiederholt werden.

7 Im Muster weiterarbeiten. Welche Kettfäden aufzulesen sind, ist der Entwurfszeichnung zu entnehmen.

Zusammengefaßt ist die Schaftaushebung beim Stabdoppelgewebe die folgende:

2-4 (aufgelesenes Muster, schwarze Kette)
1    (weiß weben)
3    (weiß weben)
1-3 (Untergrund auflesen, weiße Kette, Aufteilen der Fadenpaare rechts und links der Musterpartie)
2    (schwarz weben)
4    (schwarz weben).

229/230 »Tierkreiszeichen«, Wandbehang, Stabdoppelgewebe von Joni Clayton. Der Skorpion ist im Detail abgebildet.

231 »Die Stadt«, Wandbehang, Stabdoppelgewebe von Natalie Novotny. Die Musterflächen sind mit Garn ausgestopft (Photo Brand Studio). ▷▷

◁ 227/228 »Maschinen«, Wandbehang, Stabdoppelgewebe von Ulla-May Berggren. Das Farbarrangement erscheint umgekehrt auf der Rückseite (Photos mit freundlicher Genehmigung von Marna Johnson).

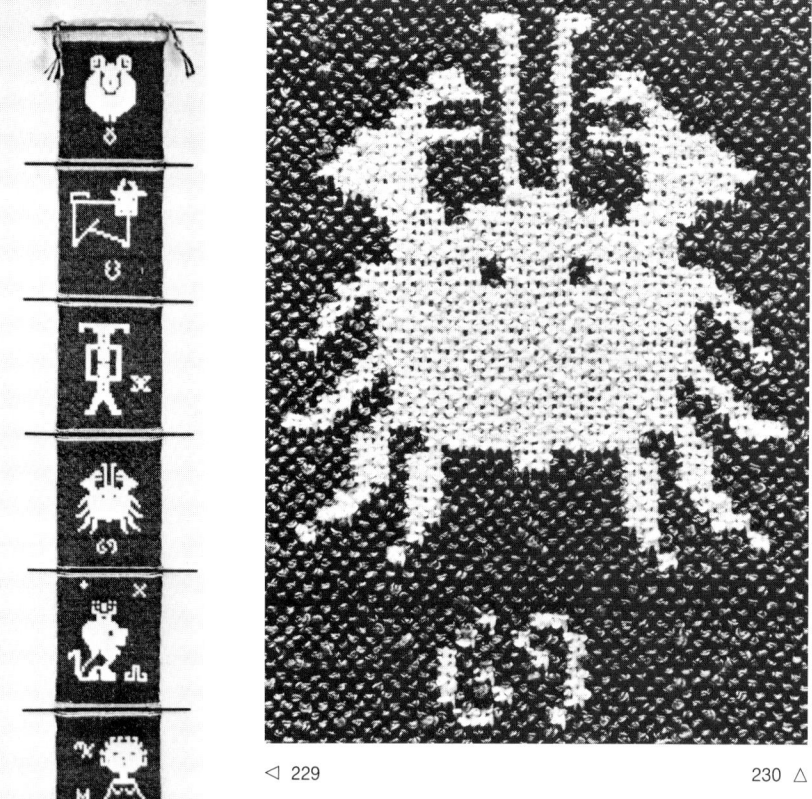

◁ 229   230 △

231 ▽

*232 »Die Vögel«, Stabdoppelgewebe, Wandbehang nach Escher von Gwynne Lott*

*233 Geometrische Formen, Stabdoppelgewebe von Peter Townley* ▽

## Doppelgewebe mit freiem Muster

Wenn das Doppelgewebe zwei verschiedenfarbige Ketten hat und man in die obere Kette von Hand Dreherbindungen einarbeitet, kann man sehr ungewöhnliche und interessante Effekte erzielen. Einer der Vorteile dieser Technik ist, daß sie sehr einfach ist. Außerdem verleiht sie dem Weber die Möglichkeit, einen passenden Hintergrund für transparente, offene Gewebe zu schaffen (vgl. **Tafel XVIII** und **XIX**).

Die Gewebe entstehen dadurch, daß man die Fäden der oberen Stofflage hebt, die im Augenblick nicht verwebt werden, und in der unteren Kette webt. In bestimmten Abständen werden die beiden Kettlagen miteinander verbunden. Man kann dies tun, indem man über alle vier Schäfte in Leinenbindung webt oder indem man die Stofflagen vertauscht, so daß die untere Kette jetzt als Oberkette fungiert.

*234 »Ovale«, Wandbehang, Doppelgewebe mit transparentem Muster in der Oberkette von Else Regensteiner*

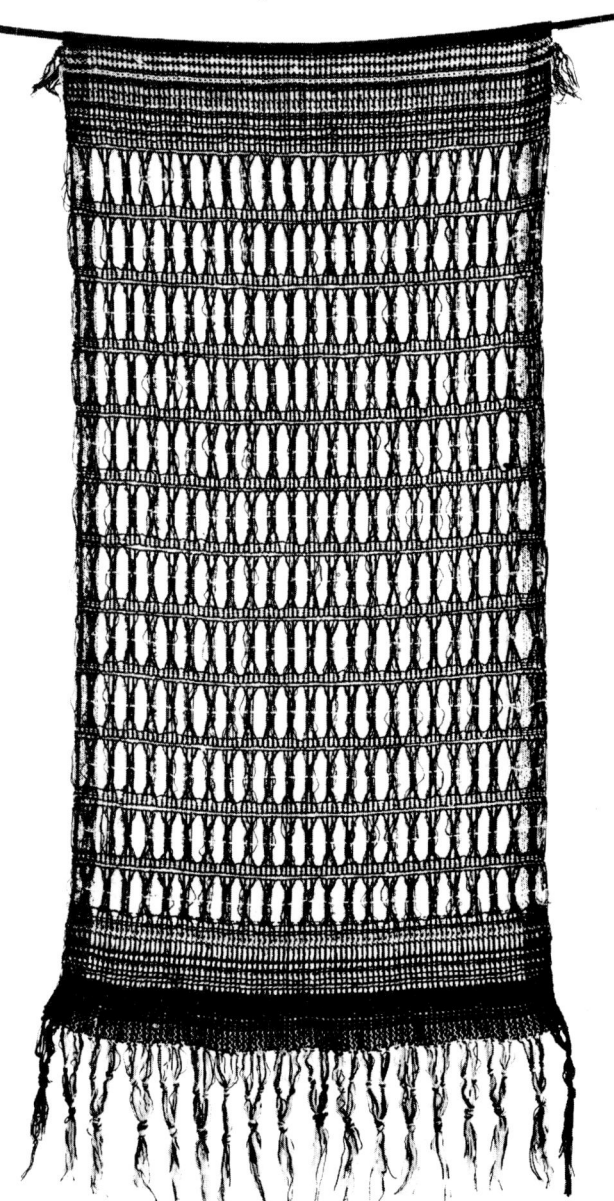

## DREI GEWEBELAGEN (SECHS SCHÄFTE)

Mit drei Ketten zu weben ist eine bereits recht anspruchsvolle Aufgabe. Diese Technik bietet sich an, wenn man sehr breite Stoffe (dreifache Webbreite) oder dreidimensionale Gehänge weben will. Wenn die drei Gewebelagen nicht miteinander verbunden werden, kann man gleichzeitig drei verschiedene Gewebe erstellen. Da jede Lage auf zwei Schäften gewebt wird, braucht man dazu sechs Schäfte.

Für dreilagige Gewebe benötigt man dreimal so viel Kettfäden wie für eine einzelne Stofflage. Wenn man also für eine Gewebelage sechs Fäden pro cm rechnet, braucht man für die drei Gewebelagen insgesamt achtzehn Fäden pro cm. Zum Üben sollte man für jede Stofflage eine andersfarbige Kette einziehen.

Der Einzug für ein solches Probestück wäre folgendermaßen:

Schaft 1 und 4 – weiß (1. Stofflage)
Schaft 2 und 5 – schwarz (2. Stofflage)
Schaft 3 und 6 – rot (3. Stofflage).

Wie beim zweilagigen Gewebe braucht man hier nur ein Schiffchen, wenn die drei Gewebelagen miteinander verbunden werden sollen. Wenn dies nicht der Fall ist, bedarf jede Gewebelage eines eigenen Schiffchens.

Und so wird gewebt:
Schaft 1 heben      (1. Schußeintrag für 1. Gewebelage)
Schaft 1-2-4        (1. Schußeintrag für 2. Gewebelage)
Schaft 1-2-3-4-5    (1. Schußeintrag für 3. Gewebelage)
Schaft 1-2-4-5-6    (2. Schußeintrag für 3. Gewebelage)
Schaft 1-4-5        (2. Schußeintrag für 2. Gewebelage)
Schaft 4            (2. Schußeintrag für 2. Gewebelage).
Wichtig:

Wenn man in der 2. Gewebelage webt, muß man alle Fäden der 1. Lage sowie die Hälfte der Fäden der 2. Gewebelage heben. Beim Weben der 3. Gewebelage werden alle Fäden der 1. und 2. Lage sowie die Hälfte der Fäden der 3. Gewebelage gehoben.

## VIER GEWEBELAGEN (ACHT SCHÄFTE)

Diese Doppelwebtechnik kann man auch auf vier Gewebelagen anwenden. Da jede Gewebelage auf zwei Schäften gewebt wird, braucht man einen achtschäftigen Webstuhl.

All diese Doppelgewebe eröffnen eine Vielzahl von Gestaltungsmöglichkeiten. Das dreidimensionale, in Abbildung 238 gezeigte Gehänge arbeitet mit einfachen Kombinationen, die eine kompliziert wirkende Struktur ergeben. Um die Spannung in den verschiedenen Kettlagen besser kontrollieren zu können, wurde mit zwei Kettbäumen gearbeitet. Die vier verschiedenfarbigen Gewebelagen wurden in bestimmten Abschnitten separat gewebt, also nicht miteinander verbunden. An einem Punkt wurden sie zu drei Lagen zusammengebracht, und in bestimmten Abschnitten sogar reduziert auf eine einzige, bunte, leinenbindige Gewebelage.

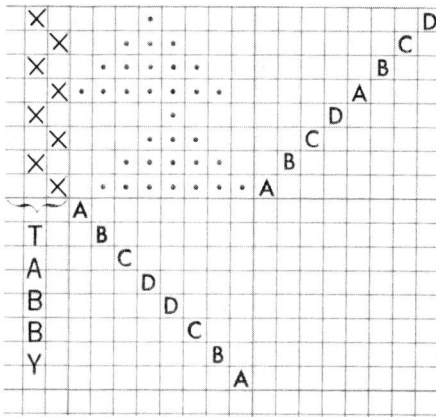

*237 Patrone für vierlagiges Gewebe. Vier Farben (A, B, C, D) auf acht Schäften (Tabby = Leinwandzwischenschuß)*

*238 Dreidimensionales Wandgehänge, gewebt in vier Lagen von Joel W. Plum (Photo mit freundlicher Genehmigung des Künstlers)*

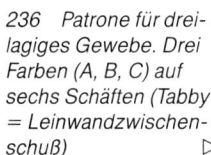

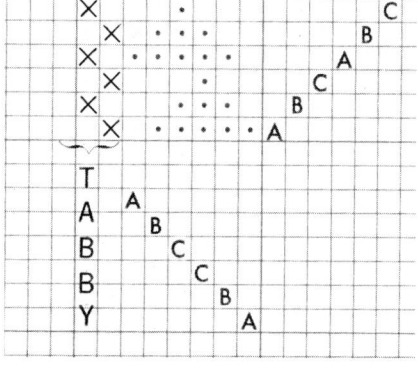

*235 Dreilagiges Gewebe, geschlossen und unverbunden*

*236 Patrone für dreilagiges Gewebe. Drei Farben (A, B, C) auf sechs Schäften (Tabby = Leinwandzwischenschuß)* ▷

# KÖPERDOPPELGEWEBE UND ACHTSCHÄFTIGE LEINENBINDUNG

Die im ersten Teil dieses Kapitels beschriebenen Doppelgewebe sind nur als Leinenbindung und verwandte Ableitungen zu weben, weil für jede Gewebelage nur zwei Schäfte zur Verfügung stehen. Mit einem achtschäftigen Webstuhl kann man dagegen auch Doppelgewebe in Köper und anderen Bindungen erstellen.

Wenn man einen Köper aus zwei an einer Seite verbundenen Lagen webt, muß man daran denken, daß der Köpergrat in der gleichen Richtung laufen soll, wenn man die zwei Gewebelagen auseinanderfaltet, und dies bei der Verschnürung der Tritte berücksichtigen.

Wie bei allen Doppelgeweben sollten die Kettfäden auf der geschlossenen Seite in den letzten drei Rieten einfach und an den offenen Webkanten doppelt gestochen werden.

Die Kette kann auf drei verschiedene Weisen eingezogen werden: alle Kettfäden in einer Farbe in einem Köpereinzug gerade durch; zwei helle und zwei dunkle Farben, wobei eine Farbe auf die Schäfte 1,2,5 und 6 und die andere Farbe auf die Schäfte 3,4,7,8 gelegt wird. Oder man wechselt helle und dunkle Farben so ab, daß die eine auf die Schäfte 1,3,5,7 und die andere auf die Schäfte 2,4,6 und 8 kommt.

Bei den folgenden Beispielen wurde nach der zuletzt genannten Farbfolge vorgegangen. Die obere Lage (Schäfte 1,3,5,7) ist hell, die untere Lage (Schäfte 2,4,6,8) dunkel. Die Tritte werden so angeschnürt, als hätte man zwei verschiedene Ketten, so daß man pro Gewebelage eine Tretfolge hat. Nicht zu übersehen ist, daß die obere Lage obenauf liegt: Wenn man die untere Gewebelage weben will, muß man die gesamte Oberkette und den Teil der Unterkette heben, der bei dem entsprechenden Schußeintrag nicht gesenkt wird.

Wenn man ein Schlauchgewebe als 2/2 Köper weben will, hat man folgende Tretfolge:

| | |
|---|---|
| 1-3 | (Oberkette) |
| 1-2-3-4-5-7 | (Unterkette) |
| 3-5 | (Oberkette) |
| 1-2-3-5-7-8 | (Unterkette) |
| 5-7 | (Oberkette) |
| 1-3-5-6-7-8 | (Unterkette) |
| 1-7 | (Oberkette) |
| 1-3-4-5-6-7 | (Unterkette) |

Bei einem 2/2 Köper-Doppelgewebe, das auf einer Seite zusammengewebt ist und einen fortlaufenden Köpergrat aufweist, sind die Schäfte in dieser Reihenfolge zu treten:

| | |
|---|---|
| 1-3 | (Oberkette) |
| 1-2-3-4-5-7 | (Unterkette) |
| 1-2-3-5-7-8 | (Unterkette) |
| 3-5 | (Oberkette) |
| 5-7 | (Oberkette) |
| 1-3-5-6-7-8 | (Unterkette) |
| 1-3-4-5-6-7 | (Unterkette) |
| 1-7 | (Oberkette) |

Ein leinenbindiges Schlauchgewebe, auf acht Schäften gewebt, wird folgendermaßen getreten:

| | |
|---|---|
| 1-5 | (Oberkette) |
| 1-2-3-5-6-7 | (Unterkette) |
| 3-7 | (Oberkette) |
| 1-3-4-5-7-8 | (Unterkette) |

Ein leinenbindiges Doppelgewebe aus zwei, auf einer Seite miteinander verbundenen Lagen wird folgendermaßen getreten:

| | |
|---|---|
| 1-5 | (Oberkette) |
| 1-2-3-5-6-7 | (Unterkette) |
| 1-3-4-5-7-8 | (Unterkette) |
| 3-7 | (Oberkette). |

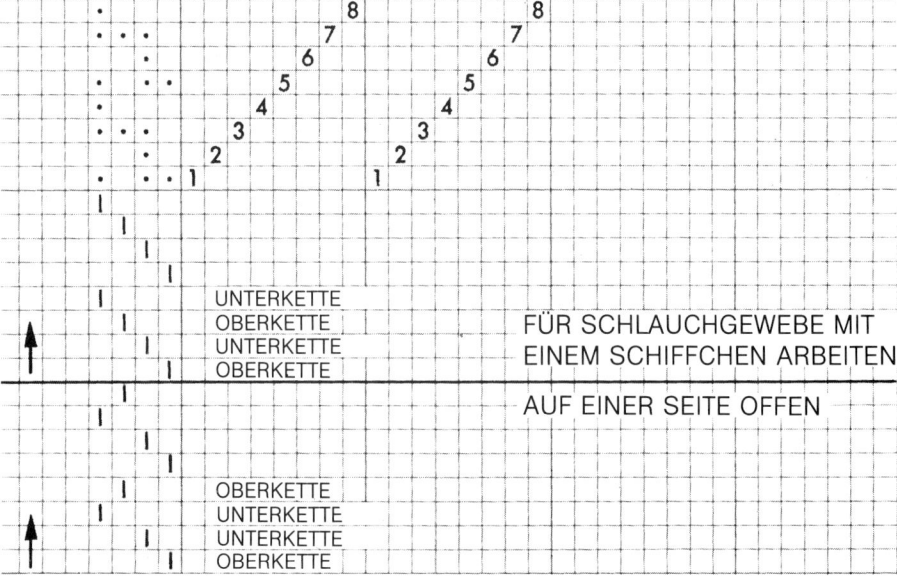

239 Patrone für achtschäftiges, leinenbindiges Doppelgewebe

*Tafel X   Farbstudie von Michi Ouchi. Der Schußfaden verändert seine Farbe je nach der Farbe der Kette.*

*Tafel XI   Gewebe, inspiriert von einem türkisfarbenen Stein, von Else Regensteiner. Leinwandbindung mit umwickelten Kettfäden. Die Kette ist aus Mohair, Wolle und Seide; der Schuß aus Mohair-Bouclé und vierfachem, zum Zopf gehäkelten Wollgarn (Photo John W. Rosenthal).*

Tafel XII  Gobelin in Schlitz- und Einhängetechnik mit aufgestickten Linien von Jane Redman

*240 Dreibahniger Wandbehang auf acht Schäften, Doppelgewebe mit Flottierungen von Diane Wiersba (Photo mit freundlicher Genehmigung der Künstlerin)*

*241 Patrone für achtschäftiges Doppelgewebe, 2/2 Köper*

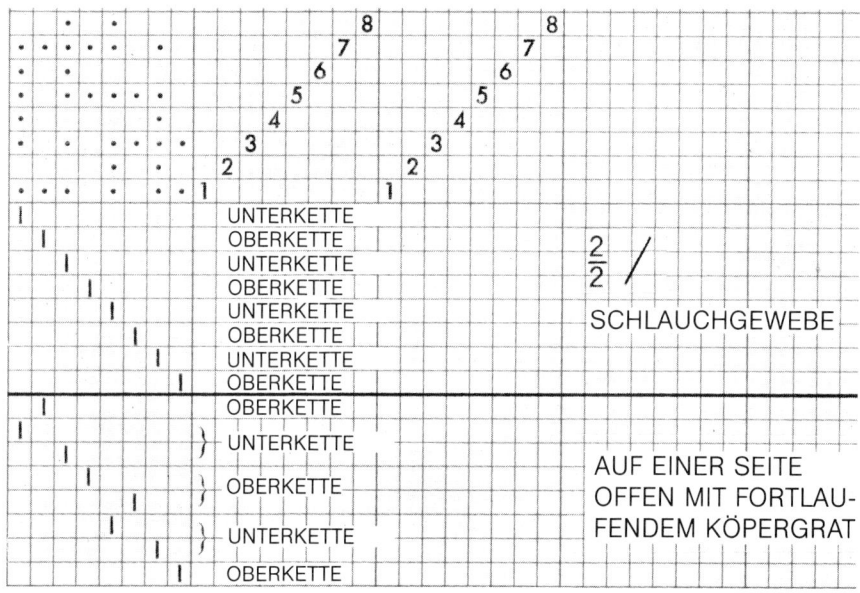

*242 Achtschäftiges Doppelgewebe mit Karomuster. Es wurde mit sechs Farben gewebt.*

## MUSTER IN DOPPELGEWEBEN

Ein Schachbrettmuster ist als Stabdoppelgewebe leicht auf einem vierschäftigen Webstuhl zu erstellen, aber acht Schäfte sind anspruchsvoller und beschleunigen die Arbeit. Mit acht Schäften kann man Doppelgewebe mit vielen Mustern, so auch Würfel- und Farbmuster, anfertigen.

Das in Abbildung **243** gezeigte Schachbrettmuster ist ein Seit-an-Seit-Blockeinzug mit wechselnden Farben auf den Schäften. Die Blöcke können gleich oder verschieden groß sein. Die Farben sollten zwischen Hell und Dunkel wechseln und können in den Blöcken anders geordnet werden. In Abbildung **242/243** sind sechs verschiedene Farben in Kette und Schuß enthalten.

Ein Muster mit nur zwei sich in Kette oder Schuß abwechselnden Farben — Schwarz und Weiß — zeigen die Abbildungen **244** bis **247**. Alle schwarzen Fäden sind auf die ersten zwei Schäfte, alle weißen Fäden auf die Musterschäfte gelegt. Es ist zu beachten, daß mit Schaft 1 und 2 die abbindende Leinenbindung gewebt wird. Jede Musterkombination wird immer erst mit Schaft 1 und dann mit Schaft 2 in wechselnden Schußfarben gewebt. Solange man nach diesem Prinzip vorgeht, kann man die Schäfte beliebig miteinander kombinieren.

*243 Patrone zu Abbildung 242*

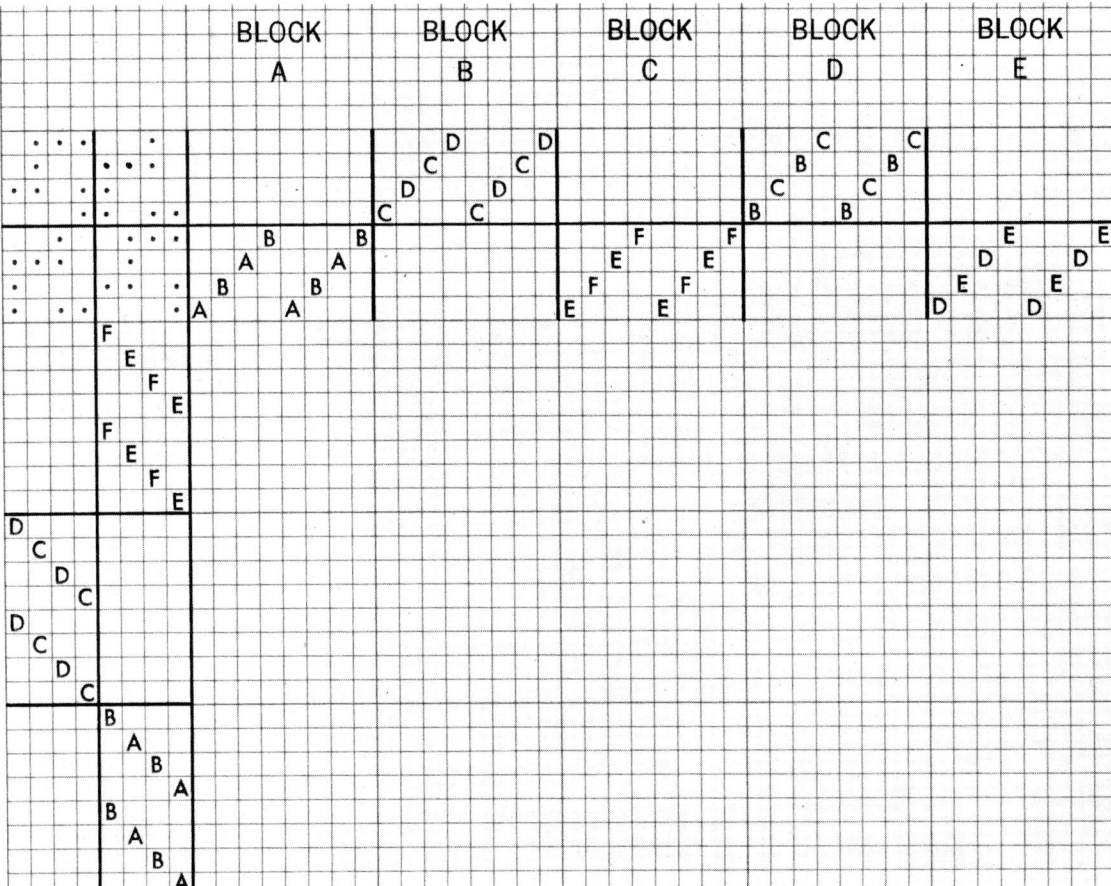

*244 Muster in achtschäftigem Doppelgewebe*

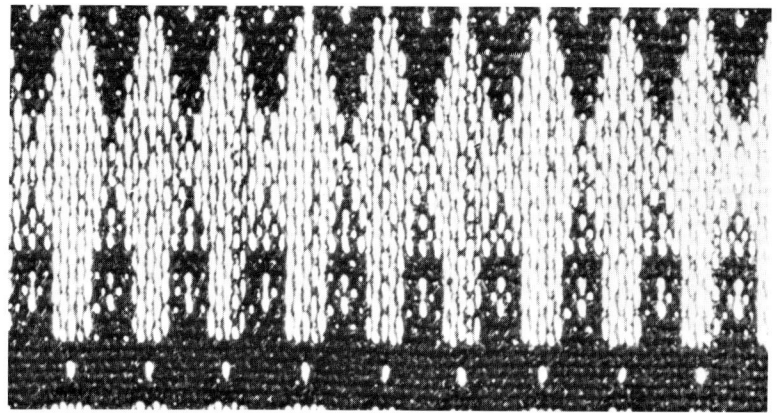

*245 Patrone zu Abbildung 244*

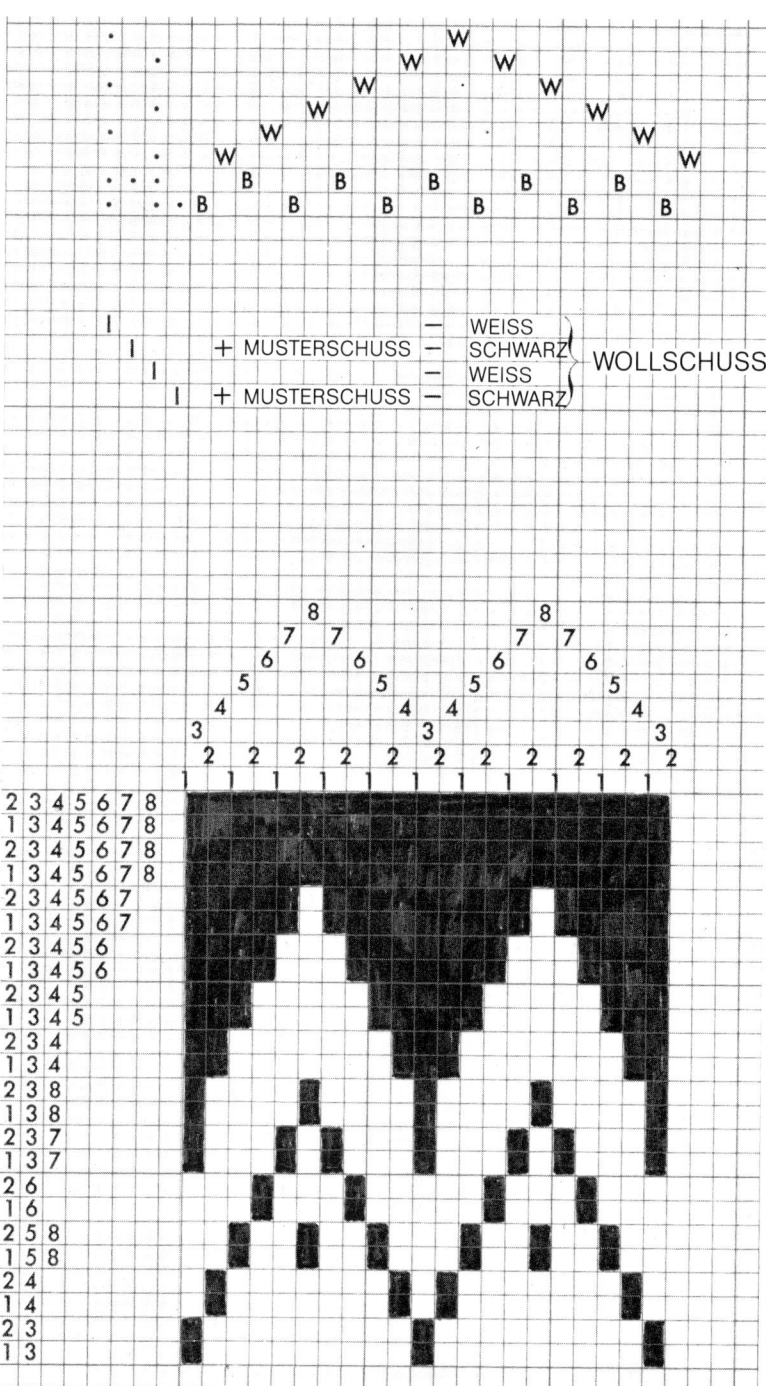

B = Schwarz; W = Weiß

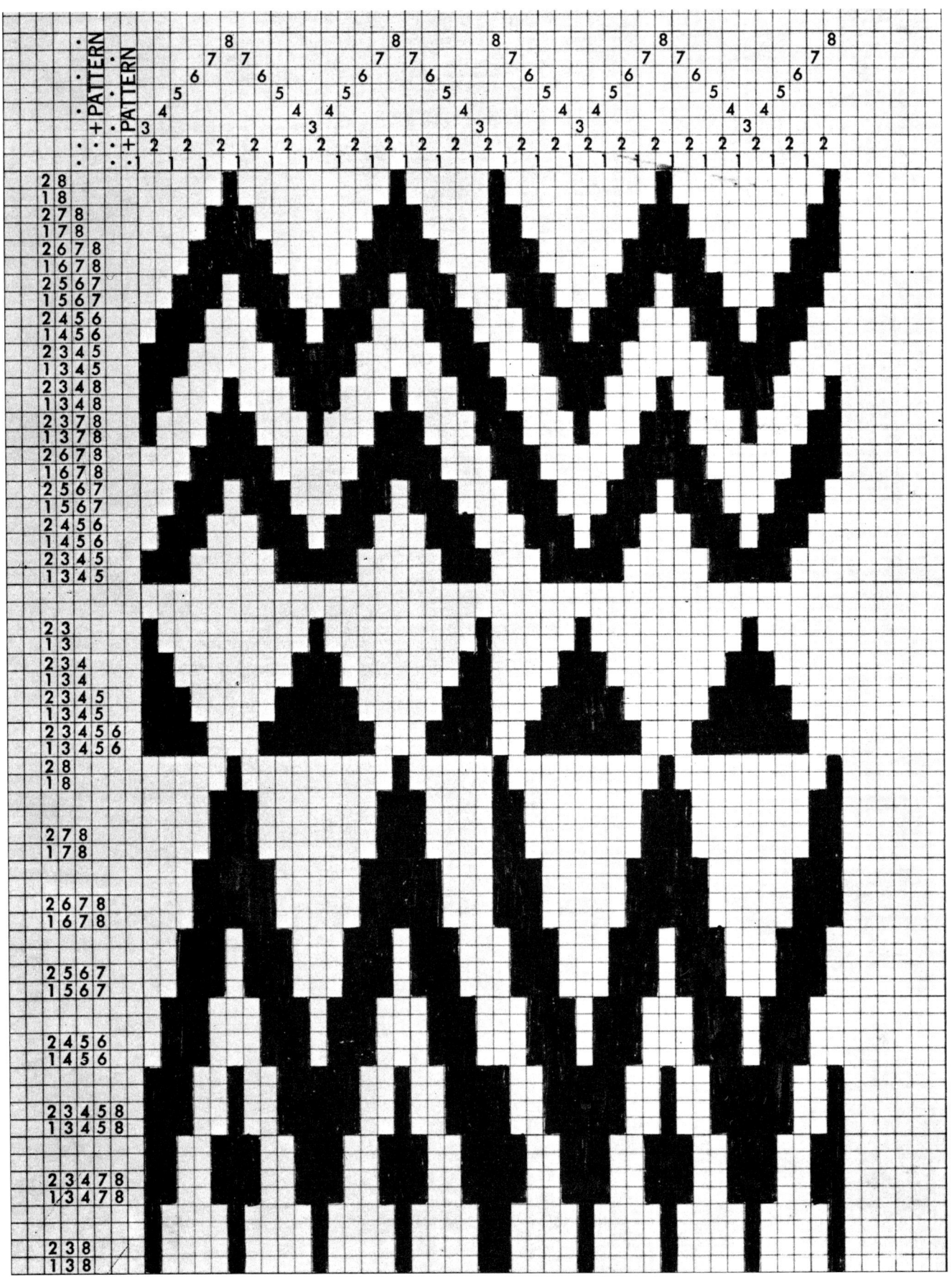

246 *Patrone zu Abbildung 247. Kette: 1, 2 – dunkel; 3, 4, 5, 6, 7, 8 – hell. Schuß: abwechselnd hell und dunkel (Pattern = Musterschuß)*

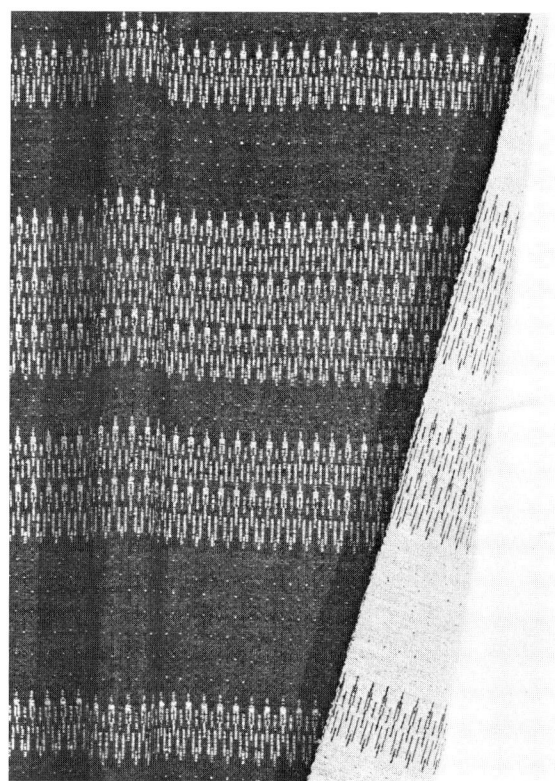

*247 Gemustertes, achtschäftiges Doppelgewebe, Vorhangstoff von Lurene Stone und Helena Jacobson.*

Wenn man keine gestreifte Kette möchte, sondern Karos oder einen gestreiften Schuß, nimmt man eine Farbe für den Schuß auf der einfarbigen Seite und mehrere Schußfarben bei wechselnden Schußeinträgen für die gemusterte Seite.

*248 Ruana aus Bogota, Kolumbien. Zweiseitiges Doppelgewebe aus aufgerauhtem Mohair. Modell von Cynthia Davidson.*

## DOPPELKETTKÖPER

Bei einem anderen, auf acht Schäften gewebten Doppelgewebe dominiert in beiden Gewebelagen die Kettwirkung; die zwei Gewebelagen sind eng verbunden und zusammengewebt. Wir kennen diese Gewebe als herrliche Schultertücher aus Südamerika, die aus aufgerauhter Schafwolle und Mohair gearbeitet und **Ruana** genannt werden. Die typischen Ruanas sind auf einer Seite farbenfroh gestreift und auf der anderen einfarbig.

Die stark aufgerauhte Oberfläche der Ruanas macht es schwierig, die Bindung zu analysieren, aber folgende Anleitung konnte mit freundlicher Erlaubnis der Autorin Harriet Tidball aus »The Handloom Weaves« übernommen werden (Abbildung **249** zeigt die Patrone):

Einzug:
    Schäfte 1,3,5,7 – Farbe A
    Schäfte 2,4,6,8 – Farbe B.

Tretfolge:
    1-2-3     (Oberkette)
    1-2-3-4-5-7     (Unterkette)
    3-4-5     (Oberkette)
    1-3-4-5-6-7     (Unterkette)
    5-6-7     (Oberkette)
    1-3-5-6-7-8     (Unterkette)
    1-7-8     (Oberkette)
    1-2-3-5-7-8     (Unterkette).

*249 Patrone für Ruanabindung. In der Kette abwechselnd Farbe A und B, im Schuß Farbe A oder B oder abwechselnd A und B weben*

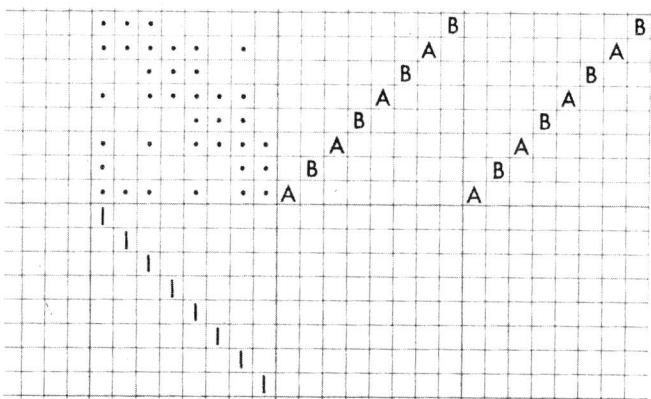

◁ 250

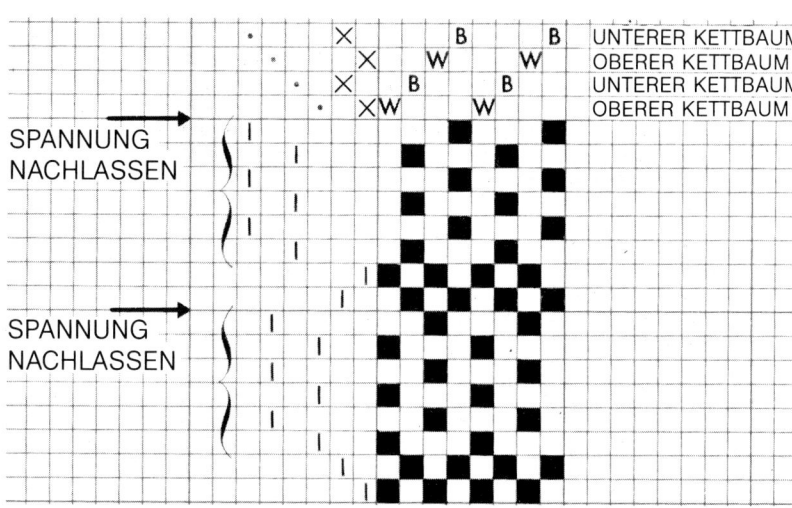

◁ ◁ 250  Eingewebte Falten

◁ 251  Patrone für eingewebte Falten

B = Schwarz; W = Weiß

## DOPPELGEWEBE MIT ZWEI KETTBÄUMEN

Wenn man für die Ober- und Unterkette jeweils einen eigenen Kettbaum hat, kann man die Spannung der beiden Ketten einzeln kontrollieren und dadurch verschiedene interessante Effekte erzielen. Dazu gehören Falten oder eingewebte Biesen oder Fransen.

Falten oder Biesen werden folgendermaßen gearbeitet:

1 Erst die obere Gewebelage bis auf doppelte Faltentiefe weben. Dann mit der Spannung am oberen Kettbaum nachlassen und fest anschlagen.

2 Dann die beiden Ketten mit mehreren Schußeinträgen zusammenweben, bis die Falte fest verankert ist.

Für Falten in anderer Farbe kann man das nächste Mal genauso die Unterkette nach oben bringen. Auch wenn man nur mit einem Schiffchen arbeitet, lassen sich so die Farben ändern, wenn die beiden Ketten verschiedenfarbig sind.

Für Fransen braucht man mehrere Gelesestäbe, die so lang sind, wie die Kette breit ist, und so breit sind, wie die gewünschten Fransen werden sollen. Man arbeitet die Fransen folgendermaßen:

1 Einige Zentimeter in Leinenbindung weben.

2 Die Oberkette heben und einen Gelesestab darunter einführen. Mit der Spannung am oberen Kettbaum nachlassen.

3 Die Blattlade nach vorn ziehen und den Gelesestab in der Kette belassen. Den Stab festhalten und die Blattlade wieder in die Ausgangsposition bringen.

4 Die beiden Gewebelagen mit einigen Leinwandschußeinträgen zusammenweben.

5 Die Unterkette heben und den Gelesestab einführen. Mit der Spannung am unteren Kettbaum nachlassen.

6 Die Schritte 3 und 4 wiederholen.

7 Die gesamten Arbeitsschritte mehrmals wiederholen. Dann die Gelesestäbe herausziehen, damit man sie im fortschreitenden Gewebe wieder einsetzen kann.

8 Wenn das Gewebe fertig ist, kann man die durch die Gelesestäbe entstandenen Schlingen entweder so lassen oder als Fransen aufschneiden.

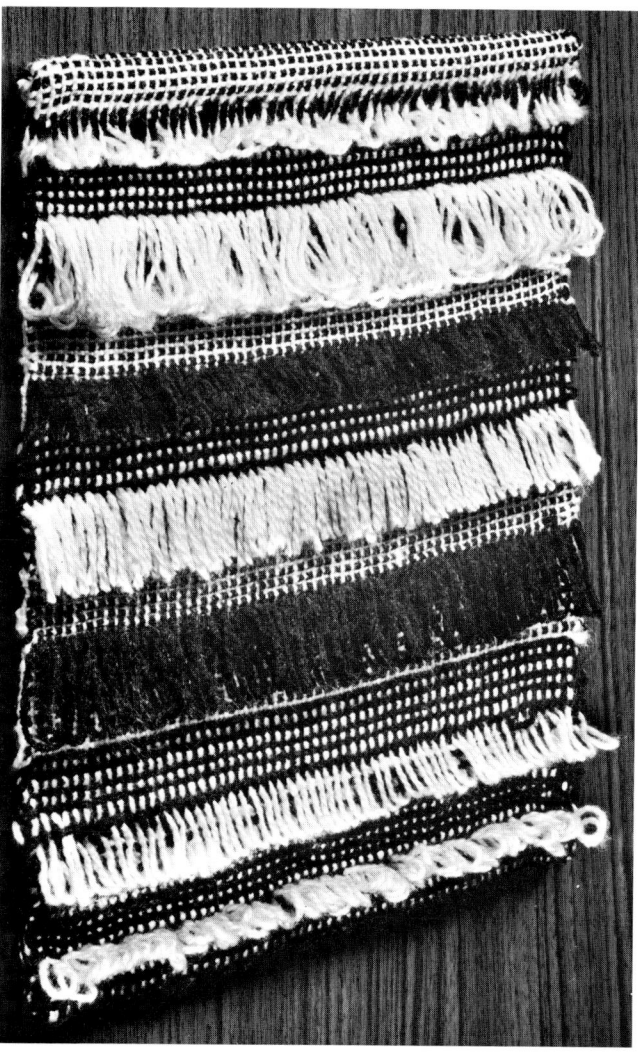

252  Eingewebte Fransen von Else Regensteiner (Photo John W. Rosenthal)

Abbildung auf Seite 122  ▷ ▷

253  »Les Trois Grâces« (Drei Grazien), Wandbehang von Jay Hinz

# 8 GESTALTUNG

Wenn man ein Gewebe entwirft, muß man Formen, Farben, Flächen, Konturen und Texturen zu einer harmonischen Struktur vereinen. Dazu gehört nicht nur das Verständnis der Mechanik eines Webstuhls und der Techniken des Gewebeaufbaus, sondern auch das Beurteilungsvermögen, wie die visuellen Elemente am besten angeordnet werden, um Absichten und Eindrücke optimal wiedergeben zu können. Ein Gewebe muß genauso gestaltet werden wie andere visuelle Medien – nur haben wir es hier mit Fasern, Bindungen und dem Webstuhl an Stelle von Farbe, Pinsel und Leinwand oder Ton und Drehscheibe bzw. Metall und Hammer zu tun.

Viele Künstler wenden die Gestaltungsregeln instinktiv richtig an. Ein Künstler braucht indes nicht nur seine Sinne und seine Intuition, sondern auch seinen Verstand und Intellekt, wenn er seine Ideen erfolgreich in ein Kunstwerk umsetzen will. Die Kenntnis der Kompositionsprinzipien von Gestaltungselementen hilft, ein Problem kompetent und zielstrebig anzugehen. Genau hier liegt oft der Unterschied zwischen einer aussagekräftigen, bedeutsamen und einer oberflächlichen Gestaltung. Andererseits dürfen Regeln niemals die eigene Sichtweise des Künstlers verstellen. Regeln sind flexibel und veränderlich: sie werden nach den individuellen Bedürfnissen des Künstlers und seiner Zeit in jeder künstlerischen Epoche neu geprüft, angenommen, verworfen oder gebrochen. Regeln sind ein Hilfsmittel, und dementsprechend sollte man mit ihnen umgehen. Gestalten – das ist nicht zu vergessen – ist eine sehr persönliche Tätigkeit, und jeder Künstler wird im Laufe der Zeit seine eigene, individuelle Ausdrucksweise finden.

Will man ein Gewebe entwerfen, so braucht man dazu nicht nur Geschick, handwerkliches Können und die Fähigkeit zur künstlerischen »Komposition«, sondern muß auch verstehen, wie sich all diese Elemente den funktionellen Bedürfnissen eines Werkstücks fügen. Jeder Stoff, der zu einem spezifischen Zweck entworfen und gewebt wird, muß seinen eigenen Anforderungen gerecht werden. Vorhangstoffe müssen beispielsweise weich fallen, dürfen aber nicht durchhängen, müssen lichtdurchlässig oder -undurchlässig sein, dürfen nicht ausbleichen und sollen einen Raum vorteilhaft zur Geltung bringen. Teppiche und Möbelstoffe müssen fest sein und dürfen sich nicht zu schnell abnutzen. – Jeder Weber würde außerdem besonders gern einen Kleider- oder Anzugstoff entwerfen und weben, aber gerade bei solchen Stoffen sind zahllose praktische Probleme zu bewältigen. Zweck und Gewicht eines Kleiderstoffs sind zwei verschiedene Kriterien, und man ist allzuleicht versucht, einen Stoff zu schwer oder zu steif zu gestalten, vor allem, wenn man mit festen, haltbaren Garnen wie Tweed arbeitet. Aber als Designer muß man den Zweck im Auge behalten, für den der Stoff gedacht ist: Soll er für Sommer- oder Winterkleidung, sportlich oder formell sein, als Tuch oder Mantel getragen werden?

Die wahrscheinlich feinsten Gewänder, die je gefertigt worden sind, wurden von »auserwählten Frauen« der Inkas gewebt. Diese Frauen wurden speziell ausgesucht und ausgebildet, und verbrachten ihr Leben lang mit Spinnen und Weben. Sie verarbeiteten die Faser des seltenen Vicuña und erstellten Textilien von außergewöhnlicher Schönheit. Wir Weber heute können dieser Arbeit nicht mehr dieselbe Hingabe widmen wie die präkolumbianischen Weberinnen, aber man kann auch ohne allzuviel Aufwand schöne Gewänder, Teppiche, Bildgewebe oder Wandbehänge weben.

Ziel des Designers muß es sein, Fragen der Funktion mit Fragen der Form in Einklang zu bringen. Diese Faktoren sind untrennbar miteinander verbunden. Welche Fasern sind für ein bestimmtes Stück geeignet? Wie dicht sollte der Einzug sein? Welche Bindung, welches Muster sind zu wählen? Soll das Gewebe eher offen, transparent oder dicht und fest sein? Soll sich das Muster wiederholen oder thematisch abgewandelt oder frei gestaltet werden? Hand in Hand mit Form und Funktion geht die Wahl der Technik. Die Grundbindungen und ihre Ableitungen eignen sich ganz besonders für die großen Stoffbahnen von Gardinen. Zweidimensionale Entwürfe können gut in Bildgewebe umgesetzt werden, wo man harte und scharfe Konturen betonen kann. Weiche und zerfließende Linien sind am besten als Florgewebe zu arbeiten.

Egal wie die Entscheidung ausfällt, die Gestaltung muß nicht nur visuell ansprechend sein, sondern immer auch eine harmonische, einheitliche Komposition darstellen. Man kann mit runden, ovalen, rechteckigen, quadratischen, konvexen oder konkaven, realistischen oder abstrakten Formen arbeiten. Sie können sich über den ganzen Stoff erstrecken, in regelmäßigen oder unregelmäßigen Abständen wiederholt oder in Größe, Material oder Farbe abgewandelt werden. Doch ist die Beziehung jeder Form zu den anderen formalen Elementen und zum Ganzen von größter Bedeutung. Wenn man eine Fläche in verschiedene Flächen aufteilt, kann das im Endergebnis ansprechend oder unproportioniert, langweilig oder faszinierend wirken. Proportionen, Zusammenspiel von Muster und Hintergrund, von positiven, musterbildenden

254 »Voie Lactée« (Milchstraße) von Jean Lurçat. Gobelin in Schwarz-, Weiß-, Blau-, Gelb-, Grün- und Rottönen (Privatbesitz)

255 »Fensterbehang«, Transparentgewebe von Loraine Gonzalez ▽

256 »Leinengitter«, Vorhangstoff von Julia McVicker und Else Regensteiner (Photo John W. Rosenthal) ▽ ▷

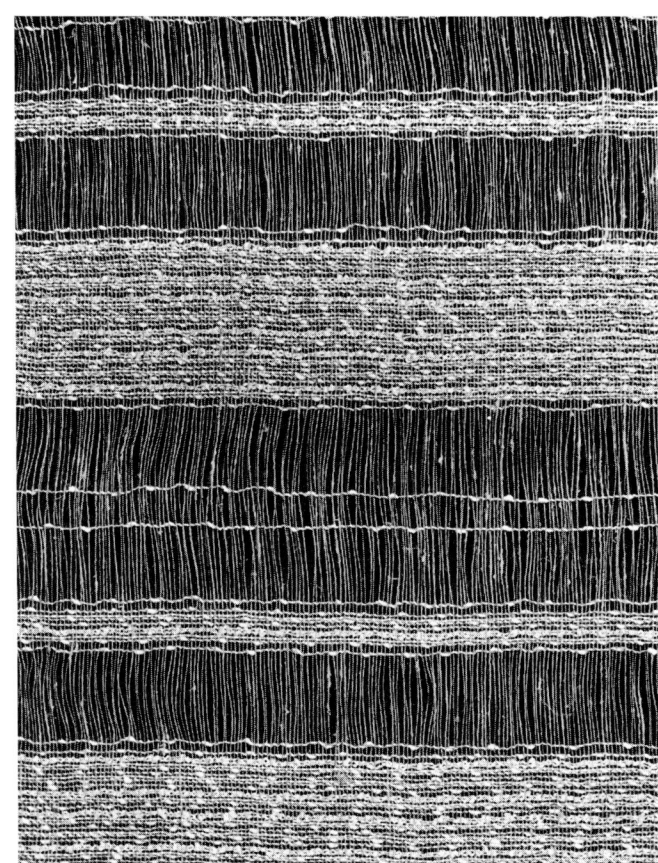

*257 Kissen und Bettüberwurf, in Sommer/Winter-Halbdrell gemustert, von Libby Crawford (Photo Associated Artists Advertising Agency)*

*258 Zwei koordinierte Möbelstoffe von Julia McVicker und Else Regensteiner*

und negativen Flächen müssen geplant sein, wenn das Ergebnis gefällig und ausgewogen wirken soll.

Beim Weben ist natürlich die Garn- und Gewebestruktur, die Textur, ein hervorstechendes optisches Merkmal. Der Designer muß sich zum Ziel setzen, die Textur mit den anderen gestalterischen Elementen in Einklang zu bringen und sollte die Gefahr umgehen, die anderen Gestaltungselemente von der Textur erdrücken oder überwuchern zu lassen.

Die Gesetze der Natur können sehr wohl auch in der Kunst gelten. Wenn sich das Design nach den natürlichen Proportionen richtet, ist das Ergebnis immer ansprechend. Dieses Verhältnis des Ganzen zu den einzelnen Teilen zeigt die Natur unverändert in ihren pflanzlichen und tierischen Formen. Gutes Design zeichnet sich dadurch aus, daß sich der Blick auf einen Brennpunkt konzentrieren kann: Form, Farbe oder Textur. Ohne einen solchen Schwerpunkt kann das Thema oder Stück langweilig, spannungslos, bedeutungsleer werden.

Jedes Stück muß unabhängig von seiner Zweckbestimmung, seiner Größe oder Form ein einheitliches Ganzes darstellen. Oben, unten, Anfang, Ende, Kanten – alles ist hier sichtbares Gestaltungselement. Insofern stellen zuletzt auch die Wahl des Stabs, an dem der Wandbehang hängen soll, und die Abschlußarbeiten wie die Fransen, die man an den fertigen Teppich knüpft, genauso wie die Wahl von Garn und Bindung entscheidende Faktoren für den Wert einer künstlerischen Arbeit dar.

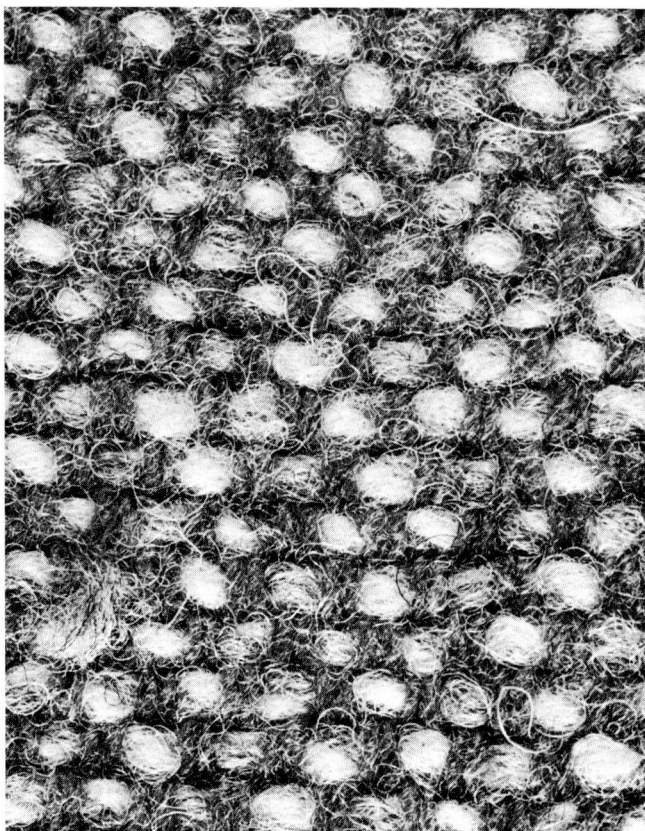

259 Mantelstoff in gebrochenem Köper, Schülerarbeit

260 Fragment eines peruanischen Gobelins, Einhängetechnik (Photo mit freundlicher Genehmigung des Kunstinstituts Chicago) ▽

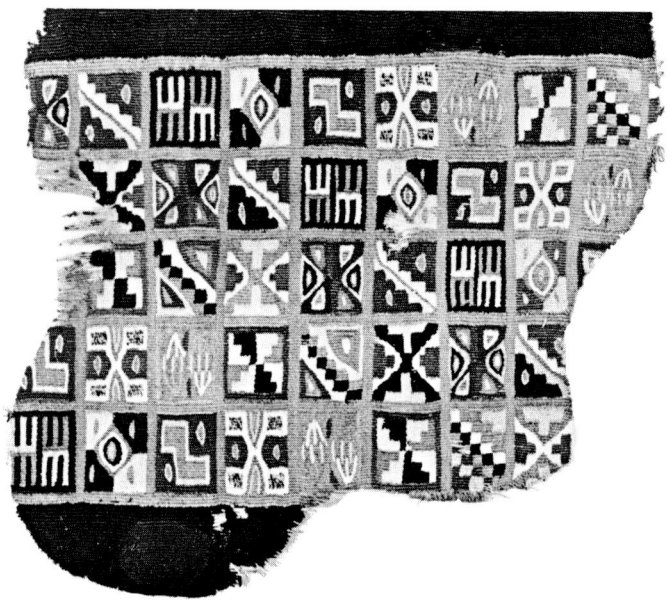

Die Farbgebung ist beim Weben natürlich von eminenter Bedeutung, doch genau in diesem Punkt sind sich viele Weber äußerst unsicher. Wenn sie auf die verschiedenen Farbtheorien stoßen, die als solche sicher wertvolle Studien darstellen, lassen sie sich oft verwirren und verlieren das Vertrauen in ihre eigene Urteilsfähigkeit. Jeder reagiert anders auf Farben: was für den einen schön, ist für den anderen genau das Gegenteil. Farbkonzepte und -geschmack ändern sich ständig, was man vor allem an den Modetrends sehen kann. Solche Veränderungen kann man auch am Umgang mit Farben in der Malerei feststellen, wenn man zum Beispiel die alten Meister mit zeitgenössischer Kunst vergleicht.

Farben besitzen seit jeher symbolische Aussagekraft; in manchen Kulturen wurde ihnen gar magische Bedeutung verliehen. Wir verbinden auch heute noch bestimmte Farben mit ganz speziellen Bedeutungen, Gefühlen und Momenten, wenngleich sich die Farbe im Zeitalter der Raumfahrt, moderner Schnellebigkeit und Mobilität aus ihren konventionellen Zwängen befreit hat. Heute wird zum bloßen Vergnügen mit grellen, leuchtenden, reinen und ungebrochenen Farben gearbeitet.

261 Möbelstoff aus Wolle, Mohair und Seide von Julia McVicker und Else Regensteiner

262 Mantelstoff in Schottenkaro und Köper von Lurene Stone

263 Applikation auf handgewebtem Wollstoff, Bolivien

Der Weber wählt natürlich immer Farben, die seinem Gemüt, Geschmack und der Zweckbestimmung des Stücks entsprechen, darf dabei aber nicht vergessen, daß die Farben auf eine ganz bestimmte Weise wirken, über die er sich im klaren sein muß. Die Farben stehen nie allein: sie werden durch und mit ihrer Umgebung, auf einem Hintergrund und neben anderen Farben wahrgenommen. Größe, Form und Struktur einer Fläche beeinflussen die Farbwirkung ebenso wie Licht und Schatten. Jeder Weber sollte mit einem guten Farbenkreis arbeiten und die Farbtheorie nicht nur lernen, sondern diesen komplizierten Bereich verstehen und beherrschen können.

Komplementärfarben steigern sich gegenseitig in ihrer Wirkung, wenn sie nebeneinander gesetzt werden – zum Beispiel in Form von Streifen. Werden sie aber gemischt, wie zum Beispiel in Kette und Schuß, können sie sich gegenseitig aufheben und schmutziggrau wirken. Weiß und Schwarz haben oft eine ganz andere Wirkung auf ein bestimmtes Farbschema, als man sich vorstellt. Weber stellen oft überrascht fest, daß eine weiße, als neutral wahrgenommene Kette leuchtende Schußfarben in verwaschene Farbtöne verwandelt, während eine schwarze Kette die Leuchtkraft starker Farbtöne unterstreicht. Am intensivsten wirken die Farben, wenn Kette und Schuß gleichfarbig oder ähnlich gefärbt sind. Einfarbige Kompositionen sind außerordentlich subtil.

264 Wandbehang, Sumak- und Gobelintechniken von Jane Redman (Photo Hector Garcia)

265 »Totem No. I«, Wandbehang von Helen Francis Gregor (Photo mit freundlicher Genehmigung der Künstlerin)

266 »Eulenstudie«, Wandbehang von William Hinz ▷

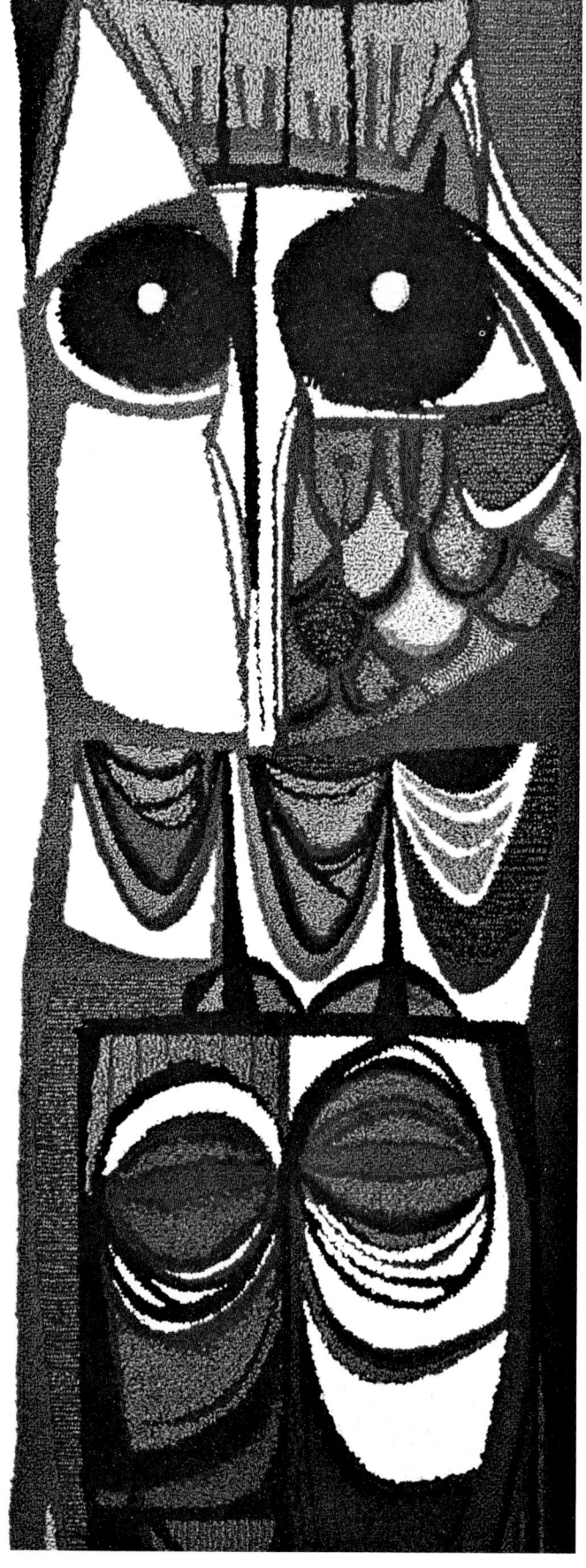

Faszinierende Effekte ergeben sich mit Kontrastfarben. Wenn man leuchtende und matte Farben zusammen verarbeitet, wirkt die matte Farbe noch matter und die leuchtende noch leuchtender als zuvor. Wenn man komplementäre Farben mit gleichen Anteilen verwendet, vibrieren sie optisch. Dieselbe Farbe wirkt unterschiedlich auf zwei verschiedenen Hintergründen: Orange auf Gelb wirkt rot; das gleiche Orange auf Rot wirkt gelbbraun, lohfarben. Die Hintergrundfarbe neigt dazu, sich farblich selbst zu absorbieren und die andere Komponente dadurch um so besser zur Geltung zu bringen.

Das Studium der Farben ist für den Weber wesentlich, lohnenswert und ungeheuer bereichernd. Die beste Empfehlung, die die Autorin geben kann, ist, die Farbschöpfungen von Malern und anderen Künstlern, Theoretikern und der Natur zu studieren. Man wird feststellen können, daß es keine häßlichen Farben gibt. Es gibt nur angenehme und unangenehme Wirkungen auf den Betrachter, und der geschickte Weber braucht Verstand und Sensibilität, um die optimale Wahl zu treffen.

Jay und William Hinz bemerkten zu ihren in Abbildung **253** und **266** wiedergegebenen Arbeiten folgendes: »Wenn wir entwerfen, gilt unsere erste Überlegung der Größe des Objekts; dann richten wir unser Augenmerk darauf, wie wir die Fläche in einer ansprechenden Weise auf Linien, Farben, Schattierungen und Texturen aufteilen können. Das gilt nicht nur in der freien Gestaltung, sondern auch für thematisch gebundene Bilder wie bei den beiden abgebildeten Bildgeweben ›Eulenstudie‹ und ›Les Trois Grâces‹. Durch die Linienführung sollten die Formen stärker herausgearbeitet und das Sujet unterstrichen werden.«

Die gelungenen Arbeiten der Abbildungen **267** und **268** zeigen beispielhaft, wie die Weber die besonderen funktionalen Anforderungen an das Gewebe mit ihrem künstlerischen Ausdruck verbinden und so ein Kunstwerk schaffen. Das eine Gewebe zeigt die halb-abstrakte Interpretation eines großen Themas. Ethel Kaplan, eine ebenfalls zeitgenössische Weberin, war durch den Auftrag, ein Einschlagtuch für die Heilige Schrift zu weben, mit einer ähnlichen Aufgabe konfrontiert. Sie bemerkte dazu: »Ein Bibelumschlag muß sowohl dekorativ als auch haltbar sein; er wird mindestens zweimal die Woche von ständig anderen Leuten neu abgenommen und übergezogen. Deswegen habe ich Materialien gewählt, die fest und haltbar sind und trotzdem eine weiche und fließende Qualität zeigen. Die kleinen, in Indien handgefertigten Glöckchen wurden an die Streifen genäht, so daß sie das Tuch zum Klingen bringen, sobald es übergezogen oder abgenommen wird. Die Ideen für Farben, Glocken und Garn entstammen Passagen der Bibel. Das machte die Arbeit an diesem Stück besonders spannend und interessant.«

*267  »Kreuzigung«, dreidimensionaler Wandbehang von Theo Moorman (Photo mit freundlicher Genehmigung des Künstlers)*

*268  Ausschnitt aus einem Bibeltuch von Ethel Kaplan*

*269 Meeresmuschel*

Solche Aufträge können einen Weber in besonderem Maße inspirieren. Sie stellen eine klar umrissene Aufgabe und verlangen von ihm nicht nur handwerkliche Geschicklichkeit, sondern auch künstlerische Sensibilität. Häufig regen die Anforderungen eines entsprechenden Projekts den Weber dazu an, sich intensiv mit benachbarten Wissensgebieten zu beschäftigen und seine Arbeit in einen neuen Kontext zu stellen.

Jedes Webstück ist, unabhängig davon, ob es sich um ein einfaches Probestück und Experiment oder eine Webarbeit zu einem spezifischen Zweck handelt, eine Herausforderung an Einfallsreichtum und schöpferische Fähigkeiten des Webers. Wo aber findet er, um seine Phantasie spielen lassen zu können, die Anregungen, die jede gestalterische Lösung neu und spannend machen? Die Antwort darauf lautet: überall.

Schon die Garne an sich inspirieren. Es gibt wohl kaum einen mit Phantasie begabten Weber, der nicht Hunderte von Ideen hat, wenn er ein Wollregal mit seinen Schätzen oder Musterkarten durchsieht. Heutzutage, wo es auf dem Markt so viele aufregende Garne in jeder nur vorstellbaren Farbe und Struktur gibt, liegt die Schwierigkeit gewöhnlich eher in der Auswahl: »In der Beschränkung zeigt sich erst der Meister«, wie es bei Goethe heißt.

*270/271 Von Meeresmuscheln inspiriertes Gewebe, Design von Sue Zinngrabe*

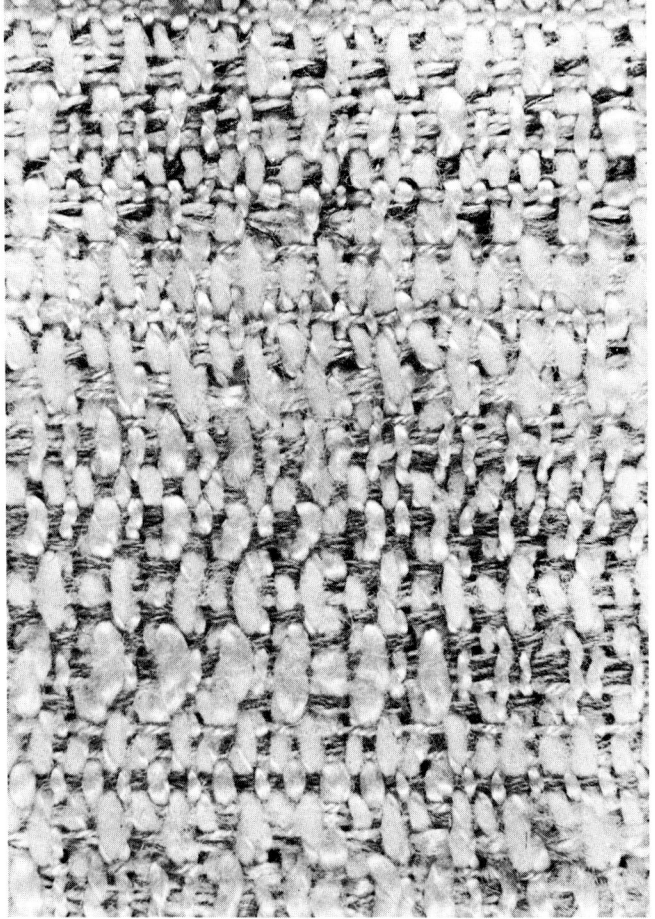

Anregungen gibt es überall – wir müssen sie nur sehen lernen. »Man sieht nicht mit der Pupille. Man sieht durch sie und mit ihrer Hilfe, aber eigentliches Sehen erfolgt mit der Seele des Auges«, schrieb John Ruskin. Die vollkommene Form, die vollkommenen Proportionen, der perfekte Rhythmus, die richtigen Farbtöne finden sich in unserer unmittelbaren Umgebung, wir müssen sie nur erst wahrnehmen. Sie sind in jedem Baum, in jedem Zweig, jedem Blatt, in unendlichen Variationen. Rinde ist rauh, glatt, liniert, gefleckt, glänzend, matt. Blumen sind karminrot, scharlachrot, rosarot, rot, gelb, blau, in jeder beliebigen Farbnuance.

Warum wirken Blumen in vielen Farben, Formen und Arten, wie sie im Beet oder auf der Wiese zusammenstehen, nie häßlich? Welche Geheimnisse bergen die Spiralen der Schneckenhäuser, die fließenden Linien der Meerestiere? Warum ist das Funktionale in der Natur immer auch schön? Jede Pflanze, jeder Stein, jedes Sandkorn ist interessant, vollkommen, gestaltet – wobei ihre Form, Struktur und dekorativen Elemente so mit der Funktion verschmelzen, daß wir nur staunen können über die Leistungen der Natur.

272  Pfauenfeder

273/274  Von einer Pfauenfeder angeregter Stoff- und Teppichentwurf

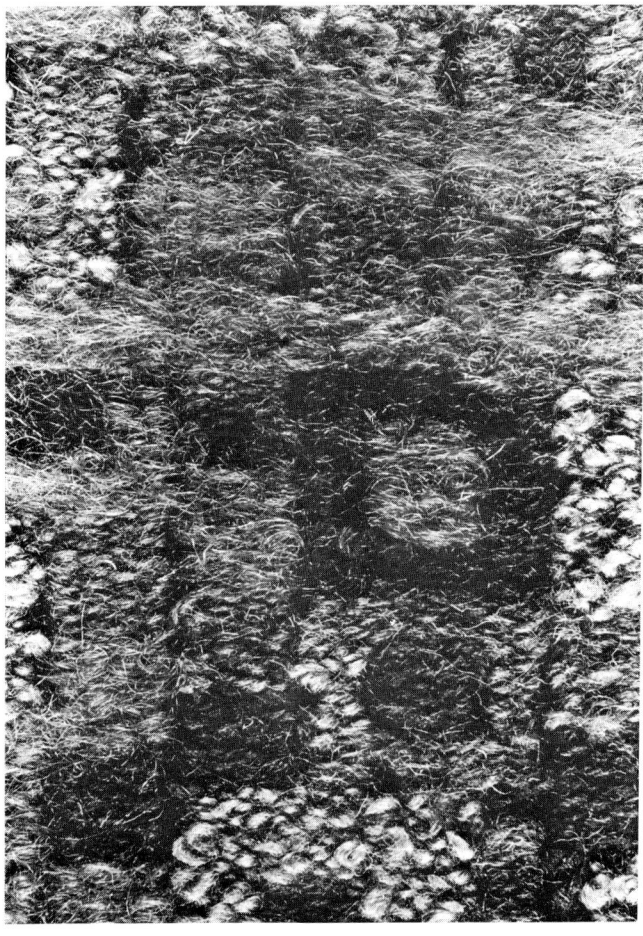

275 Zebras

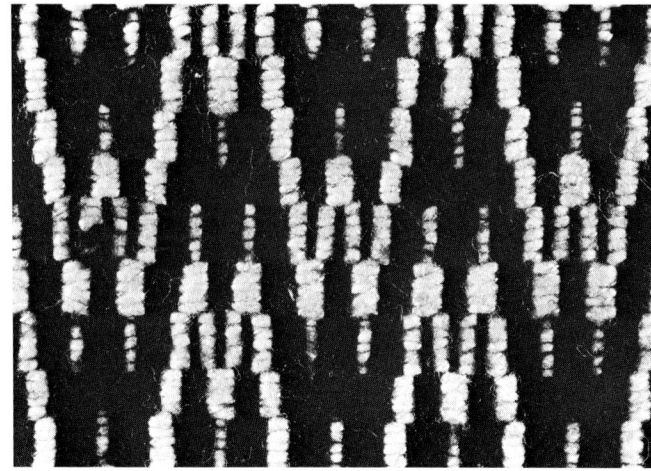

276 Anzugstoff in Zebramuster von Barbara Meyer

Wir haben alles in unserer Reichweite: Himmel, Berge, Meer, Wolken, jede nur erdenkliche Form und Farbe. Und wir können uns von all dem inspirieren lassen, um das Wahrgenommene mit Hilfe unserer schöpferischen Fähigkeiten umzusetzen. Die verwirrende Vielfalt, die auf uns einstürmt, wenn wir erst sehen gelernt haben, zwingt uns dann erneut zur Beschränkung.

Kleine Gegenstände – Muscheln, Blätter, Federn, Kieselsteine – sind bei genauer Betrachtung ergiebige Quellen für Farben, Formen und Texturen. Ihre Interpretation in verschiedenen Geweben eröffnet immer neue Gestaltungsmöglichkeiten.

Landschaften – Felder, Berge, Seen, Straßen und Flüsse – formen herrliche Muster. Tausende von Teppichen und Bildgeweben zum Nacharbeiten liegen hier im Vorbild ausgebreitet vor uns.

Tiere haben schon immer eine Rolle in der Gestaltung von Textilien gespielt und sind beispielgebend für zahllose Muster aus Streifen und Punkten, Farbtönen und Texturen. Tiere verführen den Weber zur Nachahmung ihres Fell- oder Federkleids, ohne daß er die Kreaturen deshalb ihrer Felle, ihrer Federn oder ihres Lebens berauben muß.

277 Drei Gewebe nach einem Vogelmotiv von Jean Young

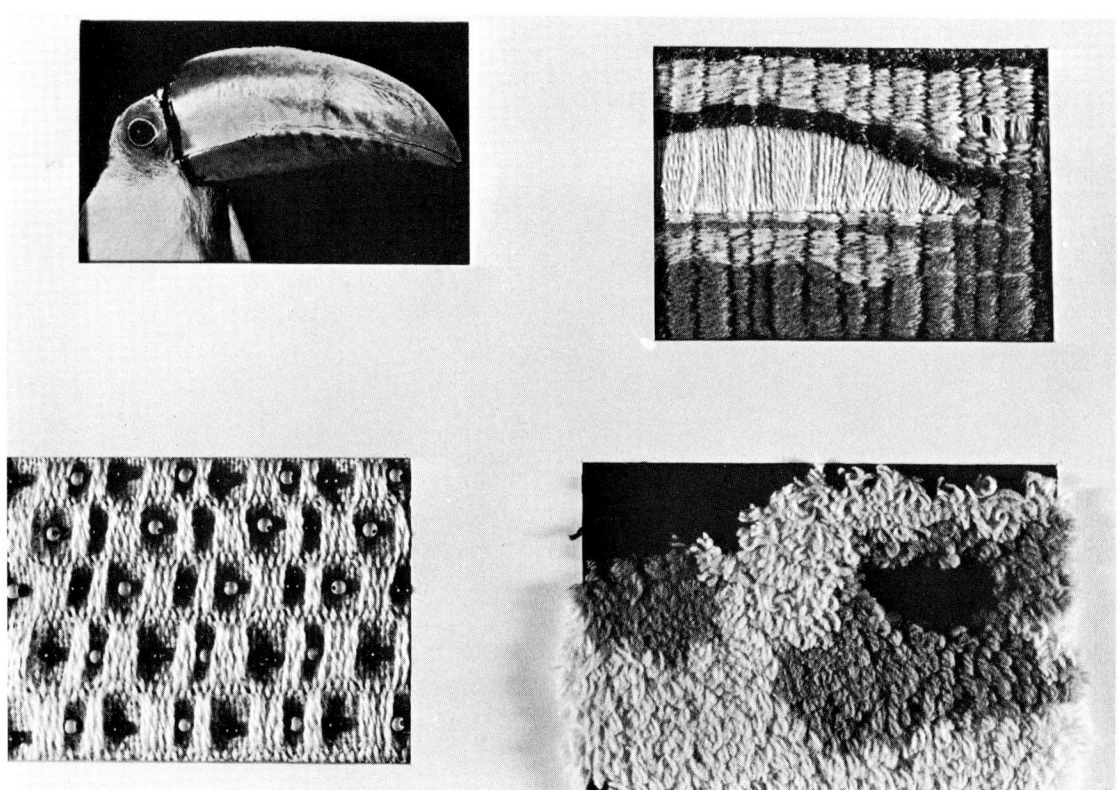

278   Ein herrlich gemusterter, bunter Fisch  ▽

279   Stoff mit bemalter Kette, dem Fisch nachempfunden, von Oliver Wittasek  ▷

280   Einem anderen Vogelmotiv nachempfunden sind diese Stoffe und der Wandbehang von Llubica Stevanov.  ▽

278 △                               280 ▽

281/282 Albrecht Dürers »Hase« war Vorbild für den braunen Mantelstoff (Ausschnitt) von Marsha Ford Anderle.

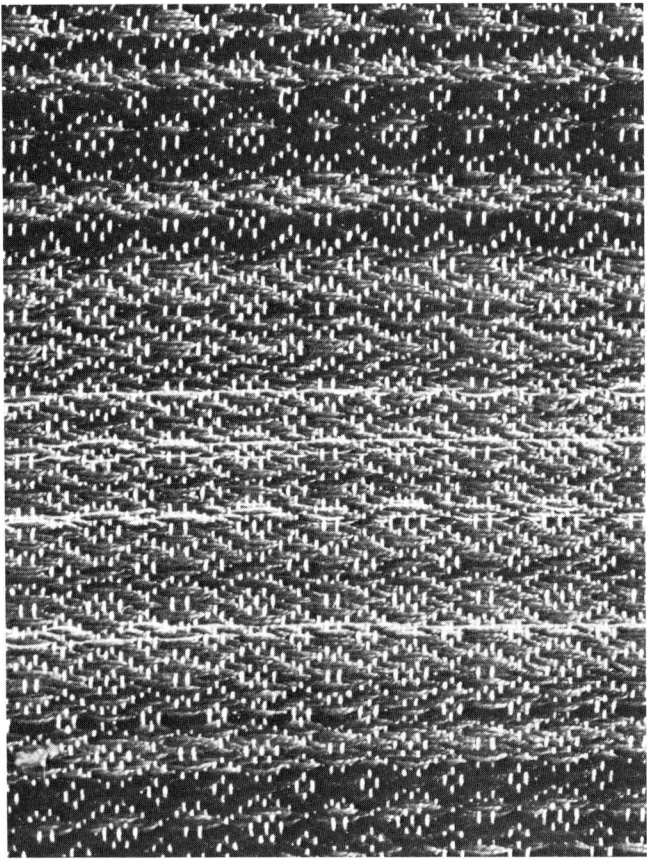

Alle Schöpfungen der Natur liefern uns Anregungen; ein Schnappschuß oder eine knappe Skizze kann das Gesehene im Gedächtnis bewahren, bis sich das richtige Projekt findet, um das Bild auf den Webstuhl zu übertragen.

Allein damit ist noch kein Ende abzusehen. Die Schöpfungen des Menschen selbst sind wahre Fundgruben für Webmuster: Bei einem Spaziergang durch die Stadt trifft man auf eine Vielzahl architektonischer Formen – Türen und Fenster, Pfeiler und Balkone –, und Materialien, Strukturen und Proportionen bieten sich von selbst dem wahrnehmenden Auge an. Kompositionen können von Wolkenkratzern inspiriert sein, und Ideen kann man selbst aus einem Ziegelhaufen schöpfen. Formen der Technik – Maschinen, Brücken, Autobahnen – sind Quellen, aus denen sich so reich schöpfen läßt wie aus dem Formenreichtum der Geschichte. Jedes kleine Artefakt auf einer Ausstellung – die Arbeit eines präkolumbianischen Töpfers, eines Renaissance-Bildhauers, eines afrikanischen Holzschnitzers – kann Ermutigung und Anregung zu eigener Gestaltung sein.

Dann gibt es noch die Malerei. Niemand beherrscht den Umgang mit Farbe besser als der Maler. Seine leuchtenden oder matten, kontrastierenden oder harmonierenden Farben stellen eine Welt voller Ideen zur Auswahl. Wenn man einen kleinen Ausschnitt eines Gemäldes analysiert, wird man überrascht feststellen, wie viele Farbtöne er enthält. Ein Stoff kann nach vielen kleinen solchen Ausschnitten gearbeitet werden oder einen Gesamteindruck interpretieren. Wenn man sich nicht auf die Originale stützen kann, helfen auch Reproduktionen, mit deren Hilfe die Farben und Formen vor dem inneren Auge wieder neu erstehen. Ein solches Vorgehen soll in keiner Weise zur Imitation verführen. Imitationen können den Blick nur verstellen und verwirren, den potentiellen Künstler bringen sie nicht weiter. Ideen und Eindrücke muß man in sich aufnehmen und sich aneignen, bevor man sie auf neue und persönliche Weise zum Ausdruck bringen kann. Aber um den Reichtum an Gestaltungsmöglickeiten in jedem natürlichen und von Menschenhand geschaffenen Gegenstand sehen und verwerten zu können, muß man die ganz spezifischen Fähigkeiten des schöpferischen Webers und Künstlers erst entwickeln.

◁ 283 Federponcho aus Peru, Tiahuanaco-Epoche (Photo mit freundlicher Genehmigung des Kunstinstituts Chicago)

284 Federwandbehang, dem peruanischen Federponcho nachempfunden von Linda Howard

◁ 285 Fellwandbehang, dem peruanischen Federponcho nachempfunden von Jon Riis

*286 Rhythmus entsteht hier durch parallele Linien (Photo mit freundlicher Genehmigung von Jane Redman).*

*288 Formen aus Papier, geordnet zu einem mittelpunktzentrierten Muster (Photo mit freundlicher Genehmigung von Jane Redman)*

*287 Entwurf von Sue Gunther. Tiefenwirkung entsteht durch die schrägen Linien (Photo Paul Kondor, mit freundlicher Genehmigung von Jane Redman).*

## GEOMETRISCHE FORMEN DER GESTALTUNG

Gestaltung ist eine genauso persönliche Angelegenheit wie die Wahl des eigenen Lebensstils für einen Menschen. Dennoch ist es sehr hilfreich, sich der grundlegenden Gestaltungsmöglichkeiten bewußt zu sein, wenn man als Weber beispielsweise vor die Aufgabe gestellt wird, ein zweidimensionales Objekt wie z. B. einen Teppich, Wandbehang, ein Tischtuch oder -set zu gestalten. Eine objektive Analyse der Flächenaufteilung kann unerwartete und enttäuschende Ergebnisse ersparen.

Bei der Flächengestaltung haben wir es mit Linien, Formen, Abständen, Proportionen und der Wirkung von Größe, Textur und Farbe zu tun.

**Linien** können gerade oder in Kurven verlaufen, unterbrochen oder gepunktet sein. Sie können dick oder dünn sein und Bewegung und Rhythmus oder Festigkeit und Unveränderlichkeit ausdrücken. Diagonale Linien können Dimension und Tiefe (Perspektive) herausarbeiten. Linien können Formen begrenzen und Räume unterteilen. Vertikale Linien betonen die Höhe und horizontale Linien die Breite. Parallele, hell und dunkel gruppierte Linien können optisch hervor- oder zurücktreten, wenn sie verschieden breit gestaltet werden.

Geometrische **Formen** sind Quadrate, Rechtecke, Dreiecke, Achtecke, Kreise, Ovale oder unregelmäßige Formen. Man kann sie wiederholen, kombinieren, abwandeln. Jede organische Form aus der Natur kann in geometrische Formen übersetzt und mit anderen Formen innerhalb eines begrenzten Raums wiederholt oder gemischt werden. Das Auge kann diese Formen als gleichberechtigt wahrnehmen oder auf einen spezifischen Punkt gelenkt werden.

*289 »Quadrate«, Gobelin in geometrischem Muster von Larry Edman (Photo mit freundlicher Genehmigung des Künstlers)* ▷

Gestalterische Einheit ist ebenso wichtig wie Vielfalt und wird durch einen Bezug der Formelemente zueinander, zu ihrer Umgebung und ihrem Rahmen erreicht. Einfache geometrische Formen werden interessant und eigenständig durch Variationen in Größe, Farbe und Struktur.

Wichtig ist auch die Anordnung der Formen in Relation mit ihrem Hintergrund. Eine oder mehrere Formen können als hervorstechendes Gestaltungselement auf einem ausgedehnten Hintergrund fungieren. Form und Hintergrund können aber auch so gegensätzlich gearbeitet werden, daß sie in dieser Funktion austauschbar sind. Man kann sich der Tatsache bedienen, daß helle Formen in den Vordergrund rücken, dunkle Formen dagegen in den Hintergrund treten, und die Flächen dadurch fließend und spannungsreich gestalten. Mit Wiederholungsmustern solcher Art lassen sich ganz neue Dimensionen erschließen. Die vorbedachte Wiederholung und Kontrastierung von Formen kann ein nützliches und interessantes gestalterisches Mittel sein.

*290 Muster und Hintergrund sind bei diesen Papierformen austauschbar (Photo mit freundlicher Genehmigung von Jane Redman)*

*291 Austauschbares Positiv und Negativ, Entwurf (Photo mit freundlicher Genehmigung von Jane Redman)*

292 »Zweifachzwirn S-Draht«, Teppich, Wollschuß auf Leinenkette, von Sadye Tune Wilson. In die Fransen wurde Wollschußgarn eingearbeitet (Photo mit freundlicher Genehmigung der Künstlerin).

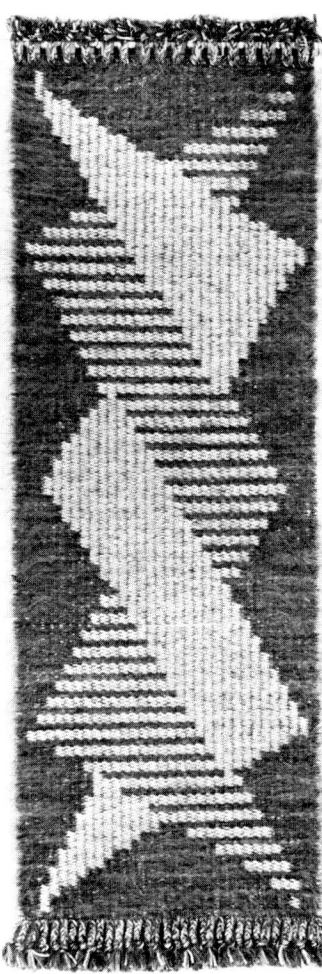

293 Entwurfszeichnung zu Abbildung 292 ▽

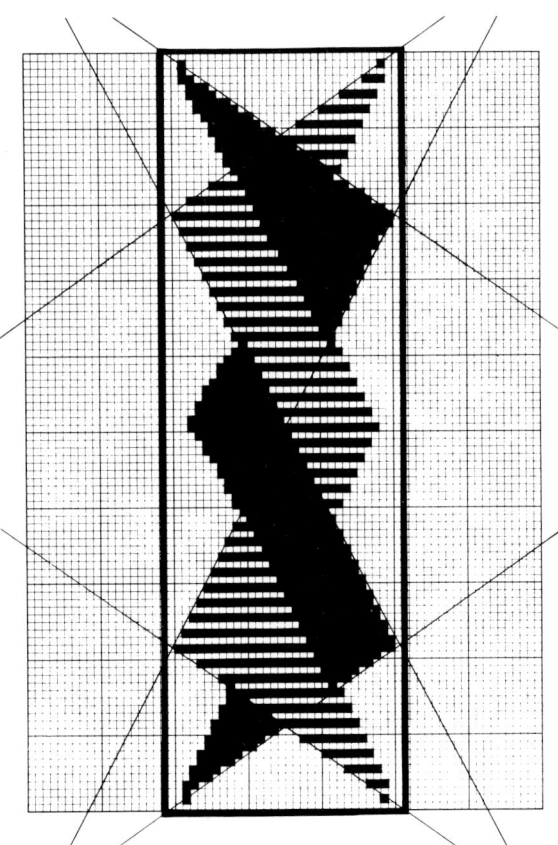

Ein entscheidender Punkt für gute Gestaltung ist die richtige **Proportion** oder der richtige Maßstab. Ein Wandbehang kann klein oder groß wirken, je nachdem, in welcher Umgebung er hängt. Bei entsprechender Raumtiefe können Details auch verlorengehen. Die Dimensionen von Raum und Gewebe müssen gestalterisch in Betracht gezogen werden.

Manchmal läßt es sich kaum beurteilen, wie ein kleiner Entwurf in voller Größe wirken wird. Man kann sich hier auf einfache Weise dadurch behelfen, daß man von der Skizze ein Diapositiv macht und es in der beabsichtigten Größe auf die Wand projiziert. Von diesem Bild kann man dann die Skizze in Originalgröße abnehmen und eventuell notwendig gewordene Korrekturen vornehmen. Noch leichter geht es mit einem Tageslichtprojektor, mit dem man die Skizze direkt auf die Wand oder Leinwand werfen kann.

Geometrische Muster kann man durch modulare Aufteilung einer Fläche nach mathematischen Formeln entwerfen. Jay Hambidge, Künstler und Kunsttheoretiker, unterschied zwischen statischer und dynamischer Symmetrie des Designs. Statisches Design besteht demnach aus vielen gleichen Elementen, wie zum Beispiel im Schachbrettmuster oder in natürlichen, anorganischen Formen wie Kristallen mit ihrem geordneten System von sich schneidenden Achsen.

Dynamische Symmetrie, die Energie und Bewegung vermittelt, basiert auf dem proportionalen Größenwachstum, wie es Mensch und Pflanzen, Schnecken und Muscheln eigen ist. Der menschliche Körper, die Köpfe der Sonnenblumen, Blattwerk und die in Kammern unterteilte Spiralschale des Gehäuses des Nautilus sind allseits bekannte Beispiele dynamischen Wachstums.

Die Architekten im alten Griechenland erstellten nach dem Grundsatz der Proportionalität Gebäude von unübertroffener Schönheit. Der Parthenon ist nur ein Beispiel dafür. Diese klassischen Proportionen nennt man auch den »Goldenen Schnitt«; der Naturwissenschaftler Johannes Kepler bezeichnete sie als das »kostbare Juwel«. Es handelt sich dabei um das Verhältnis 1:1,618, also ungefähr 2:3 oder noch weiter vereinfacht 1:1,5.

Leonardo Fibonacci, ein Mathematiker des 13. Jahrhunderts, baute eine Zahlenfolge auf dem »Goldenen Schnitt« auf. Diese seine Zahlen, die manchmal auch als magische Zahlen bezeichnet wurden, sind 1-2-3-5-8-13-21-34 usw. bis unendlich, wobei jede Zahl die Summe der beiden vorhergehenden Zahlen darstellt.

Beim Weben können wir diese Zahlenfolge in Zentimeter, Fäden, Streifen oder Würfel umsetzen. Für Weber und Designer lohnt es sich, die dynamische Symmetrie gründlich zu studieren. »The Elements of Dynamic Symmetry« von Jay Hambidge und »The Geometry of Art and Life« von Matila Ghyka liefern hervorragende Erklärungsansätze.

Sadye Tune Wilson, selbst anerkannte Weberin und Theoretikerin, hat mit Hilfe der Analyse der dynamischen Symmetrie und der in Abbildung **293** vorgestellten Zeichnung ein Teppichmuster entworfen. Sie meint: »Teppichweber arbeiten hauptsächlich mit quadratischen und

294 Muster aus horizontalen, vertikalen und diagonalen Linien, gerastert, von Else Regensteiner

295 Variation mit Raster von Else Regensteiner

298 Ausschnitt in Nahaufnahme (Photo mit freundlicher Genehmigung des Tennessee State Museum) ▷

296 »Geometrische Formen im Doppelgewebe« von Georgia Suiter (Photo mit freundlicher Genehmigung der Künstlerin)

297/298 »Schleife«, handgewebter Bettüberwurf, in Tennessee um 1900 für John Norman gewebt. Kette und Leinwandbindungsschuß sind aus naturfarbener Baumwolle, der Musterschuß ist mit Indigo und Krapp gefärbt.

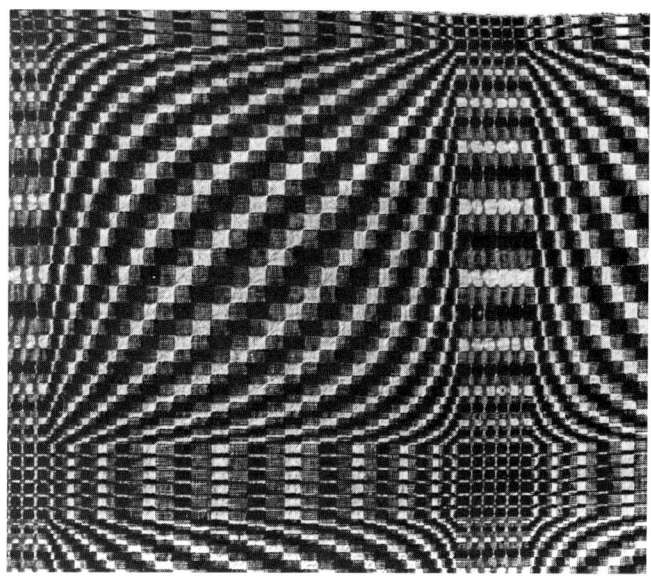

rechteckigen Formelementen. Geradlinige Konturen lassen darin geometrische Muster entstehen. Ein geometrisches Muster mit all seinen Linien und Winkeln kann durchaus auf relativ objektive Weise nach mathematischen Formeln entstehen oder nur einfach mit Hilfe von Lineal und Winkelmesser entworfen werden. Hat man sich für eine bestimmte Teppichgröße entschieden, muß man die Dimensionen festlegen und entscheiden, ob man das Muster aus der Fläche als Ganzes entwickelt und darauf in Segmente unterteilt, oder ob man von einzelnen Musterelementen aus durch Multiplizieren, Addieren oder Verändern der Formen zur Aufteilung der Gesamtfläche kommen will. Bei ersterer Vorgehensweise kommt man vor allem auf Diagonalen und sich überschneidende Linien, während die zweite Art zu interessanten Mosaiken führt.«

*299 Organische Formen (Spinnennetz) zeigen ein rhythmisches Muster (Photo mit freundlicher Genehmigung von Jane Redman).*

*300 Laub auf Waldboden zeigt interessante Texturen (Photo Else Regensteiner).*

*301 Gestalterische Anregung durch einen Marktstand in Bolivien (Photo Else Regensteiner)*

Gestaltungsübungen mit verschiedenen Materialien und Texturen sind an sich schon spannend genug. Mit einem Raster, ausgeschnittenen Papierformen, Laub oder Schnur lassen sich Flächen hervorragend gestalten.

Einen Raster erhält man, wenn man auf ein Papier in symmetrischer oder asymmetrischer Manier gerade Linien und Diagonalen einzeichnet. Wenn man dann die so entstandenen Flächen koloriert, ergeben sich brauchbare Muster.

303　Blattarrangement (Photo Genn Suyeoka)

302　Muster aus Blättern (Photo Genn Suyeoka)

Aus schwarzem Papier geschnittene geometrische oder abstrakte Formen, die man auf einen weißen Untergrund (oder umgekehrt) legt, lassen sich auf vielerlei Weise anordnen und verschieben. Man erhält ein nahezu unbegrenztes Spektrum von Mustern aus Form und Untergrund.

Quadrate und Rechtecke, die nacheinander kleiner und größer oder schmaler und breiter werden, erzeugen die optische Illusion einer Bewegung. Viele Würfelmuster für vierschäftige Webstühle lassen sich so effektvoll verwandeln. Der in den Abbildungen 297 und 298 gezeigte, als traditionelles Partiemuster gewebte Bettüberwurf ist ein faszinierendes Beispiel dafür.

Organische Formen, die man auf einem einfarbigen Hintergrund ordnet und verschiebt, können Bewegung und Rhythmus erzeugen. Trockenes Laub auf dem Waldboden – oder gepreßt auf festem Papier – ist eine Anregung für vielfältige, zweidimensionale Muster.

Der Eindruck des Fließens entsteht, wenn man über ein Untergrundmuster aus ausgeschnittenen Papierformen eine Schnur legt (siehe Abb. 304).

304　Papierformen und Schnur, Entwurf von Irene Suyeoka (Photo Genn Suyeoka)

# 9
# GOBELINS UND BILDTEPPICHE

Gobelins im eigentlichen Sinn bezeichnen Gewebe, in denen die Schußfäden die Kettfäden vollständig verdecken, so daß das Muster allein aus den Schußfarben gebildet wird. Die typischen Gobelins werden aus vielen kleinen Farbflächen aufgebaut, in denen der Schußfaden über kleine Strecken hin- und hergeführt wird. Nur in seltenen Fällen, wenn man zum Beispiel Streifen oder Schachbrettmuster will, wird der Schußfaden über die volle Kettbreite eingelegt. An Stelle von Schiffchen wird hier mit kleinen handgewickelten Strängen, sogenannten Puscheln, oder einzelnen Spulen für die verschiedenen Farben gearbeitet.

Gobelins sind leinenbindig, nur vereinzelt wird auch mit Köper gearbeitet. Manchmal werden ganz andere Techniken fälschlicherweise als Gobelins bezeichnet. Stickerei auf einem gewebten Tuch ist kein Gobelin in diesem Sinne, genausowenig wie bemalte oder bedruckte Stoffe.

Die Bildwirkerei ist eine alte Kunst. Fragmente von Gobelins, die bis ins Jahr 1483 v. Chr. zurückreichen, wurden in ägyptischen Gräbern gefunden. In fast allen großen Museen der Welt sind Beispiele koptischer Wirkerei aus dem 6. und 7. Jahrhundert n. Chr. zu bewundern. In offensichtlich eigenständiger Entwicklung entstanden zur gleichen Zeit auch in Amerika Gobelins. Bildgewebe aus diesen frühen Jahrhunderten bergen für den modernen Weber besonders viele Anregungen. Jeder Gobelin wurde von ein und derselben Person entworfen und gewebt, so daß alle in Form, Material und Ausführung sehr einheitlich gestaltet sind. Die altüberlieferten zweidimensionalen Muster entsprechen in hohem Maße unseren modernen Vorstellungen von Bildkunst.

Erst im Mittelalter wurde die Bildwirkerei zur Wandkunst. Vom späten 14. bis zur Mitte des 16. Jahrhunderts blühte die Bildwirkerei in Frankreich. Die Gobelins sollten die kalten, nackten Mauern von Burgen und Kirchen verdecken und wurden als Raumteiler für Eingangshallen und Säle benutzt. Sie wurden im Krieg mitgeführt und aufgehängt, wo immer man lagerte. Als Auftragsarbeiten von Königen, Fürsten und hohen kirchlichen Würdenträgern wurden sie in den Ateliers von Angers, Paris und Arras entworfen und gewebt.

Nicht die Weber selbst, sondern berühmte Maler entwarfen hier die Bildteppiche. Sie schufen als Vorlage ein Bild in natürlicher Größe, den sogenannten Karton, der von den besten Webkünstlern getreulich kopiert wurde. Diese Bildgewebe erzählten immer eine Geschichte, sie interpretierten Mythen, verwandte Szenen aus dem höfischen Leben – Jagden und Kriege –, und illustrierten Geschichten aus der Bibel, Allegorien, Phantasien und Legenden.

Zu den schönsten dieser Meisterwerke zählen die berühmten »Apokalypse«-Teppiche im Schloß von Angers, die »Dame mit dem Einhorn«, die sich jetzt im Musée de Cluny in Paris befindet, und die »Jagd auf das Einhorn«, eine Serie von **mille-fleurs**-Teppichen (»tausend Blumen«, die den Hintergrund bilden), die in der Klostersammlung (The Cloisters) des Metropolitan Kunstmuseums in New York hängt.

Im Gegensatz zu diesen herrlichen Arbeiten sind die französischen Bildteppiche, die ab dem 17. Jahrhundert in den großen Gobelinstudios und in Aubusson gewebt wurden, von Malern entworfen worden, die nicht viel von der Weberei verstanden und auf einer exakten Kopie ihrer Gemälde bestanden. Sie ergänzten das relativ kleine Farbenspektrum der mittelalterlichen Gobelins zu einer Farbpalette von 400 bis 700 Farbtönen. Die Bildteppiche waren kaum noch von den Gemälden zu unterscheiden und wurden immer und immer wieder kopiert. Die große Kunst der Bildwirkerei verkam und ging fast unter.

Daß sie wiederbelebt werden konnte, ist einer Gruppe junger französischer Maler zu verdanken. Der bekannteste unter ihnen war Jean Lurçat; er war fasziniert von den Möglichkeiten der Bildwirkerei und erfaßte dieses Handwerk von seinem Wesen und seinen Eigenheiten her ganz. Lurçat erkannte, daß ein Muster nicht für ein Gemälde, sondern für ein Gewebe entworfen werden muß. Er beschränkte sich in seiner Farbpalette, erreichte aber mit seinen geschickt aneinandergesetzten zwanzig reinen Farbtönen eine Wirkung, die die strukturellen Eigenschaften des Gewebes unterstrich, statt von ihnen abzulenken. Als Themen für seine Bildteppiche wählte er wie die mittelalterlichen Webkünstler die Natur, Allegorien und Phantasien, und seine Arbeiten wirken durch ihre großdimensionalen Szenarien. Bekannte Künstler wie Marcel Gromaire, Jean Picard Le Doux, Dom Robert, Raoul Dufy und Robert Wogenscky folgten seinem Beispiel. Dank ihnen gelangte die Bildwirkerei zu einer Renaissance.

Heute sind Bildteppiche in großen öffentlichen Gebäuden und Privatwohnungen erneut zu finden. Sie vervollkommnen die Architektur und bilden mit ihren Farben und ihrer Wärme einen wohltuenden Kontrast zu den großen, modernen Flächen aus Stein, Glas oder Stahl. In den Gobelins gelangen künstlerische Freiheit und handwerkliche Disziplin zu einer gelungenen Synthese.

◁ 305  Peruanischer Kelim aus Baumwolle und Wolle, 1500 bis 1000 v. Chr. (Photo mit freundlicher Genehmigung des Kunstinstituts Chicago)

307  »Pavane«, Gobelin von Robert Wogenscky, in Gelb-, Orange-, Braun- und Weißtönen und Schwarz (Privatbesitz)

306  Gobelin mit der Darstellung einer belebten Unterwasserszene von Jean Lurçat. In Aubusson in Blau-, Orange-, Gelb- und Schwarztönen gewebt (Privatbesitz)

»Schimmernde Welt« (Abb. 308) ist ein zeitgenössischer Gobelin einer jungen argentinischen Malerin, Josefina Robirosa aus Buenos Aires, der von Indianern aus dem Hochland der Anden gewebt wurde. M. Larochette, ein Webdesigner, hat in Aubusson gelernt und einen indianischen Workshop in dem kleinen Dorf Bariloche gegründet. Er entschied sich für dieses Dorf, weil das reine Wasser aus den dortigen Bergen Farbe und Qualität der Wolle nicht beeinträchtigte, und weil die indianischen Frauen eine besondere Begabung für die Weberei zeigten. Josefina Robirosa sagt: »Ich war schon immer begeistert von Bildteppichen. Sie sind sehr edel und warm, ganz anders als Ölgemälde. Für den Entwurf brauche ich etwa zwei Wochen. Im allgemeinen arbeite ich nur einen kleinformatigen Entwurf aus. Dann fotografiere ich ihn und projiziere ihn in der beabsichtigten Größe auf die Wand, von wo aus ich das Muster auf Papier übertragen kann. Manchmal mache ich auch einen Entwurf in natürlicher Größe. Die Farben – insgesamt 150 – numeriere ich für die Frauen. Es arbeiten immer zwei Frauen zusammen. Wenn der fertige Teppich zurückkommt, kann ich sehen, wer ihn gewebt hat. Ich kann ihre Hände namentlich erkennen.«

308 »Schimmernde Welt«, Gobelin von Josefina Robirosa. Die Garne sind naturfarben und pflanzengefärbt in vielen Rot-, Orange-, Grün- und Gelbtönen (Photo John W. Rosenthal)

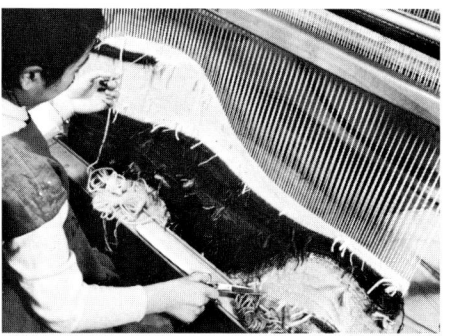

309 Gobelin, gewebt auf einem modernen Hochwebstuhl

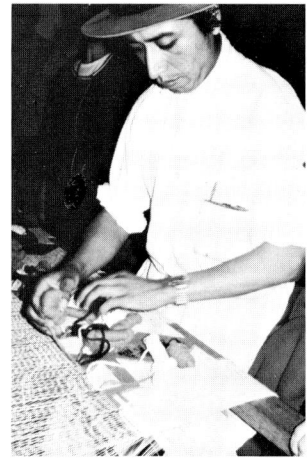

310 Gobelin, auf einem Flachwebstuhl in Ecuador gewebt

Man muß nicht unbedingt ein großes, anspruchsvolles Projekt planen, sollte aber zumindest einmal ein Probestück arbeiten, um die Möglichkeiten der im Prinzip sehr einfachen Bildwirkerei zu erforschen. Es gibt zwei traditionelle Techniken: die **Haute-Lisse** auf dem senkrechten Hochwebstuhl (die Technik der Gobelinfabriken) und die **Basse-Lisse** auf dem waagerechten Flachwebstuhl (die Technik aus Aubusson). Im Prinzip kann man auf jedem Webstuhl arbeiten, auf dem man Leinwandbindung weben kann. Für modernes Weben ist der zweischäftige Hochwebstuhl am bequemsten, weil man während des Webens beide Seiten des Gewebes sehen kann. Auf einem zweischäftigen Webstuhl werden die Fäden abwechselnd auf die beiden Schäfte eingezogen. Beim vierschäftigen Webstuhl kann man mit einem Einzug gerade durch arbeiten.

Für die Kette eignet sich Teppichmaterial, Baumwoll-Cordunett oder Teppichleinen. Die Kette sollte fest sein und kann für zusätzliche Festigkeit in die Litzen und ins Webblatt doppelt gestochen werden. Die Einzugsdichte hängt von der Stärke des Schußgarns ab. Da der Schußfaden die Kette vollständig verdecken soll, muß der Abstand zwischen den Kettfäden breiter als Schußgarnstärke sein. Ein Probestück ist am besten mit einem Vierfachzwirn als Schuß und zwei Kettfäden pro cm sowie zwei zusätzlichen Kettfäden an den Webkanten zu arbeiten.

Als Schußgarn kann man Wolle, Baumwolle, Seide oder auch Kunstfasern nehmen. Am besten eignet sich ein glattes, weiches Garn, das sich gut zusammenschlagen läßt. Auf keinen Fall sollte man ein schlüpfrig glattes Garn wählen. Die meisten Bildteppiche werden in Wolle gewebt.

Traditionellerweise werden Gobelins seitwärts gewebt, und das nicht nur, weil waagerechte Linien leichter zu weben sind als senkrechte, sondern auch, weil der Gobe-

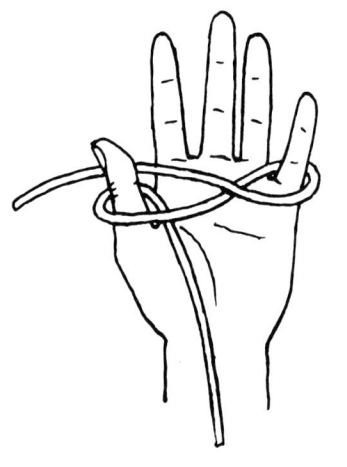

311  Einen Puschel wickeln

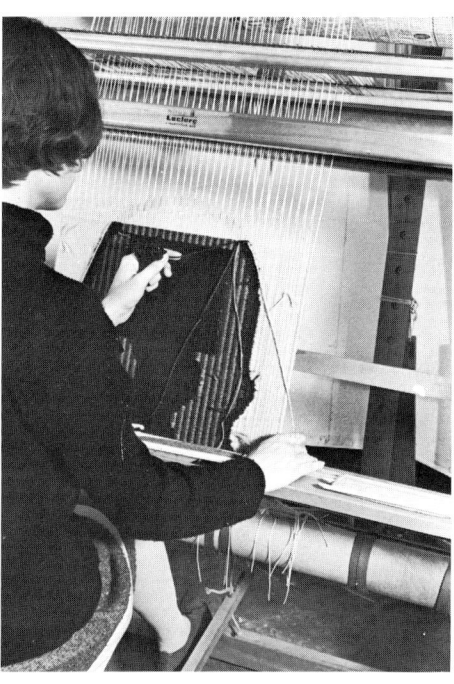

312/313  Das Muster des Gobelins wurde auf die Kette gemalt. Die Weberin arbeitet von unten nach oben, der Gobelin ist mit der Rückseite zur Weberin gekehrt.

lin in Schußrichtung dichter und steifer ist. Der Entwurfskarton wird so unter die Kette gelegt, daß sich der Weber daran orientieren kann. Die Konturen des Musters werden direkt auf die Kettfäden gezeichnet. Im fertigen Teppich verlaufen die Kettfäden waagerecht; aufgehängt wird er in Schußrichtung an der Webkante. Üblicherweise werden Gobelins mit der Rückseite zum Weber gewebt. Aber die Weber heute halten sich nicht an alle traditionellen Regeln. Jeder entwickelt seinen eigenen Stil, und oft kann man ihre Arbeiten an solchen Details unterscheiden und erkennen. Die Regeln sind auch nicht mehr so streng. Viele Gobelins werden nun mit dem Bild in Kettrichtung und von der Vorderseite aus gewebt. Vielfach wird das Muster auch direkt auf dem Webstuhl ohne Vorlage entwickelt, und häufig sind Weber und Künstler heute wieder ein und dieselbe Person, wie es bei den ursprünglichen Gobelins der Fall war.

Beim Weben von Webkante zu Webkante durch das ganze Fach lassen sich bereits mit einfachen Farbwechseln viele Mustereffekte erzielen. Für waagerechte Streifen oder Linien wechselt man nach der entsprechenden Streifenbreite die Farben. Senkrechte Streifen webt man abwechselnd mit zwei verschiedenen Farben. Ein Würfelmuster entsteht daraus, wenn man zu Ende des einen und Beginn des nächsten Würfels dieselbe Schußfarbe zweimal hintereinander einträgt. Verschiedene Muster entstehen, wenn man die Schußfäden im Fach formt oder verformt.

Bei echten Gobelins wird das Schiffchen allerdings nicht durch das ganze Fach geworfen. Hier werden die Schußfäden nach Bedarf zu einzelnen Puscheln gewickelt (Abb. **311**) und stückweise an der gewünschten Stelle ins Fach gelegt. Das Bild setzt sich aus vielen einzelnen gewebten Flächen zusammen. Mit einigen einfachen Techniken lassen sich viele unterschiedliche Muster und Bilder weben.

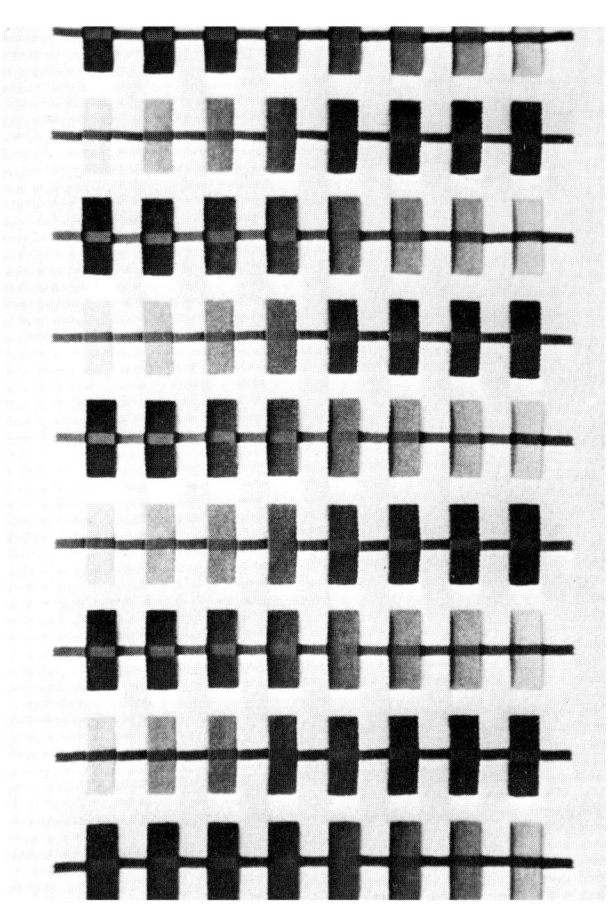

## SCHLITZTECHNIK ODER KELIM

1 Das Fach öffnen. Zwei verschiedenfarbige Fäden aus entgegengesetzten Richtungen ins Fach eintragen und an der gewünschten Stelle aus dem Fach nach oben bringen.

2 Gegenfach treten. Beide Fäden, ohne sie zu verkreuzen, um jeweils einen Kettfaden herum zurückführen. Jedes Farbfeld wird für sich gewebt. Zwischen den beiden Farbfeldern bleibt eine Öffnung (Abb. 316), die im fortschreitenden Gewebe zum Schlitz wird.

Die bei dieser Technik entstehende klare Schnittlinie kann integraler Bestandteil des Musters oder dekoratives Element sein. Werden diese Schlitze zu lang, kann man sie nachträglich unsichtbar zusammennähen.

Treffen die Schußfäden immer um einen Kettfaden versetzt aufeinander, entstehen schräge Konturen (Abb. 317). Man kann auch eine Gerade so arbeiten, daß die Farbfelder mal um einen Kettfaden nach rechts, mal um einen nach links versetzt sind, so daß nur winzige Schlitze entstehen (Abb. 318).

◁ 314 »Schlitzteppich« von Michi Ouchi, Wolle in Blautönen auf naturfarbenem Grund

315 Ausschnitt aus Abbildung 314

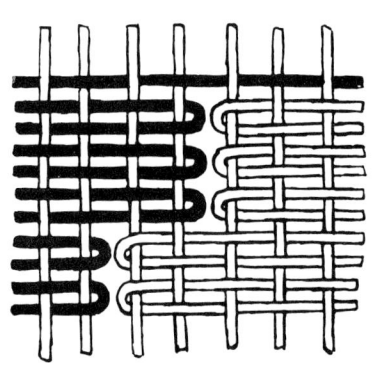

316 Senkrechte Schlitze

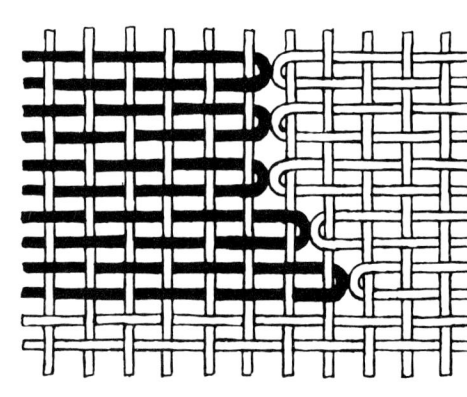

317 Senkrechte und schräge Konturen

318 Kleine Schlitze

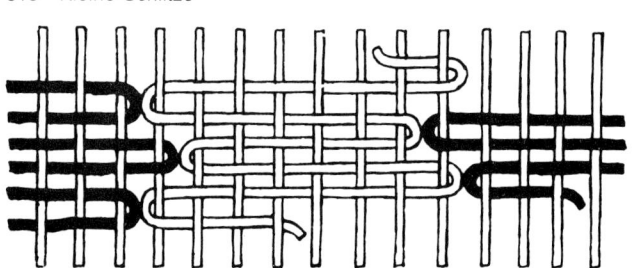

## UMLEGETECHNIK

Bei dieser Technik werden die verschiedenfarbigen Schußfäden um einen gemeinsamen Kettfaden geführt. Man webt erst Hin- und Rückreihe in der einen Farbe bis zum Wendekettfaden, und dann um denselben Kettfaden herum die Hin- und Rückreihe der anderen Farbe. Die jeweiligen Farbflächen erhalten hier unscharfe, gefiederte oder gezahnte Ränder (Abb. 319).

## EINHÄNGETECHNIK

Zwei Schußfäden werden zwischen zwei Kettfäden miteinander verschlungen und im nächsten Fach nach der jeweiligen Seite zurückgeführt (Abb. 320).

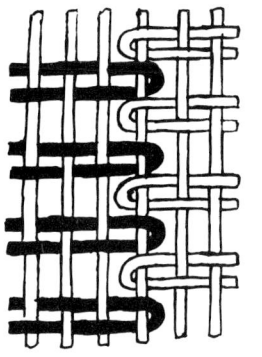
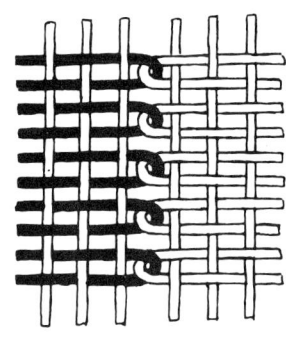

319  Umlegetechnik um einen gemeinsamen Kettfaden

320  Einhängetechnik

## ZÄHNCHENVERBINDUNG

Man legt einen Schußfaden im Muster mehrmals hintereinander in Fach und Gegenfach und baut so erst das eine, dann das andere Farbfeld auf. Wendepunkt kann immer derselbe oder auch ein anderer Kettfaden sein (Abb. 321 und 322).

321  Zähnchenverbindung  ▷

322  Unregelmäßige Zähnchen  ▷▷

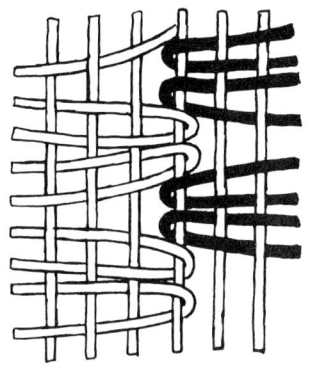
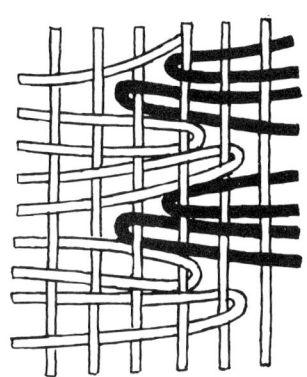

## SCHRAFFUREN IN UMLEGETECHNIK

Es wird in Gegenrichtung gearbeitet. Die Puscheln werden nacheinander mit Hin- und Rückreihe durchs Fach geführt, wobei die Wendepunkte beliebig viele gemeinsame Kettfäden umfassen (Abb. 323). Es entstehen flatternde, unscharfe Konturen.

323  Umlegetechnik, Schraffuren  ▷

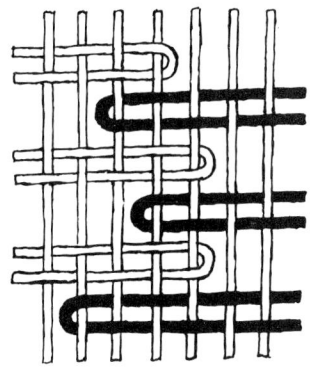

324  Figurweben und Konturieren  ▽

## FIGURWEBEN UND KONTURIEREN

Man kann die Fäden mit den Fingern so zu einer dreieckigen oder anderen Form aufbauen, daß sie Farbfelder ober- oder unterhalb der »Schußlinie« bilden. Mit einem andersfarbigen Faden können diese Formen nachgefahren und betont werden (Abb. 324).

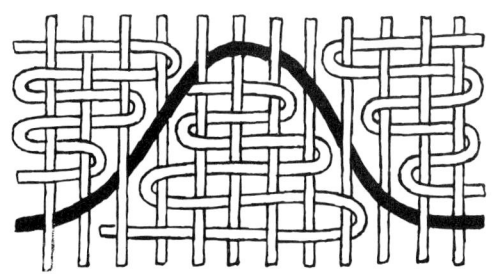

# KOMBINIERTE TECHNIKEN

Moderne Bildteppiche sind nicht immer reine Schußripsgewebe, sondern kombinieren Kelim- und Einhängetechniken mit den üblichen Leinen- oder Köperbindungen, in denen Kett- und Schußfäden gleichermaßen sichtbar sind. Man kann die Kette als integralen Bestandteil des Musters stellenweise auch ganz freiliegen lassen oder die Fäden einzeln oder mehrere Fäden zusammen mit Garn umwickeln, so daß das Gewebe stellenweise »aufbricht« (Abb. 327 und 329). Die Schlitze können selbst zentrales Gestaltungselement sein, wie die Abbildungen 328 und 330 zeigen. Man kann auch Knoten, Schlingen, Fransen und andere Techniken wie Sumak (siehe Kapitel 10) kombinieren. Ein Beispiel hierfür zeigt Abbildung 326.
Immer sind es die schlichte Komposition und ein sensibler Umgang mit den gestalterischen und bildnerischen Mitteln des Mediums, die den Weg vom Experiment zu wahrem künstlerischen Ausdruck weisen.

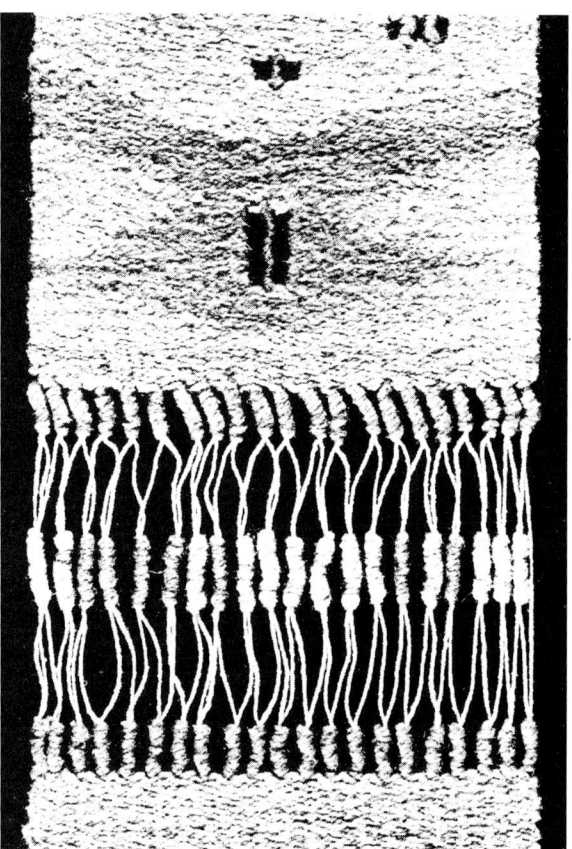

325 »Wholy People«, Gobelin von Napoleon Jones Henderson. Die feinen waagerechten Linien sind in Umlegetechnik als Schraffuren gearbeitet (Photo mit freundlicher Genehmigung des Künstlers).

326 Geformter Gobelin in Sumak und Leinenbindung, mit Strukturgarnen, von Jane Redman. Der Gobelin wurde quer gewebt (Photo mit freundlicher Genehmigung der Künstlerin).

327 Gobelin mit offenen Stellen und Umwicklungen

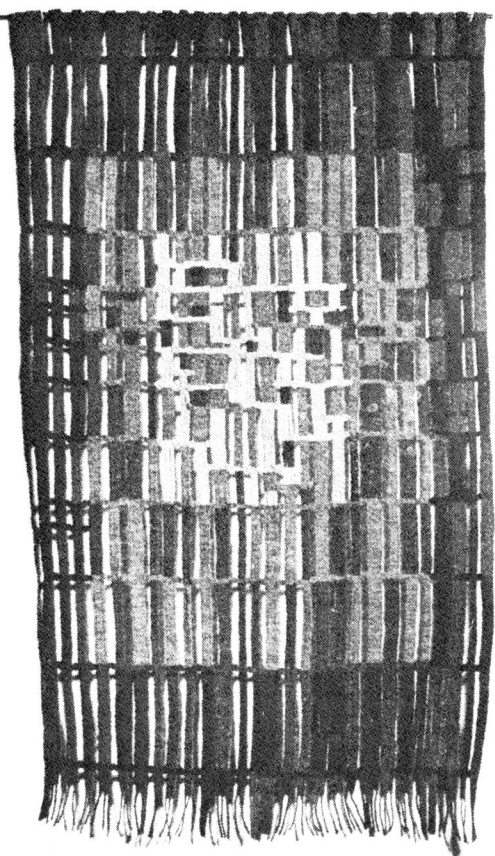

*328 Schlitztechnik von Jon Riis. Dünnes Mohair auf Baumwollkette*

*329 Raumteiler, in Schlitztechnik gearbeitet von Kathryn Ux (Photo mit freundlicher Genehmigung vom Grand Rapids Art Museum)*

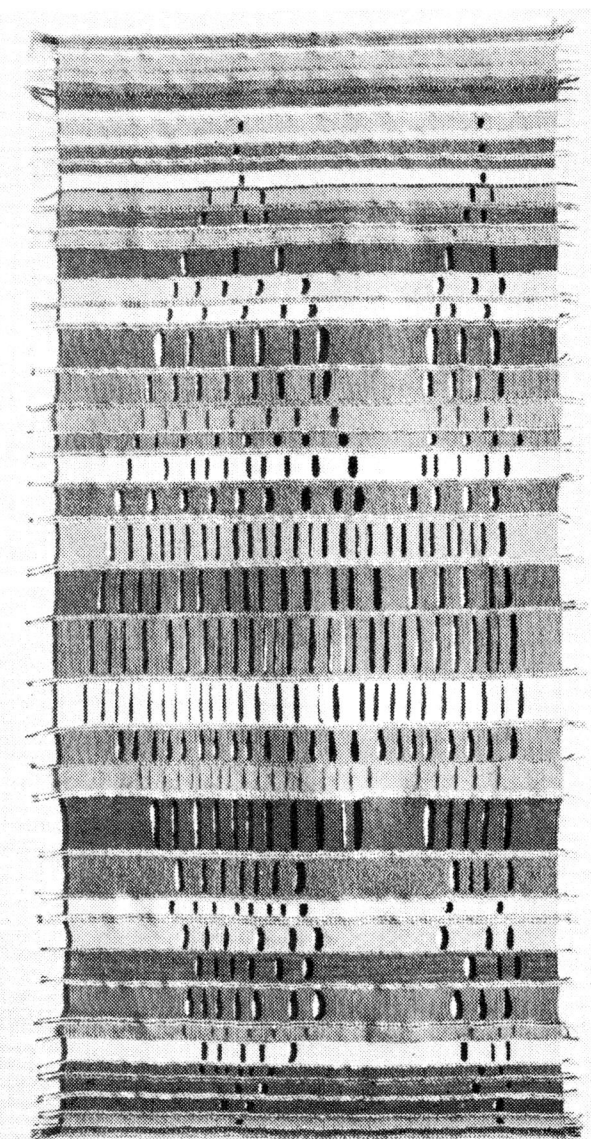

*330 »Winterwald«, Gobelin von Carol Weston. Wolle auf Baumwollkettgarn, in Erd- und Holzfarben*

*331 »Maskerade«, Gobelin von Ulla-May Berggren (Photo mit freundlicher Genehmigung von Marna Johnson)*

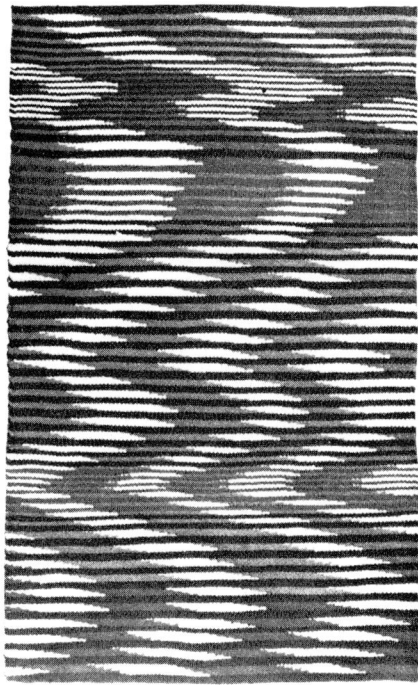

*332  Op-art-Gobelin von Esther Gotthoffer. Rote, weiße und blaue Wolle auf blauer Leinenkette (Photo Edith Harper)*

*333  »Koptisches Kreuz«, Gobelin in Schlitz- und Ryatechnik von Leora K. Stewart*

*334  Schlitze und Schlaufenflor, Wandbehang von Jane Redman (Photo mit freundlicher Genehmigung der Künstlerin)*

*335  »Zwei große Lichter«, Gobelin von Terry Illes. Weiße, rotviolette und marinefarbene Wolle auf Baumwollkette (Photo mit freundlicher Genehmigung von Marna Johnson)*

336  »Landschaft«, Gobelin in Schlitz- und Umlegetechnik von Larry Edman (mit freundlicher Genehmigung des Künstlers)

337  »Galaxis«, Gobelin von Esther Gotthoffer in Gold und Blau (Photo Lodder)

338  »Wintermond«, Gobelin in naturfarbenen und verschieden strukturierten Garnen von Larry Edman (Photo mit freundlicher Genehmigung des Künstlers)

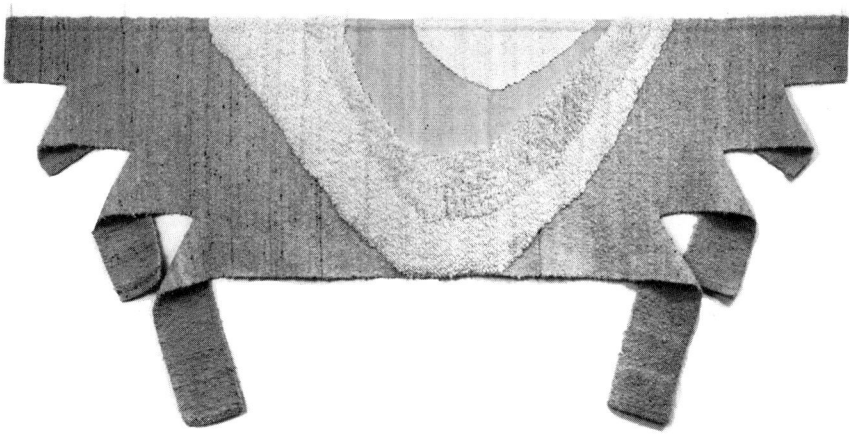

339  »Rakete Nordwest«, Gobelin in Rot-, Pink-, Grün-, Purpur-, Braun- und Beigetönen von Gloria Mae Campbell. Leinenkette und Wollschuß (Photo mit freundlicher Genehmigung der Künstlerin)

Abbildung auf Seite 152
340  Ausschnitt aus Abbildung 364

# 10 TEPPICHE

Handgewebte Teppiche sind Kunstwerke und nicht einfach Gewebe, die den Boden bedecken. Größe, Material, Farbe, Muster und Ausführungstechniken müssen wohlüberlegt sein, wenn der Teppich nicht nur schön, sondern auch funktional sein soll. Wie bei jedem Gewebe ist die Kenntnis der Technik Voraussetzung für gutes Design und muß gelernt sein. Nur wenn man die grundlegenden Strukturelemente beherrscht, kann man Teppiche weben, die sowohl ästhetisch wie technisch vollkommen sind.

Es ist unmöglich, im Rahmen dieses Buches alle Teppichwebverfahren erschöpfend abzuhandeln. Die hier beschriebenen Techniken sollen indes den Weber mit den nötigen Grundlagen versehen, eigene Gestaltungsideen finden und realisieren zu können. Behandelt werden die drei Arten von Teppichen: Knüpfteppiche, Florgewebe und Webteppiche.

Ein Teppichwebstuhl muß außerordentlich stabil, braucht aber nicht kompliziert zu sein. Er kann aus einem aufrechten Rahmen bestehen, auf den die Kette senkrecht gespannt wird, wobei man die Schußfäden mit Gabel oder Kamm anschlagen kann. Moderne Schaftwebstühle mit Fußtritten und Blattlade, egal ob in Form eines Hoch- oder Flachwebstuhls, sind sehr nützlich. Für Knüpfteppiche und Gobelinteppiche braucht man nur zwei Schäfte, für die anderen vier oder acht Schäfte.

Das Kettgarn für Teppiche muß ganz besonders fest und darf nicht zu glatt sein. Teppichleinen in den Stärken 5/10, 8/3 oder 8/4 eignet sich hervorragend; man kann auch gut mit Baumwoll-Cordunett oder Teppichkettgarn in diesen Stärken arbeiten. Nachdem man an einem Teppich viele Tage und manchmal Wochen arbeitet, sollte man sich optimal gegen raschen Verschleiß absichern, indem man dafür die besten Garne wählt, die man bekommen kann. Wolle steht bei den Teppichwebern noch immer an erster Stelle und hat sich trotz der Überschwemmung des Markts mit Kunstfasern auf diesem Platz behaupten können. Schwedische Ryawolle, persische Teppichwolle und andere langfaserige Wollen lassen sich zu verschwenderischem Flor verarbeiten und garantieren eine lange Lebensdauer. Man kann Wolle verschiedener Sorten und Stärken mischen und Mohair, Alpaka, Seide oder Leinen dazu nehmen und so den Wollflor bereichern und abwandeln.

Das Garn für den Leinwandzwischenschuß kann fein oder grob, sollte aber unbedingt fest und haltbar sein. Man kann Baumwolle nehmen, Wolle ist aber in jedem Fall vorzuziehen. Eine Mischung aus schwedischem Rinderhaar und Wolle ist beispielsweise ein ausgezeichnetes Grundgewebe für Flor- oder Fransenreihen. Es ist jedoch ein recht schweres Garn und verdeckt die Kette nur, wenn man zwei Kettfäden oder weniger pro Zentimeter einzieht.

## KNÜPFTEPPICHE

Liebhaber von Orientteppichen wissen, welche Kostbarkeiten der Geschicklichkeit und dem Einfallsreichtum von Webern zu verdanken sind. Handgeknüpfte Teppiche soll es schon im 5. Jahrtausend vor Christus gegeben haben. Die Technik ist aus Zentralasien, Iran, Indien, China und dem Kaukasus überliefert. In alten Handschriften werden legendäre Teppiche beschrieben, die so für uns heute noch lebendig sind, obgleich die Originale selbst verlorengegangen sind. Das Studium der Geschichte, der Beschreibung und Klassifizierung der verschiedenen, nach der Gegend oder dem Dorf, in dem sie geknüpft worden sind, benannten Teppiche ist wahrlich faszinierend.

Orientteppiche haben meist 12 bis 50 Knoten pro $cm^2$. Man hat aber auch schon 370 Knoten pro $cm^2$ bei einem Fragment eines indischen Gebetsteppichs aus dem 17. Jahrhundert gezählt, das sich in der Sammlung Altman des Metropolitan Museum of Art in New York befindet.

Wir Weber von heute verfügen kaum jemals über das Geschick und die Fingerfertigkeit der orientalischen Handwerker, die täglich bis zu 10 000 Knoten knüpfen können. Wir können von den Orientteppichen zwar die grundlegenden Knüpftechniken lernen, aber es wäre verhängnisvoll, wollten wir ihren Stil oder ihre Dessins kopieren. Jeder Weber muß sich auf seine Weise die alten Techniken und Verfahren aneignen. Moderne Teppiche sind vergleichsweise gröber und entstehen auch langsamer, aber sie passen in die moderne Umgebung und bringen die schöpferische Welt des Webers von heute zum Ausdruck.

Der Knüpfteppich besteht aus einer Kette und zwei verschiedenen Schußsystemen, wovon das eine den Flor und das andere den festen Untergrund zur Einbindung des Flors bildet. Die Kette wird nicht so dicht wie für andere Gewebe ins Blatt gestochen, da sie von den beiden Schußsystemen vollständig verdeckt werden soll. Mit 24 bis 30 Kettfäden auf 10 cm lassen sich erfahrungsgemäß gute Teppiche erstellen; man hätte in diesem Fall 0,8 bis 1,5 Knoten pro cm. Man kann aber auch mit anderen Kettdichten arbeiten, je nach Wahl des Garns und Beschaffenheit und Dichte des Flors. In unseren Beispielen rechnen wir mit 1,5 Knoten pro cm.

341 Orientteppich, Ghiordesknoten, 19. Jahrhundert (Photo mit freundlicher Genehmigung des Kunstinstituts Chicago)
342 Teppichmuster von Barbara Fine. In diesem Entwurf entspricht ein Kästchen 2,5 cm.

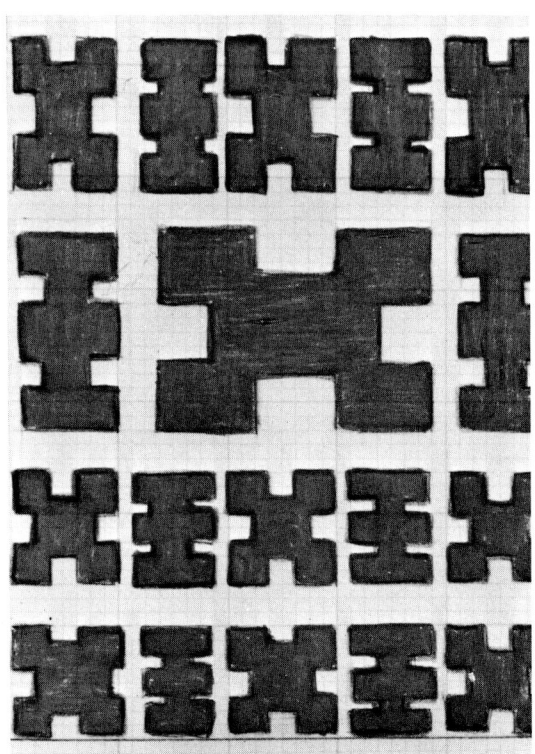

Die Webkanten müssen bei allen Teppichen beidseitig verstärkt werden, weshalb die ersten und letzten beiden Riete jeweils doppelt gestochen werden sollten.

Die Dichte des Flors hängt von der Zahl der Knoten pro cm sowie der Anzahl der Leinwandzwischenschüsse ab, die zwischen die Knüpfreihen gewebt werden. In den feinen und sehr dichten Flors der Orientteppiche werden nur ein bis zwei Leinwandschüsse zwischen die Knüpfreihen eingetragen. Bei modernen Teppichen hängt die Zahl der Leinwandzwischenschüsse von der gewünschten Struktur, Dichte und Florlänge ab und kann von einem bis zu etwa neun Leinwandschüssen pro cm reichen.

Auf jeden Fall ist auf einen lockeren Eintrag des Leinwandschusses ins Fach zu achten. Wenn man ihn bogenförmig oder schräg ins Fach einlegt, kann sich der Teppich kaum an den Kanten einziehen und schmaler werden.

Zu Anfang und Ende des Teppichs webt man einige Zentimeter flach als Schußrips in Leinenbindung. Im Teppich werden die Knoten jeweils in einer Reihe über die gesamte Breite der Kette geknüpft. Nach jeder Knüpfreihe wird die Leinwandgrundbindung gewebt, auf die die nächste Knotenreihe folgt. Dieser Vorgang wird wiederholt, bis der Teppich fertig ist. Wenn man Fransen haben will, verknüpft man die losen Kettfäden von Anfang und Ende des Teppichs miteinander, nachdem man den Teppich vom Webstuhl genommen hat.

Man sollte für Teppiche immer einen genauen Entwurf zeichnen, zunächst eine kleinformatige Skizze, dann die Ausarbeitung in voller Größe. Der Maßstab wird auf die Zahl der Knoten pro cm abgestimmt, so daß man der Zeichnung auf dem Webstuhl getreulich Reihe für Reihe folgen kann. Man kann sich auch eine Farbskizze machen, indem man kleine Fädchen auf den Entwurf klebt; aber auf eine detaillierte Zeichnung läßt sich weder beim Weben noch zur Berechnung des Garnverbrauchs verzichten.

Die für einen Florteppich nötige Garnmenge richtig zu berechnen, mag dem unerfahrenen Weber eine komplizierte, ja unlösbare Mathematikaufgabe scheinen. Die folgenden Richtlinien sollen ihm eine Anfangshilfe sein. Mit entsprechender Erfahrung sind diese Angaben dann auf das gewählte Garn abzustimmen.

### Kette

Drei Fäden pro cm. Die Kettbreite (in cm) mit 3 multipliziert ergibt die Gesamtzahl der Kettfäden. Mit der gewünschten Kettlänge (cm) multipliziert, ergibt sich die gesamte benötigte Lauflänge.

### Flor

Eineinhalb Knoten pro cm und zwei Fäden pro Knoten oder drei Fäden pro cm. Das Garn für jeden Knoten muß etwa 2,5mal so lang wie die gewünschte Florlänge sein. Bei kurzem Flor nimmt man 9 cm Garn pro Knoten. Dementsprechend braucht man $3 \times 9 = 27$ cm Garn pro cm. Diese Zahl wird multipliziert mit der Kettbreite und der Anzahl der geplanten Knotenreihen, so daß man schließlich die gesamte benötigte Lauflänge erhält.

Wenn der Flor länger werden soll, rechnet man für jeden Knoten 15 cm Garn, d. h., 60 cm Garn auf 1 cm.

### Grundgewebe

Man rechnet auf 1 cm acht Schußeinträge. Für 1 cm Leinwandbindung braucht man 1,25 cm Garn. Pro cm² braucht man also 8 × 1,25 cm = 10 cm Garn.

## Ghiordes- und Sennaknoten

Aus dem Orient kennen wir zwei verschiedene Knüpftechniken, den Ghiordesknoten aus der Türkei und den Sennaknoten aus Persien. Der Ghiordesknoten ist heute der bekanntere der beiden. Der Flor sitzt paarweise zwischen zwei Kettfäden und legt sich leicht in Richtung zum Weber hin.

Das Garn für die Knoten kann entweder direkt zugeschnitten oder von einem kleinen Strang oder Puschel gewickelt und dann abgeschnitten werden. Individuell verbundene Knoten erlauben die feinsten Farbabstufungen und Schattierungen selbst auf den kleinsten Musterflächen.

Um das Garn gleichlang zuzuschneiden, fertigt man sich eine Meßlatte aus einem Holz oder Metallstab oder zwei festen Kartons, die man – wie in Abbildung 344 gezeigt – Rücken an Rücken legt. Jede Farbe wird auf diese Meßlatte gewickelt und am oberen Rand mit einem Messer, einer Rasierklinge oder Schere aufgeschnitten. Jede Farbe sollte einzeln für sich gewickelt werden, damit man das Garn sowohl einfarbig als auch kombiniert mit anderen Farben verwenden kann.

Wenn man verschiedene Töne derselben Farbe in einem Knoten mischt, erhält der Flor mehr Tiefe und Leuchtkraft, als wenn man durchwegs nur in einem Farbton arbeitet. Man kann nicht nur mit bunten Farben, sondern auch mit vielen natürlichen Farbtönen der Wolle sehr schöne Farbwerte erzielen. Dunkle Konturen heben ein Musterelement heraus.

Und so wird der Ghiordesknoten geknüpft: Man legt einen entsprechend zugeschnittenen Faden über zwei Kettfäden, führt die Fadenenden nach hinten um die Kettfäden herum und zwischen den beiden Kettfäden durch wieder nach vorn, wie Abbildung 345 zeigt. Man kann für jeden Knoten zwei, drei oder mehr Fäden auf einmal nehmen. Wenn man mit einem kleinen Strang arbeitet, wird der Faden abgeschnitten, wenn man mit dem Strang zum nächsten Kettfadenpaar geht. Bei Farbwechseln kann man die Puscheln an der Stelle hängenlassen, an der sie anschließend wieder gebraucht werden.

Die Knoten können versetzt angeordnet werden, damit auf der Rückseite keine Lücken zu sehen sind (Abb. 346).

Nach Beendigung einer entsprechend dem Muster über die ganze Webbreite geknüpften Knotenreihe öffnet man das Fach, trägt die entsprechende Anzahl Leinwandschüsse ein und schlägt die Schußfäden fest an.

Beim Sennaknoten läßt man ein Fadenende zwischen zwei Kettfäden heraushängen und führt das andere Ende unter den ersten Faden und über und unter den zweiten Faden, so daß er zwischen den beiden Kettfäden wieder herauskommt (Abb. 347). Den Sennaknoten kann man wie den Ghiordesknoten versetzt anordnen, so daß auf der Rückseite keine Lücken entstehen.

An den Webkanten führt man den Schußfaden auch über und unter die beiden äußeren Kettfäden. Das erübrigt sich, wenn man nach einer dritten Methode knüpft. In diesem Fall führt man ein fortlaufendes Fadenknäuel zwischen zwei Kettfäden nach unten, nach links, dann nach oben und über zwei Kettfäden rechts nach unten, zwischen den beiden Kettfäden heraus und vor dem nächsten Knoten über eine Leiste, die der Florlänge entsprechend zugeschnitten ist (vgl. Abb. 348). Wenn man das Knäuel dann zum nächsten Kettfadenpaar führt, bildet

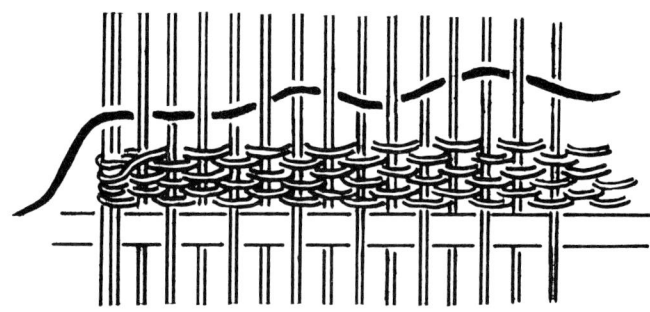

343 Wellenförmiges Einlegen des Schußfadens verhindert übermäßigen Einzug an den Kanten (Zeichnung George Suyeoka).

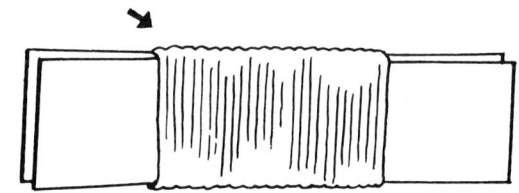

344 Meßlatte zum Zuschneiden des Flors

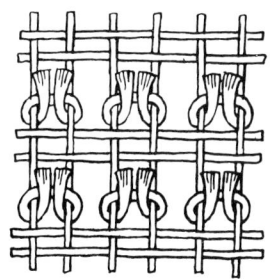 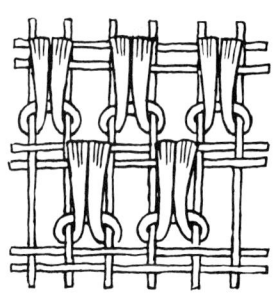

345 Ghiordesknoten, kurzer Flor, mit zwei Leinwandschüssen zwischen den Knotenreihen

346 Ghiordesknoten, langer Flor. In dieser Zeichnung sind die Knoten versetzt angeordnet.

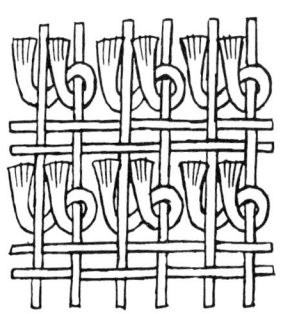 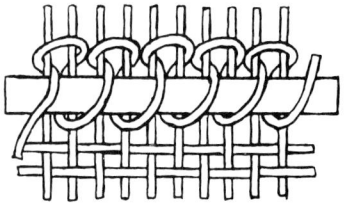

◁ 347 Sennaknoten

348 Sennaknoten, mit fortlaufendem Faden über einer Leiste geknüpft ▽

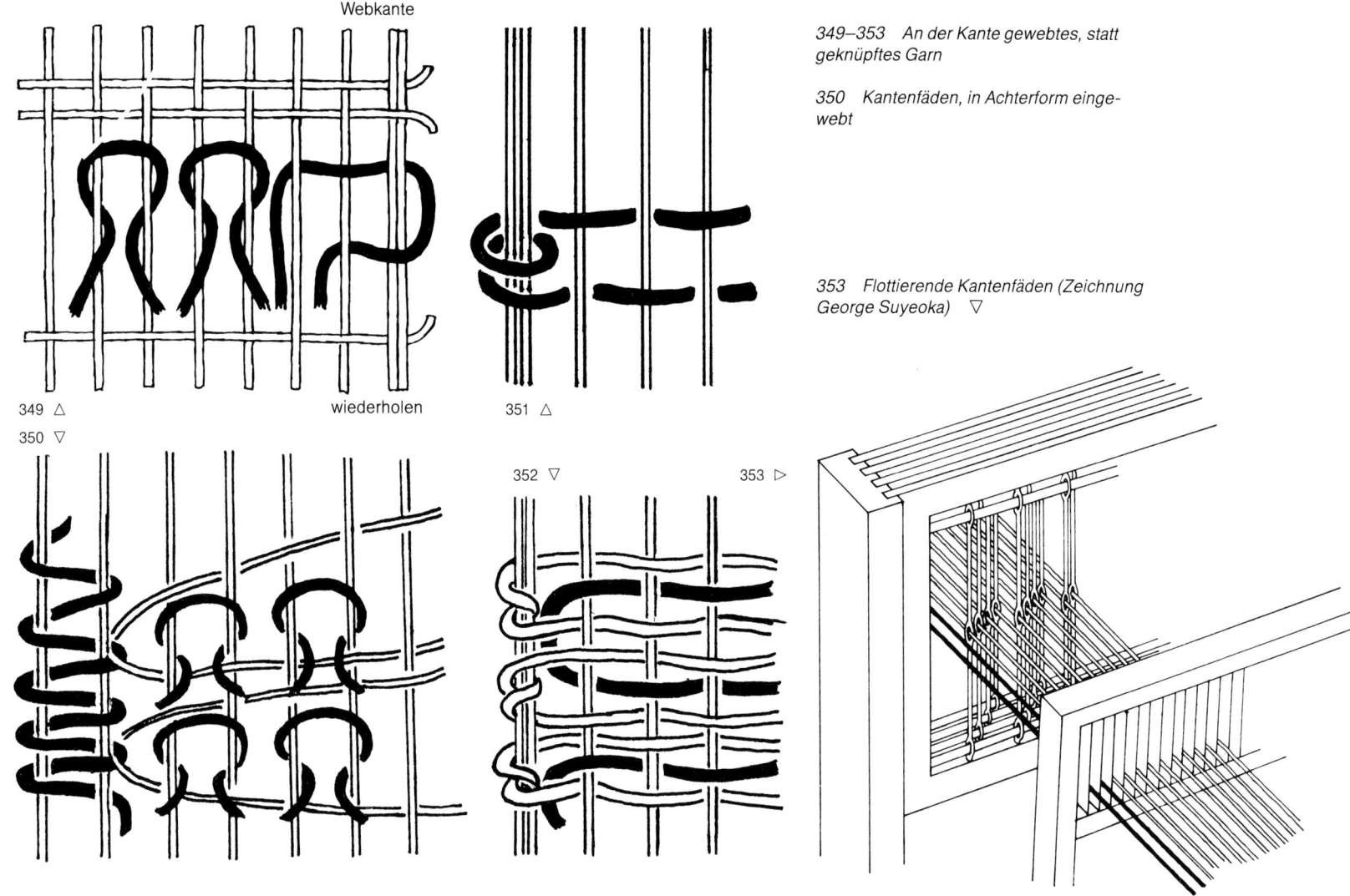

*349–353 An der Kante gewebtes, statt geknüpftes Garn*

*350 Kantenfäden, in Achterform eingewebt*

*353 Flottierende Kantenfäden (Zeichnung George Suyeoka)* ▽

## Webkanten

sich eine Schlinge. Diese kann so belassen oder aufgeschnitten werden. Diese Knüpftechnik ist allerdings nur dann sinnvoll, wenn man eine ganze Reihe in derselben Farbe arbeitet oder wenn der Flor als Schlingenflor bestehen bleiben soll.

### Webkanten

Bei Flor- und Ripsteppichen muß man besonders auf die Webkanten achten, damit der Teppich flache, glatte Ränder bekommt.

1 Beim Ghiordesknoten sollten die Florgarne, die den ersten Knoten auf jeder Seite bilden, über und unter die beiden äußeren Kettfäden gewebt, statt zu einem Knoten dazwischen geknüpft werden. Auf diese Weise erhält man einen festen, glatten Rand (Abb. **349**).

2 Eine andere praktische Methode bei Knüpftechniken ist ein einzelner Schußfaden, der an den Rändern in Form einer Acht um die letzten beiden Kettfäden gelegt und in regelmäßigen Abständen durch die Leinwandschußeinträge eingebunden wird (Abb. **350**).

3 Um die Abstände zwischen den Knüpfreihen auszufüllen, werden die Leinwandschüsse auf beiden Seiten um den letzten gedoppelten oder dreifachen Kettfaden gewickelt (Abb. **351**). Ein fester, kräftiger Rand macht auch flache Ripsteppiche widerstandsfähiger.

4 Wenn man mit mehreren Farben in einem Webteppich mit Schußeffekt webt, kann es sein, daß einer der Fäden regelmäßig nicht über die letzten gedoppelten oder dreifachen Kettfäden kommt. Statt den Faden nun über oder unter den letzten Kettfaden zu zwingen, kann man ihn auch hängenlassen und den Kettfaden mit einem anderen Schußfaden wie in Abbildung **351** einbinden. Der hängengelassene Faden wird beim nächsten Schußeintrag wie üblich eingewebt und ein verdickter Rand damit vermieden (Abb. **352**).

5 Flottierende Kantenfäden sind für alle Teppiche praktisch, ganz speziell aber bei glatten, schußdominanten Webteppichen – wie dem Teppich im Partiemuster oder dem schußverstärkten Teppich mit Füllkette, über die wir in diesem Kapitel noch sprechen werden. Für diese flottierenden Kantenfäden werden die letzten oder gedoppelten Kettfäden **nicht** in die Litzen, sondern nur vom Kettbaum aus direkt in das oder die letzten beiden Riete des Webblatts eingezogen. So kann der Schußfaden über oder unter die Randkettfäden geführt werden, ohne daß auf die Schaftbewegung geachtet werden müßte (Abb. **353**).

Tafel XIII/XIV  Gobelins in Einhängetechnik, Ecuador

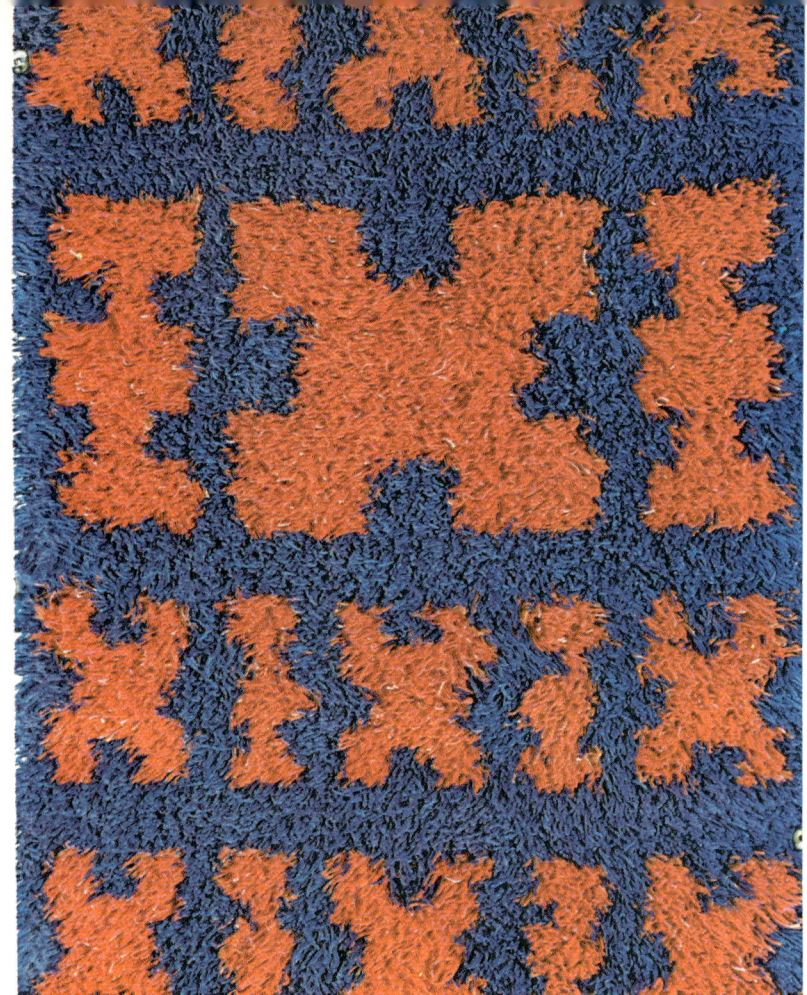

*Tafel XV*
*Tafel XVII*

*Tafel XVI*

*Tafel XV    Ryateppich von Barbara Fine*

*Tafel XVI    Detail eines Ryateppichs von Molly Simons*

*Tafel XVII    Detail eines Ryateppichs von Barbara Fine*

### Rya- und Flossateppiche

Auf dem Ghiordesknoten basieren die skandinavischen Teppichknüpftechniken Rya und Flossa. Der Unterschied zwischen einem Rya- und einem Flossateppich liegt in der Flordichte und Florlänge. Der Flossaflor ist kurz und dicht und steht gerade hoch. Zwischen die Reihen werden nur wenig Leinwandschüsse eingetragen, und man sieht deutlich feinste Musterelemente. Flossateppiche gleichen Orientteppichen. Ryateppiche hingegen haben einen längeren und manchmal auch zottigeren Flor, und zwischen den einzelnen Knotenreihen können bis zu zwanzig Leinwandschüsse eingetragen sein.

Im Prinzip gibt es keine feste Regel, wie der Flor in diesen Teppichen beschaffen sein muß, solange das Grundgewebe bedeckt und der Flor füllig und dicht ist. Sowohl der Flossa- wie der Ryateppich kann auch mit verschieden langem Flor in einer Fläche gestaltet, oder die Knoten können büschelweise als Musterelemente in einen Ripsteppich eingearbeitet werden. Da feine Details bei langem Flor oft verlorengehen, sollten Ryateppiche großflächig und kühn gemustert sein.

## GEWEBTE FLORTEPPICHE

Seit dem frühen 19. Jahrhundert werden Florteppiche industriell auf Webmaschinen hergestellt. Auch der Handweber kann Teppiche auf einem Flachwebstuhl weben, die nicht handgeknüpft und trotzdem mit einem Kettflor oder Schußflor ausgestattet sind. Diese Teppiche können qualitativ zwar nicht mit den handgeknüpften konkurrieren, weil der Flor nicht so fest wie in jenen verankert ist, aber dafür sind sie schnell und durchaus haltbar zu weben. Wenn man erst gelernt hat, wie die Kette hierfür aufgebäumt und eingezogen wird, geht das Weben genauso schnell voran wie bei der normalen Arbeit mit dem Schiffchen. Die Grenzen, die der Arbeit durch die Mechanik des Webstuhls gesetzt sind, sind eine Herausforderung an den Designer, und die beiden verschiedenen Techniken für Handwebstühle, die hier vorgestellt werden, erweitern das technische Spektrum der Handweber um eine wesentliche Erfahrung. Es handelt sich bei diesen Flortechniken um dreischäftige Florgewebe (der Flor entsteht durch eine zusätzliche Kette) und vierschäftige Doppelcordgewebe (das Florgewebe entsteht durch eine zusätzliche Schußlage).

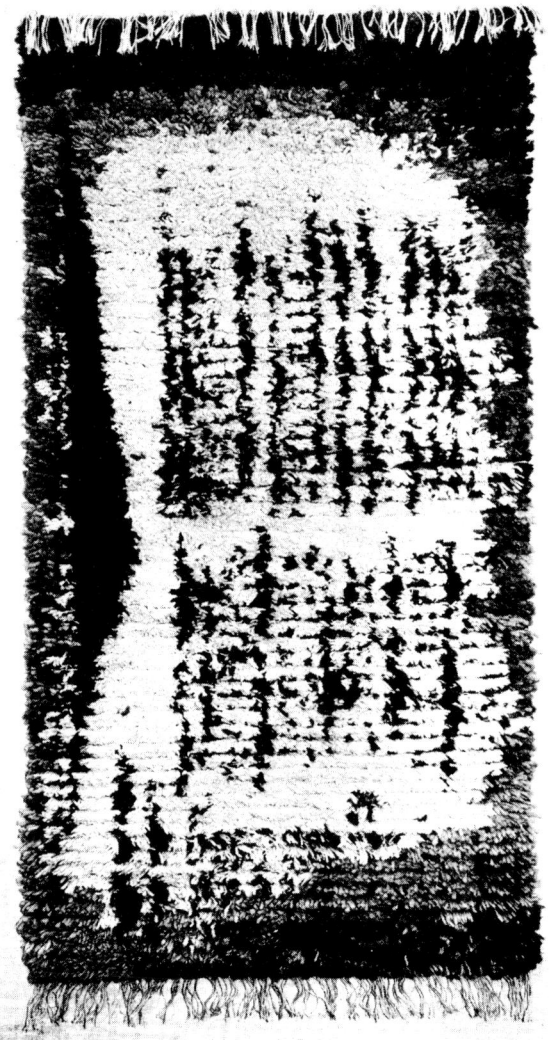

354 Ryateppich aus handgesponnenen Wollen von Kathryn Ux (Photo mit freundlicher Genehmigung des Grand Rapids Art Museum)

◁ 355 Ryateppich aus dickem Garn, Schülerarbeit

356 »Florstrukturen« von Val Frieling Krohn (Photo mit freundlicher Genehmigung der Künstlerin) ▽

358 Ausschnitt einer glatten und geknoteten Gewebestruktur, Wandbehang von Sondra MacLeod (Photo mit freundlicher Genehmigung der Künstlerin)

◁ 357 Plastischer Teppich mit verschieden hohem Flor, entworfen von Nell Znamierowsky für Regal Rugs

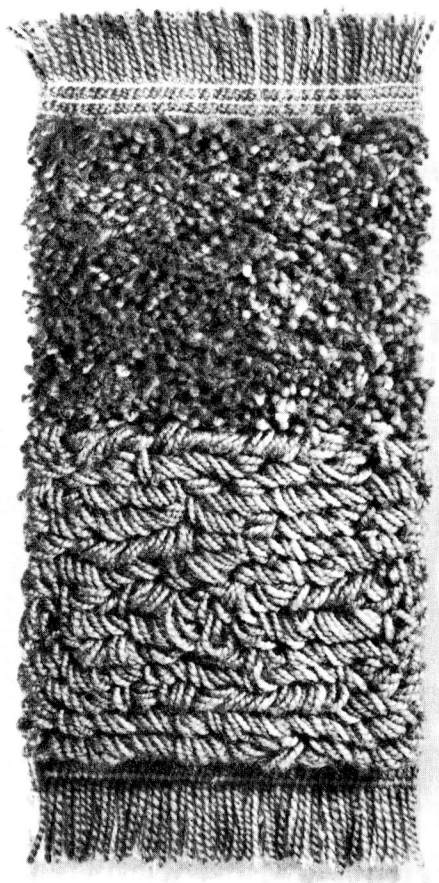

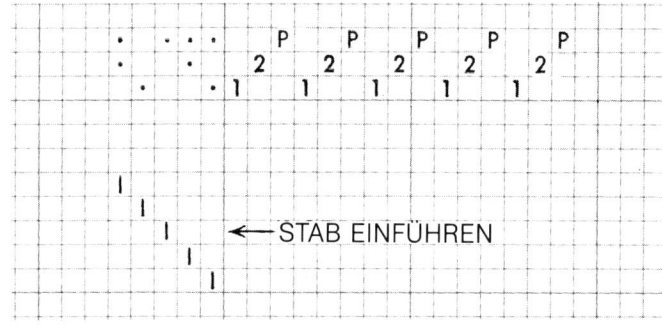

◁ 359 Probestück für einen Teppich mit Kettflor, über eine Leiste gewebt, von Takeko Nomiya. Ein Teil des Flors ist aufgeschnitten, ein Teil als Schlingengewebe belassen (Photo John W. Rosenthal).

360 Patrone zu Abbildung 359 △

361 Florkette beschwert (mit einer Flasche), frei über den Streichbaum hängend ▷

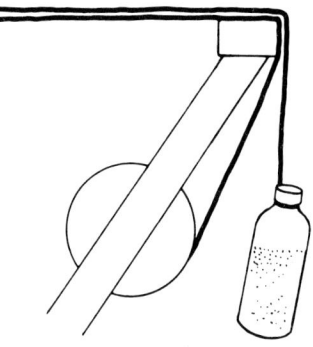

## Dreischäftige Florgewebe

Die dreischäftigen Florgewebe sind besonders reizvoll, weil hierbei auf sehr einfache und rasche Weise ein schöner, dicker Florteppich gewebt werden kann. Das in Abbildung **359/360** gezeigte Beispiel wurde auf einem Flachwebstuhl mit drei Schäften und zwei Kettbäumen gewebt. (Wenn man keine zwei Kettbäume zur Verfügung hat, kann die Kette für den Flor frei hinten über den Streichbaum hängen und mit Gewichten beschwert werden, wie Abb. **361** zeigt.)

Für dieses Gewebe wird Teppichwolle 5/3 oder eine Baumwollkette mit sechs Fäden pro cm für die Grundbindung auf den unteren Kettbaum gebäumt. Auf den oberen Kettbaum bäumt man schwedische Ryawolle mit einer Kettdichte von drei Fäden pro cm auf oder läßt diese zweite Kette, wie oben beschrieben, mit Gewichten beschwert frei hängen. Das Kettgarn für den Flor muß etwa dreimal so lang sein wie die Kette für die Grundbindung, je nach Stärke des Florgarns. Außerdem braucht man fünf runde Holz- oder Metallstäbe, um den Flor hochziehen zu können. Diese Stäbe müssen so lang sein wie der Webstuhl breit. Ihr Durchmesser hängt von der gewünschten Florlänge ab. Man kann auch mit flachen, entsprechend breiten Leisten arbeiten.

Der Einzug in die Litzen ist folgendermaßen:

Schaft 1 und 2 – Grundbindungskette
Schaft 3 – Florkette.

Als Webblatt nimmt man eines mit drei Rieten pro cm, wobei zwei Grundbindungskettfäden und ein Florkettfaden gemeinsam in ein Riet gestochen werden.

Die Tretfolge ist:

1-3 (Grundbindung)
2-3 (Grundbindung)
3 (Schaft heben, Stab einführen und mit der Spannung am oberen Kettbaum nachlassen)
1 (Grundbindung)
2-3 (Grundbindung).

Diese Folge wird wiederholt. Wenn das Florgarn sehr dick ist, muß man die Grundbindungseinschüsse möglicherweise so oft wiederholen, bis sich der Flor aufstellt. Die Stäbe werden im Gewebe belassen, bis der fünfte Stab eingeführt ist. Dann erst nimmt man den ersten heraus und benutzt ihn wieder, so daß die Stäbe in stetem Wechsel benutzt werden. Es ist darauf zu achten, die Florkette immer wieder richtig zu spannen. Auf jeden Fall muß die Spannung immer vermindert werden, wenn ein neuer Stab eingeführt wird.

Den Flor kann man nach dem Weben aufschneiden oder in Form von Schlingen belassen. Das Aufschneiden geschieht am besten noch auf dem Webstuhl, wenn ein Stück gewebt ist.

362 Doppelcord-Teppich mit aufgeschnittenem und unaufgeschnittenem Flor von Gwynne Lott

## Vierschäftige Doppelcordgewebe

Das Doppelcordgewebe, das unter dem Namen »Double-Corduroy Weave« von dem bekannten englischen Weber Peter Collingwood entwickelt wurde, wurde den Handwebern erstmals in seinen Workshops vorgestellt. Danach wurde die Technik zunächst im Buch »Shuttle Craft« von Harriet Tidball und schließlich ausführlich in Peter Collingwoods unentbehrlichem Buch »The Techniques of Rug Weaving« beschrieben. Mit Erlaubnis beider Autoren sind Peter Collingwoods Anleitungen hier wiedergegeben.

Beim Doppelcord flottiert der Florschuß ein Stück und ist dann wieder ein entsprechendes Stück eingewebt. Die Flottierungen werden anschließend aufgeschnitten. Die Technik basiert auf Blöcken von fünf Kettfäden, über die der Schuß flottiert. Die Kette muß entweder einen kompletten Rapport oder eineinhalb Rapporte umfassen – bei andersartiger Aufteilung funktioniert die Bindung nicht. Die Florlänge des Doppelcords wird nach jeder Reihe durch Hochziehen der Flottierungen bestimmt. Ein kurzer Flor wird nur ganz wenig herausgezogen, denn der Flor wird ja halb so lang wie die Flottierung. Für einen längeren Flor zieht man die Flottierungen von Hand hoch, wobei man auf der Seite beginnt, an der das Schiffchen eben gelandet ist.

Für das Gewebe eignet sich Baumwoll- oder Leinenteppichkettgarn in den Stärken 8/3, 8/4 oder 6/10. Will man einen dichten Flor, nimmt man 2,5 Fäden pro cm. Für einen loseren, struppigeren Flor reichen 1,5 Fäden pro cm.

Man braucht zwei verschiedene Schußgarne: eines für die Grundbindung, die im Flor nicht zu sehen ist und nur in Leinenbindung gewebt wird, und ein oder mehrere Schußgarne für den Flor. Das Grundbindungsgarn kann eine sechsfache Teppichwolle oder eine Mischung aus Rinderhaar und Wolle sein. Als Florgarn eignet sich sechsfache Teppichwolle (wenn die Kette dicht eingezogen wird) oder neunfache Teppichwolle (bei weniger dichtem Einzug) oder ein anderes Garn.

Der Einzug lautet (von links nach rechts und von vorn im Webstuhl aus) wie folgt: 4,1,4,1,4
3,4,3,4,3
2,3,2,3,2
1,2,1,2,1.

Diese Einheiten werden so oft wie nötig über die ganze Kettbreite wiederholt. An den letzten beiden Rieten nimmt man jeweils zwei Fäden pro Litze und Riet.

Es werden sechs Schüsse eingetragen. Zwei sind in Leinenbindung für das Grundgewebe, die anderen vier sind für den Florschuß, wobei in diesem Fall immer nur ein Schaft gehoben wird. Die Schüsse müssen in einer vorbestimmten Reihenfolge in die Fächer eingetragen werden, die unterschiedlich ist, je nachdem ob man mit vollständigen Einzugsrapporten arbeitet oder ob die Einzugsfolge mit einer Hälfte des Rapports endet.

Bei einer ganzen Zahl von Rapporten gibt Schaft 1 ein Florfach, bei dem eine Gruppe von Kettfäden an beiden Kanten gehoben wird. Mit Schaft 3 erhält man ein Florfach, bei dem sich keine Kettfäden an den Webkanten heben. Bei Schaft 2 hebt sich nur an der rechten Webkante eine Gruppe von Kettfäden, während Schaft 4 schließlich ein Florfach ergibt, bei dem sich nur an der linken Webkante eine Kettfadengruppe hebt.

Bei eineinhalb Rapporten hebt Schaft 1 eine Kettfadengruppe an der rechten Webkante, aber keine auf der linken. Schaft 3 hebt nur eine Kettfadengruppe auf der linken Webkante. Schaft 2 hebt Kettfäden an beiden Kanten und Schaft 4 hebt an den Kanten überhaupt keine Kettfäden. Dieses Florfach macht den Reiz der Bindung aus, deren charakteristisches Merkmal Webkanten ohne hochstehenden Flor sind.

Es ist sehr wichtig, das Schiffchen von der linken oder rechten Webkante aus konsequent in der einmal begonnenen Reihenfolge und Richtung in die Kette zu führen.

Bei einer **kompletten Rapportzahl** wird folgendermaßen gewebt:

1 Schaft 1 und 3 heben und Grundbindung von links nach rechts weben.

2 Schaft 1 heben und Florschuß von links nach rechts eintragen. Die Flottierungen zur gewünschten Florlänge hochziehen. (Zu Anfang eines Teppichs läßt man das Ende des Schußfadens im ersten Zwischenraum zwischen den gehobenen Kettfäden heraushängen. Für Anfang und Ende des Teppichs nimmt man einen Extraschußfaden, der nur halb so dick ist wie das Schußgarn, schlingt ihn um den äußeren Kettfaden und legt ihn so ins Fach, daß er im ersten Zwischenraum zwischen den gehobenen Fäden auf das Fadenende des Flors trifft.) Den Schußfaden etwa 10 cm nach der rechten Webkante abschneiden.

3 Schaft 3 heben und den Florschuß von rechts nach links weben. Bei diesem Fach wird keine Webkante er-

*363 Drahtschlinge zum Hochziehen des Doppelcordflors, entworfen von Peter Collingwood*

reicht, so daß man ein Schwänzchen des Schußfadens am äußersten rechten Rand an der gehobenen Kettfadengruppe heraushängen läßt und den Schußfaden etwa 5 cm nach der Stelle abschneidet, wo er aus der äußersten Fadengruppe links herauskommt.

4 Schaft 2 und 4 heben und Grundbindung von rechts nach links weben.

5 Schaft 2 heben. Florschuß unter die ersten Kettfäden auf der rechten Seite stecken (der Faden, der nach Heben von Schaft 1 abgeschnitten wurde). Florschuß von links nach rechts weben und ein Schwänzchen an der Kettfadengruppe auf der äußersten Linken hängenlassen. Den Schußfaden im Zwischenraum zwischen den Kettfäden nächst der rechten Webkante abschneiden.

6 Schaft 4 heben und Florschuß von rechts nach links weben. Ein Ende der Kettfadengruppe auf der äußersten Rechten hängenlassen. Schußfaden nicht abschneiden.

Damit ist eine Folge beendet. Das Schiffchen ist jetzt an der linken Webkante, so daß es von dort wieder eingetragen werden kann, wenn der Schaft wieder für den ersten Florschuß der Folge gehoben wird.

Wenn man mit einem Einzug webt, der mit einem halben Rapport endet, webt man in dieser Folge:

1 Schaft 2 und 4 heben und Grundbindung von links nach rechts weben.

2 Schaft 2 heben und Florschuß von links nach rechts weben. Den Beginn des Teppichs wie in Schritt 2 oben beschrieben arbeiten. Den Schußfaden an der rechten Webkante abschneiden.

3 Schaft 4 heben und Florschuß von rechts nach links eintragen. Nach der äußersten Kettfadengruppe links abschneiden. Bei diesem Fach heben sich an den Webkanten keine Kettfäden.

4 Schaft 1 und 3 heben und Grundbindung von rechts nach links weben.

5 Schaft 1 heben. Den Schußfaden, der bei gehobenem Schaft 2 abgeschnitten wurde, einlegen. Schußflor von links nach rechts weben und im Zwischenraum zwischen den äußersten Kettfäden rechts abschneiden.

6 Schaft 3 heben und Florschuß von rechts nach links weben, so daß ein Schwänzchen auf der rechten Webkante heraushängt. Den Schußfaden nicht abschneiden.

Diese Reihenfolge wiederholen.

Nachdem man 7 bis 10 cm gewebt hat, schneidet man den Flor mit der Schere oder einer Rasierklinge aus den senkrechten Rippen von Flottierungen auf. (Peter Collingwood nimmt eine Drahtschlinge wie in Abb. 363, um die Flottierungen vor dem Aufschneiden hochzuziehen.)

Peter Collingwood hat auch eine geniale Methode erfunden, den Flor so aufzuschneiden, daß er verschieden lang wird, seinen sogenannten »Doppelschnitt«. Er führt seine Drahtschlinge unter zwei waagerecht nebeneinanderliegende Rippen ein, so daß sich die Schlinge seitlich nicht mehr verschieben kann. Wenn er dann zwei Rippen gleichzeitig aufschneidet, ergibt die eine einen langen, die andere einen kurzen Flor. Man kann mit dieser Technik, Flottierungen nicht gleichmäßig aufzuschneiden, sehr vielfältige Effekte erzielen. Ein Beispiel dafür zeigt die Abbildung 364.

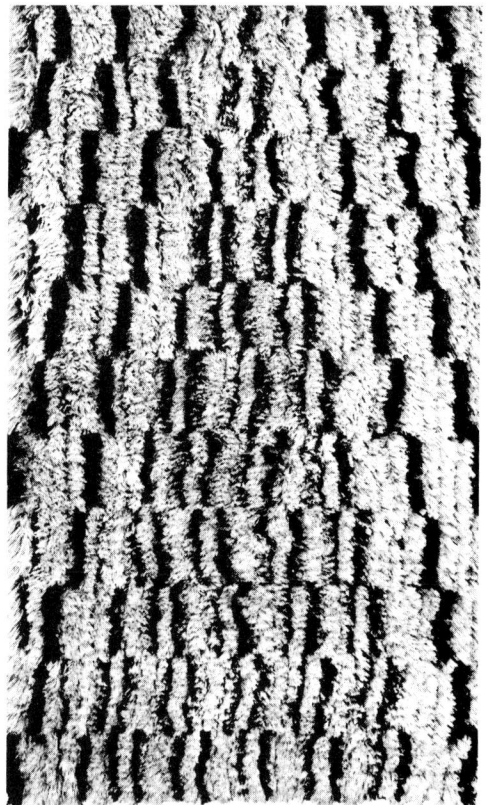

◁ 364

Der Teppich von Abbildung 365 wurde ebenfalls als Doppelcord gewebt, aber das Muster entstand durch Einlegen des Florschusses. Um die sehr akkuraten Winkel zu bekommen, wurde der Teppich in zwei Teilen gearbeitet, in denen die Kette waagerecht genommen wird, wie die Zeichnung zeigt.

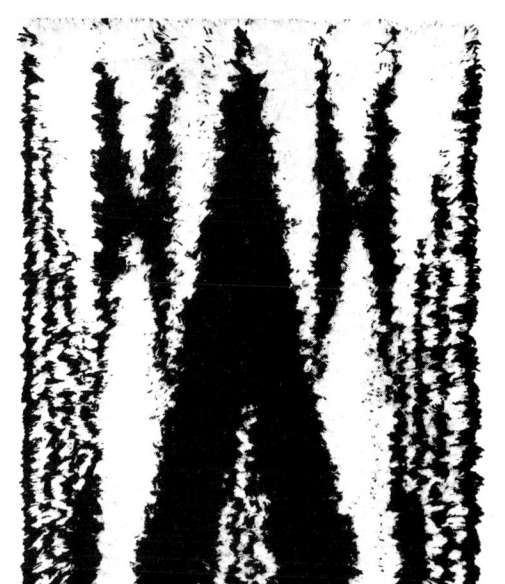

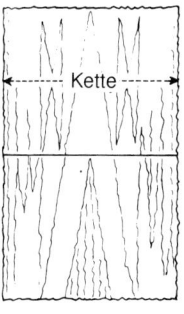

◁ 365/366 △

*364 Doppelcord-Teppich von Peter Collingwood. Das Muster entsteht durch teilweisen »Doppelschnitt« (Photo Charles Seely, mit freundlicher Genehmigung des Künstlers)*

*365/366 Doppelcord-Teppich von Peter Collingwood. Die Struktur des Musters ist der Zeichnung zu entnehmen (Victoria und Albert Museum, London. Photo Charles Seely, mit freundlicher Genehmigung des Künstlers).*

# WEBTEPPICHE

Als Webteppiche bezeichnen wir Teppiche mit Schußeffekt ohne Flor. Die Oberfläche wird nur vom Schußfaden geprägt, der die Kette vollständig verdeckt. Manche Webteppiche haben von Hand eingelesene Bindungen (Gobelin- und Sumakgewebe), andere sind mechanisch auf dem Webstuhl herstellbar (Ripsteppiche und Teppiche mit Füllkette). Beide eröffnen ein weites gestalterisches Spektrum und bieten sich für einfache und weitreichende Experimente an.

Um einen geraden, ebenmäßigen Rand zu gewährleisten, arbeiten viele Teppichweber mit einem Breithalter. Dieses Gerät besteht aus zwei flachen Holzleisten, die man leicht verstellen kann. Die Breite wird mit Löchern, Nägeln und einer verschiebbaren Metallspange eingestellt. Sobald man mit dem Weben begonnen hat, steckt man die kleinen Nägelchen an den Enden des Breithalters in die beiden Webkanten ein. Der Breithalter wird beim Fortschreiten des Gewebes regelmäßig möglichst nahe bei dem letzten Schußeintrag eingesetzt. Man sollte nur bei festen und steifen Teppichen mit einem Breithalter arbeiten, nicht bei feinen oder zarten Teppichen und Stoffen.

◁ 367 *Kelim aus Kleinasien, 19. Jahrhundert (Textilmuseum Washington D.C., Photo O. L. Varela)*

368 *Sumakteppich, Ausschnitt* ▽

370 ▽

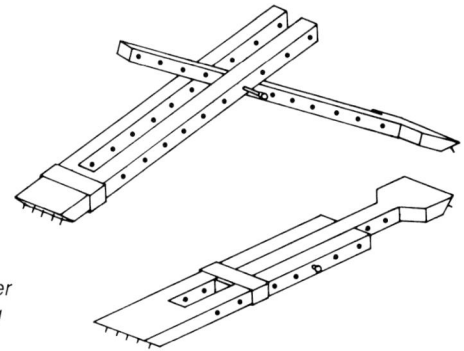

370 *Navajoteppich aus dem Shiprock-Gebiet, Arizona. Handgesponnene Wolle in Braun-, Blau, Türkis- und Rottönen auf weißem Grund (Photo John W. Rosenthal)*

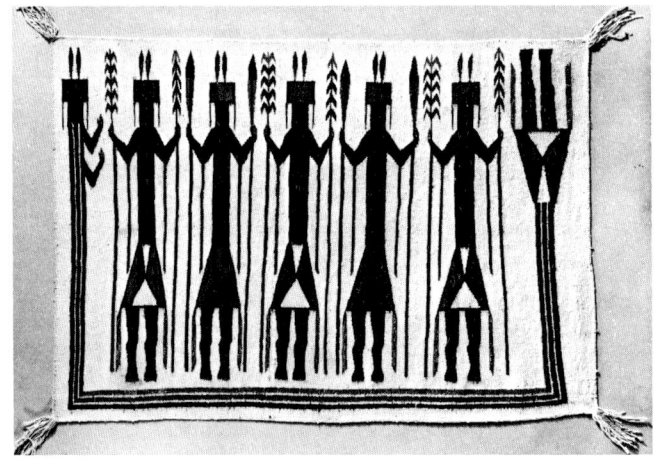

## Gobelinteppiche

Es gibt zwei Arten von Gobelinteppichen: die Kelims, die man gemeinhin mit der Schlitztechnik assoziiert, und die mit Umlegetechniken gearbeiteten Stücke – wie beispielsweise die Navajoteppiche, welche die Abbildung **370** veranschaulicht.

Gobelinteppiche sind leinenbindige Gewebe. Orientalische Kelims werden in dünner, aber fester Wolle gewebt und eignen sich wegen der Schlitze besser für Decken und Wandbehänge als für Bodenbeläge. Die Kettdichte hängt von der Stärke des Schußgarns ab; es wird aber auf jeden Fall wie bei den modernen Gobelins mit weniger Kettfäden als bei den echten Orientteppichen gearbeitet.

369 *Breithalter oder Spanner (Zeichnung George Suyeoka)*

Die Umlegetechniken ergeben zwar kein so feines Gewebe wie bei den Kelims, doch ist diese Technik, mit der die amerikanischen Indianer ihre Teppiche weben, von besonderer Schönheit, die aus der Einfachheit und Strenge der indianischen Muster und dem ungewöhnlichen und großen Geschick der Indianer erwächst. Statt der fest gedrehten, feinen Wolle der Kelims werden die indianischen Teppiche meist aus weichen, dicken, handgesponnenen Garnen gearbeitet, die der Oberfläche ihre besondere Struktur verleihen.

Wenn man beide Gobelintechniken studieren will, kann man Musterstücke mit Teppichkettgarn oder Teppichleinen in den Stärken 10/5, 8/3 oder 8/4 und mit einer Kettdichte von zwei bis drei Kettfäden pro cm (je nach Schußgarn) anfertigen. An den Webkanten werden die Kettfäden in Litzen und Webblatt doppelt eingezogen. Für den Schuß kann man jede gute Teppichwolle oder Baumwolle nehmen. Sehr gut sind die widerstandsfähigen schwedischen Rinderhaar- und Wollmischungen, Mohair oder Teppichkammgarn. Man kann in ein Fach auch mehrere verschiedene Garne zusammen eintragen.

Die Gobelintechniken sind im Kapitel »Gobelins und Bildteppiche« beschrieben.

## Sumakteppiche

Sumak und Shemakha sind zwei Webzentren in Kleinasien, wo die gemeinhin als Sumak benannte Technik ursprünglich entstand. Sumak hat die flache Textur des Gobelins, ist aber im Prinzip eher dem Ghiordesknoten verwandt. Man webt ohne Flor und flicht den Schußfaden in die Kettfäden. Man arbeitet mit zwei verschiedenen Schußgarnen: mit einem feineren auf einem Schiffchen für die Leinenbindung, und einem dickeren, zum Puschel gewickelten Garn für die Sumakflechtung. Die Leinenbindung wird im Gewebe vom Sumakstich verdeckt.

Die in Abbildung **373** illustrierte Technik wird folgendermaßen gearbeitet:

1 Einige Reihen Leinwandbindung weben.

2 Von der linken Webkante aus bei geschlossenem Fach den Schußfaden über zwei Kettfäden nach rechts und unter zwei Kettfäden nach links führen (das Garnende bleibt hängen, man kann es später in den Teppich einweben). Dann den Schußfaden über vier Fäden nach rechts und unter zwei Fäden nach links legen. Im weiteren den Schußfaden über vier Fäden nach rechts und unter zwei Fäden bis zur linken Webkante hin führen.

3 Das Fach für den Leinwandschuß A öffnen. Das Schiffchen mit dem dünneren Garn durchschießen und das Fach schließen.

4 Den Sumakschuß von rechts nach links führen, wobei er erst über zwei Kettfäden nach links und unter zwei Kettfäden nach rechts, im folgenden über vier Kettfäden nach links und unter zwei nach rechts gelegt wird, bis man wieder an der rechten Webkante angelangt ist.

5 Fach B für den Leinwandschuß öffnen. Das dünnere Schußgarn eintragen und Fach schließen.

6 In dieser Reihenfolge Sumak und Leinwandschüsse wiederholen, bis der Teppich die gewünschte Länge aufweist.

371/372 Sumak-Wandbehang von Marci Riedel. Rote, blaue, schwarze und naturfarbene Wolle auf Baumwollkette. Der Ausschnitt zeigt den Fischgräteffekt der Bindung. Da die Garne weich und das Gewebe etwas elastisch ist, eignet es sich besser als Wandbehang denn als Teppich.

373 Sumakflechtung (oben) und

374 Sumak über einen Kettfaden ▽

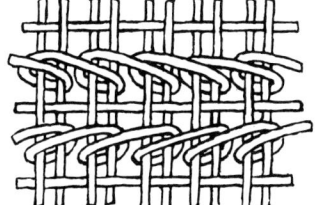
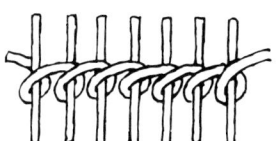

Wenn man den Sumakstich abwechselnd von rechts nach links und von links nach rechts webt, legt sich das Garn jedesmal in die andere Richtung, so daß man eine Wirkung wie beim Fischgrätmuster oder bei Gestricktem hat. Wenn die Fäden alle in gleicher Richtung liegen sollen, kann man den Sumakschuß nach Beendigung jeder Reihe abschneiden und die nächste Reihe wieder auf der gleichen Seite beginnen. Weiter abwandeln läßt sich der Sumakstich in der Weise, daß man den Schußfaden nur über einen Kettfaden legt und ihn dadurch vollständig umwickelt, wie es Abbildung 374 zeigt. Hier entsteht ein feineres, engmaschigeres Gewebe. Die Farben für den Schuß können natürlich beliebig wechseln, und die Fadenenden kann man wie beim Gobelin auf der Rückseite hängenlassen oder im Gewebe vernähen.

## Schußdominanter Teppich im Partiemuster

Der hier vorgestellte Teppich mit partieweisem Einzug hat wie der Gobelin eine glatte, schußdominante Oberfläche, läßt sich aber im Gegensatz zu ihm mechanisch auf dem Webstuhl erstellen. Die Bindung basiert auf dem Köper und hat eine deutlich verschiedene Vorder- und Rückseite. Das Muster entsteht aus Kombinationen von Einzug, Tretfolge und Farbe. Durch die weit gesetzte Kette und die Einzugsfolge lassen sich die Farben stellenweise so zusammenschlagen, daß sie nur an einzelnen Stellen als Musterelemente sichtbar werden. Der Schußfaden muß außerdem sehr fest angeschlagen werden, damit die Struktur an Festigkeit gewinnt. Diese Teppiche werden demgemäß sehr dick und verbrauchen sehr viel Schußgarn.

*375 Teppich mit Schußeffekt und partieweisem Einzug von Takeko Nomiya*

*376 Patrone von Astra Strobel zu Abbildung 375. Mittlere Partie (grau), kann beliebig oft wiederholt werden.*

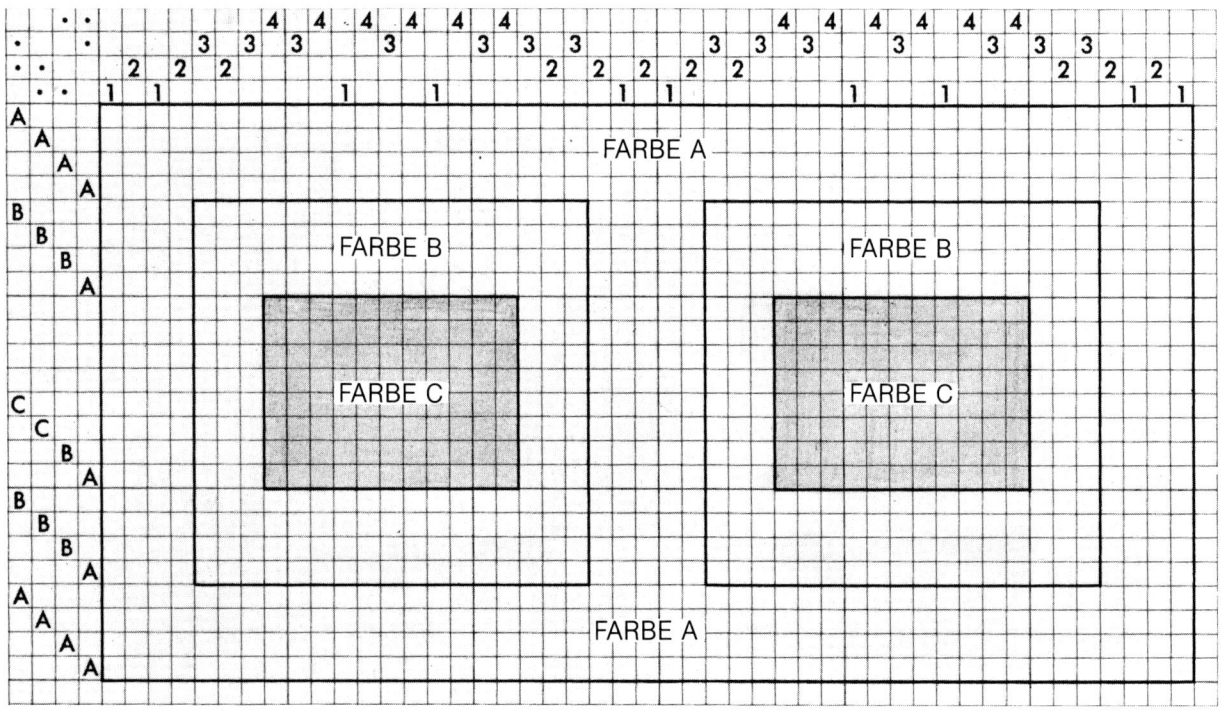

*377/378 Farbwechsel in zwei nebeneinanderliegenden Mittelblöcken. Rückseite des Teppichs mit Farbverschlingung in Gobelintechnik (378). Entwurf von Clarita Anderson (Photos Genn Suyeoka)* △

*379 Farbliche Veränderungen können bei gleichem Einzug und gleicher Tretfolge viele verschiedene Muster erzeugen, wie Abbildung 377 zeigt (Photo Genn Suyeoka).* ▷

Man kann mit dem gleichen Einzug vielfältige Muster weben. Die Tretfolge bleibt zwar ebenfalls gleich, aber die Farben des Schußgarns wechseln je nach Muster. Man muß mit dieser Bindung experimentieren, um ihre vielen faszinierenden Möglichkeiten zu entdecken.

Das in Abbildung **375** gezeigte Beispiel ist gut geeignet als Anfang. Es wird mit einer Kette aus schwedischem Leinen 8/3 bei einer Kettdichte von zwei Fäden pro cm in einem Riet 40/10 gewebt. Die Fäden werden nur in jedes zweite Riet gestochen, und an den Webkanten sind die letzten beiden Fäden gedoppelt. Das Schußgarn besteht aus einer Mischung aus schwedischem Rinderhaar mit Wolle.

380 Teppichmuster in gebundenem Rosengang-Einzug von Irene Suyeoka. Die Musterelemente entstehen durch Farbwechsel in einem 3/1 Köper.

Man kann hier auch mit anderen Einzügen arbeiten, mit Sommer/Winter-Halbdrell, Fischgrät, Spitzköper und Spitzköperbindungen wie dem Rosengang. Es wird für diese Partiemuster empfohlen, mit zusätzlichen Webkantenfäden (siehe Abb. 383) zu arbeiten.

## Schußverstärkter Teppich mit Warenaustausch und Füllkette

Dieser Teppich hat zwei verschiedene Webseiten und ist von beiden zu nutzen. Eine Extrakette zwischen den beiden Teppichseiten fungiert als Füllmaterial, so daß das Gewebe extrem dick und widerstandsfähig wird. Die Füll- oder Bindekette wird auf der Oberfläche nicht sichtbar, während die Webkette sowohl auf der Vorder- wie auf der Rückseite des Gewebes zu sehen ist.

Diese als »Stuffer Rugs« bezeichneten Teppiche sind von Mary M. Atwater entwickelt und im Buch »Handweaver and Craftsman« vorgestellt worden. An dieser Stelle soll die von Lurene Stone auf das Wesentliche zusammengefaßte Anleitung wiedergegeben werden.

Man braucht einen Flachwebstuhl mit mindestens vier, vorzugsweise noch mehr Schäften und zwei Kettbäumen. Wenn man keinen zweiten Kettbaum zur Verfügung hat, kann man die Webkette zum Zopf flechten und – wie Abbildung 361 zeigt – hinten über den Webstuhl hängen lassen.

Die Webkette sollte aus fester Wolle oder mittelstarker Baumwolle sein und farblich mit dem Schußgarn harmonieren. Die Füllkette kann ein Teppichkettgarn oder irgendein preiswertes Baumwollgarn sein. Die Farbe für die Füllkette ist beliebig, da sie im fertigen Teppich nicht zu sehen ist. Wenn sie aber zum Schußgarn paßt, kann man sie am fertigen Teppich zum Fransenknüpfen mitverwenden. Das Schußgarn sollte aus dicker Wolle oder Baumwoll-Cordunett und zwei kontrastierenden Farben bestehen. Für jede Farbe gibt es ein Schiffchen. Man kann gleichzeitig mit einem oder mehreren Garnen arbeiten: Drei Fäden schwedisches Rinderhaar mit einem Wollfaden bilden ein ausgezeichnetes Schußgarn.

Die Webkette muß 1¾mal so lang sein wie die gewünschte Teppichlänge, zuzüglich der üblichen Länge für Anknüpfen und Abfall. Die Füllkette ist so lang wie der Teppich zuzüglich der Länge für den Abfall.

Die Webkette wird mit einer Dichte von zwei Fäden pro cm in ein Webblatt 40/10 oder 60/10 oder von zweieinhalb Fäden pro cm in ein Webblatt 50/10 gestochen. Zwei zusätzliche Kettfäden benötigt man beiderseits für die Webkante. Die Füllkette wird in einer Dichte von acht Fäden pro cm in einem Blatt 40/10 oder 60/10 oder von zehn Fäden in einem Blatt 50/10 gestochen.

Der Einzug ist:
1,2,1,2,3,2,3,4,3,4,1,4,3,4,1,4,3,4,3,2,3,2;
er wird einmal wiederholt und endet mit 1,2,1.
Die Tretfolge ist:
    3-4  (Farbe für äußeren Rand)
    1-4  (Farbe für Innenrand)
    1-2  (Farbe für Quadrat)
    2-3  (gleiche Farbe für Quadrat).

Die Tretfolge bleibt die gleiche, aber drei Farben wechseln im Muster und wiederholen sich in der Reihenfolge, wie in der Patrone gezeigt, wodurch das Würfel-im-Würfel-Muster entsteht. Auf keiner der beiden Seiten des Teppichs ergeben sich lange Flottierungen, so daß der Teppich gut beidseitig verwendbar ist, wenngleich das Muster auf den beiden Seiten ganz unterschiedlich wirkt.

Wir zeigen dieses Muster auch in Farbe (siehe **Tafel XIX**). Farbe C kann in einzelnen Würfeln auf der Webbreite insofern abgeändert werden, als man in der Mitte von Abschnitt C die Schußfarbe durch eine andere ersetzen kann. Diese beiden Farben werden in der Mitte der Partie 2,1,2,1,2 in Gobelintechnik miteinander verkreuzt. In den Würfeln selbst tritt die Anschlußstelle nicht in Erscheinung, nur auf der Rückseite des Teppichs ist sie sichtbar.

*381/382 Schußverstärkter Teppich von Diane Craig, mit Patrone. Naturfarbene und dunkelgraue, handgesponnene Wolle*

*383 Die Kurzpatrone zeigt die Anordnung und Größe der Musterblöcke.* ▽

| HELLE FARBE | DUNKLE FARBE |

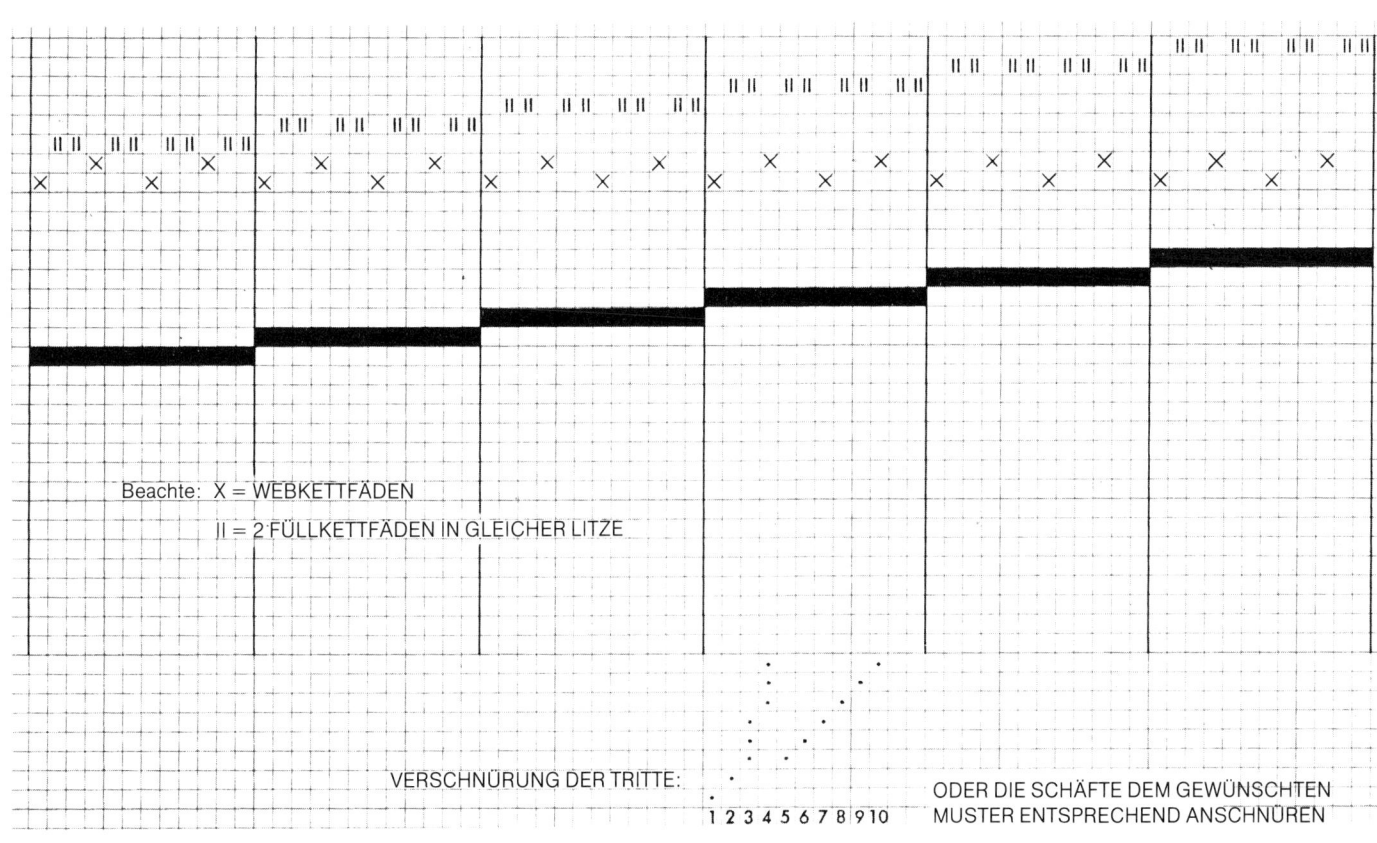

Beachte: X = WEBKETTFÄDEN
∥ = 2 FÜLLKETTFÄDEN IN GLEICHER LITZE

VERSCHNÜRUNG DER TRITTE:
1 2 3 4 5 6 7 8 9 10

ODER DIE SCHÄFTE DEM GEWÜNSCHTEN MUSTER ENTSPRECHEND ANSCHNÜREN

*384 Schußverstärkter Teppich mit Warenaustausch, von Margaret B. Windeknecht. Schwedischer Wolldraht in der Webkette, Baumwolle in der Füllkette. Schuß: Wolle und Ziegenhaar (Photo mit freundlicher Genehmigung der Künstlerin)*

Die Füllkette wird entweder direkt auf den Kettbaum gezettelt oder als Kettzopf geschärt und aufgebäumt. Die Webkette wird auf einen zweiten Kettbaum gebäumt (oder man schärt mehrere schmale Kettzöpfe und hängt sie, mit ausreichend vielen Gewichten beschwert, hinten über den Webstuhl). Schaft 1 und 2 sind für die Webkette reserviert und bilden die Leinwandbindung. Dementsprechend werden die Kettfäden abwechselnd auf Schaft 1 und 2 eingezogen. Das Muster entsteht durch die Einzugsblöcke, die die Füllkette auf den übrigen Schäften bildet. Es ist egal, welche Kette zuerst eingezogen wird, es ist nur darauf zu achten, daß jeweils noch Litzen und Riete für die zweite Kette freibleiben. Die Webkette wird locker, die Füllkette straff gespannt gewebt.

Die Einzugsmöglichkeiten sind ähnlich wie beim Sommer/Winter-Halbdrell. Das folgende Beispiel setzt Partie 1 auf Schaft 3:

    Schaft 1 – 1 Webkettfaden
    Schaft 3 – 2 Füllkettfäden
    Schaft 3 – 2 Füllkettfäden
    Schaft 2 – 1 Webkettfaden
    Schaft 3 – 2 Füllkettfäden
    Schaft 3 – 2 Füllkettfäden.

Dieser Einzug wird so oft wiederholt, wie die Partie breit werden soll. Es ist darauf zu achten, daß immer vier Füllkettfäden zwischen den Webkettfäden liegen.

Bei einem Blatt 40/10 oder 50/10 würde dann folgendermaßen gestochen:

    Riet 1 – 1 Webkettfaden
    Riet 2 – 4 Füllkettfäden
    Riet 3 – 1 Webkettfaden
    Riet 4 – 4 Füllkettfäden
    usw.

Bei einem Blatt 60/10 hieße der Einzug:

    Riet 1 – 1 Webkettfaden
    Riet 2 – 2 Füllkettfäden
    Riet 3 – 2 Füllkettfäden
    Riet 4 – 1 Webkettfaden
    usw.

Bei einem Blatt 30/10 müßte man so stechen:

    Riet 1 – 1 Webkettfaden
    Riet 2 – 4 Füllkettfäden
    Riet 3 – 1 Webkettfaden
    Riet 4 – 4 Füllkettfäden
    usw.

Jede Musterreihe besteht aus vier Schußeinträgen. Bei durchgängiger Farbgestaltung wäre die Tretfolge:

    1 –                      – Farbe A weben
    1 (plus alle Partieschäfte) – Farbe B weben
    2 –                      – Farbe A weben
    2 (plus alle Partieschäfte) – Farbe B weben.

Für das Muster lautet die Tretfolge:

1 (plus gewünschte Partieschäfte) – Farbe A weben
1 (plus entgegengesetzte Partieschäfte) – Farbe B weben
2 (plus gewünschte Partieschäfte) – Farbe A weben
2 (plus entgegengesetzte Partieschäfte) – Farbe B weben.

Diese vier Schußeinträge werden so oft wie für das Musterelement nötig wiederholt. Dem Muster entsprechend wird dann die Partiekombination gewechselt, wobei darauf zu achten ist, daß sich die Farben weiterhin in den vier Schußeinträgen abwechseln.

Margaret B. Windeknecht arbeitete mit eineinhalb Fäden pro cm in der Webkette und sechs Fäden pro cm in der Füllkette und benutzte ein Webblatt 30/10. Wegen der Webbreite von 150 cm hätte der Schuß die Füllkette bei dichterem Einzug nicht mehr verdeckt.

Die Webkette wurde hier nicht aufgebäumt, sondern hing nur mit Gewichten beschwert frei über den Streichbaum (vgl. Abb. **361**). Jeder 18 cm breite Kettzopf wurde eigens mit einem Gewicht von etwa sieben Pfund beschwert. Die beiden äußeren Webkettzöpfe wurden mit acht Pfund versehen, damit in diesem sehr breiten Gewebe keine Spannungsunterschiede oder Wellen entstehen konnten.

Die Blattlade wurde mit drei Winkeleisen aus kalt gezogenem Stahl (im Haushaltswarenladen zu bekommen) verstärkt, die der Breite nach auf die Unterseite geschraubt wurden. Dank dieser Maßnahme konnte die Weberin viel Kraft beim Anschlagen sparen und den Schußfaden doch fest und gleichmäßig anschlagen. Die drei Winkeleisen wogen zusammen insgesamt 25 Pfund.

Zu Anfang und Ende wird der Teppich mit einem etwa 3 bis 4 cm breiten Websaum versehen, der nur auf der Webkette (mit Tritt 1 und 2) gewebt wird. Nach dem Abnehmen des Teppichs vom Webstuhl wird die Webkette mit Knoten gesichert. Die Füllkette wird so abgeschnitten, daß die Fäden etwa einen halben bis einen cm länger als das Gewebe sind. Die Füllkette muß nicht verknotet werden, aber man darf sie nicht zu dicht am Gewebe abschneiden, weil sich dieses sonst löst. Der Websaum wird über die kurzen Enden der Füllkette gerollt und als Rollsaum vernäht. Man nimmt dazu einen Nähfaden und eine spitze Nadel und säumt mit tiefen Stichen, damit die Stiche sowohl das Schußgarn wie die darunterliegende Füllkette erfassen.

Bei diesem Teppich muß auch die Webkante mit einem passenden Schußfaden gefaßt werden. Dazu braucht man zwei Fäden, die jeweils in eine stumpfe Stopfnadel gefädelt werden. Die Nadeln werden abwechselnd benutzt. Erst sticht man mit der ersten Nadel zwischen den beiden äußeren Füllkettfadenpaaren und zwischen zwei Webreihen ein und zieht das Garn durch. Dann sticht man mit der zweiten Nadel zwischen die gleichen Füllkettfäden und zwischen die nächsten Schußreihen und zieht das Garn durch. In dieser Folge wird mit beiden Nadeln weitergearbeitet. Die beiden Schußfäden, die zum Einfassen genommen werden, müssen zwei- bis dreimal so lang wie der Teppich sein (vgl. Abb. 391).

## FRANSEN

Wenn man keine Fransen will, braucht man die Kanten nur unter den Teppich biegen und festnähen. Man kann auch die Kettfäden einzeln ins Gewebe zurückstechen und mit Wolle und Nadel einen Abschluß in Schlingstich arbeiten. Meist werden die Teppiche jedoch an beiden Schnittkanten mit Fransen versehen. Man webt zu Anfang und Ende des Teppichs einige Leinwandbindungsschüsse und läßt für die vorgesehenen Fransen außerdem etwa 20 cm Kette frei. Nachdem man den Teppich vom Webstuhl genommen hat, werden die losen Fäden paarweise oder in kleinen Gruppen zusammengefaßt und mit einem Überhandknoten verknüpft (Abb. 385). Man kann auch noch Schußgarn mit einknüpfen, wenn die Fransen dichter werden sollen.

Will man die Fransen nicht aus dem Kettgarn, sondern aus dem Schußgarn arbeiten, kann man die entsprechend zugeschnittenen Schußfäden mit Doppelschlag in die untergebogene Kante einknüpfen. Dabei ist eine Häkelnadel hilfreich (Abb. 386).

Ein sauberer und fester Abschluß, der sich zwar nicht für den Teppich mit Füllkette, aber für andere Teppiche eignet, ist das Festsetzen der Kettfäden mit einer Reihe von Halbschlagknoten (siehe Abb. 387). Viele Variationen dieser und anderer Abschlüsse sind in Peter Collingwoods Buch »The techniques of rug weaving« (siehe Bibliographie im Anhang) beschrieben.

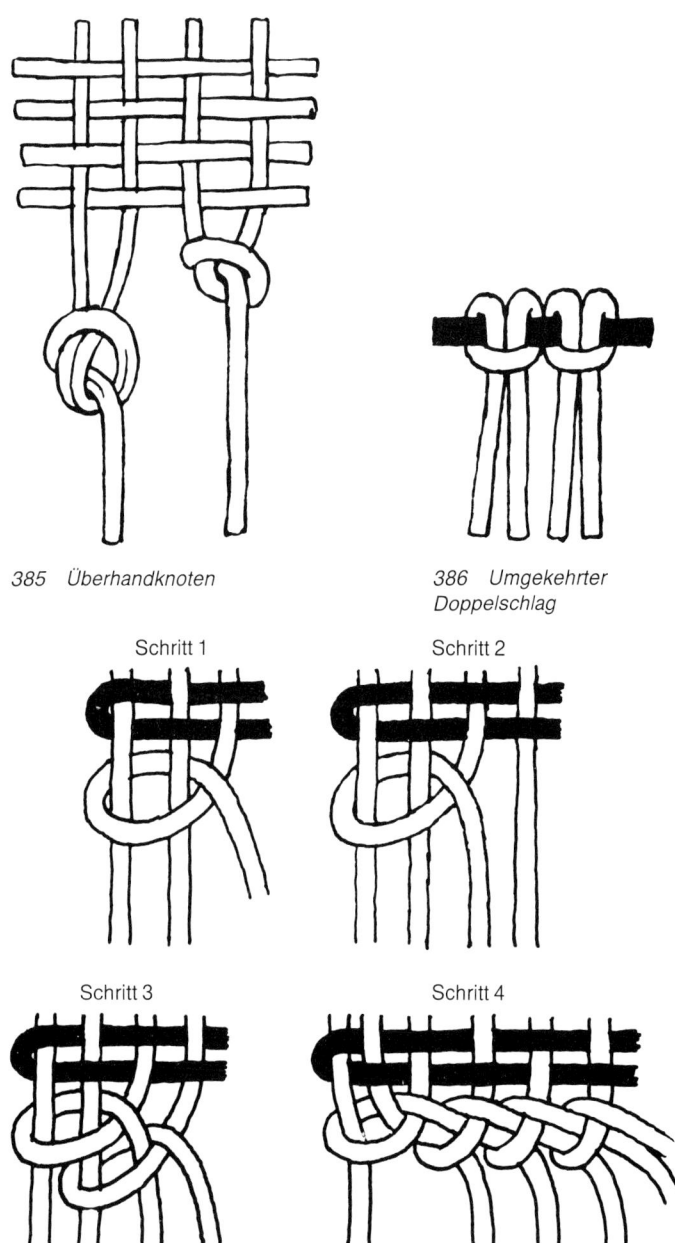

385 Überhandknoten

386 Umgekehrter Doppelschlag

Schritt 1  Schritt 2

Schritt 3  Schritt 4

387–390 Festsetzen der Kettfäden mit Halbschlägen. Die Fransen können in den Teppich zurückgestochen werden (Zeichnung George Suyeoka).

391 Versäubern der Webkanten im schußverstärkten Gewebe mit Füllkette ▽

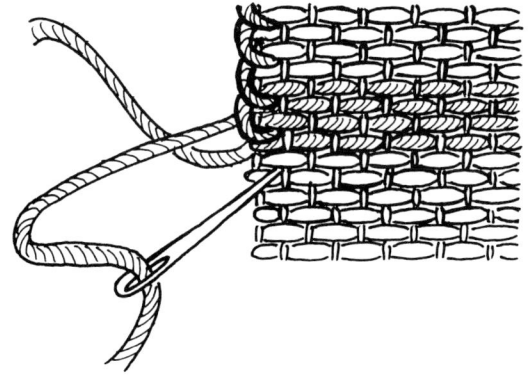

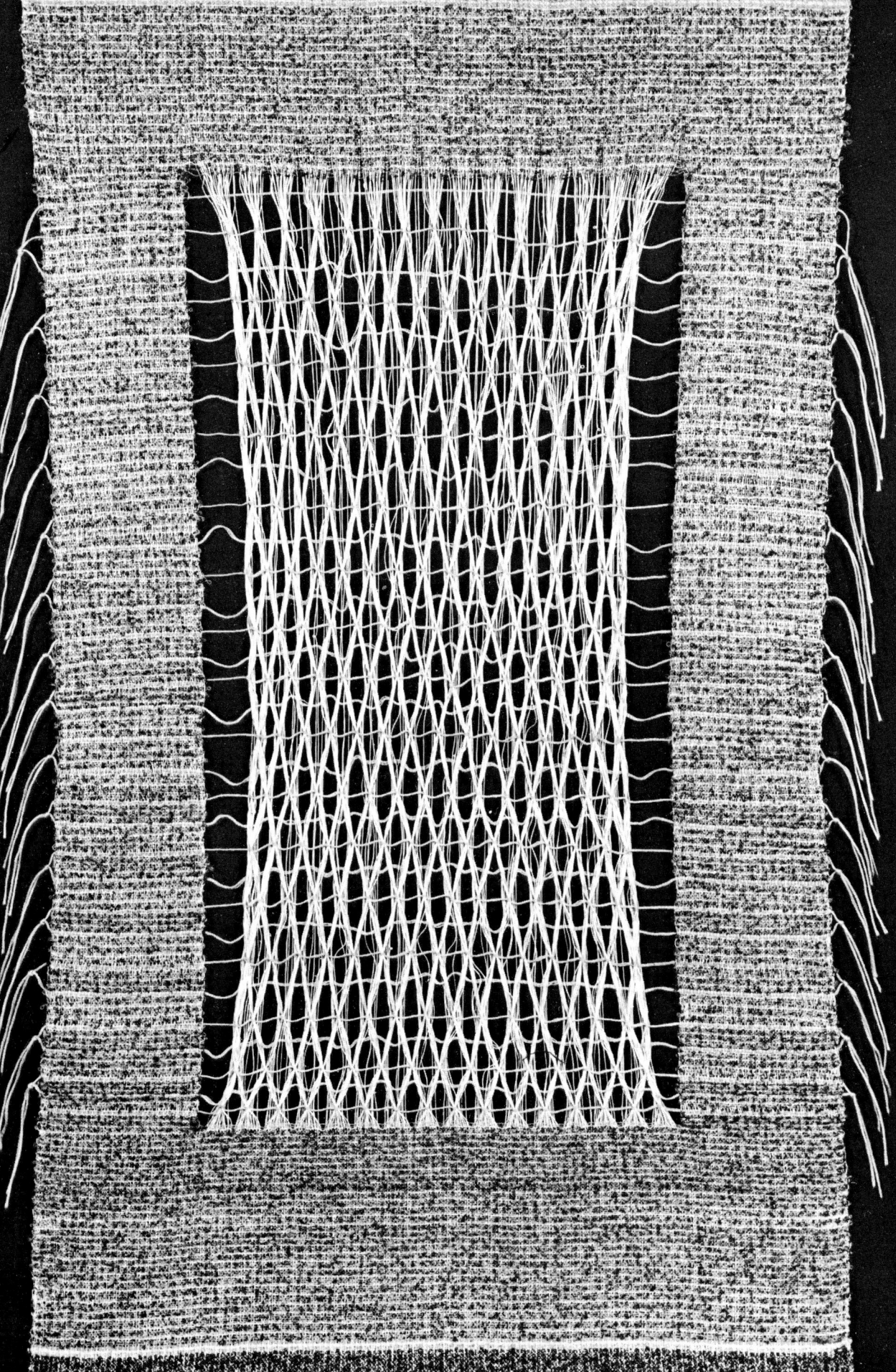

# 11
# WANDGEHÄNGE

In keiner Ausdrucksform moderner Weberei spiegelt sich mehr gestalterische Freiheit, Freude und Originalität als in Wandbehängen und -gehängen, wobei wir unter dem Begriff Wandgehänge sehr viel mehr fassen wollen, als man sonst darunter versteht. Ein Wandgehänge kann heutzutage natürlich ein Gewebe sein, das an der Wand hängt, genausogut kann es aber auch frei von der Decke hängen oder auf dem Boden stehen. Diese Kunstform ist der Malerei und Bildhauerei eng verwandt, arbeitet aber zusätzlich mit der Geschmeidigkeit und Struktur der Faser, die verwebt, verstrickt, verknotet, gehäkelt oder gestrickt die Gedanken des Künstlers wiedergibt. Die traditionellen Garne können durch ungewöhnliche Materialien wie Federn, Steine, Muscheln, Ton oder Perlen bereichert werden. Wandgehänge können mit den erlernten Webtechniken direkt auf dem Webstuhl oder nach dem Abnehmen vom Webstuhl im freien Verbund mit anderen Techniken gestaltet werden. Manche Wandgehänge lassen sich sogar ganz ohne Webstuhl formen.

Die Techniken der meisten in diesem Kapitel dargestellten Wandgehänge können aus den vorhergehenden Kapiteln erschlossen werden. Wir stellen jedoch dazu noch vier weitere Techniken vor, nach denen in manchen der hier gezeigten Arbeiten vorgegangen wurde. Das sind die HV-Technik, die Abbindefärbung und Bemalung, das Makramee oder Knüpfen und die Finger- und Nadelwebtechniken.

Für freie, ohne die Mechanik des Webstuhls gestaltete Gewebe braucht der Webkünstler allenfalls Phantasie, Einfallsreichtum und handwerkliches Geschick, wie die Serie »Faserwald« (Abb. **398**) von Joyce Richards zeigt. Die Arbeiten dieser Reihe entstanden auf einem Webrahmen mit einer 2,5 bis 5 cm weit gesetzten Kette, wobei direkt in die Kette gestickt, geknüpft und gewebt wurde. Manche Stellen wurden auch mit Filz- und Wickeltechniken bearbeitet, teils auch in separatem Arbeitsgang mit nachträglicher Applikation in die Kette. Die Kreisform der Gehänge wurde durch den festen Holzrahmen verstärkt.

Eine andere Komposition entstand mit Nadel und Faden auf einer auf eine runde Holzscheibe gespannten

393 »Weißer Pfau«, Wandbehang von Nell Znamierowski aus Papier und Kunstfaser (Photo mit freundlicher Genehmigung des Kunstinstituts Chicago)

Kette. Vivienne Mountfort bohrte Löcher in eine feste Scheibe mit einem Durchmesser von etwa 90 cm und spannte darüber eine Kette in der Art eines Spinnennetzes. Sechs Scheiben bilden zusammen die Komposition »Der Geist Kauri«, die in Abbildung **399** gezeigt wird.

◁ 392 »Spitzengewebe«, Wandbehang von Else Regensteiner. Gelbes, braunes, schwarzes und goldenes Leinen und Mohair (Photo John W. Rosenthal)

  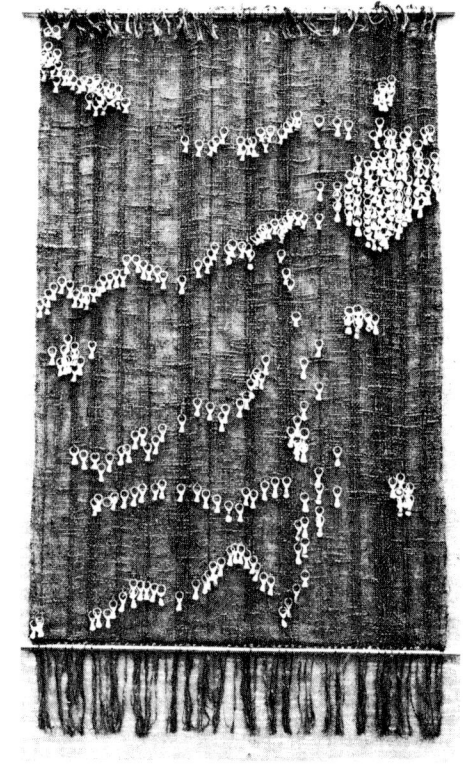

394 △   395 △   396 △

394 »Beflügelter Pegasus«, Wandbehang von Lenore Tawney (Photo mit freundlicher Genehmigung der Künstlerin und der Fairweather Hardin Gallery)

395 »Maske«, Wandbehang von Ted Hallman

396 »Laschengehänge«, Wandbehang von Frank A. Muehlenbeck. Blaues Leinen und Dosenverschlüsse (Photo Grand Rapids Art Museum)

397 Ausschnitt eines Wandbehangs in Gobelin- und Schlaufenflortechniken von Sondra MacLeod (Photo mit freundlicher Genehmigung der Künstlerin)

398 »Faserwald II«, Wandbehang von Joyce Richards (Photo Paul Jacobson, mit freundlicher Genehmigung der Künstlerin)

Tafel XVIII  Wandbehang, schußdominantes Gewebe im Partiemuster von Astra Strobel (Photo mit freundlicher Genehmigung der Künstlerin)

Tafel XIX  »Chichi«, Wandbehang, Doppelgewebe mit geflochtenen und umwikkelten Fäden in der Oberkette und Leinwandbindung in der unteren Kette von Else Regensteiner (Photo Roger Poznan, Brand Studio)  ▷

Tafel XXI »Bezaubernde Reise«, Gobelin in Schlitz- und Einhängetechnik von Else Regensteiner (Photo John W. Rosenthal)

◁ Tafel XX Wandbehang mit Knöpfen und Muscheln von Else Regensteiner. Die obere Lage ist in Dreherbindung, die untere in Leinwandbindung gearbeitet (Photo Roger Poznan, Brand Studio).

*399 »Der Geist Kauri«, Wandbehangbilder von Vivienne Mountfort (Photo mit freundlicher Genehmigung der Künstlerin)*

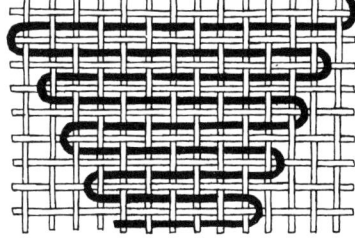

*400 HV-Technik* ▷

*401 Wandbehang in HV-Technik von Irene Suyeoka. Die Kette ist Leinen, Kett- und Schußdichte haben fünf Fäden pro cm. Das eingelegte Muster ist in grauer und schwarzer Wolle gestaltet (Photo Genn Suyeoka).*

*402 Wandbehang in HV-Technik von Linda Howard*

## HV-TECHNIK

Die HV-Technik, die ihren Namen dem schwedischen Halvgobelang oder Halbgobelin verdankt, ist eine Technik, bei der ein Musterfaden zusammen mit einem Hintergrundfaden in dasselbe Fach gelegt wird. Der Musterfaden wird nur innerhalb seiner Musterfläche hin- und hergeführt, während der Hintergrundfaden von Webkante zu Webkante läuft. Beide Garne können gleich stark sein und fest angeschlagen werden, so daß ein dichter Stoff entsteht. Man kann für den Hintergrund aber auch ein viel dünneres Garn als für das Musterelement nehmen und dieses nur leicht anschlagen, so daß der Hintergrund transparent und der Musterfaden betont wird. Der Hintergrundfaden wird zuerst in die Kette eingetragen, dann der Musterfaden darübergelegt. Die Abbildungen **401** und **402** zeigen Muster nach dieser Technik. Für komplizierte Muster ist ein Gelesestab hilfreich, aber für einfache Muster genügen Webnadeln mit dem darauf aufgewickelten Schußfaden.

## ABBINDEFÄRBUNGEN UND BEMALUNG

Viele Weber sind sich gar nicht bewußt, welch faszinierende Effekte sich damit erzielen lassen, Farbe direkt auf das Kett- oder Schußgarn zu bringen. Dabei ist uns diese Technik durchaus vertraut, wenn wir an Textilien aus Indonesien, Indien, Afrika, Süd- und Zentralamerika sowie Japan denken. Die Technik trägt vielerlei Namen: **kasuri** in Japan, **jaspé** und **chiné** in Frankreich und **ikat** in Java. Abbindefärbungen nennen wir die buntgefleckten Muster, die sich durch stellenweise abgebundene und vorgefärbte Garne, gewöhnlich Seide oder Baumwolle, bilden. Abbindefärbungen können im Schußgarn wie im Kettgarn vorgenommen werden.

Für Kettfärbungen werden immer acht oder zehn Fäden auf einem Schärbrett abgemessen und als Strang der Länge nach auf einen Rahmen oder Tisch gespannt. Der Teil des Garns, der nicht eingefärbt werden soll, wird eng mit Garn umwickelt, damit die Farbe nicht eindringen kann. Wenn alle Stränge abgebunden sind, werden sie vom Rahmen oder Tisch genommen und ins Färbebad gelegt. Nach dem Spülen und Trocknen werden die Wicklungen entfernt. Will man ein mehrfarbiges Muster haben, wird dieser Vorgang wiederholt, nur werden diesmal die bereits gefärbten Stellen umwickelt und die ungefärbten Partien gefärbt. Die typischen Abbindefärbungen sind indes meist nur einmal gefärbt. Die Kette wird dann nach der Kettzopfmethode aufgebäumt. Oft mischt man auch die stellenweise gefärbten Kettgarne mit Streifen ganz gefärbter Kettfäden – das Gewebe wird dann nicht nur bunter, auch die Arbeit geht schneller voran, da weniger Kettfadenstränge einzufärben sind.

Das Schußgarn wird auf dieselbe Weise gefärbt, wobei es der Webbreite entsprechend abgemessen wird. Man kann das Muster leicht abändern, indem man die Farbflecken an andere Stellen setzt oder indem man verschie-

*403 Abgebunden gefärbter Kettzopf aus Santiago Atitlán, Guatemala, wo die Weber die Stränge fertig gefärbt auf dem Markt kaufen können.*

*404/405 Seiden-Ikat-Kaftan von Gwynne Lott, mit Patrone. Der breite Mittelstreifen ist in Panama- und die Seiten in Köperbindung gewebt. Das Garn in der Ikat-Mitte ist etwas dicker, um das Ikatmuster besser zur Geltung zu bringen (Photo mit freundlicher Genehmigung der Künstlerin).*

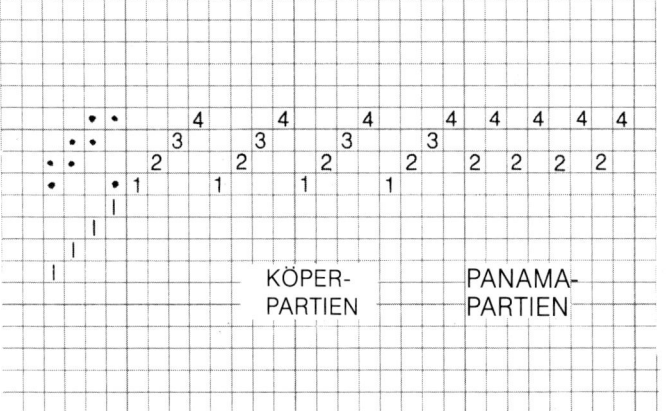

den lange oder breite Partien einfärbt. Oft werden auch Kett- und Schußgarnfärbungen miteinander kombiniert, so daß Farbkleckse und -striche aufeinandertreffen oder sich überlappen. Mit diesen Doppelmustern lassen sich raffinierte und faszinierende Wirkungen erzielen.

Welches Färbematerial man für diese Abbindefärbungen nimmt, hängt vom Fasergehalt des zu färbenden Garns ab. Die meisten Garne kann man mit Anilinfarben färben, die es in kleinen Abpackmengen in der Drogerie gibt. Diese Farben sind auch gut geeignet zum Experimentieren. Für eine gute handwerkliche Qualität sind sie allerdings nicht ausreichend lichtecht, weshalb man für entsprechend größere Arbeiten bei Wolle, Seide und Nylon auf saure oder bei Baumwolle, Viskose und Leinen auf Direktfarbstoffe zurückgreifen sollte, die es in Geschäften für den Webbedarf gibt.

Die Kette kann man auch mit Stoffarben bemalen. Beim Experimentieren an Probestücken mit farbiger Tinte und Filzstiften sind viele Weber auf ehrgeizigere Projekte gekommen. Man kann die gespannte Kette direkt im Webstuhl bemalen. In diesem Fall legt man ein Stück Pappe zum Malen vor dem Webblatt unter die Kette. Leider kann man jeweils nur das kurze Stück zwischen Webblatt und vorderer Schürze bemalen, und die Farbe muß trocken sein, bevor man anfängt zu weben. Man kann die Kette allerdings auch in ganzer Länge bemalen, wenn man sie vor dem Aufbäumen fest auf einen mit Papier bezogenen Tisch spannt und hier bemalt. Es erübrigt sich wohl darauf hinzuweisen, daß die Fäden genau in derselben Reihenfolge auf den Webstuhl gebracht werden müssen, wenn das Muster richtig übertragen werden soll.

406 Seidenstoff mit kompliziertem Ikatmuster aus Kambodscha (Sammlung Barbara Fine)

408 △

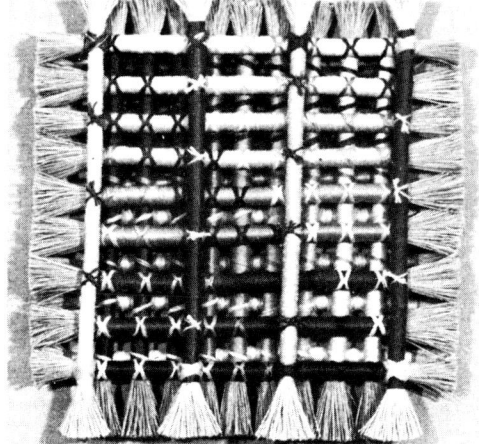

408 »Strukturkomposition I«, von Leora K. Stewart, in weißen und naturfarbenen Leinengarnen (Photo mit freundlicher Genehmigung der Künstlerin)

407 Ausschnitt eines Wandbehangs mit bemalter Kette von Richard Scrozynski

409 »Um Hlanga«, von Leora K. Stewart. Umwicklung und Zwirnung mit naturfarbenem Leinen (Photo mit freundlicher Genehmigung der Künstlerin)

*410–412 Die Arbeitsschritte beim Knüpfen eines Makrameeknotens*

*413 Flacher Makrameeknoten (Kreuzknoten)* ▷

*414 Kreuzknotenschnur* ▷▷

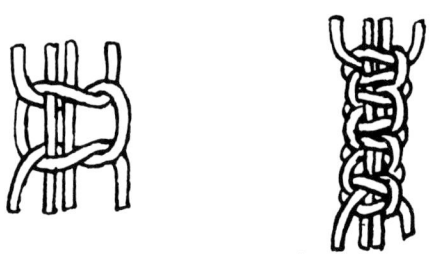

*415 Makrameeknoten in versetzter Anordnung* ▷

*416 Wandbehang in Makramee und Webtechniken, mit Tonperlen, von Lois Lebov* ▽

# MAKRAMEE ODER KNÜPFEN

Die Abbildungen 416 und 417 zeigen Webstrukturen, die ohne Webstuhl erstellt wurden. Manche bestehen aus langen Garnsträngen, die mit einem Doppelschlag direkt an einen Stab oder Ast geknüpft werden, der dann integraler Bestandteil des Gehänges bleibt. Die in diesen Arbeiten angewandte Technik ist gemeinhin unter dem Namen Makramee bekannt. Makramee ist eine von altersher überlieferte, vielseitige Kunst, die im Mittleren Osten, Europa und Zentral- und Südamerika beheimatet war. Fischer, Matrosen und Pfadfinder kennen die Technik und den wichtigsten Grundknoten, den Kreuzknoten. Moderne Handweber haben vielfach festgestellt, daß die Knüpftechnik ihre eigene Technik im unmittelbaren Umgang mit den Fasern hervorragend ergänzt. Meist werden diese Gehänge aus dickem Jutegarn oder Leinen- oder Baumwollkordeln geknüpft. In den Abbildungen 408 und 409 wurde mit Wickel- und Zwirntechniken gearbeitet.

*417 »Löcherige Steine«, Makrameegehänge aus Leinen und Wolle mit Steinen von Else Regensteiner (Photo Hector Garcia)*

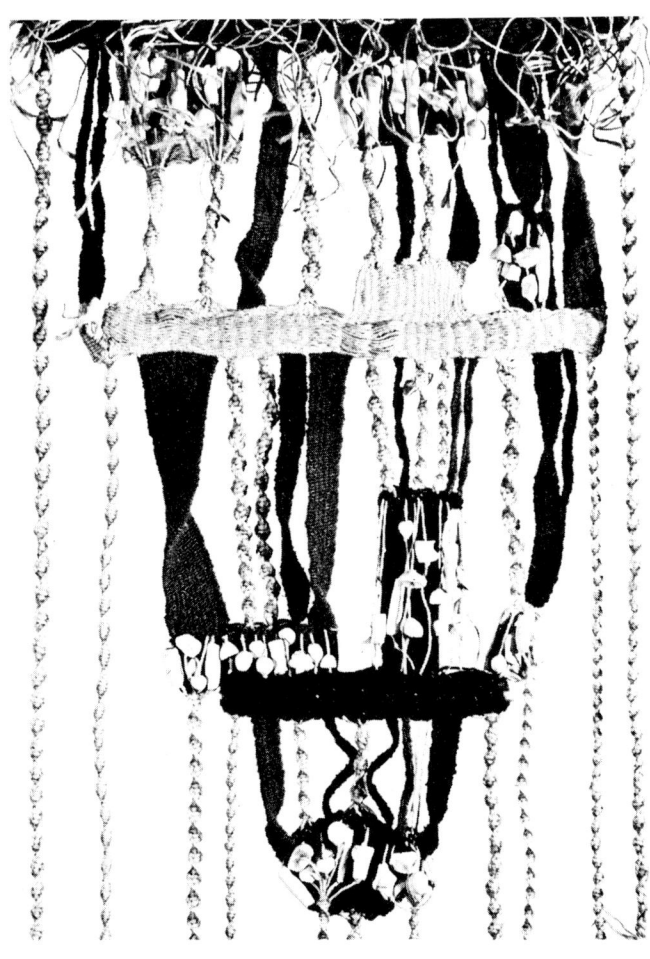

Wie der Makrameeknoten geknüpft wird, zeigen Abbildungen 410–412. Für einen Knoten braucht man vier Fäden (oder zwei gedoppelte Fäden). Zwei Fäden bilden den Mittelstrang, um den die beiden äußeren Fäden mit einem Halbknoten von rechts und einem Halbknoten von links geknüpft werden. Wenn man die Knoten immer von derselben Seite aus knüpft, winden sich die äußeren Fäden spiralförmig um den Mittelstrang, und das Ganze dreht sich wie ein Korkenzieher. Wenn die Knoten abwechselnd von rechts und links aus gemacht werden, bildet sich ein flacher Kreuzknoten (Abb. 413). Viele Knoten nacheinander bilden ein Seil (Abb. 414). Wenn mit vier Fäden und jeweils wechselnden Mittelsträngen Knoten wie in Abbildung 415 geknüpft werden, entsteht ein netzartiges Gebilde. (In ihrem Buch »Macramé: The Art of Creative Knotting« erklärt und beschreibt Virginia I. Harvey viele Variationen und Einsatzmöglichkeiten der Makrameeknoten, die für den Weber interessant sein können.)

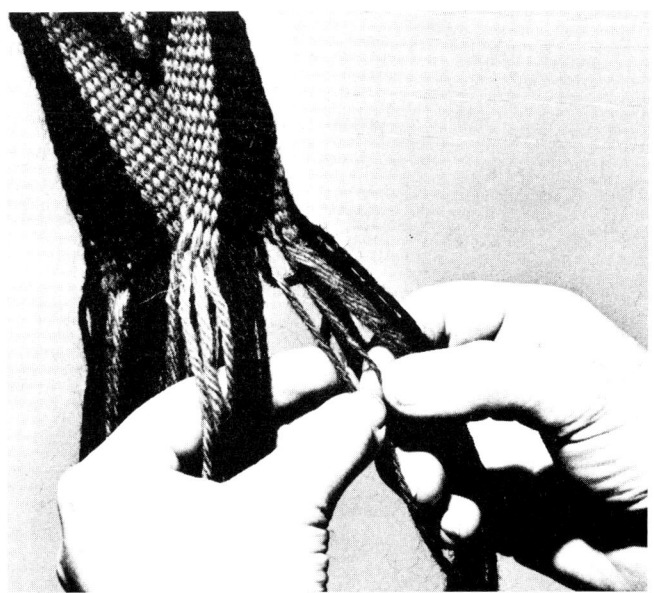

419 Fingergewebter Gurt (Photo mit freundlicher Genehmigung von John Kennardh White)

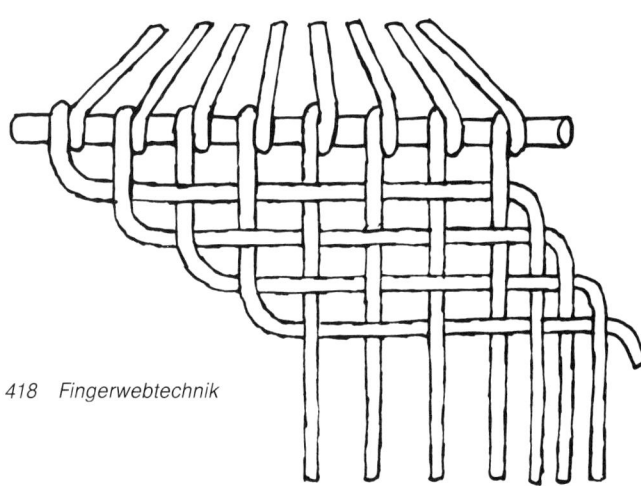

418 Fingerwebtechnik

420 Ausschnitt eines fingergewebten Gurts (Photo mit freundlicher Genehmigung von John Kennardh White)

421 »Goldener Fluß«, fingergewebtes Wandgehänge von Carol Weston

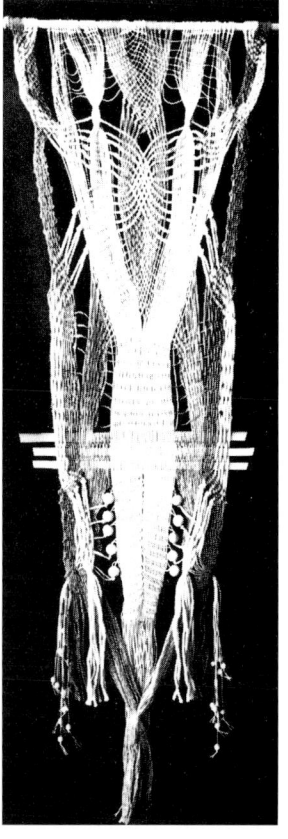

## FINGERWEBEN

Die Technik des Fingerwebens kannten unsere Vorfahren wohl schon vor dem Webstuhl. Sie konnten damit Schutzschilde für ihre Behausungen erstellen. Beim Fingerweben befestigt man beliebig viele Fäden mit Doppelschlag an einem Stab oder legt sie um einen Kettstab. Jeder Faden ist zugleich Kett- und Schußfaden, wie in Abbildung 418 zu sehen ist. Muster werden durch die Farbanordnung gebildet.

Für ein Probestück knüpft man acht Fäden an einen Stab, den man nach Beendigung des Gewebes als Bestandteil des Wandbehangs im Gewebe belassen kann. (In Abbildung 418 kommen die Kettfäden aus einem Fadenbündel und sind über einen Kettstab gelegt, der nach dem Weben herausgezogen werden kann.) Der erste Kettfaden links wird zum Schußfaden und über und unter die Kettfäden bis zur rechten »Webkante« hin eingewebt, wo er wieder zum Kettfaden wird. Der zweite Faden wird auf dieselbe Weise von links nach rechts geführt, und dieser Vorgang wird so oft wiederholt, bis das Gewebe fertig ist. Bei komplizierteren Fingergeweben, wie dem in Abbildungen 419/420 gezeigten, wird von der Mitte aus nach den beiden Seiten hin gewebt.

422 »Juwelen im Gras«, Wandbehang von Nell Znamierowski, aus Papier und Metall (Sammlung des Kunstinstituts Chicago, Photo Ferdinand Boesch) ▷

423 »Venus Nachtflug«, Wandgehänge von Loraine Gonzalez. Nylongarn und Leuchtstäbe (Photo mit freundlicher Genehmigung der Künstlerin)

Viele der in diesem Kapitel vorgestellten Techniken lassen sich phantasievoll einsetzen und kombinieren. Bei Wandgehängen ist ein gewisser Grad spielerischer Freiheit durchaus angemessen und zu fördern. Mit solch kreativen Spielereien wachsen unsere Kinder heran, gewinnen Erfahrung und lernen, sich auszudrücken. Natürlich kann nicht jedes Experiment und jedes Spiel zwangsläufig zu einem Kunstwerk reifen. Selbst die hochfliegendste Idee ist wertlos, wenn sie in der Praxis schlecht umgesetzt wird. Künstlerische Sehweise und handwerkliches Geschick bilden in einem schönen, ausgereiften Stück eine Einheit.

Die hier gezeigten Abbildungen sind als repräsentative Beispiele für künstlerisch-handwerkliches Arbeiten ausgewählt worden. Manche sind einfach, manche kompliziert, aber alle verdeutlichen auf genuine Weise, wie ausdrucksstark Gewebe sein können. Sie belegen zudem mit diesen Formen moderner Kunst die Aktualität auch des ältesten Handwerks.

Der Künstler muß seine Idee Schritt für Schritt weiter entwickeln und über eine gewisse Zeitspanne hinweg reifen lassen, sie ausdrücken und immer wieder verbessern. Variationen zu einem Thema bezeugen das Engagement des Künstlers und seine Suche nach dem adäquaten Ausdruck.

426 »Perlhuhn«, Wandgehänge von Terry Illes. Rote Wolle und Perlhuhnfedern (Photo mit freundlicher Genehmigung von Marna Johnson) ▷

424 »Plastischer Webteppich«, von Dorothy Hughes (Photo mit freundlicher Genehmigung der Künstlerin)

425 Detail von Abbildung 424 (Photo mit freundlicher Genehmigung der Künstlerin)

427 »Siam II«, Makrameegehänge von Else Regensteiner. Leinen und Jute mit Tonformen (Sammlung des Kunstinstituts Chicago, Photo John W. Rosenthal)

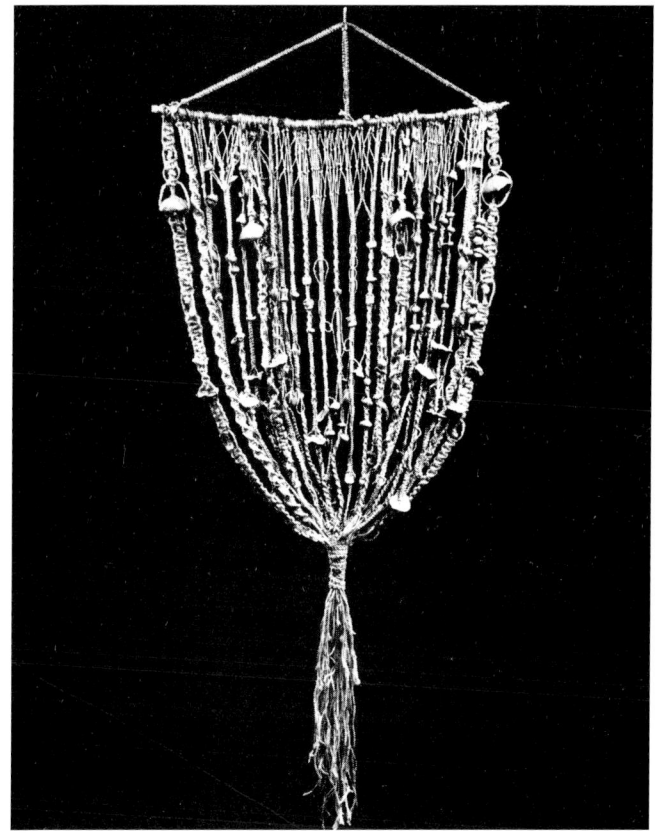

429 »Irrwege VI«, Gobelin aus Wolle, Mohair, Seide, auf Leinenkette, von Joanna Staniszkis (Photo mit freundlicher Genehmigung der Künstlerin) ▷

428 »Irrwege in Blau«, Wandbehang aus Wolle, Seide und Mohair, auf Baumwollkette, von Joanna Staniszkis (Photo mit freundlicher Genehmigung der Künstlerin)

430 »Roter Käfer«, Gobelin aus Wolle und Seide auf Leinenkette, mit Baumwolltaschen, von Joanna Staniszkis (Photo mit freundlicher Genehmigung der Künstlerin) ▷

*431 »Gewebtes Gitter«, Wandbehang von Anne Wilson. Die Kettdichte beträgt fünfzehn Fäden pro cm. Kettdominantes Gewebe mit eingelegtem Leinen und Draht (Photo mit freundlicher Genehmigung der Künstlerin)*

*432* »Gittersäulen«, von Anne Wilson (Photo mit freundlicher Genehmigung der Künstlerin)

*433* »Graue Patina«, von Jon Eric Riis. Gewebter Wandbehang mit Umwicklungen, aus Wolle und Metallfäden (Photo Rob Wheless, mit freundlicher Genehmigung des Künstlers)

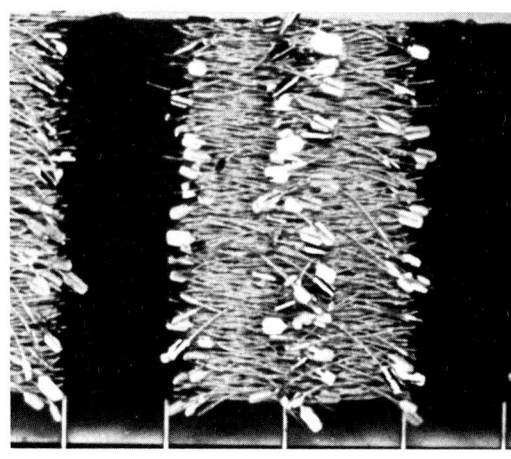

*434* »Jubai, Saudiarabien«, von Jon Eric Riis. Wandgehänge aus Sisal, Wolle, Leinen, Goldplattierung, Bronze- und Goldfäden, gewickelt und

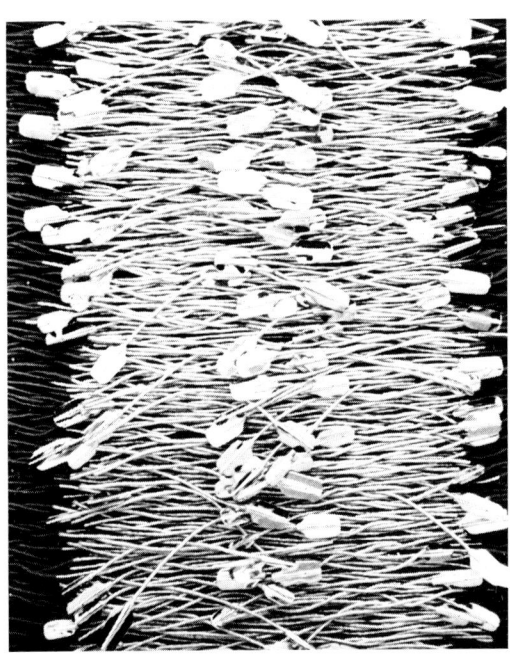

435  Ausschnitt von Abbildung 434

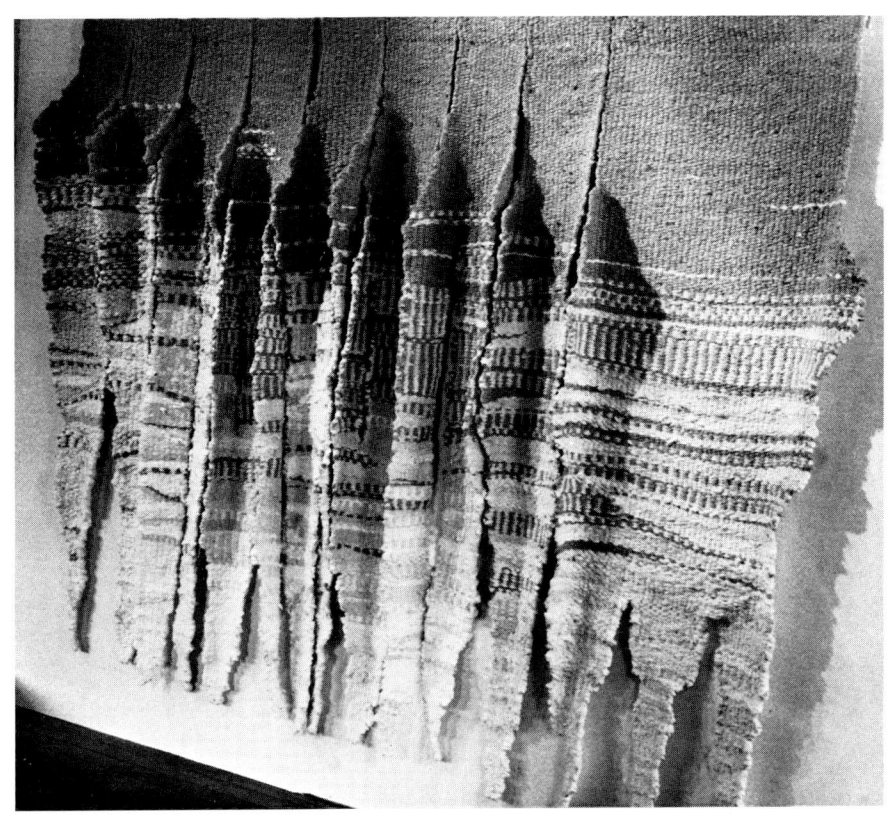

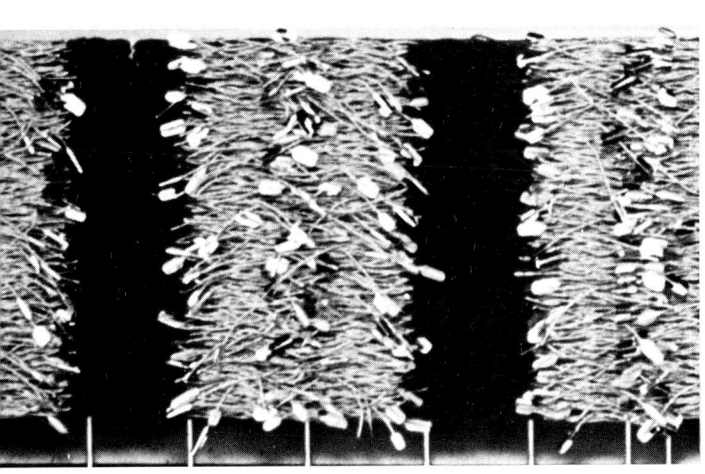

gewebt (Photo John Wheless, mit freundlicher Genehmigung des Künstlers)

△ 436  Wandbehang in Gobelintechnik, aus naturfarbenem Leinen und weißen und eierschalenfarbenen Stoffstreifen, von Dorothy Hughes (Photo mit freundlicher Genehmigung der Künstlerin)

437  Ausschnitt zu Abbildung 436  ▷

438–440 »Wand Nr. 3«, von Helen Frances Gregor. Drei gewebte Wandbehänge mit Fransen und eingearbeiteten Metallstäben (Photo mit freundlicher Genehmigung der Künstlerin)

442 »Hydra«, von Carolyn Saberniak White. Stoffstreifen ziehen sich durch Schlitze in einem Schlauchgewebe und vereinigen sich zu einer dreidimensionalen Plastik (Photo mit freundlicher Genehmigung der Künstlerin). ▷

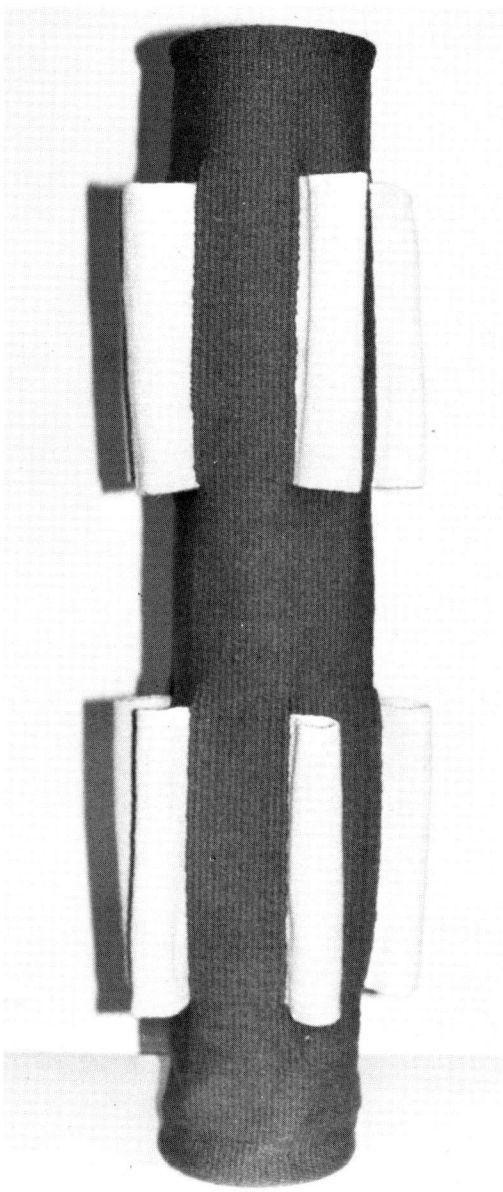

441 »Protuberanzen«, von Carolyn Saberniak White. Dieses zylindrische Gebilde aus brauner und naturfarbener Wolle wurde in drei Teilen gewebt. Die Schlitze der Mittelsäule sind im Entwurf vorgeplant. Zwei Streifen wurden separat gewebt und durch die Schlitze der Säule gezogen. Die Plastik wird durch einen Drahtreifen oben und unten gestützt (Photo mit freundlicher Genehmigung der Künstlerin).

443 »Blau auf Blau«, von Carolyn Saberniak White. Verdrehte, gewebte, locker fallende Stoffbahnen ziehen sich in und aus einem schlauchförmigen Grundgewebe. Die gedrehten Stoffbahnen bilden interessante Schatten und Kurven (Photo mit freundlicher Genehmigung der Künstlerin).

# 12
# TEXTILIEN SAMMELN UND KONSERVIEREN

Alle Weber sind Sammler und interessieren sich für textile Sammlungen. Sie lieben Fasern, haben ein Gefühl für Texturen und Farben, sind interessiert an Techniken und ungeheuer neugierig, was Ursprung und Herkunft gewebter Stücke anbelangt.

Die Liebe zu Textilien legte auch den Grundstein zu vielen berühmten Sammlungen, die sich in Museen der ganzen Welt finden. Ihr künstlerischer Wert und erzieherischer Einfluß sind unermeßlich. Die großen Museumssammlungen sind allerdings oft etwas unpersönlich, ein Grund, weshalb viele Schätze im Besitz von Kunstschulen und Akademien, Lehrern und Reisenden, Einzelpersonen und interessierten Webern verbleiben. Die Sammlung eines Handwebers kann Muster- und Versatzstücke, große Arbeiten oder winzige Fragmente, einen ererbten Bettüberwurf, einen seltenen Orientteppich, Volkskunst von fremden Märkten oder einfach schöne Textilien umfassen, die im Alltag benutzt werden.

Alle Stücke, ob zur Ansicht und zum Studium in Galerien oder Museen öffentlich ausgestellt oder zum Privatvergnügen von einzelnen Webern gesammelt, sind reiche Quellen der Inspiration für kreatives Arbeiten. Das Studium alter Techniken und Muster steht am Anfang raffinierter moderner Handwerkskunst und zeitgenössischer Umsetzungen. Kriterien für den Sammlerwert eines Stücks können seine Herkunft, die Technik, die Fasern, die handwerkliche Perfektion, die Muster und Bindungen und nicht zuletzt sein künstlerischer Wert und seine Aussagekraft sein.

Viele kleine private Sammlungen können wichtiges Lehrmaterial für zukünftiges Arbeiten darstellen oder Eingang in die Textilsammlungen der Museen finden.

## PFLEGE UND AUFBEWAHRUNG DER TEXTILIEN

Kleine und große, private und öffentliche Sammlungen stehen vor derselben Notwendigkeit, nämlich die Stücke in bestmöglicher Verfassung zu erhalten.

Die Textilien müssen jeweils einzeln untersucht werden, bevor sich Entscheidungen über ihre Pflege treffen lassen. Es gibt keine allseits gültige Methode der Reinigung, Aufbewahrung oder Präsentation für alle Textilien. Indes müssen in jedem Fall bestimmte Anforderungen erfüllt und Vorsichtsmaßnahmen getroffen werden, die unabhängig von Art und Charakter des Stücks gelten. Die im folgenden aufgeführten Punkte sollen einen Leitfaden darstellen, wie man ein Stück unter den bestmöglichen Bedingungen zu Hause aufbewahren kann.

### Die Reinigung

Textilien müssen sauber sein, egal ob sie ausgestellt oder nur gelagert werden.

Zwei Methoden kommen in Frage: Oberflächenreinigung und Waschen. **Die Oberflächenreinigung** von Teppichen, Gobelins oder Stoffen erfolgt am einfachsten mit dem Staubsaugerschlauch. Das Stück muß flach und zum Schutz der empfindlichen Oberfläche unter eine Fliegengaze aus Fiberglas oder Polyäthylen gelegt werden, über die man den Schlauch gefahrlos führen kann. Gesaugt wird immer in einer Richtung. Fliegengaze kann man vom laufenden Meter im Haushaltswarengeschäft kaufen. Da die Kanten ausfransen und scharf sind, muß man sie verkleben oder das Maschengeflecht in einen Rahmen kleben, bevor man damit arbeitet. Auch einen Wandteppich oder Gobelin kann man auf diese Weise absaugen, doch empfiehlt es sich, ihn dazu von der Wand zu nehmen.

Eine **Naßreinigung** oder das Waschen von Textilien sollte man nur nach gründlicher Prüfung des Zustands des Stücks in Angriff nehmen. Die Farbechtheit muß unbedingt erst mit klarem Wasser und dann mit der beabsichtigten Waschmittellösung getestet werden. Mit einer Pipette gibt man einen Tropfen Wasser auf eine unauffällige Stelle des Stoffs, der hierbei auf einem weißen Handtuch oder Küchenkrepp liegt. Wenn das Wasser oder die Waschmittellösung in die Faser gedrungen ist, drückt man ein Stück weißes Löschpapier auf die feuchte Stelle. Wenn das Löschpapier auch nur ein wenig Farbe annimmt, kann der Stoff nicht gewaschen werden. Alle Farben eines Gewebes müssen einzeln getestet werden.

Ist das Stück farbecht, wird es auf dünne oder zerschlissene Stellen hin untersucht. Diese Stellen werden mit ungefärbtem Musselin, den man unter den Stoff, und einem Stückchen Tüll oder Netzgewebe, das man über diese Stelle legt, verstärkt. Die beiden Gewebe werden mit einem weißen, sehr dünnen Baumwollfaden und einer sehr dünnen Nadel angeheftet. Man arbeitet mit langen und möglichst wenigen Stichen. Alte Gewebestücke sollte man gänzlich auf diese Weise verstärken.

Dann legt man das Gewebe flach auf eine Fliegengaze und taucht es in ein Becken mit destilliertem, auf Zimmertemperatur bzw. etwa 20°C erwärmtem Wasser. Destilliertes Wasser kann man in jeder Drogerie oder Apotheke kaufen. Man läßt das Gewebe etwa 30 Minuten im

Wasser einweichen. Dann wiederholt man diesen Vorgang mit frischem Wasser zum Spülen. Nie darf man das Wasser direkt auf das Gewebe gießen oder laufen lassen.

Wenn das Gewebe nach dieser Behandlung noch nicht ausreichend sauber ist, läßt man es in einer Lösung aus 30 g eines sehr milden, anionischen Waschmittels und 4 Liter Wasser einweichen. Diese Lösung kann bei baumwollenen Geweben auf 35°C erhitzt werden, wenn aber auch Wolle enthalten ist, darf die Temperatur 20°C nicht überschreiten. Auf keinen Fall ist irgendein scharfes Waschmittel zu benutzen. Man läßt das Gewebe so lange einweichen, bis das Wasser schmutzig wirkt. Dann spült man mehrmals in klarem Wasser bei gleichbleibender Temperatur, bis alle Waschmittelrückstände ausgespült sind.

An Stelle eines Waschmittels kann man auch milde Seife wie Neutralseife oder Seifenflocken nehmen. Diese ist zwar eventuell nicht so wirksam wie das Waschmittel, aber für zarte Gewebe besser verträglich. Man löst etwa 15 g Seife in destilliertem Wasser auf und füllt diese Lösung mit 4 Liter destilliertem Wasser auf. Bei der Seifenlösung muß man anschließend noch öfter als beim Waschmittel spülen.

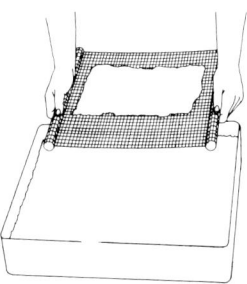

444  Waschen eines empfindlichen Gewebes auf Fliegengaze (Zeichnung George Suyeoka)

## Das Trocknen

Man legt das Gewebe flach zwischen zwei saubere weiße Handtücher und drückt es behutsam von oben, so daß überschüssiges Wasser in die Handtücher austreten kann. Das Stützgewebe kann man jetzt oder später entfernen. Man legt das Stück dann auf einen plastiküberzogenen Schaumstoff, glättet es und steckt es, wenn nötig, mit rostfreien Stecknadeln fest, damit es in Form bleibt. Flache, gut erhaltene Gewebe kann man in feuchtem Zustand auf eine Glasplatte an die Luft zum Trocknen legen. Wenn man das Stück vorher schön glatt zieht, sieht es danach wie gebügelt aus. Man darf auf keinen Fall mit Hitze oder Bügeleisen arbeiten.

## Die Behandlung von Orientteppichen

Orientteppiche, die als Teppich auf dem Boden in Gebrauch sind, sollten immer auf einer Unterlage liegen. Die beste Reinigungsmethode ist das wöchentliche oder zweiwöchentliche Staubsaugen. Es schadet dem Teppich nicht, und Schmutz- und Staubteilchen können sich nicht festsetzen. Wenn der Teppich stark begangen wird, behält er seine strahlenden Farben durch eine gelegentliche Reinigung mit dem Schaum einer milden Seifenlösung in kaltem Wasser. Die Teppichreinigungsmittel aus dem Handel sollte man nicht verwenden, sie sind meist zu aggressiv.

Zunächst ist jedoch immer die Farbechtheit zu prüfen. Ein echter Orientteppich – ein handgeknüpfter Teppich aus dem Iran, Indien, dem Kaukasus, der Türkei, Turkestan, China, Japan, Afghanistan, Pakistan oder dem Balkan – ist von ausgezeichneter Qualität und gewöhnlich farbecht.

Es gibt drei verschiedene Farbstoffe für Orientteppiche. Die alten Pflanzenfarben, die in Persien (Iran) bis etwa 1890 verwendet wurden, sind allseits bekannt. Die anderen Farbstoffe sind die Anilinfarben und die Chromfarben. Von diesen drei Farbstoffen können nur die Anilinfarben gefährlich werden und ausbleichen, verlaufen oder in feuchtem Zustand ausbluten. Die Chromfarben sind im allgemeinen problemlos und erwiesenermaßen zufriedenstellend. Alle Teppiche, auch die der Indianer und anderer Volksstämme fremder Länder, müssen mit einem Tropfen Wasser getestet werden, bevor sie angefeuchtet werden. Die Teppiche der Indianer kann man auch gefahrlos chemisch reinigen lassen – jedenfalls funktionierte das bei einem Yei-Teppich der Autorin bestens.

Für die Waschlösung löst man ein Teil eines milden, neutralen Waschmittels in 20 bis 25 Teilen Wasser. Man nimmt einen Haushaltsschwamm, drückt das Wasser aus und bearbeitet den Teppich mit der Seifenlauge. Wenn der Teppich eine gründliche professionelle Reinigung braucht, sollte man ihn nur in eine namhafte Reinigung für Orientteppiche geben. Bei angemessener Sorgfalt sollte das nicht öfter als alle drei bis fünf Jahre nötig sein.

## Die Lagerung

Teppiche sollten immer über Rollen oder Rundstäbe eingerollt und mit Schrankpapier oder säurefreiem Tissuepapier bedeckt gelagert werden. Man kann in Stoff gewikkelte Mottenkugeln beilegen. Die Teppichrolle wird mit säurefreiem Papier abgedeckt und mit Baumwollband zusammengebunden.

Ein Museum hat ganz andere Lagermöglichkeiten als ein Privatsammler, der häufig nur über einen sehr begrenzten Raum verfügt. Es besteht auch ein Unterschied zwischen einem Amateursammler und dem Kustos für Textilien in einem Museum, ebenso wie zwischen einem Kustos für textile Sammlungen und einem Textilkonservator. Bei entsprechender Aus- und Weiterbildung ist der Kustos schließlich in beiderlei Hinsicht kompetent und verfügt über eine entsprechende Erfahrung in Fragen der Lagerung, Sammlung, Reparatur, Ausstellung, Handhabung, Verleih und analytischen Forschung. Christa M. Thurman, Textilkustos am Kunstinstitut von Chicago, formulierte hierfür einige wichtige Grundregeln, die man beachten sollte, wenn man Textilien in gutem Zustand konservieren möchte.

1 Textilien sollten möglichst sauber gelagert werden.

2 Textilien dürfen nie mit säurehaltigen Stoffen in Berührung kommen. Man darf zum Abdecken nur säurefreies Papier und Klebeband verwenden. Holztruhen und Schubladen, die säurehaltig sind, müssen rundherum mit Schrankpapier oder einem Polster ausgelegt werden.

3 Alte oder kostbare Stoffe dürfen nicht gefaltet werden. Wenn es sich nicht vermeiden läßt, muß die Faltenbildung durch Unterlegen der Falten mit säurefreien Tissuepapierpolstern so gering wie möglich gehalten werden. Kleine Stücke und Fragmente hebt man flach liegend auf; am besten heftet man sie mit feinen Nadeln und einem dünnen weißen Baumwollfaden auf ein Stück Baumwollstoff oder legt sie einfach auf eine Hartfaserplatte. Man sollte nichts Schweres darauf legen. Die Museen bewahren solche Stücke in flachen Schubladen oder Borden auf.

4 Wenn man das Stück rahmen möchte, legt man das Gewebe möglichst tief. Das Gewebe wird mit großen Stichen auf einen Baumwollstoff geheftet, der fest in einen Rahmen gespannt wird. Dieser wird mit einem Rücken aus Isoliermaterial wie Flanell verstärkt, der die Luft zirkulieren und das Gewebe atmen läßt. Die Glas- oder Plexiglasscheibe wird so befestigt, daß sie das Gewebe an keiner Stelle berührt. Für den Abstand kann ein Stückchen Holz oder ein tiefer Rahmen sorgen. Größere, festere Gewebe sollte man entweder flach auslegen oder rollen. Man überzieht dafür zuerst ein Papp- oder Metallrohr mit einem säurefreien Tissuepapier oder sauberer Baumwolle und rollt das Gewebe vorsichtig darauf, das keinesfalls mit Klebstoff oder Ösen in Berührung kommen darf. Die Rolle wird mit Stoff abgedeckt, mit Baumwollband zusammengehalten und dem Inhalt gemäß beschriftet. Die ideale Aufbewahrungsmethode ist ein Hängesystem, wie wir es aus Teppichgeschäften kennen, bei dem sich die einzelnen Rollen nicht berühren können. Die sorgfältige Aufbewahrung in Schubladen, Schachteln oder Truhen muß in Privatwohnungen meist genügen.

5 Lichteinfall, Temperatur und Feuchtigkeit müssen beim Konservieren von Textilien unbedingt kontrolliert werden. Helles Licht, egal ob künstlich oder natürlich, kann Textilien irreparabel zerstören. Sie sollten deshalb im Dunkeln gelagert und bei einer Ausstellung dem Licht nur begrenzte Zeit ausgesetzt sein. Das Kunstinstitut von Chicago wechselt seine Textilausstellungen alle drei Monate und läßt nur ein gerade noch vertretbares Dämmerlicht mit einer Lichtstärke von nicht mehr als 10 cd (Candela; Lichteinheit) zu. Direkte Sonneneinstrahlung sollte man vermeiden, wenn man zu Hause einen Platz für Textilien wählt. Die ideale Lufttemperatur für die Lagerung von Textilien liegt bei 18° bis 22°C mit einer relativen Luftfeuchtigkeit von nicht mehr als 40%. Das verhindert sowohl ein übermäßiges Austrocknen der Fasern als auch Schimmel und Fäulnis, die sich bei höherer Luftfeuchtigkeit bilden können.

6 Schimmel- und Mottenbefall kann man auch dadurch verhindern, daß man den Lagerraum trocken und sauber hält. Textilien sollten nie eng verschnürt oder in Plastiksäcken aufbewahrt werden, da sie atmen müssen. Als Vorsichtsmaßnahme sollte man ein paar kleine Stoffsäckchen mit Mottenkugeln oder einem anderen Mottenbekämpfungsmittel zu den Textilien in die Schublade oder Truhe legen.

## Das Hängen von Gobelins

Kleine und empfindliche Gobelins sollte man wie oben erläutert stützen und rahmen. Dicht gewebte, feste Gobelins kann man mit Velcro-Klettband direkt an der Wand befestigen. Velcro ist der Handelsname, der fast schon ein Synonym darstellt für den unter diesem Namen gehandelten Klettbandverschluß. Seitdem 1978 das von Velcro USA Inc. gehaltene Patent auslief, können auch andere Firmen diesen Verschluß produzieren. Der ursprüngliche Handelsname blieb indes bestehen. Das Klettband setzt sich aus zwei Stoffstreifen zusammen, wovon der eine mit Hunderten winziger Häkchen und der andere mit einer Vielzahl kleinster Schlingen bestückt ist. Wenn man die beiden Bänder zusammendrückt, verhaken sich Häkchen und Schlingen, die mit einem kräftigen Ruck wieder gelöst werden können.

Velcro-Klettbänder gibt es in einer Breite von 2 cm und 5 cm in den Kurzwarenabteilungen zu kaufen. Velcro liefert auch noch andere Breiten und bis zu 15 Farben.

Das Gewebe wird folgendermaßen aufgehängt:

a) Man benötigt eine Holzleiste, die dick genug ist, das Gewebe zu tragen, ohne sich zu biegen, und die so lang wie das Gewebe breit ist. Mit rostfreien Heftklammern wird das Velcroband mit den Häkchen auf der Holzleiste befestigt. Das Klettband muß so lang wie das Gewebe breit sein. Die Leiste wird mit Schrauben und Nägeln an der Wand befestigt.

b) Mit der Nähmaschine näht man das Klettband mit den Schlingen mindestens 2 cm unter der Kante auf allen vier Seiten auf einen 9 cm breiten, festen Baumwollstoffstreifen. (Nach Wunsch kann man auch an Stelle des Baumwollstreifens den Wandbehang gänzlich mit Stoff unterlegen. Eine solche Rückenbespannung – für die man am besten ungebleichten festen Baumwollstoff nimmt – wird gesäumt und auf drei Seiten an den Wandbehang geheftet. Die Unterkante bleibt lose. Das Klettband wird wie beim Baumwollstreifen oben an den Stoff genäht.)

c) Dann wird dieser Baumwollstreifen von Hand so an den Wandbehang geheftet, daß die Velcro-Seite oben nach außen zeigt. Man nimmt dazu einen farblich passenden Faden, denn die Stiche sind auf der Vorderseite zu sehen. (Der Wandbehang selbst darf nie mit der Maschine genäht werden.) Es ist darauf zu achten, daß die Stiche Baumwollstoff und Wandbehang erfassen und fest und sauber werden.

d) Der Wandbehang wird aufgehängt, indem die beiden Klettbandstreifen zusammengedrückt werden.

Diese Angaben sind keineswegs vollständig, sondern eine eher lückenhafte Antwort auf einige Fragen, die der Autorin von Webern gestellt worden sind. – Private und öffentliche Sammlungen spielen eine herausragende Rolle für die Überlieferung von Volkskunst und handwerklichen Traditionen, die vom Vergessen bedroht sind. In diesen Exponaten werden in anregender Form Stile, Techniken und kulturelle Wurzeln dokumentiert. Ob Weber nun Textilien selbst sammeln, sie in Museen und Galerien studieren oder zeitgenössische Arbeiten in öffentlichen Gebäuden und Privatwohnungen bewundern, sie haben in jedem Fall anregende Quellen vor sich, die ihre Kreativität und Kunstfertigkeit fördern.

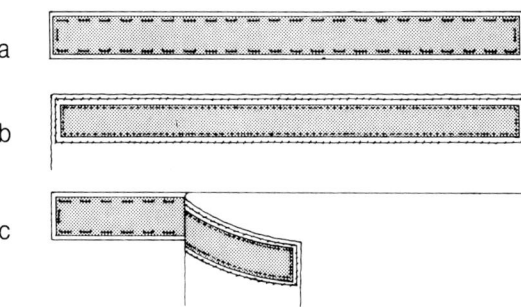

445 Ein Gobelin wird mit Velcro aufgehängt: die drei Arbeitsschritte

446  Gobelins in der ständigen Ausstellung der Textilgalerie des Kunstinstituts Chicago, an der Wand mit Velcro befestigt (Photo mit freundlicher Genehmigung des Kunstinstituts Chicago)

447  Textile Exponate und Orientteppich, ausgestellt im Kunstinstitut Chicago (Photo mit freundlicher Genehmigung des Kunstinstituts Chicago)

# ANHANG I

## DER GURTWEBSTUHL
*Text und Photos von Madeleine Smith*

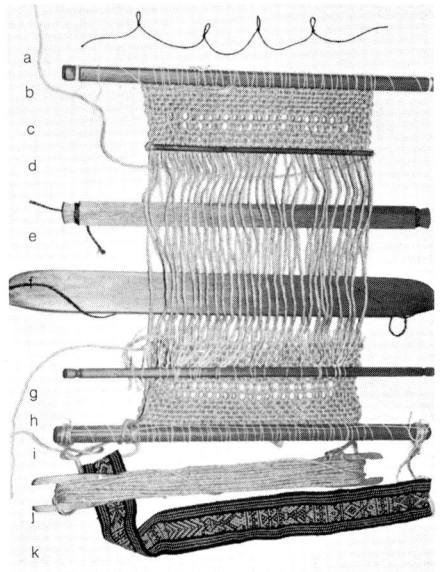

448 Gurtwebstuhl, fertig zum Weben eines Tischsets (Holzteile von Harold Power, East Chicago, Indiana):
a Geknotete Litzenschnur, b Kettbaum, c 1. Gewebehälfte, d Spanner (hier auf der Oberseite des Gewebes), e Gegenfachstab, f Schwert, g Litzenstab, h 2. Gewebehälfte, i Brustbaum, j Webnadel, k Hüftgurt (aus einem Polstergurt gemacht)

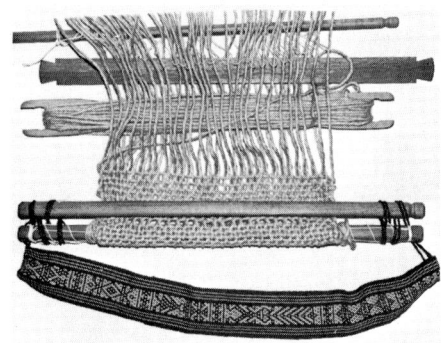

449 Haltestab für fertiges Gewebe

## Die Anfertigung des Webgeräts – Materialien und Bauanleitung

### Kettbaum und Brustbaum (Abb. 448a–i)
Gebraucht werden zwei Rundstangen mit einem Durchmesser von 2 cm und einer Länge von 40 cm bzw. der geplanten Gewebebreite plus 10 cm. Etwa 2 cm von den Enden entfernt eine 0,5 cm tiefe Kerbe in die Stangen schneiden und die Enden auf einen Durchmesser von etwa 1,5 cm verjüngen.

### Haltestange am Brustbaum für die gewebte Ware (Abb. 449)
Eine Rundstange mit einem Durchmesser von 1,5 cm bis 2 cm, von der gleichen Länge wie Kett- und Brustbaum. Die Rundstange wie für Kett- und Brustbaum an den Enden verjüngen. Mit diesem Stück wird das Gewebe beim Aufrollen so an den Brustbaum gedrückt, daß es sich ordentlich aufwickeln kann. Bei sehr kurzen Ketten erübrigt sich diese Haltestange.

### Fachstäbe
Zwei Holzstäbe, etwa 0,3 cm dick und 2 cm breit, in der Länge von Kett- und Brustbaum. In die Enden Löcher bohren, so daß die Stäbe im Fadenkreuz zusammengebunden werden können.

### Litzenstab (Abb. 448g)
Ein Rundstab mit einem Durchmesser von 2 cm und der Länge von Kett- und Brustbaum. Etwa 0,5 cm vom Rand entfernt eine flache, 3 mm breite Kerbe in die Enden des Stabs schneiden.

### Gegenfachstab (Abb. 448e)
Eine flache, etwa 6 mm dicke und 2 cm bis 5 cm breite Leiste in der Länge von Kett- und Brustbaum. In die Enden jeweils ein Loch von etwa 3 mm Durchmesser bohren. Man kann an Stelle dieser Leiste auch eine Papprolle mit einem Durchmesser von 5 cm bis 8 cm nehmen (z. B. eine Haushaltspapierrolle).

### Schwert oder Anschlagholz (Abb. 448f)
Eine harte Holzleiste, etwa 6 mm stark und 5 cm breit und 10 cm länger als Kett- und Brustbaum. Man kann stattdessen auch eine Jalousielamelle oder ein ähnlich geformtes Holz nehmen. Eine Längskante so abflachen, daß sie einen scharfen Rand bekommt.

### Hüftgurt (Abb. 448k)
Ein 16 cm breiter Streifen eines 90 cm breit liegenden Baumwollstoffs, der an beiden Enden geknotet wird, oder ein 8 cm breiter Polstergurt in einer Länge von 75 cm. Den Gurt auf eine Breite von 4 cm zusammenfalten und an den Enden, etwa 2 cm vom Rand, fest zusammennähen. Auffalten und Saum nach innen wenden. Die Enden laufen jetzt schmal zu. Für jedes Ende nimmt man eine stabile, etwa 80 cm lange Kordel, legt sie doppelt und zieht die Enden von außen in die Spitze des Gurts. Eine etwa 30 cm lange Schlinge bleibt außen hängen. Die Kordelenden werden im Gurtband verknotet, so daß der Knoten selbst unter Spannung nicht aus der Spitze rutschen kann.

### Spanner oder Breithalter (Abb. 448d)
Ein Stück Bambusrohr oder ein hohler Gartenpflock mit einem Durchmesser von etwa 6 mm, der genauso lang ist, wie das Webstück breit werden soll. Ein 2 cm langer Nagel an den Enden des Spanners wird an der Webkante in eine Gewebeschlinge gesteckt, damit sich das Webstück nicht zusammenzieht. Der Spanner wird auf der Unterseite des Gewebes befestigt und jeweils nach einigen Reihen versetzt.

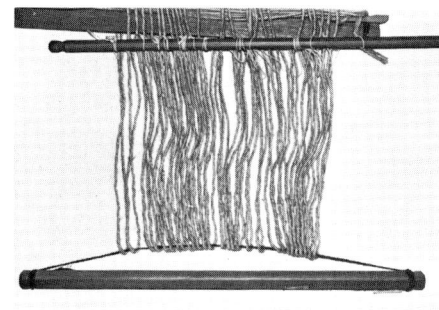

450 Die erste Schnur ist angebracht, um die Kettfadenschlingen am Brustbaum zu befestigen.

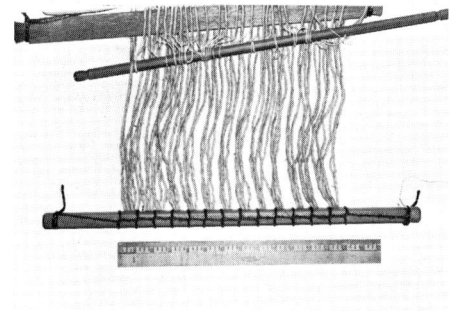

451 Die zweite Schnur ist als Schlingstich um den Brustbaum gelegt.

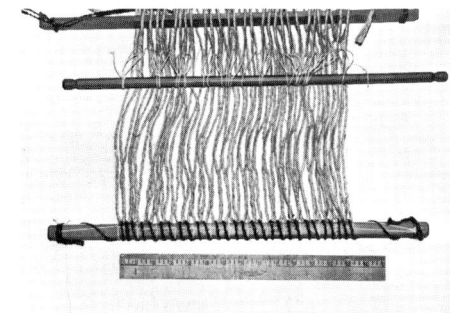

452 Die dritte Schnur ist um den Brustbaum gewickelt, um die Kette gleichmäßig zu spreizen.

### Politur
Die Holzteile des Gurtwebstuhls sehen schöner aus, wenn man sie mit etwas Terpentin und Umbra einreibt. Das Schwert sollte man polieren.

### Webnadeln oder Schiffchen
Es wird mit flachen, verschieden breiten Webnadeln gewebt, die länger als die Webbreite sind.

### Schnüre
Mit einer festen, vierfachen Jute oder Hanfschnur (Paketschnur) oder Kordel kann man den Hüftgurt am Brustbaum und den Kettbaum an einer Halterung befestigen. Für die Litzen wird Baumwoll-Cordunett und für

die anderen Schnüre Hanf 6/4 vorgeschlagen. Außer der Litzenschnur braucht man insgesamt noch 10 Schnüre: zwei, die etwa 30 cm länger sind als Kett- und Brustbaum, um die Kettschlingen an Kett- und Brustbaum zu befestigen (Abb. 450); zwei Schnüre, um die Kette mit Schlingstich an den Bäumen zu befestigen (Abb. 451) – wenn man mit 2 cm dicken Rundstäben arbeitet, muß man mit 4 cm Schnur pro cm Webbreite rechnen sowie mindestens 1 m zusätzlich. Zwei 3,5 m lange Schnüre (für eine breite Kette braucht man mehr) werden so um die Rundstäbe gewickelt, daß sich die Kette gleichmäßig spreizt (Abb. 452). Zwei etwa 80 cm lange Schnüre binden den Hüftgurt an den Brustbaum. Und zwei etwa 90 cm lange Schnüre binden den Kettbaum an die Halterung (Abb. 453). Für das umgekehrte Ypsilon, mit dem der Kettbaum an die Halterung geknüpft wird, nimmt man ein Stück Schnur doppelt und knotet die Enden zusammen. Mit dem einen Ende der Schnur legt man eine Schlinge, durch die man das andere, doppelte und verknotete Schnurende durchzieht.

Um auszurechnen, wieviel Schnur man etwa zum Knüpfen der Litzen braucht, multipliziert man die Hälfte der Kettfäden plus einen mit 15 cm und rechnet als Spielraum noch etwa einen Meter dazu. Oder aber man knüpft die nötige Anzahl der Litzenknoten einfach direkt vom Schnurknäuel.

### Litzen knüpfen

Wenn man Litzen **mit Knoten** knüpfen will, wie in Abbildung **448a** gezeigt, braucht man eine Meßlatte, die man sich aus einem 2,5 × 15 cm großen Stück Pappe oder Holz macht. Man mißt 15 cm Baumwollgarn, Teppichkettgarn oder sonst eine feste Schnur ab, wendet die Schnur und mißt noch einmal 15 cm zurück. Am umgelegten Ende macht man etwa 3 cm von der Schlinge entfernt einen Überhandknoten (Abb. **454**). Wenn man als Litzenstab einen dicken Stab benutzt, muß die Schlinge so groß gemacht werden, daß sie leicht auf den Stab zu schieben ist. Von der Schlinge aus mißt man nun noch einmal die 15 cm ab, legt die Schnur wie eben zurück und macht etwa 3 cm von der neuen Schlinge entfernt einen Knoten. Das macht man so lange, bis man eine Schlinge mehr als die halbe Kettfadenzahl hat (rechts und links vom letzten und ersten Kettfaden braucht man jeweils eine Litze, damit der Litzenstab nicht verrutscht).

Die Schnur kann man wiederverwenden. Wenn sie für ein anderes, geplantes Webstück zu lang ist, schneidet man sie in der Mitte zwischen zwei Knoten ab und hebt das Reststück für später auf.

Wenn man Litzen **ohne Knoten** knüpfen will, bespannt man erst den Webstuhl mit der Kette und bildet mit dem Fachstab ein erstes Fach, in das die Litzenschnur von rechts so weit eingelegt wird, daß links ein Ende aus dem Fach hängt. (Hinweis: dieses Fach wird später mit den Litzen und das Gegenfach mit dem Fachstab gebildet.) Der Litzenstab wird von links an die linke Webkante gelegt und die Litzenschnur lose an seinem Ende befestigt. Von links aus zieht man nun die Litzenschnur zwischen dem ersten und zweiten Kettfaden auf dem Fachstab hoch, verdreht sie und legt sie als Schlinge auf den Litzenstab. Dann wird die Litzenschnur zwischen dem zweiten und dritten Kettfaden auf dem Fachstab hochgezogen, gedreht und auf den Litzenstab gelegt. Auf diese Weise fährt man bis zur rechten Webkante fort, wo rechts vom letzten Kettfaden die Litzenschnur an den Litzenstab geknüpft ist. Wenn die Schnur zu eng angeknüpft ist, verkürzen sich auf den Außenseiten die Litzen bei der Drehung des Stabs, so daß sich nur noch ein enges, schmales Fach bilden kann. In diesem Fall muß die Litzenschnur gelöst und nachgebessert werden.

## Hinweise zum Weben
### Weben eines Sets mit vier Webkanten

Für die ersten Webstücke auf dem Gurtwebstuhl empfehlen wir ein festes Garn. Jute, Sisal, Cordunett, Hanf und vieles mehr bieten sich an. Teppichkettgarn mit einem schweren Schußgarn ergibt, wenn entsprechend fest angeschlagen, ein festes Material. In dem hier beschriebenen Webstück (Abb. 459) wurde mit einem schweren, braunen Jutegarn in Kette und Schuß gewebt. Vor dem Weben sollte man testen, ob und wieviel die Fasern einlaufen. Das gezeigte Musterstück wurde auf einer 35 cm breiten und 50 cm langen Kette gewebt und maß nach dem Waschen noch 31 × 45 cm.

Das Tischset wurde mit 82 Kettfäden bei einer Einzugsdichte von 12 Kettfäden pro 5 cm gewebt. 42 Litzenknoten wurden benötigt.

Und so wird gewebt:

1 Man zieht in der Mitte eines Rundstabs einen Strich rund um den Stab (d. h. 20 cm von den Enden entfernt). Zwei weitere Markierungen auf dem Rundstab werden 17 cm rechts und links von dieser Mittellinie aufgemalt. Nun legt man einen zweiten Rundstab neben den ersten und markiert ihn ebenso. Diese beiden Stäbe sind unser Brust- und Kettbaum.

2 Eine 50 cm lange Kette mit Fadenkreuz schären. Fadenkreuz und die beiden Enden der Kette abbinden und die Kette vom Schärbrett nehmen. In das Fadenkreuz die Fachstäbe einführen und zusammenbinden. Gleichzeitig kann man die Schnur, mit der das Fadenkreuz gesichert war, lösen.

3 Eine 70 cm lange Schnur durch eines der geschlungenen Enden der Kette ziehen (siehe Abb. 450), mit einem Doppelschlag (Abb. 455) auf einer Seite des Brustbaums befestigen, fest anziehen und mit einem zweiten Doppelschlag auf der anderen Seite des Baums festsetzen. Das gleiche macht man mit einer zweiten Schnur am hinteren Ende der Kette, wonach man die Abbindungen lösen kann. Die beiden losen Fäden am Rand der Kette (der erste und letzte Kettfaden) an die Schnur knüpfen, mit der die Kette nun am Baum befestigt ist. (Nach dem Weben werden diese Enden losgeknüpft und im Gewebe vernäht.)

4 Die nächsten Schritte sind leichter durchzuführen, wenn die Kette unter Spannung steht. Man befestigt die Y-Schnur an ihrem geschlungenen Ende mit einem umgekehrten Doppelschlag (Abb. 456) am Kettbaum. Das andere Ende wird an einen Pfosten, eine Türklinke oder eine an den Tisch geschraubte Schraubzwinge gebunden. Die gedoppelte Kordel am Hüftgurt wird mit einem weiteren umgekehrten Doppelschlag am Brustbaum befestigt. Den Hüftgurt legt man sich tief um die Hüften.

5 Eine 3 m lange Schnur wird mit einem Doppelschlag links am Brustbaum so befestigt, daß der Hüftgurt noch vom Brustbaum gleiten kann. (Man kann die Schnur auch mit einem anderen Knoten anknüpfen, aber der Doppelschlag ist am leichtesten wieder zu lösen.)

6 Von links aus führt man die Schnur an der linken Markierung mit einem Schlingstich (Abb. 457) um den Rundstab, wobei der Schlingstich auch die Schnur mit umfassen soll, die die Kette am Brustbaum hält (siehe Abb. 451). Dann zählt man sechs Fäden (drei Schlaufen) ab und legt den zweiten Schlingstich genau 2,5 cm neben den ersten. (Man kann den Stab in cm-Abständen markieren, ein Lineal reicht aber auch.) Die richtig plazierte Schnur wird fest angezogen und der nächste Schlingstich gesetzt. An der rechten Webkante bleiben nur vier Kettfäden über; der Abstand zwischen den letzten beiden Schlingstichen beträgt dementsprechend nur 1,6 cm.

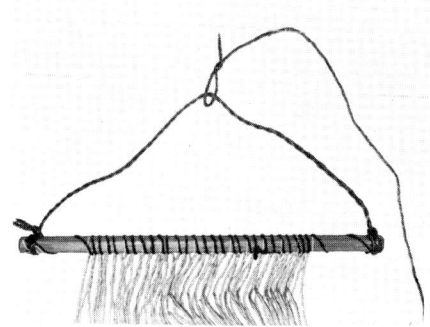

453 Schnur in Form eines umgekehrten Ypsilon

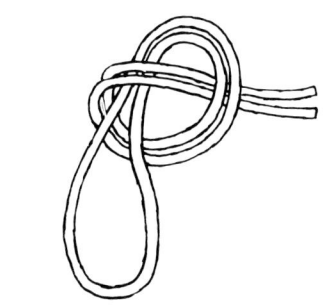

454 Überhandknoten mit geschlungenem Schnurende

455 Doppelschlag

456 Umgekehrter Doppelschlag

457 Schlingstich

7 Jetzt wird eine weitere 3 m lange Schnur wiederum mit einem Doppelschlag links so an den Brustbaum geknüpft, daß der Hüftgurt nicht behindert wird. Die Schnur wird mehrmals um den Brustbaum gewickelt, durch jede einzelne Kettfadenschlaufe gezogen und nach jeder dieser Schlaufen einmal um den Brustbaum gelegt. Bei dieser Kette sind das sechs Umwicklungen auf 5 cm. Die Schnur wird auf diese Weise über die ganze Breite der Kette gezogen und auf der rechten Seite wieder mehrmals um den Stab gewickelt, bevor sie rechts am Brustbaum (links neben der Hüftgurtanbindung) befestigt wird. Die Kette wird beim Umwickeln mit der Schnur so gleichmäßig wie möglich gespreizt und die Schnur möglichst straff gespannt.

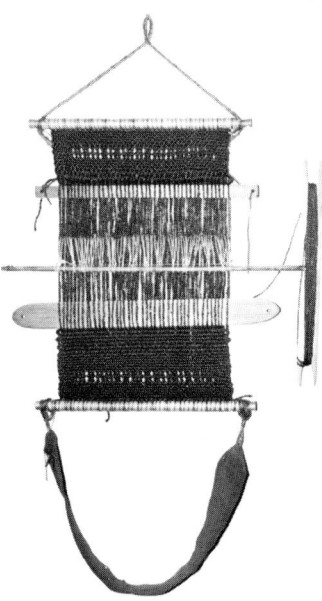

*458 Webstuhl mit halb fertig gewebtem Juteset. Zu beachten sind Litzenstab und Gewebe an beiden Enden des Webstuhls.*

*459 Fertiges Tischset. Zu beachten sind die vier Webkanten.*

*460 Webkamm oder Rispenblatt werden heruntergedrückt, um das Fach in der Kette zu öffnen.* ▽

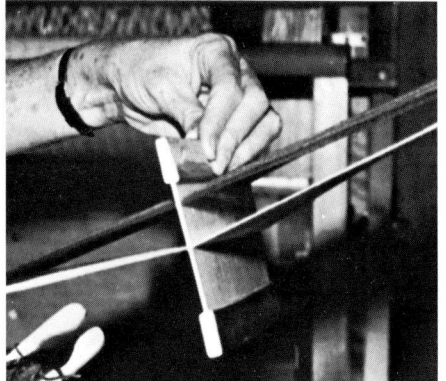

8 Den Webstuhl losmachen, umdrehen, so daß der Kettbaum vorne ist und die Schnüre am Kettbaum nachziehen. Dieses Ende der Kette mit einer dritten Schnur im Schlingstich befestigen und den Kettbaum wie in Schritt 7 beschrieben mit einer vierten Schnur zum Spreizen der Kette umwickeln.

9 Der Litzenstab wird angebracht, indem man die geknotete Litzenschnur in das erste Fach legt und die erste Litzenschlaufe links vom ersten Kettfaden nach oben zieht. Den Litzenstab links an die Kette anlegen und die erste Litze daraufschieben. Die zweite Litzenschlaufe zwischen dem ersten und zweiten Kettfaden hochziehen und auf den Litzenstab heben. Der erste Kettfaden liegt dann eingebettet zwischen der ersten und zweiten Litze. Weiter auf diese Weise bis zur rechten Webkante Litzenschlaufen auflesen und auf den Litzenstab legen, so daß pro Kettfaden der oberen Fachlage eine Litze hochgezogen wird. Die letzte Schlaufe liegt rechts vom letzten Kettfaden, also außerhalb der Kette. Dann eine Schnur längsseits an den Litzenstab knüpfen, damit die Litzen nicht mehr herunterrutschen können.

10 Den Gegenfachstab in die Kette einführen. Die Fachstäbe, die das Fadenkreuz halten, herausnehmen. Eine Schnur an den Gegenfachstab knüpfen, damit er nicht aus der Kette rutschen kann. Sie muß so locker geknüpft werden, daß sich der Stab noch hochkant stellen läßt.

11 Auf eine Webnadel genug Schußgarn für 24 Reihen oder 10 cm wickeln.

Beim Weben liegt der Brustbaum dicht am Körper, der Hüftgurt sitzt tief auf der Hüfte. Wenn nötig, kann man den Brustbaum mit einem weiteren Halbschlag der am Brustbaum befestigten Kordel näher an den Körper bringen. Es ist eine Frage der individuellen Bequemlichkeit, ob man den Kettbaum höher als den Brustbaum anschnürt oder ob man die Kette lieber waagerecht verlaufen läßt. Um den Rücken zu schonen, sollte man in guter Haltung sitzen. Wenn man im Litzenstabfach webt, läßt man mit der Spannung etwas nach, indem man sich leicht nach vorne lehnt.

12 Den ersten Schußfaden ins Fach eintragen. Das Ende um den letzten Kettfaden herum ins Fach zurücklegen. Das Gegenfach bilden und den Schußfaden mit dem Schwert fest anschlagen. Die Webnadel ins Fach eintragen und das Fach wechseln. Gut anschlagen. Nach einigen auf diese Weise gewebten Reihen den Breithalter wie oben beschrieben einsetzen und nach einigen weiteren Webreihen wieder nach vorn versetzen.

13 Nach sechs oder sieben gewebten Reihen (der Schußfaden hängt rechts) eine Reihe Dreherbindung weben.

14 Weiter in Leinwandbindung weben, bis das Stück etwa 10 cm mißt, wobei der Schuß immer so fest wie möglich angeschlagen wird. Dann den Schußfaden abschneiden.

15 Eine Webnadel mit ausreichend Schußgarn bewickeln, um das Set fertigzustellen. Um die vier Webkanten zu erhalten, dreht man den Webstuhl mit der Oberseite nach unten und schiebt den Gegenfachstab dicht an den Litzenstab heran. Mit einem zweiten Stab, einem Hilfsstab, hält man das Fach geöffnet, bis der Gegenfachstab losgebunden, nach vorn genommen und wieder angebunden ist. Gewebt wird, einschließlich der Reihe Dreher, wie oben. Man webt solange, bis das Fach zu eng wird für Webnadel und Stäbe. Sie werden ersetzt durch eine schmalere Webnadel und schmalere Stäbe, bis gar nichts mehr geht. Die letzten Reihen werden mit einer Stopfnadel mit großem Öhr gewebt. Es ist darauf zu achten, daß auch hier die gleiche Anschlagstärke bzw. dieselbe Anzahl Reihen pro cm gewahrt bleiben wie im restlichen Gewebe. Man endet mit einem Schußeintrag in das entgegengesetzte Fach, in dem der erste Teil des Gewebes beendet wurde. Die Schußfadenenden werden jeweils möglichst auf verschiedenen Gewebeseiten ins Gewebe eingelegt, damit nicht zwei Fäden auf der gleichen Seite liegen. Jetzt kann das Set vom Webstuhl abgenommen werden. Die Schnüre kann man für eine andere Kette aufheben oder abschneiden.

## Weben mit dem Webkamm

Manchmal kann man auch an Stelle eines Litzenstabs einen Webkamm nehmen. Der Webkamm ist ein Kamm aus Metall, Holz oder Kunststoff. Er besteht aus vielen, in der Mitte mit einem Loch versehenen Lamellen. Die Kettfäden werden abwechselnd in ein Loch und in den Schlitz zwischen zwei Lamellen eingezogen. Wenn man den Webkamm hochzieht, entsteht ein Fach. Wenn man ihn nach unten drückt, entsteht das Gegenfach. Wenn der Webkamm stabil und fest ist, kann er auch zum Anschlagen des Schußfadens genommen werden.

Die Kette wird wie üblich geschärt und zum Kettzopf geflochten. Die Fachstäbe werden am Fadenkreuz eingelesen und zusammengebunden. Dann schneidet man die Schlaufen an dem den Fachstäben zunächst liegenden Ende auf und fädelt die Kettfäden in den Webkamm. Danach kann man die Fachstäbe herausnehmen. Dann wird der Hüftgurt am Brustbaum befestigt und um die Hüften gelegt. Die aufgeschnittenen Kettfäden werden wie auf einem gewöhnlichen Webstuhl an den Brustbaum geknüpft.

Eine lange Kette ist mit einem Webkamm einfach zu handhaben, um zum Beispiel Gürtel oder Schals zu weben.

## Weben mit einer langen Kette

Eine sehr lange Kette kann man zwischen Brust- und Kettbaum nicht in voller Länge spannen. Insofern muß man sich anders behelfen. Die Kette wird in der beschriebenen Weise vorbereitet und wie üblich am Brustbaum befestigt. Das Ende, das normalerweise am Kettbaum befestigt würde, wird indes folgendermaßen behandelt:

Man knüpft einen Meter vom Brustbaum entfernt einen dicken Überhandknoten in die ganze Kette. Dieser wird mit einer festen Schnur an einem feststehenden Gegenstand befestigt, der die Kette straff gespannt hält. Die Kette wird dann weiter wie üblich mit Litzenstab und Gegenfachstab verlesen, während man sie mit dem Hüftgurt am Körper straff spannt.

Dann beginnt man mit einigen Pappstreifen oder dickem Garn zu weben, bis die Kette auf die vorgesehene Breite gespreizt ist. Man kann nun so lange weben, wie man das Fach bequem noch erreichen kann. Wenn es Zeit ist, das Gewebe auf den Brustbaum zu wickeln, nimmt man einen zweiten Stab in der Länge des Brustbaums, mit dem das Gewebe dicht an diesen gedrückt wird (siehe Abb. 449). Stab und Brustbaum werden an den Enden mit einer Schnur in Form einer Acht fest zusammengeschnürt. Wenn das Gewebe weiter »wächst«, muß dieser Stab wieder losgebunden und neu an den Brustbaum geschnürt werden. Das andere Ende der Kette läßt man allmählich jeweils soviel nach, daß man genug Platz zum Weben und eine gute Spannung hat.

# ANHANG II

## BERECHNEN DES GARNVERBRAUCHS FÜR KETTE UND SCHUSS

### Wie der Kettbedarf für den normalen Kettbaum berechnet wird

1 Länge und Breite des geplanten Gewebes und Anzahl der Kettfäden pro cm festlegen. Ein Meter, der nicht verwebt werden kann, muß zusätzlich als Abfall mit einberechnet werden.

2 Die Kettbreite (in cm) mit der Zahl der Kettfäden pro cm multiplizieren, um die Gesamtzahl der für diese Kette benötigten Fäden zu erhalten.

3 Wenn die ganze Kette aus einer Farbe ist, wird die Zahl der Kettfäden mit der Länge der Kette multipliziert. Man weiß dann, wieviel Meter Kettgarn man insgesamt braucht.

4 Wenn man eine mehrfarbige Kette mit regelmäßigen Farbwiederholungen (Rapporten) plant, muß die Gesamtzahl der Kettfäden durch die Anzahl der Rapporte geteilt werden.

5 Dann zählt man als nächstes, wieviele Kettfäden einer Farbe in dem geplanten Rapport enthalten sind und multipliziert diese Zahl mit der Anzahl der Rapporte. Damit weiß man, wie oft jede Farbe in der Kette erscheint, d. h., die Zahl der Kettfäden pro Farbe.

6 Die Summe der Kettfäden einer Farbe mit der Länge der Kette multiplizieren, um die insgesamt von einer Farbe benötigte Lauflänge zu errechnen.

7 Für die Webkanten braucht man zwei (oder mehr) zusätzliche Fäden an den Außenkanten der Kette. Die Zahl der Kantenfäden mit der Gesamtlänge der Kette multiplizieren, um die insgesamt benötigte Länge zu errechnen.

8 Wenn die Farbfolge (Rapport) aus einer einfachen Wiederholung von zwei, drei oder vier Fäden besteht, kann man die insgesamt benötigte Lauflänge für die Kette wie in Schritt 3 errechnen und sie dann halbieren, dritteln, vierteln usw., um die für jede Farbe benötigte Lauflänge zu errechnen.

Ein Beispiel:
Bei einem Webstück mit einer Webbreite von 50 cm und einer Länge von 5 m mit einem Farbrapport von fünf Fäden, wobei einer schwarz, zwei weiß und zwei grau sind, errechnet sich die Lauflänge bei einem Einzug von sechs Fäden pro cm und zwei gedoppelten Kantenfäden an jeder Webkante wie folgt:

50 cm × 6 Fäden pro cm = 300 Kettfäden insgesamt
300 : 5 = 60 Farbrapporte
1 schwarzer Faden × 60 = 60 schwarze Fäden
2 weiße Fäden × 60 = 120 weiße Fäden
2 graue Fäden × 60 = 120 graue Fäden
60 × 5 m = 300 m schwarzer Faden
120 × 5 m = 600 m weißer Faden
120 × 5 m = 600 m grauer Faden,
4 Kantenfäden × 5 m = 20 m Kantenfäden.

**Formel zur Berechnung des Garnverbrauchs in Gramm**

Kettlänge (m) × Kettfadenzahl : Lauflänge (m/kg) = Kettgarnbedarf (kg)

### Berechnen des Garnverbrauchs für Direktkettbaum

(Abstandbügel im Abstand von 5 cm)

1 Länge und Breite und Kettdichte (Fäden pro cm) festlegen. Ein passendes Webblatt benutzen oder die Kettdichte auf das Blatt abstimmen.

2 Die Kettdichte mit 5 multiplizieren, um die Zahl der Kettfäden zwischen zwei Abstandbügeln zu erhalten. Es sollte versucht werden, den Farbrapport so aufzuteilen, daß er mit der für die 5 cm benötigten Fadenzahl aufgeht.

3 Die Gesamtzahl der Fäden zwischen zwei Abstandbügeln durch die Zahl der Fäden eines Farbrapports teilen, um festzustellen, wie oft sich dieser Rapport zwischen den Abstandbügeln wiederholt.

4 Die Kettbreite durch 5 cm teilen, um festzustellen, in wieviele Abschnitte die Kette insgesamt unterteilt ist.

5 Man braucht für jeden Faden in dem 5 cm breiten Abschnitt eine Spule. Um zu wissen, wieviel Meter auf jede Spule gespult werden müssen, multipliziert man die Zahl der Abschnitte mit der Länge der Kette und rechnet ein paar Meter Spiel dazu.

6 Die Spulen sind nach Farbgruppen einzuteilen, indem man die Zahl der Rapporte in einem 5 cm-Abschnitt mit der Zahl der Fäden pro Farbe multipliziert.

7 Die einzelnen Spulen werden mit der benötigten Garnlänge bespult.

8 Für die beiden zusätzlichen Kantenfäden pro Webkante bewickelt man zwei Spulen mit der doppelten Kettlänge plus einigen zusätzlichen Metern für den Abfall. (Die Kantenfäden werden außen an der Kette zusätzlich aufgebäumt. Sie sind **nicht** in den Rapporten mitberechnet.) Diese Spulen werden erst für die eine, dann für die andere Seite der Kette ins Spulgestell eingesetzt, bevor die Abschnitte aufgebäumt werden.

Ein Beispiel:
Für ein Webstück mit einer Farbfolge von acht Fäden (drei blau, zwei schwarz, drei rot), das 90 cm breit und 5 m lang werden soll, wird die Lauflänge bei einer Kettdichte von acht Fäden pro cm (zwei Fäden pro Riet in einem Webblatt 40/10) folgendermaßen berechnet:

8 Fäden pro cm × 5 = 40 Fäden pro Abschnitt von 5 cm
90 cm (Kettbreite) : 5 = 18 Abschnitte in der Kette, d. h., jede Spule wird 18mal gebraucht.
18 × 5 m (Kettlänge) = 90 m + 5 m zusätzlich = 95 m pro Spule.
40 : 8 Fäden pro Farbfolge = 5 Rapporte pro Abschnitt.
5 Rapporte × 3 blaue Fäden = 15 blaue Spulen
5 Rapporte × 2 schwarze Fäden = 10 schwarze Spulen
5 Rapporte × 3 rote Fäden = 15 rote Spulen
15 × 95 m = 1425 m blauer Faden
10 × 95 m = 950 m schwarzer Faden
15 × 95 m = 1425 m roter Faden
4 Kantenfäden × 5 m = 20 m Kantenfaden (auf zwei **separaten** Spulen).

### Berechnen des Garnverbrauchs für den Schuß

1 Ein Musterstück in der entsprechenden Bindung arbeiten.

2 Wenn der Schuß einfarbig aus einem Garn sein soll, zählt man die Zahl der Schußeinträge pro cm und multipliziert sie mit der Webbreite. Man erhält die verbrauchte Garnmenge für 1 cm Kette. Man multipliziert diese Zahl mit der beabsichtigten Stofflänge und erhält die nötige Garnmenge.

3 Wenn im Schuß verschiedene Farben oder Garne verarbeitet werden sollen, untersucht man 5 cm Schußgewebe und zählt ab, wie oft jede Farbe oder jedes Garn auftaucht. Die so erhaltenen Einzelsummen multipliziert man mit der Webbreite. Man erhält somit den Garnverbrauch für jede Farbe oder jedes Garn auf einer Gewebelänge von 5 cm. Diese Zahlen werden jeweils mit der insgesamt zu webenden Länge geteilt durch 5 multipliziert. Das Ergebnis ist der jeweilige Garnbedarf in cm.

Ein Beispiel:
Für ein Webstück von 100 cm Webbreite und 7,50 m Länge mit einfarbigem Schuß, der sich auf acht Schußeinträge pro cm zusammenschlagen läßt, wird die Lauflänge so berechnet:

8 × 100 = 800 cm Schußgarn auf 1 cm Kette
800 × 7,50 = 6000 m Schußgarn wird benötigt.

Für ein Stück mit denselben Maßen, aber mit einem Farb- und Garnrapport im Schuß von acht Schüssen Baumwolle, gefolgt von drei gelben Wollschußeinträgen und vier Metallfäden in Gold sowie fünf schwarzen Boucléfäden (das ergibt 20 Fäden auf 2,5 cm), wird so gerechnet:

8 blaue Fäden × 100 = 800 cm Schußgarn auf 2,5 cm Kette
3 gelbe Fäden × 100 = 300 cm Schußgarn auf 2,5 cm Kette
4 goldene Fäden × 100 = 400 cm Schußgarn auf 2,5 cm Kette
5 schwarze Fäden × 100 = 500 cm Schußgarn auf 2,5 cm Kette
750 cm Kettlänge : 2,5 cm Musterrapport = 300
800 cm blaues Garn × 300 = 2400 m
300 cm gelbes Garn × 300 = 900 m
400 cm goldenes Garn × 300 = 1200 m
500 cm schwarzes Garn × 300 = 1500 m.

**Formel für die Schußmaterialberechnung**

Gesamtverbrauch in m : Lauflänge (m/kg) = Materialverbrauch (kg)

# ANHANG III

## UMSCHREIBEN DER VERSCHNÜRUNG FÜR WEBSTÜHLE MIT UNTERFACH

Um die Verschnürung in einer Patrone bei einem Webstuhl mit Oberfachbildung (z. B. Hebelwebstuhl) für einen Webstuhl mit Unterfach (z. B. Gegenzugwebstuhl) abzuändern, liest man die Verschnürungspunkte genau umgekehrt. Man macht eine neue Patrone, in der die weißen Verschnürungskästchen der Oberfachpatrone schwarz ausgemalt und die schwarzen Kästchen weiß gelassen werden, wie die abgebildeten Patronen zeigen. Beim Unterfach bleiben die einen Schäfte einfach oben und werden nicht gehoben, während die entgegengesetzten Schäfte heruntergezogen werden. Das Bindungsbild bleibt genau gleich.

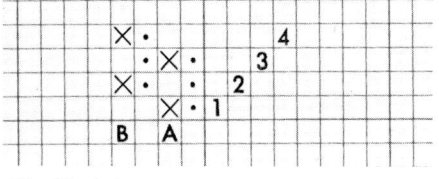

461 Oberfach

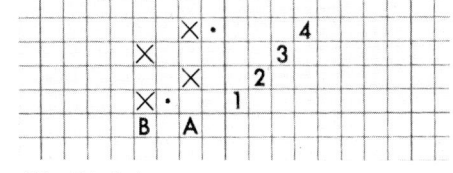

462 Unterfach

# ANHANG IV

## VERSCHIEDENE SCHREIBWEISEN UND SYMBOLE BEIM PATRONIEREN

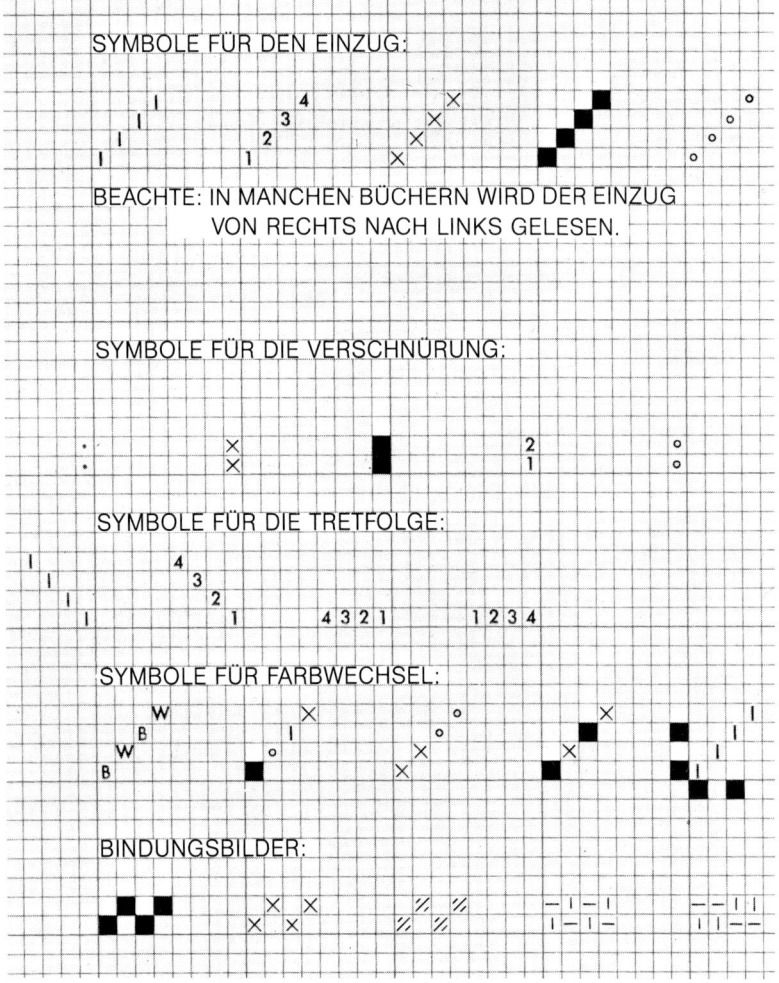

463 ▷

# ANHANG V

## PRAKTISCHE HINWEISE FÜR DEN WEBER

### Regelmäßige Musterrapporte

Wenn man einen Stoff mit Karomuster oder anderen Farbmusterblöcken webt, sollte man sich in der Größe des Musterelements ein Stück Pappe zuschneiden oder entsprechend markieren, um die Musterblöcke von Zeit zu Zeit überprüfen zu können, damit die Rapporte durch verschiedene Anschlagstärken nicht kleiner oder größer werden. Die Kette sollte nach einem Arbeitstag entspannt werden.

### Messen der Gewebelänge im Webstuhl

Während des Webens sollte man die jeweilige Gewebelänge mit einem Fädchen an den Webkanten markieren. Für jeden halben Meter kann man einen blauen, und für jeden ganzen Meter einen roten Faden einhängen. (Es ist durchaus sinnvoll, pro halbem Meter 3 cm zuzugeben, um die anschließende Schrumpfung ausreichend zu berücksichtigen.) Wenn man das Gewebe auf diese Weise markiert, muß man den Stoff nicht wieder ganz abrollen, wenn man wissen will, wieviel man bereits gewebt hat.

### Behandlung der Kette auf dem Webstuhl

Wenn sich flauschige Wolle auf dem Webstuhl verhakt, sollte man Geduld bewahren und das Fach zwischen Webblatt und Litzen lieber von Hand bereinigen, als zu versuchen, es mit dem Webblatt zu entzerren. Wenn Kettfäden ständig reißen und verstärkt werden müssen, kann man die Kette entsprechend nachbehandeln. Man kocht Leinsamen in Wasser auf, bis es die Konsistenz dünnflüssiger Stärke hat, seiht es ab und bringt die Flüssigkeit mit einem Schwamm auf die Kette auf.

Mit diesem Absud können auch Leinenketten behandelt werden. Man kann auch den ganzen Kettzopf in diesen Sud tauchen, ihn trocknen lassen und erst dann aufbäumen.

### Wie man gerissene und geknotete Kettfäden ausbessert

Wenn ein Kettfaden reißt, zieht man das vordere Ende aus dem Webblatt und das andere Ende aus der Litze nach hinten. Nun mißt man vom Kettgarn einen neuen Faden ab, der so lang ist, daß er vom Gewebe bis zum Streichbaum reicht und gibt noch 25 cm zu. Diesen Reparaturfaden fädelt man von vorne aus durch das leere Riet im Webblatt, dann in die Litze und führt ihn nach hinten zum Streichbaum. Nun steckt man eine Stecknadel etwa 3 cm unterhalb des letzten Schußeintrags parallel zum Schußfaden ins Gewebe. Um diese Nadel wird das Ende des Reparaturfadens in Form einer Acht geschlungen. Das andere, lange Ende knüpft man mit einem Laufknoten an den alten Faden, so daß er ebenso straff gespannt ist wie die anderen Kettfäden, und läßt das Ende hängen. Beim Weiterweben nähert sich der Laufknoten wieder den Schäften. Wenn er dort angelangt ist, löst man ihn und kann nun den Originalfaden an Stelle des Reparaturfadens wieder in Litze und Blatt ziehen. Der Reparaturfaden wird ausgefädelt, zum Gewebe gezogen und dort hängengelassen. Er kann später vernäht werden. Der Originalfaden wird erneut um eine Stecknadel geschlungen, so daß er entsprechend straff an der richtigen Stelle sitzt. Anschließend kann man weiterweben.

Nach etwa 20 cm oder wenn das Gewebe fertig ist, werden die Nadeln – bevor das Tuch vom Webstuhl genommen wird – herausgezogen und die Fadenenden mit einer großen Nadel im Gewebe vernäht.

Aus einem geknoteten Kettfaden schneidet man den Knoten heraus und handelt weiter so, als wäre der Faden gerissen.

## Wie ein Einzugsfehler korrigiert wird

Manchmal kann es auch passieren, daß man beim Überprüfen des Fachs vor Beginn des Webens feststellt, daß sich Kettfäden verhaken und ein unsauberes Fach bilden, in dem das Schiffchen beim Durchschießen hängenbleibt. Das passiert meist dann, wenn sich zwei Kettfäden zwischen Litzen und Webblatt überkreuzen. Um diesen Fehler zu beheben, bindet man die entsprechende Kettfadengruppen vorne vom Schürzenstock los und zieht die überkreuzten Fäden vorsichtig aus dem Webblatt. Wenn sie zwischen den beiden Litzen verkreuzt sind, zieht man sie aus diesen heraus und fädelt sie in der richtigen Reihenfolge neu in Litzen und Webblatt ein. Anschließend werden die gelösten Kettfäden wieder in der richtigen Spannung an den Schürzenstock geknüpft.

Manchmal, seltener – aber schwerer zu entdecken – passiert es, daß die Kettfäden in falscher Reihenfolge in die Litzen eingezogen sind, wodurch ein Gewebefehler entsteht, wenn man das Übel nicht behebt. Meist kann man eine Hilfslitze an der Stelle auf den Schaft knüpfen, auf dem der Kettfaden hätte sein sollen. Man zieht den Faden von hinten aus Webblatt und Litze heraus und fädelt ihn in die Hilfslitze auf dem richtigen Schaft neu ein.

Für die Hilfslitze mißt man ein Stück festen Baumwollfaden in der doppelten Litzenlänge plus etwa 15 cm ab. Diesen Faden legt man an der Stelle über die obere Schaftstange, wo Kettfaden und Litze hingehören. Die Fadenlängen müssen gleichzeitig über die Stange hängen. Dann knüpft man ihn lose (so daß er gleiten kann) mit einem Knoten an der oberen Schaftstange fest. Als nächstes werden die beiden Fadenlängen mit einem Überhandknoten für den oberen Knoten des Litzenauges zusammengeknüpft, wobei darauf zu achten ist, daß der Knoten ebenso hoch wie bei den anderen Litzen sitzt. Das Auge der Hilfslitze muß genau auf derselben Höhe wie die anderen Litzenaugen sitzen. Dann läßt man die entsprechende Augenhöhe frei und knüpft einen weiteren Knoten für den unteren Abschluß des Auges. Schließlich wird die Litze an die untere Schaftstange geknotet. Lange Enden werden gegebenenfalls abgeschnitten. Hierauf wird der Kettfaden in der üblichen Weise in die Litze gefädelt, ins Webblatt gestochen und unter gleicher Spannung an den Schürzenstock geknüpft.

Man kann auch im Handel erhältliche Hilfslitzen aus Stahl benutzen. Diese Litzen haben offene Enden und können an den Schaftstangen zusammengehakt werden.

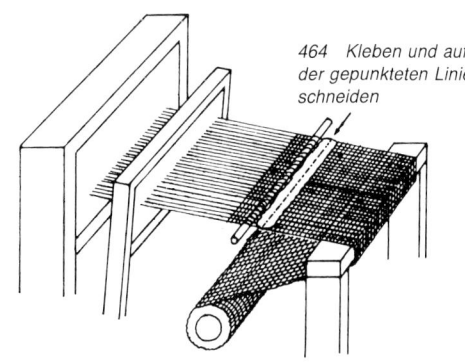

464 Kleben und auf der gepunkteten Linie schneiden

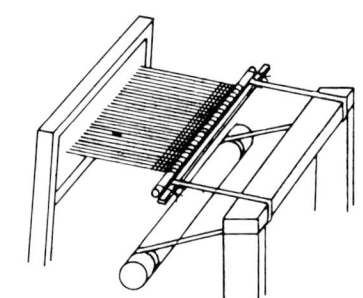

465 Wie man ein fertiges Gewebe abschneiden kann, ohne neu anknüpfen zu müssen (Zeichnung George Suyeoka).

## Wie man ein fertiges Webstück abschneidet und ohne erneutes Anknüpfen weiterweben kann

Oft kommt es vor, daß der Weber ein fertiges Webstück abschneiden und sofort weiterweben möchte. Das kann man bei dieser Methode ohne Zeit-, Kett- und Spannungsverlust bewerkstelligen.

1 3 bis 5 cm mit einem gut haftenden Garn, z. B. Wolle, in Leinwandbindung weben. Flüssigen Klebstoff in einer Linie von Webkante zu Webkante auf das Gewebe auftragen.

2 Einen flachen Stab oder Rundstab, der sich nicht biegen darf, ins Fach legen. Der Stab sollte so lang wie der Warenbaum sein.

2 Noch einmal 3 cm weben.

4 Wenn der Klebstoff trocken ist, schneidet man unterhalb der Klebelinie, wickelt das Gewebe ab und nimmt es vom Webstuhl.

5 Den eingewebten Stab an mehreren Stellen fest an den Schürzenstock schnüren. Damit ist die Kette fertig zum Weiterweben.

# GLOSSAR I

## WEBSTÜHLE

**Damastwebstuhl** Flachwebstuhl mit einem Extrasatz von Musterschäften hinter oder über den normalen Schäften. Die Musterschäfte werden mit eigenen Handhebeln bewegt.

**Flachwebstuhl** Jeder Webstuhl mit waagerecht gespannter Kette.

**Gegenzugwebstuhl** siehe Rollenzugwebstuhl.

**Gobelinwebstuhl** 1 Aubusson-Webstuhl: Flachwebstuhl mit 2 Schäften und 2 Tritten, an dem mit Spulen, Puscheln und Kamm gearbeitet wird.
2 Gobelin-Webstuhl (nach den Webstühlen in den Fabriken von Gobelin): Hochwebstuhl mit 2 Fächern und Schnurlitzen.
3 Moderner Hochwebstuhl mit 2 Schäften, 2 Tritten und Blattlade mit Webblatt.

**Gurtwebstuhl** Zwei Stäbe mit dazwischen gespannter Kette, die zum einen an einem feststehenden Gegenstand verankert, zum andern vom Weber über einen Hüftgurt gehalten werden. Gewebt wird mit Schnurlitzen und Fachstäben. Siehe Anhang I.

**Gurtwebstuhl mit festem Webkamm** Die Fachbildung geschieht durch einen festen Webkamm (bzw. ein Rispenblatt aus Holz, Metall oder Plastik), der aus Lamellen besteht, in die in der Mitte ein Loch gebohrt ist. Die Kettfäden werden abwechselnd durch einen Schlitz zwischen zwei Lamellen und das Loch in der Lamelle gefädelt. Ein Fach wird durch Anheben des Webkamms, das Gegenfach durch Herunterdrücken des Webkamms gebildet. Wird auch in Schulwebrahmen verwendet. Siehe Anhang I, Gurtwebstuhl.

**Handwebstuhl** Schmales, hölzernes Webgerät für die Bandweberei, bestehend aus Rahmen, Stiften und einem Satz Schnurlitzen. Die Kettfäden werden in einem Arbeitsgang aufgebäumt und eingezogen. Die Bänder entstehen als Kettripsgewebe. Handwebstühle sind alle von Hand oder Fuß bedienten Webstühle, die keinen elektrischen oder sonstigen Antrieb haben.

**Hebelwebstuhl** Handwebstuhl, bei dem sich die Schäfte durch Hebel beim Niedertreten der Tritte heben (Oberfachbildung). Siehe Kapitel 1.

**Hochwebstuhl** Jeder Webstuhl mit senkrecht von unten nach oben gespannter Kette.

**Jaquard-Webstuhl** Mechanischer Webstuhl, bei dem jeder Kettfaden innerhalb einer Rapportgröße über Lochkarten einzeln gesteuert werden kann, und mit dem sich entsprechend komplizierte Muster weben lassen. Die Karten werden dem Muster entsprechend gestanzt. Nadeln und Haken, die mechanisch in diese Löcher fallen, regulieren neben Schnüren, Metallstäben und anderen Vorrichtungen das Heben der Kettfäden.

**Klappwebstuhl** Webstuhl, der für Transport und Lagerung – meist mit aufgespannter Kette – zusammengelegt werden kann.

# GLOSSAR II

## FACHBEGRIFFE

**Kontermarschwebstuhl** Beim Kontermarsch bildet sich gleichzeitig ein Ober- und ein Unterfach, was durch die Ausstattung mit zwei Sätzen von Querhölzern bewerkstelligt wird. Wenn ein Satz Querhölzer die Schäfte nach unten zieht, zieht der andere die übrigen Schäfte nach oben. Siehe Kapitel 1.

**Mechanischer Webstuhl** Mit Strom oder sonstiger Energie betriebener Webstuhl. Automatisch heben und senken sich die Schäfte, wird das Schiffchen ins Fach eingetragen, schlägt die Blattlade an und wickeln sich Kette und Ware auf die Bäume.

**Navajo-Webstuhl** Hochwebstuhl mit senkrechter Kette, verstellbarem Rahmen, Schnurlitzen, Fachstäben und Walzen, um das gewebte Tuch auf den unteren Baum zu wickeln.

**Plättchen** Eine Anzahl quadratischer Kärtchen aus Holz oder festem Karton mit vier Löchern in den vier Ecken, die als Litzen dienen, mit denen schmale Bänder als Kettripsgewebe gewebt werden.

**Rollenzugwebstuhl** In diesem Flachwebstuhl werden die Schäfte durch die Tritte gesenkt, es bildet sich ein Unterfach. Siehe Kapitel 1.

**Schnellschuß** Flachwebstuhl, bei dem der Schütze mit einem Treiber, einer Art Schlagwerkzeug, das durch eine Zugschnur mit Handgriff eine stoßende Bewegung erhält, durch das Fach geschossen wird. Die Schnellschußvorrichtung beschleunigt das Weben.

**Standwebstuhl** Webstuhl, der mit Tritten zur Schaftaushebung versehen ist. Siehe Kapitel 1.

**Teppichwebstuhl** Hochwebstuhl mit 2 Fächern, die oft durch Schnurlitzen und Fachstäbe gebildet werden, und Querbalken oben und unten, über die die Kette gewickelt wird. Für Knüpf- und Webteppiche. Manchmal auch ein schwerer Flachwebstuhl.

**Tischwebstuhl** Flachwebstuhl ohne Tritte, die Schaftaushebung geschieht einzeln von Hand oder über Handhebel. Siehe Kapitel 1.

**Webrahmen** Rechteckiger, quadratischer oder runder Rahmen, mit Holz- oder Metallnägeln, über die die Fäden gespannt werden. Der Schußfaden wird mit Webnadel, Nadel oder einfach von Hand eingetragen. Manchmal auch mit Webkamm zur Fachbildung ausgestattet.

**Zampelwebstuhl** Damastwebstuhl, auf dem man mechanisch kleine, bildhafte Muster weben kann. Einzelne oder mehrere Kettfäden können über ein zweites Mustergeschirr im Obergestell des Webstuhls hochgezogen werden. Ursprünglich saß im Webstuhl oben der Zampeljunge und zog die Kettfäden hoch. Als Handwebstuhl ist der Zampelwebstuhl heute kaum mehr zu finden.

**Anschuß** Anfang- und Endstück eines Gewebes.
**Basse-Lisse** Horizontal aufgespannte Kette.
**Bildwirkerei** Bildliche Weberei, Leinwandbindung und Gobelintechniken.
**Bindung** Art der Verflechtung von Kett- und Schußfäden, die zusammen ein bestimmtes Bindungsbild oder Muster ergeben.
**Blattlade** Beweglicher Balken, in den das Webblatt eingesetzt und womit der Schußfaden angeschlagen wird.
**Blattstecher** Schmaler Haken, mit dem die Kettfäden ins Webblatt gezogen werden.
**Breithalter** Gerät zum Spreizen der Kette während des Webens, mit dem ein zu starker Einzug an den Kanten verhindert wird.
**Brustbaum** Der vordere Balken im Webstuhl, über den das Gewebe zwischen Webblatt und Warenbaum läuft.
**Cord** Gewebe mit kurzem Flor.
**Cordunett** Baumwollmehrfachzwirn.
**Direktkettbaum** Mit Abstandbügeln versehener Kettbaum, auf den die Kette in einzelnen Abschnitten direkt – ohne Umweg über den Schärbaum – geschärt und aufgebäumt wird.
**Direktschären** Schären und Aufbäumen in einem Arbeitsgang.
**Direktzetteln** Siehe Direktschären.
**Doppelcord** Florgewebe mit Längsfurchen oder -rippen. Der Flor kann aufgeschnitten oder als Schlingengewebe belassen sein.
**Doppelgewebe** Gewebe aus zwei Gewebelagen mit jeweils eigener Kette. Jede Kette wird auf eigene Schäfte eingezogen.
**Doppelt stechen** Zwei Kettfäden durch ein Riet im Webblatt ziehen.
**Draht** 1 Einfacher, unverzwirnter, gesponnener Faden.
2 Richtung, in die ein Faden gesponnen oder verzwirnt ist, als S-Draht oder als Z-Draht.
**Dreherbindung** Offene Bindung, bei der die Kettfäden verdreht werden.
**Einfach stechen** Einen Kettfaden in jedes Riet des Webblatts einziehen.
**Einschuß** Eine Reihe Schußfaden in der Kette. Auch Schußeintrag oder Schuß genannt.
**Einzug** Die Reihenfolge, in der die Kettfäden ins Webblatt und in die Litzen gefädelt werden.
**Fach** Öffnung in der Kette, durch die das Schiffchen geworfen wird.
**Fachstab** Stab, mit dem beim Gurtwebstuhl das Gegenfach gebildet wird. Manchmal auch im Sinn von Kreuzstäben bzw. Geleseleisten gebraucht.
**Fadenkreuz** Verkreuzen der Kettfäden beim Schären, um sie während des Aufbäumens und für den Einzug in geordneter Reihenfolge zu halten. Auch Gelese genannt.
**Fadenspanngerät** Gerät, mit dem die Reihenfolge und gleichmäßige Spannung der Kettfäden beim Direktschären gewährleistet wird.

**Farbmuster oder Farbverflechtung** Muster, die aus der Kombination von Bindung und Farben entstehen.
**Faser** Das natürliche oder künstliche kurze Haar, aus dem das Garn gesponnen wird.
**Filament** Natürliche oder künstliche Endlosfaser.
**Flor** Garn, das über einem flachen oder glatten Untergrund oder Grundgewebe hochsteht.
**Flottierung** Schußfaden, der einige Kettfäden regelmäßig überspringt, ohne eingebunden zu werden; oder Kettfaden, der einige Schußfäden überspringt.
**Gangkreuz** Fadenkreuz mit gröberer Ordnung am unteren Ende des Schärbaums, in dem alle Kettfäden eines Schärgangs nebeneinander liegen.
**Garn** Endloser, aus natürlichen oder synthetischen Fasern oder Filamenten gesponnener Faden.
**Gelese** Siehe Fadenkreuz.
**Geleseleisten** Stäbe, mit denen die ungeraden und geraden Kettfäden voneinander getrennt und während des Schärens und Aufbäumens für den Einzug in der richtigen Reihenfolge gehalten werden. Auch Kreuzstäbe genannt.
**Gelesestab** Stab zum Auflesen von Kettfäden für Muster in handgefertigten Bindungen; bildet hochkant ein Fach.
**Gobelin** Gewirkter Bildteppich, benannt nach der Wollfärberfamilie Gobelin in Paris, die 1662 ihre Teppichmanufaktur gründete. Leinwandbindige Bildwebtechniken.
**Halb stechen** Einzug der Kettfäden nur in jedes zweite Riet im Webblatt.
**Handhebel** Mechanismus, mit dem die Schäfte bei Tischwebstühlen gehoben werden. Entsprechen den Tritten beim Standwebstuhl.
**Handschütze** Siehe Schiffchen.
**Haspel** Gerät, mit dem Garnstränge gewickelt oder auf das sie zum Abwickeln oder Aufspulen aufgespannt werden.
**Haute-Lisse** Senkrecht aufgespannte Kette, Technik der Gobelinwerkstätten.
**Kamm** Gezinkter Holz- oder Metallkamm, mit dem die Schußfäden in die Kette geschlagen werden, auch Gobelinklopfer genannt.
**Kettbaum** Hintere Walze im Webstuhl, auf die die Kette gewickelt ist.
**Kettdichte** Zahl der Kettfäden pro cm, die beim Einzug ins Webblatt endgültig festgelegt wird.
**Kette** Längs auf dem Webstuhl gespannte Fäden.
**Kettfaden** Ein Faden der Kette.
**Kettstab** Einzelne Stäbe, die man zwischen die durch die Drehung des Kettbaums gebildeten Lagen der Kette legt, damit sich die Kette rund und gleichmäßig aufbäumt.
**Kettzopf** Abgemessene und abgezählte Kettfäden, die als Zopf vom Schärbaum in den Webstuhl überführt werden.
**Knäuelwickler** Gerät, mit dem das Garn zum Knäuel gewickelt wird.
**Köper** Bindung mit charakteristischem Schräggrat.
**Kreuzlatten** Siehe Geleseleisten.
**Kreuzstifte** Herausnehmbare Stifte an Schärbrett oder Schärbaum, um die das Fadenkreuz gelegt wird.
**Kurzpatrone** Verkürzter Bindungsplan, der nur die Größe von Musterblöcken oder Einzugsrapporten zeigt.
**Ladenbahn** An der Blattlade vorstehende Kante unter der Kette.
**Leinenbindung oder Leinwandbindung** Einfaches ober-über-unter-Verkreuzen von Kett- und Schußfäden nach Art des Stopfens, Grundbindung für Gewebe.
**Litze** Draht oder Schnur auf dem Schaft, mit einer

Öse (Auge) in der Mitte, durch die der Kettfaden läuft.

**Litzenstecher**  Kleiner, flacher Haken, mit dem die Kettfäden durch die Litzen gezogen werden.

**Makramee**  Knotenknüpftechnik.

**Partiemuster**  Muster, das sich durch partieweisen Einzug auf die Schäfte und die Tretfolge bildet, häufig mit blockartigem Charakter.

**Partieweiser Einzug**  Für bestimmte Musterpartien sind die Kettfäden auf die einen, für andere Partien oder Blöcke auf die anderen Schäfte gezogen.

**Patrone**  Komplettes Bindungsbild mit Verschnürung, Einzug und Tretfolge. Enthält alle Angaben zum Gewebeaufbau.

**Patronieren**  Eine Patrone zeichnen.

**Querholz**  Teil des Standwebstuhls, wird von oben mit den Schäften und von unten mit den Tritten verbunden. Querhölzer dienen zum Ausbalancieren der Schäfte und ermöglichen, die Schäfte an verschiedene Tritte zu schnüren.

**Querschemel**  Siehe Querholz.

**Rapport**  Einzugs- oder Farbfolge, die eine Mustereinheit darstellt und entsprechend der Rapportzahl wiederholt wird.

**Riet**  1 Schlitz im Webblatt, durch den die Kettfäden gezogen werden.
2 Kamm zum Vorkämmen und Spreizen der Kette vor dem Aufbäumen der Kette nach Kettzopfmethode.
3 Webblatt.

**Schaft**  Rahmen aus zwei Stangen und den Litzen, mit dem die Kettfäden gehoben oder gesenkt und die Fächer in der Kette gebildet werden.

**Schaftaushub**  Heben der Schäfte mit Tritten oder über Handhebel.

**Schärbaum**  Gerät, das sich um eine Mittelachse dreht, mit dem lange Ketten geschärt werden.

**Schärbrett**  Rechteckiges Brett oder Rahmen mit meist herausnehmbaren Stiften, auf dem man kürzere Ketten schären kann.

**Schären**  Abmessen und Abzählen der benötigten Kettfäden, die in richtiger Reihenfolge geordnet und unter gleichmäßiger Spannung auf Schärbrett oder -rahmen gewickelt werden.

**Schiffchen**  Gerät mit hohler Kammer und Spindel, in das der Schußfaden auf einer Spule eingesetzt und mit dem er durch das Fach getragen wird.

**Schnellschütze**  Metallverstärktes Schiffchen für die Schnellschußvorrichtung.

**Schürze**  Stoff oder Schnur, die an Kett- und Warenbaum zur Vermeidung unnötigen Kettabfalls geknüpft ist.

**Schürzenstock**  Stab, der an die Schürze geknüpft oder eingelegt ist, auf den die Kette geknüpft oder gelegt wird.

**Schuß**  Fäden, die quer über die Breite der Kette laufen.

**Schußeintrag**  Siehe Einschuß.

**Schütze**  Siehe Schiffchen.

**Schwert**  Flache Leiste, mit der auf einfachen Webgeräten ein Fach in der Kette gebildet (vgl. Fachstab) und der Schußfaden angeschlagen wird.

**Spanner**  Siehe Breithalter.

**Spannung**  Mehr oder weniger gestraffter Zustand der Kettfäden auf dem Webstuhl, durch Sperräder (am Gurtwebstuhl durch den Körper) reguliert.

**Sperrad**  Zahnrad vorn und hinten an der Walze im Webstuhl, in das eine Sperre einhaken kann. Kett- und Warenbaum können sich damit nur in eine Richtung drehen. Sie dienen dazu, die Kette zu spannen.

**Spule**  Kleine Spule, die in das Schiffchen eingesetzt und auf der der Schußfaden gewickelt wird. Größere Spulen werden mit Kettgarn bewickelt und zum Schären ins Spulgestell gesetzt.

**Spulgerät**  Spindelförmiges Gerät, auf das die Spulen zum Bewickeln gesetzt werden. Meist von Hand, selten elektrisch betrieben.

**Spulgestell**  Gestell, in das die Spulen zum Schären eingesetzt werden.

**Stechen**  Die Kettfäden in die Riete des Webblatts einziehen.

**Streichbaum**  Der Balken über dem Kettbaum hinten im Webstuhl.

**Teppichschütze oder Teppichnadel**  Große Webnadel für dickes Schußgarn.

**Tretfolge**  Reihenfolge, in der die an die Tritte geschnürten Schäfte gehoben oder gesenkt werden.

**Tritt**  Pedal, mit dem die Schäfte gehoben oder gesenkt werden.

**Verschnürung**  1 Verbindung der Schäfte mit Querhölzern und Tritten.
2 Kombination der Schäfte, die ein Bindungsbild ergeben.

**Ware**  Fertiges Gewebe auf dem Webstuhl, auch Teilabschnitte.

**Warenbaum**  Vordere Walze im Webstuhl, auf die das fertige Gewebe gewickelt wird.

**Webblatt**  Auch Riet genannt. Herausnehmbarer Kamm in der Blattlade, mit dem die Kette in einer bestimmten Kettdichte und auf eine bestimmte Kettbreite gespreizt wird.

**Weben**  Überkreuzen von Kett- und Schußfäden, um ein Gewebe zu erstellen.

**Webkante**  Gewebte Stoffkante im Gegensatz zur Schnittkante.

**Webnadel**  Flacher Stab mit Einkerbungen, um den der Schußfaden gewickelt und mit dem er ins Fach eingetragen wird.

**Webteppich**  Gewebter Teppich ohne Flor mit dominantem Schuß.

**Zetteln**  Siehe Schären.

# LITERATUR

Im Abschnitt »Weben« ist die vorrangig englischsprachige Literatur um wichtige deutsche Titel erweitert.

## FASERN UND GARN

**Baity, Elizabeth Chesley**  Man is a Weaver. New York: Viking, 1942.

**Bendure, Zelma, und Pfeiffer, Gladys**  America's Fabrics. New York: Macmillan, 1946.

**Birrell, Verla**  The Textile Arts. New York: Harper, 1959.

**Blumenau, Lili**  The Art and Craft of Handweaving: Including Fabric Design. New York: Crown, 1955.

**Bolton, Eileen M.**  Lichens for Vegetable Dyeing. Newton Centre, Mass.: Branford.

**Crawford, M. D. C.**  The Heritage of Cotton. New York: Putnam, 1948.

**ders.**  American Fabrics Encyclopedia of Textiles. New York: Doric, 1960.

**Hollen, Norma, und Saddler, Jane**  Textiles. 2. Aufl. New York: Macmillan, 1963.

**Linton, George E.**  Applied Textiles. 4. Aufl. Metuchen, N. J.: Textile Book Service, 1948.

**Matthews, J. Merritt**  The Textile Fibers. 5. Aufl. London: Wiley, 1947.

**Potter, David M. und Corbman, Bernard**  Textiles: Fiber to Fabric. 4. Aufl. New York: Gregg, 1967.

**Weibel, Adele Coulin**  Two Thousand Years of Textiles. New York: Random House, 1952.

**Wingate, I. B. (Hrsg.)**  Dictionary of Textiles. 5. Aufl. New York: Fairchild, 1967.

## FARBE UND DESIGN

**Albers, Anni**  On Designing. New Haven: Pellango Press, 1959.

**Albers, Josef**  Interaction of Color. New Haven: Yale University Press, 1963 (auch in Deutsch).

**Bain, Robert**  The Clans and Tartans of Scotland. London: Collins, 1947.

**Blumenau, Lili**  Creative Design in Wallhanging. New York: Crown, 1967.

**Forman, B. und W., und Wassef, Ramses Wissa**  Tapestries from Egypt Woven by the Children or Harrania. London: Hamlyn, 1961.

**Ghyka, Matila**  The Geometry of Art and Life. New York: Dover, 1977.

**Graves, Maitland**  The Art of Color and Design. New York: McGraw-Hill, 1941.

**Hambidge, Jay**  The Elements of Dynamic Symmetry. New York: Dover, 1967.

**Hornung's Handbook of Designs and Devices**  2. durchges. Aufl. New York: Dover, 1946 (auch in Deutsch).

**Innes of Learney, Sir Thomas**  The Tartans of the Clans and Families of Scotland. 3. Aufl. Edinburgh und London: M. und A. K. Johnston, 1948.

**Itten, Johannes**  Design and Form, Revised Edition. New York: Van Nostrand Reinhold 1975 (auch in Deutsch).

**Itten, Johannes**  The Elements of Color. New York: Van Nostrand Reinhold, 1970 (auch in Deutsch).

**Johnston, Meda P., und Kaufman, Glen**  Design on Fabrics. New York: Reinhold, 1967.

**Kelley, Charles, F., und Gentles, Margaret O.**  Oriental Rugs. Chicago: The Art Institute of Chicago, 1947.

**Kybalova, Ludmila**  Contemporary Tapestries from Czechoslovakia. London: Hamlyn, 1964.

**dies.**  Coptic Textiles. London: Hamlyn, 1967.

**Laliberte, Norman, und Mogelon, Alex**  Banners and Hangings. New York: Reinhold, 1966.

**Maile, Anne**  Tie-and-Dye as a Present-Day Craft. London: Mills and Boon, 1963.

**Mason, J. Alden**  The Ancient Civilizations of Peru. Neubearb. Aufl. Baltimore: Penguin Books, 1961.

**Mayer, Christa C.**  Masterpieces of Western Textiles from the Art Institute of Chicago. Chicago: The Art Institute of Chicago, 1969.

**The Metropolitan Museum of Art**  Handbook to the Loan Exhibition of French Tapestries–Medieval, Renaissance, and Modern. New York: The Metropolitan Museum of Art, 1947.

**O'Neale, Lila**  Textiles of Highland Guatemala. Carnegie Institution of Washington Publication No. 567. Washington, D. C.: Carnegie Institution of Washington, 1945.

**Osborne, Lilly de Jongh**  Indian Crafts of Guatemala and El Salvador. Civilization of the American Indian Series, No. 2. Norman, Oklahoma: The University of Oklahoma Press, 1965.

Plath, Iona  Decorative Arts of Sweden. New York: Dover, 1965.

Proctor, Richard M.  The Principles of Pattern. New York: Van Nostrand Reinhold, 1969.

Rodier, Paul  The Romance of French Weaving. New York: Tudor, 1936.

Rogers, Meyric R.  American Interior Design. New York: Norton, 1947.

Ruskin, John  The Art Criticism of John Ruskin. Hrsgg. von R. L. Herbert. Garden City, New York: Doubleday, 1964.

Scheidig, Walker  Crafts of the Bauhaus. New York: Reinhold, 1967.

Sloane, Patricia  Color: Basic Principles and New Directions. New York: Reinhold, 1968.

Jobé, Joseph (Hrsg.)  Great Tapestries: The Web of History from the 12th to the 20th Century. Übersetzt von Peggy Rovell und Edita Lausanne Oberson. New York: Time-Life Books, 1965.

Yamanobe, Tomoyuki  Textiles. Arts and Crafts of Japan Series no. 2. Englische Übertragung von Lynn Katoh. Rutland, Vermont: Tuttle, 1957.

## WEBEN UND VERWANDTE TECHNIKEN

Albers, Anni  On Weaving. Middletown, Conn.: Wesleyan University Press, 1965.

Allard, Mary  Rug Making: Techniques and Design. New York: Chilton, 1963.

Allen, Edith L.  Weaving You Can Do. Peoria, Illinois: Manual Arts Press, 1947.

Allen, Helen L.  American and European Handweaving. Bearb. Neuaufl. Madison, Wisconsin: Democrat Weaving Co., 1939.

Amsden, Charles A.  Navajo Weaving: Its Technique and History. Albuquerque: University of New Mexico Press, 1949.

Arnold, Katharina  Bilder weben auf Webrahmen und Webstuhl. Ravensburg: Maier, 1985.

Arnold, Ruth  Weaving on a Drawloom. 2 Bde. Otis, Mass.: Arnold, 1956.

Atwater, Mary M.  The Shuttle-Craft of American Handweaving. Bearb. Neuaufl. New York: Macmillan, 1969.

dies.  Byways in Hand-weaving. Neuaufl. New York: Macmillan, 1967.

Beutlich, Tadek  The Technique of Woven Tapestry. New York: Watson-Guptill, 1967.

Birell, Verla  The Textile Arts. New York: Harper, 1959.

Black, Mary E.  New Key to Weaving. Bearb. Neuaufl. Milwaukee: Bruce, 1957.

Blum, Grace.  Functional Overshot. Chicago: Grace Blum.

Blumenau, Lili  The Art and Craft of Handweaving. New York: Crown, 1968.

dies.  Creative Design in Wallhangings. New York: Crown, 1967.

Brown, Harriet J.  Handweaving for Pleasure and Profit. New York: Harper, 1952.

Bücher zum Thema  Textiles Gestalten, Handarbeit kreativ (auch: Weben). Köln: Verlag Hobby & Buchladen, Ehrenstr. 39.

Collingwood, Peter  The Techniques of Rug Weaving. New York: Watson-Guptill, 1969.

Conrad, Elvira  »Back-Strap Looms Used by Weavers in Hawaii.« Handweaver and Craftsman, Bd. 14, No. 3 (1963).

Creager, Clara  Weben. Ein schöpferisches Kunsthandwerk. Bonn: Hörnemann, 1979.

Cyrus, Ulla  Manual of Swedish Handweaving. Übersetzt von Viola Anderson. Newton Centre, Mass.: Branford, 1956.

Davison, Marguerite Porter  A Handweaver's Pattern Book. Bearb. Neuaufl. Swarthmore, Pa.: Marguerite P. Davison, 1951.

D'Harcourt, Raoul, u. a. (Hrsg.)  Textiles of Ancient Peru and Their Techniques. Übersetzt von Sadie Brown. Seattle: The University of Washington Press, 1962.

Drooker, Penelope B.  Embroidering With The Loom. New York: Van Nostrand Reinhold, 1979.

Emery, Irene  Primary Structures of Fabrics. Washington, D. C.: Textile Museum, 1966.

Finch, Karen, und Putnam, Greta  Caring for Textiles. New York: Watson Guptill, 1977.

Frey, Berta  Designing and Drafting for Handweavers. New York: Macmillan, 1958.

Gräbner, Ernst  Die Weberei. Leipzig: Fachbuchverlag, 1951.

Greer, Gertrude  Adventures in Weaving. Peoria, Illinois: Manual Arts Press, 1951.

Greiner, Irene  Experimentelles Weben. Textilkultur und Kreativität. Schneider, 1982.

Grierson, Ronald  Woven Rugs. 2. Aufl. Leicester, England: Dryad, 1960.

Handarbeiten leicht gemacht (in 3 Bänden)  Band 2: Weben, Patchwork u. a.

Harvey, Virginia I.  Macramé: The Art of Creative Knotting. New York: Reinhold, 1966.

Hauptman, Bruno  Gewebetechnik. Leipzig: Fachbuchverlag, 1952.

Hooper, Luther  Handloom Weaving, Plain and Ornamental. Bath, England: Pitman, 1936.

Jacobsen, Charles W.  Oriental Rugs, A Complete Guide. Rutland, Vermont: Tuttle, 1962.

Jobin, Claire  Weben für Anfänger. Ein praktischer Lehrgang zum Weben von Stoffen und Teppichen mit einfachen Techniken. Haupt, 1981.

Johnson, Astrid, u. a.  Schöne Webteppiche. Ravensburg: Maier, 1985.

Kaufmann, Ruth  New American Tapestry. New York: Reinhold, 1968.

Kirby, Mary  Designing on the Loom. London: Studio, 1955.

Kircher, Ursula  Am Webstuhl mit 4 Schäften. Mobby Dick, 1985.

dies.  Schöpferisches Weben. Mobby Dick, 1985.

dies.  Weben auf Rahmen. Mobby Dick, 1985.

Larsen, Jack Lenor, Solyom, Bronwer, und Solyom, Garrett  The Dyer's Art. New York: Van Nostrand Reinhold, 1977.

Maxwell, Gilbert S. und Conrotto, E. L.  Navajo Rugs. Palm Desert, Calif.: Desert-Southwest, Inc.

Millen, Rogers  Weave Your Own Tweeds. Swarthmore, Pa.: Marguerite P. Davison, 1948.

Mooi, Hetty  Einfaches Weben auf Rahmen. Bonn: Hörnemann, 1981.

Moseley, Johnson und Koenig  Craft Design. Belmont, Calif.: Wadsworth, 1962.

Oelsner, G. H. und Dale, Samuel  Handbook of Weaves. New York: Dover, 1951.

Overman, Ruth, und Smith, Lula  Contemporary Handweaving. Ames, Iowa: Iowa State University Press, 1955.

Pyysalo, Helvi, und Merisalo, Viivi  Handweaving Patterns from Finland. Übersetzt von Bertha B. Needham und Aili J. Marsh. Newton Centre, Mass.: Branford, 1960.

Rainey, Sarita R.  Weaving Without a Loom. Worcester, Mass.: Davis, 1966.

Redman, Jane  Frame-Loom Weaving. New York: Van Nostrand Reinhold, 1976.

Regensteiner, Else  Weaver's Study Course. New York: Van Nostrand Reinhold, 1975.

Regensteiner, Else  Weaving Sourcebook, Ideas and Techniques (Weaver's Study Course, Second edition). New York: Van Nostrand Reinhold, 1983.

Riedinger, Rudolf und Helene  Einfaches Weben. Anleitung nach den Mustern und Techniken der Indianer. Haupt, 1980.

Rinde-Ramsback, Marta, und Lundback, Maja  Small Webs. Übersetzt von Gerda M. Anderson. Stockholm: ICA-Förlaget, 1936.

Roth, H. Ling  Studies in Primitive Looms. 3. Aufl. Halifax, England: Bankfield Museum, 1950.

Salet, F.  La Tapisserie Française du Moyen Age à Nos Jours. Paris: Vincent Féreal, 1946.

Schneider, Gudrun  Teppiche weben. Ravensburger Tb.

dies.  Weben. Handwerk und Hobby. Ravensburger Tb.

Schutten, Tonny  Weben mit Freude. Arbeiten auf einfachem Webrahmen. Bonn: Hörnemann, 1979.

Selander, Malin  Swedish Hand Weaving: Weaving Patterns. Übersetzt von Alice Griswold und Karin Haskonsen. Göteborg: Wezata Förlag, 1956.

Simmons, Paula  Spinnen und Weben mit Wolle. Ravensburg: Maier, 1982.

Simpson, L. E., und Weir, N.  The Weaver's Craft. 6., neu bearb. Aufl. Peoria, Illinois: Manual Arts Press, 1946.

Tattersall, C. E. C.  Notes on Carpet Knotting and Weaving. London: Victoria and Albert Museum, 1961.

Thorpe, Azalea, und Larson, Jack L.  Elements of Weaving. Hrsgg. von Mary Lyon. Garden City, New York: Doubleday, 1967.

Thurman, Christa C. Mayer  The Department of Textiles at the Art Institute of Chicago. Chicago: The Art Institute of Chicago, 1978.

Tidball, Harriet  The Weaver's Book. New York: Macmillan, 1961.

Tod, Osma  The Joy of Handweaving. Princeton: D. Van Nostrand, 1964.

Tovey, John  The Technique of Weaving. New York: Reinhold, 1966.

Trotzig, Livack, und Axelson, A.  Band. Stockholm: ICA-Förlaget.

Wald, Annerose  Kleidung Weben auf dem Webrahmen. Anleitungen. Ravensburg: Maier, 1982.

Watson, William  Textile Design and Color. London: Longmans.

ders.  Advanced Textile Design. London: Longmans, 1946.

Weber, Sabine  Weben auf dem Handwebrahmen. Altes Handwerk – neues Hobby. Stuttgart: Franckh, 1982.

West, Virginia  Finishing Touches for the Handweaver. Newton Centre, Mass.: Branford, 1967.

Wilson, Jean  Weaving is for Anyone. New York: Reinhold, 1966.

Wilson, Sadye Tune und Kennedy, Doris Finch  Of Coverlets – the legacies, the weavers. Nashville, TN: Tunstede, 212 Vaughn's Gap Road, 37 205. 1983.

Windeknecht, Margaret und Thomas  Color- and Weave. New York: Van Nostrand Reinhold, 1981.

Worst, Edward F.  Footpower Loom Weaving. Milwaukee: Bruce.

ders.  How to Weave Linens. Milwaukee: Bruce, 1948.

Zielinski, S. A.  Encyclopedia of Hand Weaving. New York: Funk and Wagnalls, 1959.

Znamierowski, Nell  Step by Step Weaving. New York: Golden Press, 1967.

# REGISTER

Dieses Register enthält alle Schlagworte aus den Überschriften des Buches

Abbindefärbung und Bemalung 178f.
Achtschäftige Köperbindungen 70f., 73
Alpakafasern 34
Astgabelwebgerät 13
Atlas- bzw. Satinbindungen 53

Bastfasern 38ff.
Baumwolle 36f.
Behandlung von Orientteppichen 191
Berechnung des Garnverbrauchs für den Schuß 197
Berechnung des Garnverbrauchs für Direktkettbaum 197
Berechnung des Kettbedarfs bei normalem Kettbaum 197
Bildteppiche 142ff.
Bindungen 53ff.
Bindungsbild 55

Design 123, 125–132, 134
– Geometrische Formen 136–139, 141
Direktzetteln 49ff.
Doppelgewebe 105ff.
Doppelgewebe, einseitig geschlossen 107
Doppelgewebe mit freiem Muster 110
Doppelgewebe mit Mustern 116
Doppelgewebe mit zwei Kettbäumen 121
Doppelgewebe, vier Schäfte 105–108, 110
Doppelkettköper 119
Doppelköper-Streifen 68
Dreherbindungen 97f.
Dreifachgewebe, sechs Schäfte 111
Dreischäftige Florgewebe 161

Einhängetechnik 147
Einziehhaken 26
Einzug auf die Schäfte 54
Entwerfen der Kette 43f.

Fadenspanngeräte 26
Farbmuster mit acht Schäften 76
Farbmuster mit vier Schäften 63, 65f.
Farbverflechtungen 67f.
Figurweben und Konturieren 147
Fingerweben 181
Fransen 171

Garne 29ff.
Garnverbrauch 197f.
Gestaltung 122ff.
Gewebte Florteppiche 159, 161ff.
Ghiordes- und Sennaknoten 155f.
Gobelins 142ff.
Gobelinteppiche 164f.

Gurtwebstuhl 13, 15
– Bauanleitung 194f.

Hängen von Gobelins 192
Handwerkszeug des Webers 13ff.
Haspeln 24
Hebelwebstuhl 20f.
Hochwebstuhl 22
HV-Technik 177

Kamelhaar 34
Kaschmir 34
Kette 43ff.
Kettzopf 44–48
Knüpfteppiche 153ff.
Köperbindung 53
Köperdoppelgewebe und achtschäftige Leinenbindung 112
Kombinierte Techniken 148
Konservieren (von Textilien) 190ff.
Kontermarschwebstuhl 21
Kunstfasern 40

Lagerung von Teppichen 191f.
Lamafasern 34
Leinwandbindige Streifenblöcke 67
Leinwandbindung 53

Makramee bzw. Knüpfen 180f.
Mechanisch erstellte Transparentgewebe 91, 93, 95
Metermaßgerät 26
Mineralfasern 40
Mohairwolle 34

Oberflächenbehandlung der Stoffe 42

Panama(Aida-, Stramin-)bindung 56
Partiemuster (Mustermöglichkeiten) 79ff.
Partiemuster mit langer Flottierung 89f.
Patronieren 53f.
Pflege und Aufbewahrung von Textilien 190
Praktische Hinweise 198f.

Raffschlingen im Schuß 100f.
Raffschlingen in der Kette 99
Reinigung (von Textilien) 190f.
Ripsbindung 56
Rollenzugwebstuhl 19f.
Rya- und Flossateppiche 159

Sammeln (von Textilien) 190ff.
Schärbaum 26
Schären und Aufbäumen der Kette 44–51
Schärrahmen 26

Schiffchen 23f.
Schlauchgewebe 105f.
Schlitztechnik bzw. Kelim 146
Schottenkaros 65f.
Schraffuren in Umlegetechnik 147
Schreibweisen beim Patronieren 198
Schußdominanter Teppich im Partiemuster 166ff.
Schußverstärkter Teppich mit Warenaustausch und Füllkette 168, 170f.
Seide 35f.
Skizzenbuch 55
Sommer/Winter-Halbdrell 79–82
Sommer/Winter-Muster auf acht Schäften 84
Spanische Spitze 99
Spulen 24
Spulgestelle 26
Spulmaschinen 24
Stabdoppelgewebe 108
Standwebstuhl 19
Streifen 63, 67f.
Sumakteppiche 165f.

Teppiche 153
Tischwebstuhl 16ff.
Transparentgewebe 96ff.
Tretfolge 54f.
Trocknen (von Textilien) 191

Umlegetechnik 147
Umschreiben der Verschnürung für Webstühle mit Unterfach 198

Verschnürung 54
Vicuñafasern 34
Vierfachgewebe, acht Schäfte 111
Vierschäftige Doppelcordgewebe 162f.
Vierschäftige Köperbindungen 58ff.

Wabenmuster 85ff.
Wabenmuster auf acht Schäften 88
Wandgehänge 173
Webbank 23
Weben eines Tischsets mit vier Webkanten 195f.
Weben mit dem Webkamm 196
Weben mit langer Kette 196
Webkanten 156
Webstuhl-Glossar 199f.
Webteppiche 164–168
Webzubehör 23f., 26
Wolle 29, 31ff.
Würfelmuster 66

Zähnchenverbindung 147
Zwei einzelne Gewebelagen 108

# 79 Vorlagen zu Entwurf und Maltechnik der Bauernmalerei

*Nenna von Merhart*

## Bauernmöbelmalerei

*Riß und Detail · 79 Vorlagen für Hobbymaler*

Dieses Buch gibt dem Maler zahlreiche Anregungen, seine gestalterischen Ideen auf dem vielseitigen Gebiet der Bauernmalerei zu verwirklichen. Die bunte Fülle der 79 Motivvorlagen weist verschiedene Schwierigkeitsgrade auf, die sich von Beispiel zu Beispiel steigern. Als einfachste Lösungen findet man geometrische Muster und flächig gemalte Blumendetails; es folgen anspruchsvolle Blumensträuße, die bis zu schwierigen Tier- und Figurendarstellungen weiterführen. Für die Übertragung der Motive auf das Objekt stehen sich die Strichzeichnung – auch Riß genannt – und das farbige Detailfoto im Buch jeweils gegenüber. Der Maler kann somit die Umrißlinien der Zeichnung auf sein Möbelstück auftragen und füllt diese dann mit seiner Malerei aus.

*1986. 164 Seiten mit 63 einfarbigen und 88 vierfarbigen Abbildungen sowie 79 Rissen. Broschiert DM 49,80*

VERLAG CALLWEY, Streitfeldstraße 35, Postfach 80 04 09, 8000 München 80